동명왕릉의 연꽃무늬

몽고습래회사(蒙古襲來繪詞)

정지 장군 환삼

①

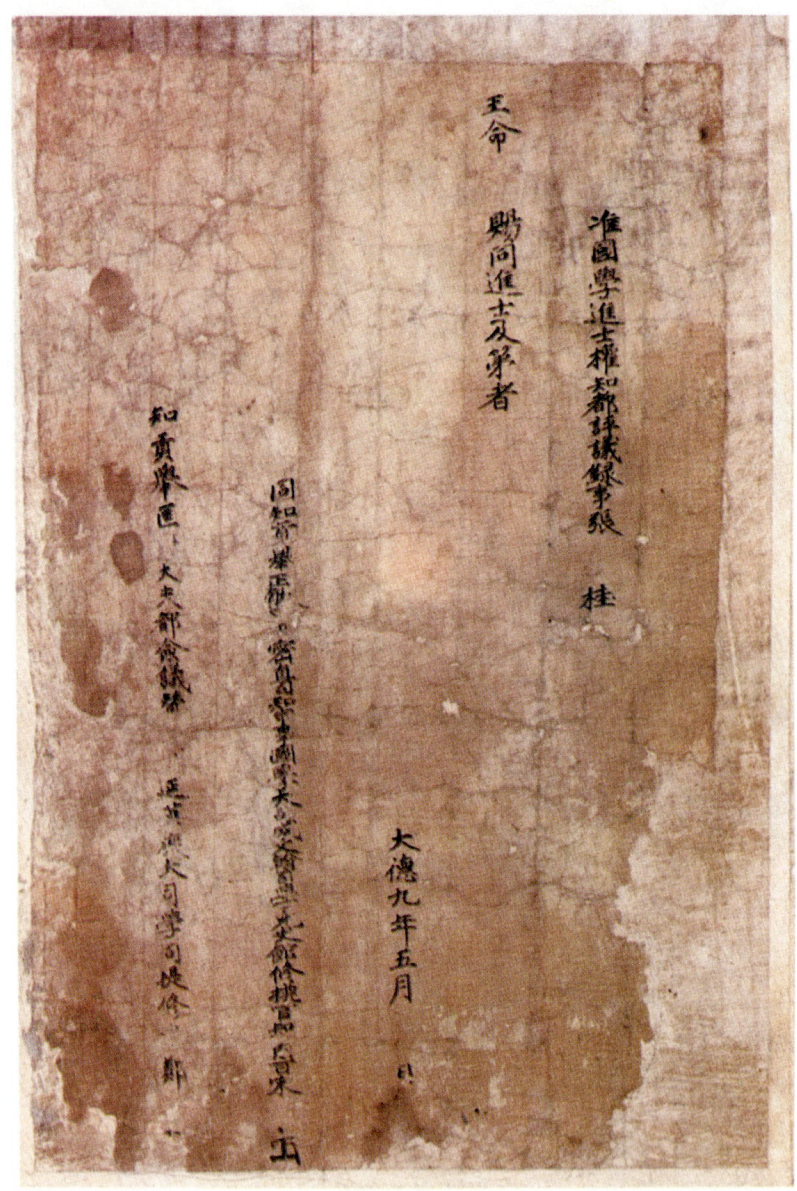

장계의 홍패

태조 왕건의 현릉

공민왕릉

선죽교

충주산성

현화사비

광통보제선사비

고려시대 사람들 이야기 1
정치생활

■ 지은이 소개 [집필순서]

김갑동(대전대학교 인문학부 교수)
이예선(고려대학교 석사과정)
김난옥(한남대학교 강사)
박윤진(한경대학교 강사)
김보광(고려대학교 석사과정)
이정신(한남대학교 사학과 교수)
이창섭(고려대학교 석사과정)
이정란(서울시립대학교 강사)
김창현(순천향대학교 강사)
이형우(UCLA post-Doc 연수 中)
박찬수(민족문화추진위원회 전산실장)
이진한(평택시사편찬위원회 상임위원)
박용운(고려대학교 한국사학과 교수)
김일우(제주한라대 강사)
김도연(고려대학교 석사수료)
이정호(용인시사편찬위원회 연구원)
오현필(고려대학교 석사과정)
임경희(고려대학교 석사수료)
김철웅(단국대학교 강사)
윤용혁(공주대학교 역사교육학과 교수)
나종우(원광대학교 사학과 교수)

고려시대 사람들 이야기 1
정치생활

◆ 신서원은 부모의 서가에서
자식의 책꽂이로
'대물림'할 수 있기를 바라며
책을 만들고 있습니다.
잘못된 책은 연락주십시오.

지은이 · 박용운 · 이정신 외 19인 공저
만든곳 · 도서출판 신서원 [발행인 : 임성렬]

초판1쇄 발행일 2001년 1월 30일
초판2쇄 발행일 2001년 8월 15일
초판2쇄 발행일 2001년 8월 20일
주소 · 서울특별시 종로구
　　　교남동 47-2(협신209호)
등록 · 제1-1805(1994.11.9)
Tel　(02)739-0222 · 3
Fax　(02)739-0224
값 12,000원

고려시대 사람들 이야기 1 정치생활

박용운·이정신 외 19인 공저

머리말

　역사는 우리 인류가 걸어온 발자취에 대한 기록이다. 따라서 한국사는 우리의 선조들이 걸어온 발자취에 대한 기록이라 할 수 있으며, 그 가운데 고려시대사는 더 말할 필요도 없이 당시인들의 생활에 관한 기록이라 하겠다.
　그렇다고 물론 고려시대 사람들의 발자취와 생활, 즉 그들과 관계된 모든 사실이 고려시대의 역사가 되는 것은 아니다. 수많은 사실 중 역사의 대상이 되는 것은 집단적·사회적 성격을 지니는 것들이며, 그리하여 우리 인류의 발전에 일정한 값어치와 의미를 가지는 것에 한정된다. 역사의 연구는 그러한 역사적 사실들을 탐구하여 참다운 역사상을 그려내고, 그리하여 그것이 오늘날의 우리에게 어떤 의미를 지니며, 나아가서는 앞으로 일어날 사실의 개연성까지도 생각해 보는 작업인 것이다.
　이러한 작업은 상당히 어려운 일의 하나에 속한다. 그리고 사안에 따라서는 난해한 대목에 자주 접하게도 된다. 역사학을 공부하고 있는 우리들은 당연히 새로운 역사 사실의 천착에 많은 노력을 기울여야 하지만, 한편으로 보면 그것을 전문적으로 공부하여 보지 않은 일반인들이 좀더 쉽게 우리의 역사에 접근할 수 있도록 하는 일도 그렇게 무의미하지는 않을 것 같다는 생각이다.
　이 책은 그 같은 취지에서 꾸며본 것이다. 첫째 권은 『고려시대 사람들 이야기 1-정치생활-』로 하였는데, 우선 알기 쉽고 재미있게 쓰고자 노력하였으며, 그러면서도 고려시대의 역사상이 제대로 드러나도록 하는 데 유의하였다. 과연 결과가 그 같은 우리의 의지에 얼마만큼 부응하는 것일지에 대해 크게 염려가 되지만, 여러모로 노력을 했다는 점만은 양해하여 주시기 바란다. 이 책에 이어서 『고려시대 사람들 이야기 2-사회·경제생활-』과 『고려시대 사람들 이야기 3-문화·사상·교육생활-』편도 마련하여 고려시대의 역사에 관한 전반적인 이해가 가능하도록 할 예정이다.

나를 비롯한 몇몇 사람은 이미 학위과정을 마친 입장이다. 그러나 필자들 중에는 그렇지 못한 사람들도 다수 포함되어 있는데, 자신들의 개별적인 주제를 탐구하는 일에 쫓기면서도 이 글을 써주어 고맙게 생각한다. 특히 이정란 강사는 이 책을 만드는 여러 궂은 일을 맡아 수고가 많았다. 그리고 신서원의 임성렬 사장은 그다지 훌륭한 책이라고 생각되지 않는 본서를 기꺼이 맡아 출판하여 주셨다. 이 자리를 빌려 모든 분들께 감사의 뜻을 표하여 둔다.

2001년 1월

박 용 운

고려시대 사람들 이야기 l 정치생활   목 차

제1장 정치의 파노라마 …… 11

왕건, 고려를 건국하다 … 13
고려 태조의 대민족화합정책 … 24
개혁을 위해서는 숙청도 마다하지 않았다 … 32
나라의 기틀을 확고히 한 성종 … 42
불운함 속에서 일어난 현종 … 53
전성기를 이룩한 문종 … 65
조카를 몰아내고 왕이 된 숙부 … 73
이자겸의 영화와 몰락 … 84
묘청과 김부식 그리고 정지상 … 96
우리 역사상 가장 오래간 무신정권 … 108
최씨 무신정권의 역사적 과오 … 121
원나라 간접지배의 실상 …137
원나라를 몰아내다 … 148
우왕은 신씨인가, 왕씨인가 … 160
최영이 이성계에게 패한 까닭 … 169
고려왕조의 종말 -명분과 의리 사이- …180

고려시대 사람들 이야기 | 정치생활

제2장 중앙과 지방의 모습 …… 193

고려 때의 수상은 누구였을까 … 195
국왕의 권력을 규제하기 위한 장치들 … 206
출세의 두 길, 음서와 과거 … 216
고려를 움직인 중앙의 행정조직 … 230
고려시대 관료들의 생활 … 237
고려 수도 개경의 모습 … 245
경기의 유래 … 257
'도'라는 행정단위가 생겨나다 … 262
우리 고향도 주현(主縣)으로 만들어 달라 … 272
여러 종류의 특수한 지방행정단위 … 284
향리의 업무와 생활 … 292
촌락의 생활상 … 302

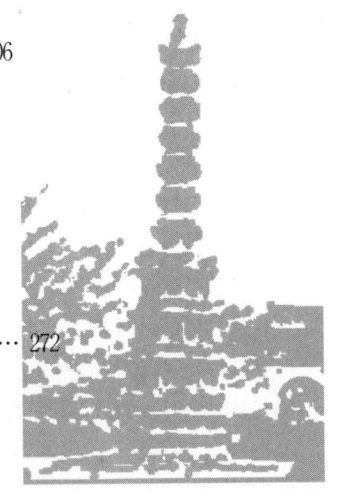

고려시대 사람들 이야기 | 정치생활

제3장 군사와 외교, 그리고 전쟁 …… 313

군인의 숫자는 얼마나 되었나 … 315
승려들도 나라를 위해 나서다 … 329
고려군의 전략과 전술 … 338
중국의 송나라가 고려에 원병을 요청하다 … 349
서희가 세 치 혀로 땅을 얻다 … 361
낙성대의 유래 … 370
두만강까지 영토를 차지하다 … 379
몽고와의 기나긴 전쟁 … 390
삼별초는 왜 봉기했나 … 402
고려와 몽고 연합군이 일본을 정벌하다 … 415
원나라 황후가 된 공녀 … 426
왜구를 격퇴하라 … 437

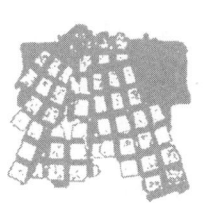

제1장
정치의 파노라마

왕건, 고려를 건국하다
고려 태조의 대민족화합정책
개혁을 위해서는 숙청도 마다하지 않았다
나라의 기틀을 확고히 한 성종
불운함 속에서 일어난 현종
전성기를 이룩한 문종
조카를 몰아내고 왕이 된 숙부
이자겸의 영화와 몰락
묘청과 김부식 그리고 정지상
우리 역사상 가장 오래간 무신정권
최씨 무신정권의 역사적 과오
원나라 간접지배의 실상
원나라를 몰아내다
우왕은 신씨인가, 왕씨인가
최영이 이성계에게 패한 까닭
고려왕조의 종말 -명분과 의리 사이-

왕건,
고려를 건국하다

왕건의 선대와 시대상황

왕건은 헌강왕 3년(877) 송악에서 태어났다. 그의 집안은 고구려 유민출신이었다. 그의 6대조 할아버지에 해당하는 호경(虎景)이 활을 잘 쏘았다든가, 백두산으로부터 내려와 송악에 정착했다는 기록이 그것을 말해 준다. 또 할아버지에 해당하는 작제건도 활을 잘 쏘아 '백발백중'이었다. 고구려의 건국자인 고주몽도 명궁이어서 '백발백중'의 활솜씨를 가지고 있었다. 이 같은 공통점은 왕건의 가문이 고구려계였음을 간접적으로 시사해 주는 것이다.

송악에 정착한 그의 가문은 해상세력으로 성장하였다. 송악[개성] 자체가 해안에 위치하고 있어 중국과의 해상무역에 유리한 지역이었다. 이에 따라 부를 축적할 수 있었다. 7대조 할아버지에 해당하는 강충(康忠)이 부자였다는 기록이 이를 말해 준다. 작제건이 중국으로 가다 용왕의 딸인 용녀(龍女)를 아내로 맞이했다는 것도 그의 가문이 바다와 밀접한 관련이 있었음을 보여주는 것이다. 그리하여 이미 작제건 대에는 그 일대를 장악한 세력으로 성장하였다. 작제건이 용녀를 맞아오자 개주[개성]·정주[개풍군 풍덕]·염

태조 왕건의 현릉(顯陵)
개성시 개풍군 해선리. 이 무덤에 그의 첫번째 부인인 신혜왕후(神惠王后)도 같이 합장했다고 한다.

주·백주의 4주와 강화·교동·하음 3현의 백성들이 그를 위해 영안성을 쌓고 궁실을 지어줬다는 『고려사』「고려세계(高麗世系)」의 기록이 이를 뒷받침해 준다.

왕건이 살았던 시기는 혼란으로 점철된 시대였다. 전성기를 구가하던 신라가 석양으로 점차 빠져들고 있던 시점이었다. 그 징조는 이미 그 이전부터 있었다. 진골귀족들의 왕위쟁탈전이 극심하게 일어났던 것이다. 혜공왕대 대공의 난이 일어나자 이는 권력쟁탈전으로 이어졌다. 이 과정에서 김양상이 혜공왕을 죽이고 왕위에 올랐다. 그가 곧 선덕왕이었다. 선덕왕대에도 왕위계승전이 벌어져 김경신이 김주원을 내쫓고 원성왕으로 즉위하였다. 이에 대한 반발로 김주원의 아들이었던 김헌창은 공주를 근거로 반란을 일으키기도 하였다.

왕위계승전은 흥덕왕 말년에 극에 달하였다. 상대등(上大等: 화백이란 귀족회의의 의장격으로 현재의 국무총리에 해당) 김균정과 시중(侍中: 執事省의 장관으로 현재의 국무총리에 해당) 김명 일파가 싸움을 벌이게 되고 이 과정에서 김명이 승리하여 희강왕이 즉위하였다. 그러나 김균정의 아들 김우징은 청해진으로 도망가 장보고의 힘을 빌려 민애왕[김명]을 살해하고 왕위를 빼앗았다.

이후 잠시 평화가 찾아오는 듯했으나 신라는 안으로 썩어가고 있었다. 귀족들은 사치와 방탕으로 물들어 있었다. 금으로 겉을 도금한 금입택을 가지고 있었고 철마다 가서 놀 수 있는 별장을 가지고 있었다. 이를 사절유택(四節遊宅)이라 했다. 헌강왕대 처용이 술먹고 놀다 밤늦게 들어와 보니 역신(疫神)이 그의 아내를 간통했다는 이야기는 당시의 시대적 분위기를 잘 말해 준다.

진성여왕대에 들어오자 혼란은 극에 달했다. 여왕은 일찍이 부모를 여위었다. 그리하여 숙모인 부호부인의 품에서 자랐다. 그러나 여왕은 자라면서 자신을 키워준 숙부를 사랑하게 되었다. 각간 위홍(魏弘)이 바로 그였다. 그와 정분을 통하여 모든 일을 그에게 맡겼다. 대구화상(大矩和尙)과 더불어 『삼대목(三代目)』이란 향가집을 편찬케 하기도 하였다. 위홍이 죽자 그는 두세 명의 미소년을 궁중으로 끌어들여 음란한 행동을 일삼기도 하였다. 그러자 이를 비방하는 문서가 거리에 나붙기도 하였다.

반면에 민중들은 입에 풀칠하기도 힘든 상황이었다. 남의 집에서 품을 팔아먹어도 식량이 모자라 아이를 버려야 하는 사태가 벌어졌다. 30이 넘도록 시집을 가지 못하고 걸식을 해서 어머니를 봉양해야 했다. 손순(孫順)이나 연권(連權)의 딸이 그러한 경우였다.

뼈빠지게 일해 보았자 추수 때가 되면 귀족들에게 다 빼앗겨 버리는 형편이었다.

농민봉기와 후삼국의 성립

민중들은 이제 더 이상 목숨을 부지할 수가 없었다. 처음에는 정든 집을 떠나 도망을 하기도 했다. 그러나 이제는 더 이상 참을 수 없었다. 이래 죽으나 저래 죽으나 마찬가지였다. 드디어 여기저기에서 항거하기 시작했으니 이것이 진성여왕 3년부터 시작된 농민봉기였다. 여왕의 실정으로 국가의 창고가 텅 비면서 전국에 조세독촉을 하였기 때문이었다.

사벌주〔상주〕에서 시작된 봉기는 순식간에 전국으로 불길처럼 퍼져나갔다. 또 이들을 규합하는 무리들도 나타났다. 그리고 때로는 새로운 국가의 건설을 부르짖고 나왔다. 결국 후삼국 시대가 연출된 것이다. 견훤의 후백제와 궁예의 태봉이 바로 그것이다.

태봉을 건국한 궁예는 원래 신라의 왕실출신이었다. 그는 헌안왕 또는 경문왕의 아들로 되어 있다. 그러나 경문왕의 서자로 추정된다. 이는 헌안왕이 아들이 없을 뿐더러, 경문왕에게는 두 명의 왕비가 있었기 때문이다.

그는 나면서부터 이빨이 있었고 태어나는 날 지붕 위에 상서롭지 못한 광채가 있었다 한다. 이에 조정에서는 그를 죽이려 하였고, 이 기미를 눈치챈 계집종이 구출하여 도망가 살았다. 나이 10여 세에 이르러 출생의 비밀을 알게 된 궁예는 길러준 어머니의 곁을 떠나 세달사라는 절로 들어갔다. 세달사는 고려시대에 흥교사로 불렸는데 영월지역에 있었다.

세달사에서 승려생활을 하던 궁예는 진성여왕대의 혼란기에 뜻을 품고 환속하였다. 처음 죽주의 기훤에게 의탁했던 그는 북원〔원주〕의 양길 휘하에 들어갔다. 그 후 정복을 떠나 원주·강릉을 거쳐 철원까지 장악하였다. 그리고 양길을 격파한 뒤에 896년 태봉〔『삼국사기』에는 '고려'〕을 건국하였다.

그러나 그는 역사의 주인공이 되지 못하고 왕위에서 쫓겨났다. 처음의 바람직했던 지도자의 태도를 버렸기 때문이었다. 처음에 그는 상벌을 공평히 하고 정사를 돌봄에 사사로운 정에 얽매이지 않았다. 사졸들과 더불어 침식을 같이하는 모습을 보여주기도 했다. 불교의 미륵사상을 통하여 정신적 일체감을 심어주려 했다. 자신을 미륵불이라 칭하고 아들에게도 청광보살·신광보살이라는 칭호를 붙여주기도 했다.

만년에 접어들면서 그는 이러한 태도를 버리고 권력과 아집에 심취하게 되었다. 그리고 기존의 신라를 전면 부정하였다. 상대국의 실체를 인정하지 않았던 것이다. 영주 부석사에 들렀을 때 신라왕의 초상을 보고 이를 칼로 내리쳤다. 신라에서 오는 사람들을 다 살해하였다. 군·현의 명칭도 다 바꾸었다. 이는 너무 어리석은 행동이었다. 그로써 신라인들을 포용할 수 없었다. 민중들에게는 공포감만을 가져다주는 행위였다.

또 사람을 의심하고 포악해졌다. 부인과 아들까지 의심하여 죽였다. 왕건에게도 모반이 혐의를 뒤집어 씌워 죽이려 하였으나 실패하였다. 결국 그는 권좌에서 내려올 수밖에 없었다. 민심의 승리였다.

 후백제를 건국한 견훤은 원래 경상도 상주 출신이었다. 청운의 뜻을 품고 신라의 군대에 들어간 그는 서남해 방면에 파견되어 도적을 소탕하였다. 여기서 세력을 키운 그는 무진주(광주)를 점령하여 진성여왕 6년(892) 왕을 칭했다. 다시 북쪽으로 진출한 그는 전주에 들어와 후백제를 건국하였다. 나당연합군에게 멸망당한 백제의 원한을 풀어준다는 명분이었다. 900년의 일이었다. 이후 그는 패권을 둘러싸고 궁예나 왕건과 대결하였다.

왕건의 고려 건국

 그렇다면 왕건은 어떻게 왕위에 올라 고려를 건국할 수 있었는가? 어떤 자질을 가졌기에 역사의 주인공으로 등장할 수 있었는가? 그는 우선 남들이 싫어하는 일을 마다하지 않고 하였다. 진성여왕 10년 아버지 왕륭과 같이 궁예에게 귀순하였던 그는 발어참성(勃禦斬城)의 성주가 되었다. 그는 효공왕 2년(898) 궁예 휘하에서 정기대감에 임명되어 정복전쟁을 도맡아 수행하였다. 내일을 알 수 없는 죽음의 전쟁터에서 위험을 무릅써야 했던 것이다. 예나 지금이나 전쟁은 목숨을 담보한 것이다. 죽음은 누구에게나 두렵고 싫어하는 것이다. 그러나 왕건은 이를 마다 않고 기꺼이 남자답게 이를 맡았던 것이다.

 효공왕 3년부터 왕건은 전국 각지로 정복전쟁을 떠났다. 우선 그는 광주(廣州)·충주·당성(唐城: 경기도 화성군 남양)·청주·괴양[충북 괴산] 등지를 공격해 점령하였다. 그의 장기인 항해술을 이용하여 영토를 확장하기도 하였다. 수군을 이끌고 금성군을 공격하여 취했다. 궁예는 이에 금성군을 나주로 승격시키고 후백제의 배후를 위협했다. 양주[경남 양산]에서 구원요청이 오자 왕건이 가서 이를 구하기도 하였다.

견훤과의 대결에서도 결코 지지 않았다. 상주의 사화진(沙火鎭)에서 견훤군과 싸워 여러 번에 걸쳐 승리를 얻었다. 효공왕 13년 해군대장군에 임명된 그는 광주와 진도군·고이도를 함락시키고 덕진포(德眞浦)까지 진격하였다. 견훤이 이에 맞서 배를 늘여놓자 장수들이 자못 걱정하였다. 그러자 그는 "군사가 이기는 것은 서로 화합하는 데 있는 것이지 결코 숫자의 많고 적음에 있는 것이 아니다"라고 말하면서 군사들을 독려하였다. 그리고 때마침 불어오는 바람을 이용하여 화공작전을 개시하였다. 그러자 연이어 있던 배가 모두 타버리고 견훤은 겨우 작은 배를 타고 도망하여 목숨을 부지하였다. 마치 유비의 군대가 제갈량의 계책에 따라 화공작전으로 조조의 군대를 물리친 적벽강 전투를 연상케 하는 장면이다. 이처럼 그는 용감하기도 하였지만 전략전술에도 뛰어난 바가 있었다.

그는 적의 동향을 잘 파악하였다. 적을 알고 나를 알아야 한다는 『손자병법』의 원칙을 잘 알고 있었다. 한번은 견훤의 휘하에 있던 수달(水獺: 본명은 能昌)이란 자가 압해도에서 활약하면서 왕건을 죽이려 한 적이 있었다. 그러나 간첩을 놓아 정보를 미리 알고 있던 왕건은 오히려 헤엄을 잘 치는 자 10여 인을 몰래 파견하여 그를 사로잡기도 하였다. 이 공으로 그는 시중(侍中: 지금의 국무총리)에 임명되었다.

그는 때를 기다릴 줄 아는 인내심을 가지고 있었다. 이는 다음과 같은 일화에서 엿볼 수 있다. 많은 신하들이 공을 자칭하고 궁예에게 아부하고 있을 때 왕건은 자원하여 변방인 나주에 머무르고 있었다. 그러자 그의 부장이었던 김언이 불만을 토로하였다. "장군님! 우리가 이 죽을 고생을 했는데도 아무런 포상이 없으니 어떻게 된 일입니까? 차라리 수도로 쳐들어가 새로운 정권을 세웁시다." 태조는 조용히 말하였다. "삼가 게으르지 말고 두 마음을 갖지 말라. 그러면 나중에 복을 받을 것이다. 지금 왕이 방자하고 잔학하여 죄 없는 사람을 많이 죽이고 아첨하는 무리가 뜻을 얻어 유언비어와 모함이 난무하고 있다. 이 때에 왕궁 안에 있으면 스스로 목숨을 보전하지 못할 것이니 밖에서 정벌에 종사하면서 왕도의 길을 가는 것이 훨씬 좋은 것이다." 이렇듯 그는 함부로 나서지 않고 때가 오기를 기다리는 인내심이 있었다. 그는 진정 기다림의 미학과 철학을 알았기에 후일 왕위에 오를 수 있었던 것이다.

그는 권력을 함부로 하지 않고 공명정대하게 썼다. 그는 시중의 자리에까지 올랐으나 모든 국사를 사사로운 정에 얽매이지 않았다. 그리고 권력을 함부로 하지 않았으며 신중한 태도를 견지하였다. 착하고 올바른 사람은 가까이했지만 악하고 간교한 사람은 멀리하였다. 누가 착한 사람을 헐뜯는다 하더라도 전혀 거기에 동요되지 않고 끝까지 옹호하였다.

한번은 이런 일이 있었다. 청주인이었던 아지태는 궁예에게 아첨하여 관직을 차지한 자였다. 그런데도 같은 고향사람인 입전·신방·관서 등이 부정부패를 일삼고 있다고 모함하였다. 사람들은 아지태의 말이 거짓이라는 것을 알고 있었으나 아무도 말하는 자가 없었다. 최고권력자인 궁예의 비위를 거스를까 염려했기 때문이었다. 그러나 왕건은 이에 굴하지 않고 진위를 가렸다. 알고 보니 실은 아지태가 관직을 빙자하여 많은 부정을 저지르고 있었던 것이다. 아지태를 감옥에 집어넣자 많은 사람들이 용기있는 결단이라고 여겼다. 그 대가로 왕건은 시중직에서 해임되어 수군을 거느리고 다시 나주로 떠날 수밖에 없었다. 그는 자신에게 해가 될 줄을 알면서도 남의 눈치를 보지 않고 옳은 일을 위해 공명정대한 권력을 행사하였던 것이다.

그러나 그에게도 위험은 있었다. 말년에 궁예는 부쩍 의심이 많아지고 포악해졌으나 왕건은 이에 개의치 않고 맡은 바 임무에만 충실하였다. 그런데 하루는 궁예가 왕건을 불렀다. 그리고 성난 눈으로 그를 뚫어지게 바라보았다. 이윽고 말하였다. "경이 어젯밤에 무리를 모아놓고 반역을 모의한 것은 무엇 때문인가?" 왕건은 기가 막혔다. 있지도 않았던 일을 추궁하고 있는 것이었다. 그는 태연하게 웃으면서 말하였다. "어찌 그런 일이 있었겠습니까?" 그러자 궁예의 얼굴이 일그러졌다. 당시 궁예는 자신이 미륵불로서 사람들의 마음을 다 알 수 있다고 했는데 이를 미륵관심법(彌勒觀心法)이라 하였다. 왕건이 이를 부정하는 것은 자신의 신통력을 의심하는 것이라 여겼다. 이에 궁예는 다시 말했다. "경은 나를 속이지 말라. 나는 남의 마음을 꿰뚫어보기 때문에 아는 것이다. 내가 지금 선정(禪定)에 들어가서 관찰할 것이다." 그리고 눈을 감고 하늘을 올려다보고 있었다.

이 때 장주(掌奏) 벼슬에 있던 최응(崔凝)이 일부러 붓을 떨어뜨렸다. 그리고는 이를 주우러 가는 척하면서 왕건의 곁으로 가 속삭였다. "사실처럼 말하지 않으면 위험에 빠질 것입니다." 그러자 왕건은 깨닫고 말하였다. "신이 진실로 반역을 꾀했사오니 그 죄는 죽어 마땅하옵니다." 궁예는 비로소 껄껄 웃으면서 말했다. "경은 진실로 정직하도다." 이로써 가까스로 사지에서 벗어날 수 있었다.

그러나 민심은 바른 곳으로 흐르게 되어 있었다. 당나라의 상인 왕창근(王昌瑾)이 저자거리에서 거울을 샀는데 거울에 햇빛이 비치자 왕건의 등극을 예언하는 글귀가 나타났다. "삼수중(三水中) 사유하(四維下)에, 상제(上帝)가 아들을 진한·마한에 내려보내 먼저 닭[鷄]을 잡고 뒤에 오리[鴨]를 칠 것이다. 사년(巳年)중에 두 용이 나타나, 한 용은 청목(靑木) 속에 몸을 감추고, 한 용은 흑금(黑金)의 동쪽에 몸을 드러낼 것이다. 혹은 성(盛)함을 보이기도 하고 혹은 쇠(衰)함을 보이기도 하여, 악을 멸하고 진재(塵滓)를 없앨 것이다."

이는 삼면이 바다로 둘러싸인 신라땅에 하느님이 아들을 진한·마한 땅에 내려보내 먼저 계림[신라]을 제압하고 뒤에 압록강까지 진출할 것이다. '사(巳)'자 들어간 해에 두 영웅이 나타나는데 하나는 청목 즉 송악에서 몸을 감추고 있고 하나는 흑금 즉 철원에서 이미 왕위에 올랐도다. 그러나 송악에 있는 영웅이 곧 나타나 물러서기도 하고 나타나기도 하면서 악과 티끌을 없애고 새롭게 등극하리라는 뜻이었다. 하늘이 민심을 대변하여 거울에 왕건의 등장을 예견하여 표현했던 것이다.

또 당대의 지식인이었던 최치원도 신라의 멸망과 고려의 개창을 점쳤다. "계림(鷄林)은 황엽(黃葉)이요, 곡령(鵠嶺)은 청송(靑松)이라" 했다. 신라는 이제 누런 낙엽이 되어 멸망할 것이고 곡령[송악]에서 일어난 왕건이 왕업을 열어 늘 푸르게 뻗어나간다는 뜻이었다.

  이러한 예언은 맞아떨어져 918년 6월 홍유·배현경·신숭겸·복지겸 등의 장군에 추대되어 왕건이 왕위에 올랐다. 5백 년 고려 왕업의 터전이 마련된 것이다. 실로 진성여왕 3년 농민봉기가 시작된 이래 30여 년 만의 일이었다. 민심의 승리였던 것이다.

김갑동

고려 태조의
대민족화합정책

호족세력의 회유

　태조가 궁예를 물리치고 왕위에 오르는 데 성공했다고 해서 즉위 초부터 그 왕권이 강했던 것은 아니었다. 태조는 미약한 왕권을 빠른 속도로 강화하여 체제를 정비하고 후삼국으로 분열되어 있었던 한반도 정세 속에서 주도권을 잡아 통일을 이뤄야 하는 두 가지 과제를 안고 있었던 것이다.
　그리하여 태조는 즉위하자마자 각 지방의 세력가들, 즉 호족세력을 하나로 규합하여 왕권을 안정시키는 데 주력하였다. 태조의 즉위를 계기로 주변의 호족들이 동요하면서 왕권에 도전해 왔기 때문이었다. 태조 원년 6월에 있었던 마군장군 환선길(桓宣吉)의 난과 마군대장군 이흔암(伊昕巖)의 반란이 대표적인 것으로 이외에도 많은 호족세력들이 아직까지 미약한 왕권에 대해 도전하려 하였다. 궁예의 정치적 기반이었던 청주지역 호족세력이 모반을 꾀했고, 일찍이 궁예의 세력기반이었던 명주지역(溟州: 지금의 강릉지역)의 대호족 김순식(金順式)이 협조하지 않는 등 여러 차례 호족세력들의 저항 움직임이 일어났다.

이에 태조는 호족들을 무력으로 제압하는 정책이 아니라 "폐백을 후하게 하고 언사를 낮추는" 중폐비사(重幣卑辭)책으로 접근하였다. 태조의 중폐비사책은 지방에서 호족세력이 누려온 영향력을 인정하면서 호족세력에게 중앙으로 진출할 수 있는 길을 열어주겠다는 것이었다.

　이렇게 태조가 호족들에 대해 회유와 우대정책을 시행한 결과 신라지역 속의 여러 세력들은 태조쪽으로 많이 귀부하게 된다. 태조 원년 9월에 상주의 우두머리 아자개(阿字盖)가 사신을 보내 귀부했는데 상주는 고려의 남진정책과 후백제의 동진정책이 만나는 접점으로 요충지였기 때문에 그의 귀부는 고려 태조에게 있어 매우 큰 성과였다. 이후 신라지역에서 벽진군(碧珍郡: 지금의 성주)의 이총언(李悤言), 강주(康州: 지금의 진주)의 장군 윤웅(閨雄), 벽진군의 장군 양문(良文), 진보성주 홍술(洪術), 하지현(下枝縣: 안동의 풍산면)의 장군 원봉(元奉), 조물성(曹物城)의 장군 능현(能玄) 등이 아들을 보내거나 사신을 보내는 형식으로 귀부 의사를 밝혀왔다.

　태조는 유력한 호족들을 왕실 주변에 묶어두기 위해서 가족적인 유대관계를 형성할 수 있는 '결혼정책'을 적극 시행하였다. 이는 각 지방의 유력한 호족들의 딸과 결혼하는 이른바 정략결혼을 통해 호족세력과 결합하는 것이었는데, 이로 인해 태조는 무려 29명의 후비들을 거느리게 된다. 태조가 즉위하기 전에 혼인한 신혜왕후(神惠王后) 유씨(柳氏)와 장화왕후(莊和王后) 오씨(吳氏)를 제외하면 즉위한 이후에 맞아들인 부인들은 그 출신배경으로 볼 때 명백히 정략결혼이었음을 알 수 있다. 태조의 세번째 부인인 신명순성태후(神明

개태사 전경

태조 왕건이 후백제 신검을 쫓아 황산(黃山)을 넘어 마성에 진을 친 뒤에 신검의 항복을 받고 삼국을 통일하였는데, 이것은 하늘의 도움이라 하여 황산을 '천호산(天護山)'이라 바꿔 부르고 개태사를 창건하였다. 현재 충청남도 논산군 연산면 천호리 천호산에 소재한다.

順成太后) 유씨(劉氏)는 충주호족인 유긍달(劉兢達)의 딸이고 15번째부인과 16번째 부인은 광주 호족인 왕규(王規)의 딸이었다. 이밖에도 명주호족 왕경(王景)과 왕예(王乂)의 딸을 맞아 혼인하고 있다.

태조의 호족세력 회유정책은 유력한 호족들이 귀부해 올 때 왕씨(王氏)성을 하사하는 사성정책(賜姓政策)으로도 나타났다. 태조 5년 7월 명주장군 김순식이 그 아들 수원(守元)을 보내 귀부하자 태조는 왕성과 전택을 주어 대접하고 태조 11년에는 순식이 직접 귀부하니 순식에게 왕씨 성을 주고 대광[2품]으로 임명하였다. 궁예왕 때 벼슬을 지내다가 태조가 즉위하자 귀부해 온 광해주(光海州: 지금의 춘천) 사람 박유(朴儒)에게도 태조는 왕씨성을 하사하였다.

이밖에도 태조는 호족세력을 무마하고 통제하기 위해서 사심관제도(事審官制度)와 기인제도(其人制度)를 시행하였다. 사심관제도는 태조 18년에 신라왕 김부(金傅)가 고려로 투항하자 그를 경주의 사심관으로 삼아 사무를 관장케 한 데서 비롯되었으며, 다른 공신들도 그 출신지의 사심관으로 두면서 전국적으로 퍼지게 되었다. 당시는 중앙의 통제력이 지방까지 미치지 못했는데 사심관제도를 시행함으로써 개경에 거주하는 호족출신을 매개로 간접적인 지방 통제를 꾀할 수 있었다.

간접적으로 지방을 통제하는 데는 기인제도 역시 일조를 하였다. 이는 후삼국시대에 호족세력들이 고려나 후백제에 자신들의 아들을 인질로 보내 충성심을 나타내었던 것으로 태조 또한 기인제도를 통해 지방을 통제하고자 하였다. 이후 기인의 지위는 후대로 갈수록 격하되었지만 태조 즉위 초에는 정권안정을 이루기 위해 호족세력을 통합해야 했으므로 개경에 온 호족의 자제들을 우대하지 않을 수 없었다.

북진정책과 발해인 포섭

태조는 즉위 초부터 고구려 계승의식과 고구려의 옛 영토를 회복하겠다는 의지를 보이며 서경(西京)경영에 힘썼다. 고구려의 옛 수도인 평양을 서경으로 삼고 줄곧 우대정책을 펴면서 사민(徙民)과 잦은 행차 등으로 깊은 관심을 나타내었던 것이다. 이는 북방민족에 대한 침략에 대비하기 위한 것이기도 하였고, 남방지역의 후백제전에서 이용할 군사력의 확보를 위해서이기도 하였으며, 한편 고려왕실의 독자적인 세력기반을 육성함으로써 호족세력을 견제하는 한 방책으로도 삼았던 것이다.

그리하여 태조가 서경을 북방정책의 전진기지로 삼고 서경개척을 추진하던 중에 태조 즉위 9년인 926년 발해가 거란에게 멸망당하고 이로 인해 여진족이 혼란상태에 빠지는 등 북방지대에 일대 변화가 일어난다. 발해가 멸망하자 발해의 유민들은 고려로 내투하기 시작하였고 태조는 이들을 친척 내지는 같은 고구려의 후손으로 여기고 따뜻이 맞이하였다. 태조는 고려로 여행을 온 서역의 중 말라(襪囉)에게 발해를 가리켜 '친척의 나라'·'혼인한 국가'라고까지 말하였던 것이다. 이렇게 적극 포섭한 발해유민들은 당시 북방지역의 영토확장을 위한 정책에 도움이 되었다.

태조는 왕실세력의 기반을 구축하기 위해 서경을 개척하면서 주로 패서(浿西: 지금의 예성강 이북으로부터 대동강 이남지역)지방의 호족들을 사민시켰는데, 패서지방은 왕건의 선대부터 깊은 관계를 맺고 있는 곳으로 태조가 이 지역을 배경으로 성장하였고 또 이 곳의 여러 호족들과 혼인을 맺어 긴밀한 관계를 유지하고 있었던 것이다. 따라서 패서호족들의 사민은 태조자신의 세력기반을 강화하기 위한 목적도 함께 지니고 있었다.

그러나 패서호족의 사민만으로는 평양 이북에서 청천강 이남지역을 개척하기에 부족하였다. 이러한 처지에 이 개척지대를 채워준 것이 바로 고려로 내투한 발해유민들과 발해의 멸망으로 어수선한 가운데 귀화한 여진사람들이었다.

민심을 수습하고 신라·후백제 세력도 포용하다

태조 왕건은 한반도가 후삼국으로 분열된 이후 전란에 고통받

팔공산 전투의 신숭겸 영정
대구 공산(公山)에서 견훤과 싸우다 순직한 태조의 개국공신 신숭겸의 영정. 현재 대구시 지묘동에 있다.

던 민심을 수습하기 위해 적극 나섰다. 태조는 즉위한 다음날 조서에서 "궁예가 백성을 위한 정치를 하지 않고 폭정으로 백성을 괴롭혔기 때문에 멸망한 것"이라며 자신은 '백성을 위한 정치'를 하겠다는 의지를 확실히 하였던 것이다.

태조의 이 같은 의지는 잇따라 내린 태조의 조서 몇몇 군데에서 더 보이고 있다. "국가를 운영하는 데 근검·절약에 힘써 백성들의 경제생활에 혜택이 돌아가도록 하라"고 조서를 내리는가 하면 "내가 즉위한 것은 백성의 추대에 힘입은 것"이라고 강조하였던 것이다. 그리하여 "백성이 안도되기를 바라나 이 어려운 시기에 조세를 감면하고 농상을 권고치 않으면 그것이 어찌 이루어지겠는가"라고 하면서 농민들에게 3년 동안 조세와 부역을 면제해 주고 사방으로 떠돌아다니는 백성은 고향으로 돌아가게 하며 대사면을 내려 모두 휴식하도록 하였다. 이러한 태조의 민심수습정책은 집권 초기에 십일조제도를 통해 드러나는데, 이는 궁예 때와 비교하면 농민들의 조세를 2/3나 감면해 주는 것이었다.

이처럼 민심의 안정을 표방한 태조는 통일정책에 있어서도 평화와 화합을 원칙으로 하였다. 특히 신라에 대해서는 적극적인 회유정책으로 일관하였다. 이는 신라왕실이 세력을 잃고 비록 이름뿐이었다 하더라도 1천 년을 유지해 온 왕실로서의 명분과 권위를 지니고 있다고 판단했기 때문이다. 그리하여 태조 8년에 신라의 고울부(高鬱府: 지금의 영천)장군 능문(能文)이 귀부할 의사를 밝혀 오자 태조는 그 성이 신라 왕도의 입구가 되는 곳이라 하여 위로만 하고 돌려보냈다. 호족세력을 규합하는 것도 중요했지만 그보다는 신라왕실의 환심을 사는 쪽을 택했던 것이다.
　태조가 이렇듯 친신라정책을 추구한 결과 신라의 경순왕(敬順王) 김부가 귀부해 오면서 고려는 신라를 평화롭게 합병할 수 있었다. 뿐만 아니라 두 왕실은 혈연적으로도 관계를 맺게 되는데, 태조가 자신의 딸을 경순왕과 혼인시키고 태조 자신은 경순왕의 백부인 김억렴(金億廉)의 딸과 혼인하였던 것이다. 따라서 신라의 종실에서도 왕비를 맞게 되었는데, 이가 바로 제5비인 신성왕후다.
　또 경순왕이 고려 개경으로 항복해 들어올 때 왕족과 6두품 귀족들을 비롯하여 상하의 신라인들이 집단이주했는데, 고려에서는 이들을 후대하고 벼슬과 전택을 주어 대우하였다.
　태조가 신라와 줄곧 친선관계를 유지하면서 평화적인 합병을 이룬 반면, 후백제와는 잦은 전쟁을 통해 무력으로 맞서는 경우가 많았다. 그리하여 결국 후백제를 공격하여 신검을 항복시킴으로써 마침내 후삼국의 통일을 이룩하게 되지마는, 후백제의 투항세력에게는 역시 회유정책으로 대하였다. 그리하여 후백제 견훤의 사위인 승주의 호족 박영규(朴英規)의 딸과도 태조는 혼인하였던 것이다. 이는 태조가 통일 이후 새로운 질서를 구축함에 있어서도 두 지역과의 화합을 그 바탕으로 하고자 했음을 알 수 있는 대목이다.

이예선

개혁을 위해서는
숙청도 마다하지 않았다

 새로운 왕조가 반석같이 탄탄한 왕권을 확립하는 과정에는 그에 상응하는 노력과 시련이 뒤따르게 마련이다. 고려왕조도 예외가 아니었다. 태조 왕건(王建)이 세상을 떠난 뒤에 왕위를 둘러싼 격렬한 암투가 벌어졌다. 왕권투쟁의 소용돌이 속에서 왕실의 안정은 아직 시기상조였다. 광종(光宗)은 이러한 난국을 극복하고 왕권안정의 목표를 향해 과감한 개혁정책을 펼쳐나갔다.

피나는 투쟁을 통해 왕위에 오르다

 광종은 고려의 4대 임금으로 26년간 재위하였다. 그러나 광종의 등극과정은 그리 순탄하지 못하였다. 태조 왕건이 죽은 뒤에 고려조정은 왕위를 둘러싸고 극심한 투쟁이 전개되었다. 왕건의 큰아들로 2대 임금이 된 혜종(惠宗)부터 문제가 발생했다. 그는 태조의 제2왕비인 장화왕후 오씨 소생으로 광종에게는 이복형이 된다. 태조는 혜종의 외가가 유력한 호족집안이 아니었기 때문에 생전에 늘 근심하였다. 그리하여 호족출신으로 군공을 많이 세운 박술희를 후견인으로 삼아 혜종을 보필하게 하였다.

그러나 혜종이 즉위한 뒤에 태조의 우려는 곧 현실로 나타났다. 왕위를 노리는 세력이 호시탐탐 기회를 노리고 있었기 때문이다. 가장 위협적인 존재는 광주(廣州)의 대호족인 왕규(王規)였다. 왕규는 일찍이 두 딸을 태조에게 출가시켰으며, 그 가운데 한 딸이 광주원군을 낳았다. 이어서 왕규는 다시 한 딸을 혜종에게 시집보냄으로써 고려왕실과 중첩되는 혼인관계를 맺었다.

그런데 왕규는 자신의 외손자인 광주원군을 왕으로 세우고자 두번씩이나 역모를 꾸몄다. 야밤에 몰래 왕의 침실에 자객을 보내 혜종을 해치고자 했으나, 왕이 먼저 알고 침입자를 한 주먹으로 때려 죽여버렸다. 또 한번은 벽에 구멍을 뚫어 암살자를 침실로 잠입케 하였으나, 이미 최지몽(崔知夢)의 예언을 듣고 혜종이 다른 곳으로 옮김으로써 죽음의 고비를 넘겼다. 그러나 놀랍게도 혜종은 왕규의 소행인지 뻔히 알면서도 죄를 묻지 않았다. 다만 날쌘 병사들로 하여금 자신을 호위하게 할 따름이었다. 왕의 신변이 위험에 빠져도 함부로 힐책할 수 없을 만큼 왕권이 약했음을 보여주는 대목이다.

혜종의 이복동생인 요(堯: 뒷날의 정종)와 소(昭: 뒷날의 광종)도 만만치 않은 경쟁자였다. 왕규는 요와 소가 반역하려 한다고 참소하였다. 혜종은 무고임을 알고 더욱 은혜를 두텁게 하였을 뿐만 아니라 자신의 큰딸을 소에게 출가시켜 왕실을 튼튼하게 하고자 하였다.

반역을 꾀하지는 않았지만 요와 소는 왕위계승의 강력한 후보였다. 의심과 두려움에 떨던 혜종은 왕위에 오른 지 불과 3년여 만에 병을 얻어 세상을 떠나고 말았다. 그러자 왕규는 박술희(朴述熙)

를 죽이고 난을 일으키려고 하였다. 이에 요가 태조의 사촌으로서 서경을 지키고 있던 왕식렴(王式廉)의 군대를 서울로 불러들여 왕규를 제거하고 왕관을 차지하였다.

정종의 재위 역시 평탄치 못하였다. 여러 신하의 추대를 받아 즉위하는 형식을 취하긴 했지만, 반발하는 세력도 만만치 않았다. 특히 개경의 문관과 무관이 비우호적이었다. 정종은 이들을 숙청했지만 불안감을 쉽게 떨쳐버릴 수가 없었다. 그래서 서경으로 도읍을 옮겨 새로운 전기를 마련하려 하였다. 그러나 불행하게도 왕위에 오른 지 4년 만에 죽음으로써 천도계획은 실행되지 못하였다.

광종은 정종의 선위를 받아 왕위에 올랐다. 광종은 태조의 제3왕비인 신명왕후 유씨 소생으로 정종의 친동생이다. 그는 형으로부터 왕위를 물려받았음에도 불구하고 왕위계승을 둘러싸고 상당한 무력충돌이 있었던 것 같다. 최승로가 "일찍이 혜종·정종·광종이 서로 왕위를 이을 때 개경과 서경의 문반과 무반이 반이나 죽거나 다쳤다"라고 한 데서 짐작할 수 있다. 어느 정도 과장된 면이 없지는 않겠지만, 혜종에서 정종으로, 정종에서 광종으로의 왕위계승은 피를 동반한 처절한 투쟁 속에서 이루어졌음을 알 수 있다.

개혁에도 준비가 필요했다

이렇듯 어수선한 분위기에서 즉위한 광종의 최대 과제는 왕권의 안정이었다. 하지만 모든 일에는 순서가 있듯이 처음부터 왕권강화정책을 밀고 나갈 수는 없었다. 개혁을 위한 사전 정지작업이 필요하였다. 처음 즉위부터 7년까지는 2보전진을 위한 1보후퇴의 시기였다. 우선 온건한 방법으로 호족세력을 무마해 나갔다. 광종은 즉위한 해에 건국 초기에 공이 많은 자를 선정하여 등급을 나누어 해마다 쌀 25~12석씩을 하사하였다. 국초에 공을 세운 자들은 대체로 호족세력이었으므로 이들을 회유하기 위한 정책이었다.

또한 광덕이라는 독자적인 연호를 세우는 한편으로, 중국의 후주(後周)와 긴밀한 외교관계를 맺었다. 이는 국왕 자신의 지위 뿐 아니라 대외적으로 고려의 국제적인 위상을 높이는 데 도움이 되었다. 고려 이전에 우리나라에서 독자적인 연호를 사용한 적은 별로 없었다. 고구려 광개토왕이 영락이라는 연호를 처음 사용한 이래로 신라 법흥왕 등이 잠깐씩 썼을 뿐이었다. 고려의 전신인 마진과 태봉에서도 연호를 사용하긴 했지만 후삼국으로 분열되어 있었던 시기였으므로 큰 의미를 부여하기는 어렵다. 안으로는 호족의 이익을 어느 정도 보장해 주면서 우호적인 관계를 유지하고, 밖으로는 자주적이면서도 실속있는 외교노선을 추구해 나갔던 것이다.

왕권강화를 위한 초석은 어느 정도 마련되었다. 본격적으로 개혁의 칼을 뽑을 시기가 도래하였다. 광종 7년부터 11년까지 새로운 제도가 속속 시행되었다. 광종 7년(956)에 시행한 노비안검법(奴婢按檢法)은 그 신호탄이 되었다. 표면적으로는 본래 양인이었다가 노비가 된 자를 조사하여 다시 양인으로 되돌리는 제도였다. 그러나 내면적으로는 다른 목적이 있었다. 호족들은 후삼국시대의 혼란기에 포로의 획득이나 전쟁으로 인해 재해를 입은 사람들을 노비로 삼아 부려왔다. 이들은 호족들의 경제적·군사적인 기반이 되어 왕권강화에 걸림돌로 작용하였다. 더군다나 많은 양인이 노비가 되어 호족의 휘하에 들어가게 됨으로써 국가재정의 기반이 되는 양인층이 줄어드는 폐단을 낳았다. 형식적으로는 노비가 된 양인을 구제하여 준다는 것이지만, 결국 호족들의 힘을 약화시키는 조처였다. 노비안검법의 시행 이후 노비로서 주인을 배반한 자가 이루 헤아릴 수 없었다고 한 것으로 보아 상당히 효과를 본 것 같다.

광종 9년 후주에서 귀화해 온 쌍기(雙冀)의 건의로 시행된 과거제 또한 왕권강화책의 하나였다. 과거라는 시험을 통해 새로운 관리들을 뽑게 됨으로써 고려 개국 이래의 무장과 공신들의 비중을 줄일 수 있게 되었다. 물론 광종대에 과거를 통해 뽑힌 인원이 39명에 지나지 않았고, 과거급제 이후 곧장 개혁 추진세력으로서 영향력을 발휘했다고 단정하기는 어려운 한계성이 있다 하여도 실력에 의한 신진관료의 충원을 통해 측근세력을 확보할 수 있는 제도적 장치가 마련되었다는 점에 의의가 있다.

광종 11년에는 백관의 공복(公服: 벼슬아치들의 제복)이 제정되었다. 관리들을 등급에 따라 붉은색·초록색 등의 색깔로 구분하여 공복을 입도록 한 제도이다. 공복의 차별적인 구분을 통해 관료들의 위계를 체계화했던 것이다. 왕권의 안정없이는 어려웠을 것임은 두말 할 필요가 없다.

그런데 광종의 개혁정책 추진의 중심에는 '비재(非才)'·'후생(後生)'·'남북의 용인(庸人)' 등으로 불린 주도세력이 있었다. 비재나 후생은 모두 재주가 없고 용렬한 사람을 일컫는 표현이다. 개국 이래의 관료가 아니라 새로이 등장한 신진세력을 지칭한 것이다. 남북의 용인은 대개 후백제와 발해계통, 혹은 중국에서 귀화한 인물로 해석되고 있다.

광종대 개혁 추진세력은 개국공신이나 호족 계열과는 계통이 다른 새로운 집단이었다. 신진세력에 의한 개혁은 구세력들의 반발을 사기에 충분하였을 것이다. 따라서 이들을 깎아내려 불렀다고 생각된다. 광종은 기득권을 가진 대호족과는 달리 특별한 이해관계를 가지지 않은 '후생'이나 군소호족들을 앞세워 개혁정책을 강력히 밀고 나갔다.

개국공신으로 대표되는 호족세력의 반발은 자연스러운 현상이었다. 당시 재상이었던 서필(徐弼)은 광종이 귀화인들을 지나치게 우대한다고 불만을 토로하였다. 광종은 귀화해 온 중국사람을 특별히 우대하여, 심지어는 신하들의 집을 빼앗아 그들에게 주기도 하였다. 서필은 귀화인들이 관직도 가려 제수받고 집도 골라서 거처하므로, 세신(世臣)과 고가(故家)가 있을 데가 없다고 호소하면서 차라리 자신의 집도 가져가라 하였다. 광종은 이 말을 듣고 깊이 깨달은 바가 있어 이후로는 신하들의 집을 빼앗지 않았다. 대대로 내려온 신료집단이 신진세력의 등장과 득세에 상당히 위축되었음을 잘 보여주는 사례이다.

숙청을 통해 개혁을 마무리하다

노비안검법·과거제도·공복제정은 법제적인 측면에서의 왕권강화책이었다. 그러나 광종대의 개혁은 여기에서 끝나지 않았다. 제도적인 조치들은 서막에 불과하였다. 광종 11년(960)부터 강력한 숙청작업이 시작되었다. 평농서사(評農書史) 권신(權信)이 대상(大相: 4품의 관계) 준홍(俊弘)과 좌승(佐丞: 3품의 관계) 왕동(王同) 등이 반역을 도모했다고 참소하자, 이들을 귀양보낸 것을 필두로 하여 무자비한 숙청이 감행되었다. 감옥이 항상 차고 넘쳐서 따로 임시감옥까지 만들 지경에 이르렀다. 간신이 충직하고 선량한 사람을 무고하고, 종이 주인을 고소하고, 자식은 부모를 참소하는 풍조가 만연했으며, 죄없이 죽음을 당한 자가 많았다고 한다.

개국공신인 박수경(朴守卿)도 숙청의 소용돌이를 피해 가지 못하였다. 그는 태조가 역분전을 제정할 때 다른 신하와는 달리 특별히 토지 200결을 하사할 정도로 총애를 받았을 뿐만 아니라 태조의 부인인 몽량원부인은 그의 딸이었다. 또한 정종이 왕위에 오른 초기에도 내란을 평정하는 데 공로가 많았다. 그러나 광종이 대대적인 숙청을 전개하는 과정에서 아들인 승위·승경·승례가 참소를 입어 투옥되자, 근심스럽고 분하여 화병으로 죽었다. 광종은 구신(舊臣)·숙장(宿將)이라 하더라도 왕의 권위에 굴복하지 않으면 누구라도 용서하지 않았던 것이다.

광종의 개혁정책은 철저한 사전대비가 있었다. 무력적인 기반과 사상적인 지원이 측면에서 보강되었다. 대대적인 숙청과 더불어 시위군(侍衛軍)이 크게 강화되었다. 지방에서 풍채있는 자를 뽑아 시위군에 충당시킴으로써 군사적인 기반을 조성하였다. 아울러 광종 11년에는 순군부(徇軍部)는 군부(軍部)로, 내군(內軍)은 장위부(掌衛部)로 개편하는 등 군사제도의 개혁이 단행되었다. 호족들이 불평하면서도 전면에 나서지 못한 것은 무시 못할 무력적 기반이 있었기 때문이다. 경종이 즉위하였을 때 옛 신하로서 살아남은 자가 40여 명뿐이었다는 사실은 광종대의 숙청이 얼마나 철저했는지 잘 보여준다.

사상적인 측면에서의 지원도 간과할 수 없다. 광종은 불교를 적절히 왕권확립에 이용하였다. 어떤 사람은 광종이 말년에 불교에 심취한 이유는 죄없는 사람들을 너무 많이 죽였기 때문이라고 한다. 그러나 광종은 죄를 씻기 위해 불교에 빠져든 것이 아니라 불교라는 종교까지도 왕권강화에 적극적으로 활용하였다.

이것은 균여(均如)와의 관계에서 잘 드러난다. 균여는 잘 알려져 있듯이 '성상융회(性相融會)'를 통해 화엄종과 법상종의 사상을 융합시키려 한 당대의 고승이다. '성상융회' 사상이 여러 종파를 하나로 융화시키듯이, 왕권이라는 구심점으로 모든 세력을 규합시키려는 정치적인 의도가 깔려 있다. 광종은 귀법사를 창건하여 균여를 주지로 삼아 개혁정책의 지지 내지 후원을 얻으려 하였다.

이후 귀법사에는 제위보가 설치되었으며, 다른 절에서 열리던 무차대회와 수륙회도 귀법사로 옮겨졌다. 빈민의 구제기관인 제위보나 널리 대중을 상대로 하여 잔치를 베풀며 물품을 나누어주는 무차대회나 수륙회가 귀법사에 설치되었다는 것은 상당한 의미가 있다. 최승로에 의하면 무차대회와 수륙회에는 부모와 주인을 배반한 자와 노비·범죄자·떠돌이 걸인들이 모여들었다고 한다. 이를 거꾸로 해석하면, 광종의 개혁에 반대하여 불만을 터뜨리는 부모를 관청에 고발한 자, 노비안검법의 시행을 반대하는 주인을 가진 노비, 호족을 참소한 무리, 노비에서 해방된 양인이라고 볼 수도 있다.

광종이 귀법사를 창건한 후 제위보를 설치하고 무차대회와 수륙회를 개설한 것은, 개혁추진 사업을 적극적으로 성원해 주는 사회적 지지세력을 획득함과 동시에 그 세력을 유지·보호하는 데 주된 목적이 있었다고 이해된다. 광종은 불교라는 신앙도 정치적으로 적극 활용하여 왕권의 기틀을 다지는 데 하나의 방편으로 삼았던 것이다.

균여와의 첫 인연 또한 범상치 않다. 후주가 사신을 파견하여 광종을 책봉하려 할 때 장마가 계속되어 의례를 행하지 못하였다. 이 때 균여가 날이 개이기를 비는 기청제(祈晴祭)를 지내자 바람과 구름이 걷히면서 해가 솟아나왔다 한다.

중국으로부터 정식으로 책봉을 받는다는 사실은 왕권의 정통을 인정받는다는 뜻이므로 왕권확립에 상당한 의미를 부여할 수 있다. 이렇듯 중요한 시기에 균여가 큰 역할을 함으로써 그와 광종 사이에는 이미 두터운 교분이 이루어졌다. 이 인연이 지속되면서 균여로 대표되는 불교측의 사상적인 지원이 광종의 전제정치의 확립에 힘을 실어주었던 것이다.

광종은 평생을 왕권확립의 목표를 향해 살았다고 해도 과언이 아니다. 처음에는 호족세력에 대한 회유와 무마책으로 정권을 안정시킨 뒤에 제도적인 보완을 거쳐 대대적인 숙청으로 개혁을 마무리지었다. 그로 인해 고려왕조의 기반이 다져졌다. 혜종·정종대의 혼란한 정국을 수습하고 강력한 호족세력을 굴복시킴으로써 명실상부한 왕권의 안정을 가져왔던 것이다.

그러나 개인적으로는 행복하지 못하였다. 자신의 무자비한 탄압에 대한 비난과 반발을 근심한 나머지 노년으로 갈수록 의심과 불안이 심해졌다. 심지어는 하나뿐인 아들 주(伷: 뒷날의 경종)까지도 가까이 오지 못하게 할 정도였다.

그렇지만 고려왕조의 확립에 기여한 광종의 역할은 높이 평가할 만하다. 광종대의 왕권강화정책의 뿌리는 경종·성종대의 체제정비를 통해 귀족사회의 형성으로 결실을 맺게 된다.

김난옥

나라의 기틀을 확고히 한
성종

고려의 지배체제를 정비하다

고려시대나 조선시대 국가의 왕은 죽은 뒤에 시호(諡號)를 받았다. 그 시호는 조정중신들이 왕의 업적을 참고하여 결정하는 것이었다. 우리가 알고 있는 역대 왕들의 명칭은 다 이 시호들이다. 원래 이름은 따로 있었던 것이다. 따라서 성종(成宗)이란 시호를 받은 왕은 대개 그 나라의 기틀을 이룩했다는 의미에서 붙여진 것이었다. 고려의 성종도 마찬가지였다. 『고려사절요』의 찬자도 성종은 "성품이 엄정하고 도량이 넓어 법을 세우고 제도를 정하는 데 절의(節義)를 숭상했으며 현명한 선비를 구하고 백성들을 구휼하여 정치가 볼 만한 것이 있었다"라고 평하고 있는 것이다.

성종이 의도했던 정치는 유교적 중앙집권체제의 완비였다. 우선 그는 불교의 폐단을 시정하고 유교적인 제도와 문물을 정비하려 했다. 그는 성종 3년(984) 자기 집을 희사하여 사원으로 만드는 폐단을 금지하였다. 성종 6년에는 불교의 큰 행사였던 팔관회(八關會)를 폐지하였다.

한편 성종 2년에는 원구단(圓丘壇)을 설치하여 풍년을 빌었으며 농사의 시범을 보이기 위해 적전(籍田)을 갈고 농사의 신인 신농씨(神農氏)를 제사하였다. 동왕 4년에는 오복(五服)제도를 실시하고 그에 따른 휴가제를 마련하였다. 오복이란 사람이 죽었을 때 유교적 의례에 따라 상복을 입을 수 있는 기간을 5단계로 나누고 각각에 따른 친족의 범위를 정한 것이다. 동왕 5년에는 가난한 백성들에게 쌀을 나누어주기 위해 의창(義倉)제도를 마련하였다. 동왕 9년 전국의 효자와 순손(順孫)·의부(義夫)·절부(節婦) 등을 찾아내어 포상을 하였다. 동왕 12년에는 물가조절기관인 상평창(常平倉)을 설치하기도 하였다.

그가 가장 치중한 것은 중앙집권적인 제도의 정비였다. 우선 그는 중앙의 관제를 정비하였다. 당나라의 3성(省)·6부(部)체제를 모방하여 국초의 광평성(廣評省)과 내의성(內議省)의 기능을 합쳐 내사문하성(內史門下省:뒤의 中書門下省)으로 하였으며 내봉성(內奉省)의 기능을 계승한 상서도성(尙書都省)을 설치하였다. 정사의 업무를 6개 부서로 나누어 관할하게 하는 조치도 취하였다. 당의 문산계(文散階)·무산계(武散階)를 도입하여 관리들의 서열체계도 확립하였다.

성종의 중앙집권정책은 군현제의 정비로도 나타났다. 성종 2년 전국의 주요한 지역 12곳에 외관을 파견하는 조치를 취하였다. 양주(楊州)·광주(廣州)·충주(忠州)·청주(淸州)·공주(公州)·해주(海州)·진주(晋州)·상주(尙州)·전주(全州)·나주(羅州)·승주(昇州)·황주(黃州) 등지에 주목(州牧)이란 외관을 파견했던 것이다. 이는 지방의 토호세력을 억제하고 중앙의 명령을 지방에까지 효과적으로 전파하기 위함이었다.

시무28조
성종에 의해 가납(嘉納)된 최승로의 시무28조

각 지역의 지방관아에는 공해전(公廨田)이 지급되었다. 공해전은 지방관청에서 소요되는 경비를 충당하기 위한 토지였다. 여기에는 공수전(公須田)·지전(紙田)·장전(長田) 등이 있었다. 공수전은 말 그대로 지방관청을 운영하는 데 드는 비용을 조달하기 위한 토지이며 지전은 사무용지에 대한 토지였다. 그리고 장전은 그 지역의 장(長)에게 지급된 일종의 직무수당이었다.

또 지방의 향리직 명칭을 개정하였다. 지방관청의 각 부서인 병부(兵部)·창부(倉部)를 사병(司兵)·사창(司倉)으로 고치는 한편 당대등(堂大等)·대등(大等) 등의 직명을 호장(戶長)·부호장(副戶長) 등으로 개명하였다. 이로써 지방과 중앙의 차이를 확실히 하였다.

이러한 군현제의 개편은 성종 14년(995)에 다시 한번 대대적으로 이루어졌다. 우선 성종은 전국을 10도(道)로 나누었다. 전국에 군단위의 행정구역 명칭을 없애고 주현제(州縣制)를 실시하였다. 전국의 각 지역에 많은 외관을 파견하기도 하였다. 기록에 따르면 이 때 파견된 외관의 수는 유수(留守) 2, 도호부사(都護府使) 4, 절도사(節度使) 12, 도단련사(都團練使) 7, 단련사(團練使) 11, 방어사(防禦使) 15, 자사(刺史) 15 등 66인이었다.

이 때의 군현제 개편은 당의 것을 많이 모방하였다. 10도제의 실시나 주현제가 당에서 행해졌던 것이었다. 외관의 명칭도 대부분 당나라의 것을 그대로 차용하였다. 또 이 때의 개편은 북방민족의 침입에 대비하기 위한 목적이 있었다. 이미 성종 12년 거란의 침입을 당한 바 있었던 성종은 전국을 군사적인 편제로 편성하였다. 그리하여 북방에는 군사적 성격이 강한 방어사를 파견하였고, 중부지역에는 도단련사·단련사를, 그리고 남방지역에는 행정적 성격이 강한 자사를 파견하였다.

충성스런 유교적 관리를 선발하기 위해 교육제도와 과거제도도 정비하였다. 그는 지방의 주·군·현으로 하여금 자제들을 뽑아 서울에 올려 교육하도록 하였다. 성종 6년에는 12목에 경학박사(經學博士)·의학박사(醫學博士) 각 1인을 파견하여 지방의 자제들을 가르치게 하였다. 동왕 8년(989)에는 문신들과 지방의 경학박사들에게 교육에 힘써 줄 것을 당부하고 이를 인사에 반영할 것이라 밝히기도 하였다.

그는 교육을 충실하게 하기 위해 학교를 설립하기도 하였다. 성종 11년 경치 좋은 곳에 학교를 설립하고 국자감(國子監)을 창설하도록 하였다. 물론 이 때 처음 국자감이 창설된 것은 아니고 이는 국자감의 확대·정비를 뜻하는 것이었다. 이처럼 성종은 교육에 큰 관심을 기울였음을 알 수 있다.

그는 과거제도도 강화하였다. 성종 2년 최종고시인 예부시(禮部試) 합격자들을 왕이 다시 시험하는 복시(覆試)를 실시하였다. 과거도 거의 매년 실시하다시피 하였다. 그리고 그 합격인원수도 증가시켰다. 인재의 확보를 위해 천거제도 실시하였다. 지방관으로 하여금 경전에 밝고 효성스런 자를 천거하도록 했으며 경관(京官) 5품 이상은 의무적으로 1인씩을 천거토록 하기도 하였다.

이 같은 제도적 정비를 통해 그는 유교적 이상국가를 만들고자 했다. 이는 그가 내린 조서에서도 엿볼 수 있다. 그는 "주공(周公: 주나라 무왕의 동생으로 조카인 成王을 도와 나라를 확고히 했음)과 공자의 풍교(風敎)를 일으켜 요(堯)와 순(舜)임금의 정치를 본받고자" 했던 것이다.

최승로의 시무책과 유교적 정치이념

성종이 이 같은 체제정비를 할 수 있었던 것은 유학자들의 건의와 협조에 힘입은 바가 컸다. 성종은 즉위하자마자 5품 이상의 중앙관리들에게 봉사(封事)를 올려 시정(時政)의 득실을 논하게 했다. 이 명에 따라 여러 봉사문이 올라왔다. 그 가운데 최승로(崔承老)의 것이 채택되어 기록에 남아 있다. 그가 올린 봉사의 내용은 크게 세 부분으로 구성되어 있다.

첫째 부분은 그가 봉사를 올리게 된 배경과 의미에 대해 기술하고 있다. 그가 봉사를 올리게 된 것은 당의 사신(史臣)이었던 오긍(吳兢)이 『정관정요(貞觀政要)』를 편찬하여 현종(玄宗)에게 올린 뜻과 같다고 하였다. 즉 전대의 훌륭한 정치를 본받아 국가를 발전시키겠다는 일념에서 봉사를 올린다고 기술하고 있다.

둘째 부분은 태조로부터 경종에 이르는 다섯 왕의 치적에 대한 평을 하고 있다. 이 부분을 흔히 '5조정적평(五朝政績評)'이라 부르고 있다. 그는 이 다섯 왕들을 모시면서 듣고 보아온 것을 자세히 적고 있다. 단순히 잘한 점만을 열거한 것이 아니라 잘못한 점까지도 기술하고 있다. 다시 잘못을 되풀이하지 말라는 뜻에서였다. 여기서 그가 말하고자 한 요체는 군주가 항상 겸손한 마음으로 신하를 대하며 넓은 마음으로 만백성을 포용해야 한다는 것이었다. 즉 군주는 인(仁)과 예(禮)를 갖추고 덕치(德治)를 해야 한다는 것이었다.

마지막 부분은 성종이 힘써 개혁해야 할 부분을 적고 있다. 이른바 시무(時務) 28조인 것이다. 그러나 현재는 22개 조항만 남아 있고 6개 조항은 유실되었다. 22개 조항의 내용을 분석해 보면 몇 개의 부류로 나누어 볼 수 있다. 우선 그는 유교적 정치이념을 가지고 있었기 때문에 불교에 대한 비판을 하고 있다. 임금이 공덕재(功德齋: 부처님에게 공덕을 쌓음으로써 복을 받게 해달라는 불교행사)를 위하여 백성들의 고혈을 짜내지 말 것과 불보(佛寶: 그 이자로 불교행사를 하기 위해 설치한 재단)의 폐단, 승려들의 횡포와 사원의 남설, 금·은으로 불상을 조성하는 행위 등을 비판하였다.

그러나 그는 불교 자체를 비판한 것이 아니었다. 불교의 사치스런 행사와 이로 인한 민생의 피폐, 국고의 낭비를 경계한 것이다. 그리하여 그는 결국 "불교를 믿는 것은 수신의 근본[修身之本]이요, 유교를 행하는 것은 나라를 다스리는 근원[理國之源]"이라 하였다.

이 같은 그의 태도는 그의 출생 및 성장과정과 관련이 있다. 그는 아버지 최은함(崔殷諴)이 오랫동안 자식이 없었는데 중생사(衆生寺)에 가서 기도한 뒤에 태어났다. 또 견훤의 신라침공시에도 중생사 관음보살의 보살핌으로 살 수 있었다고 『삼국유사』는 전하고 있다. 때문에 그나 그의 집안은 불교의 영향력에서 벗어날 수 없었던 것이다.

다음으로 그는 중앙집권적인 정치형태를 논하였다. 그는 7조에서 지방의 주요한 몇 곳에 수령을 파견할 것을 건의하고 있다. 또 17조에서는 지방의 토호들이 분에 넘치게 호화주택을 짓는 것을 금해야 한다고 하였다. 그러나 왕이 모든 권력을 갖고 전제정치를 하는 것은 반대하였다. 궁중에 있는 시위군(侍衛軍)과 노비들을 줄이고 신하들을 예우해 주어야 한다고 하였다. 삼한공신(三韓功臣: 고려가 후삼국을 통일하는 데 기여한 공신명칭)과 세가(世家)의 자손들에게 관직을 줄 것도 청하였다. 또 백관과 평민들은 차이가 있어야 한다고 하여 신분질서의 확립을 주장하였다.

그는 또 제도나 풍습 등은 반드시 중국의 것을 따를 필요가 없다고 하였다. 예악(禮樂)이나 군신간의 도리같이 좋은 것은 중국의 것을 본받을 필요가 있으나 거마·의복 등의 제도는 본국의 풍속을 따르는 것이 좋다 하였다. 같은 맥락에서 중국에 보내는 사신의 횟수와 인원수도 줄이자고 하였다. 그는 유학자였지만 무조건적으로 중국을 섬기지는 않았다. 나름대로 자주적인 의식을 갖고 있었던 것이다. 이는 그가 중국에 유학하지 않고 국내에서 공부하였기 때문이 아닌가 한다.

결국 그가 올린 봉사의 핵심은 유교정치 이념에 입각한 중앙집권적 귀족정치를 행하자는 데 있었다. 따라서 군주를 정점으로 하되 중앙의 귀족들이 주로 정치를 해나가는 정치형태를 구상하였던 것이다.

최승로 이외에 이양(李陽)이나 김심언(金審言) 같은 유학자도 성종의 유교정치에 도움을 주었다. 이양은 성종 7년(988) 봉사를 올려 세 가지 일을 건의하였다. 첫째는 월령(月令:매달 행해야 할 하늘의 명령이란 뜻으로 『禮記』 월령조에 나와 있음)에 따라 입춘전에 토우(土牛:흙으로 만든 소)를 내어 농사철의 늦고 이름을 알리자는 것이요, 둘째는 주례(周禮)에 의거하여 왕후가 왕에게 곡식종자를 바치는 헌종의(獻種儀)를 행하자는 것이었다. 마지막으로 그는 월령에 의하여 정월 중순 이후에는 제사에 쓰기 위하여 암컷을 잡지 말며 벌목을 금지하고 새끼짐승과 알 품은 새를 잡지 말고 많은 사람을 동원하지 말자고 주장하였다.

김심언은 성종 9년(990) 2개 조항의 봉사를 올렸다. 첫째는 6정(正) 6사(邪)와 자사(刺史) 6조에 따른 지방관의 복무태도를 확립하자는 것이었다. 둘째는 서경에 사헌(司憲) 1인을 두어 관리들의 비위를 감찰하자는 것이었다. 여기서 6정 6사는 『설원(說苑)』이란 책에 나오는 것으로 여섯 부류의 올바른 신하와 사악한 신하를 가리키는 것이다. 자사 6조는 지방관이 지켜야 할 여섯 가지 덕목이다.

이양이나 김심언 역시 요체는 유교적 의례에 따라 지방을 다스리고 백성들을 통치해야 한다는 것이었다. 즉 중앙집권적인 통치를 권장하고 있었던 것이다.

귀족적 정치사회의 기틀이 형성되다

이러한 성종의 유교정책에 따라 이 시기의 관료들도 신라계 유신(儒臣)이나 과거합격자들이 주류를 이루었다. 최승로를 비롯하여 성종 12년 내사시랑(內史侍郞:내사문하성의 차관급으로 정2품에 해당)까지 지냈던 최양(崔亮), 성종 12년과 15년에 지공거(知貢擧: 과거시험 출제관)를 지냈던 최섬(崔暹), 형관어사(刑官御事:뒤의 刑部의 장관에 해당하는 직으로 정3품에 해당)를 지낸 설신우(薛神祐) 등은 신라 6두품 계열이었다. 또 서희(徐熙)·백사유(白思柔)·유방헌(柳邦憲)·김심언·정우현(鄭又玄) 등은 과거출신자였다. 서희는 광종 11년 과거에 합격하였고 백사유는 광종 24년, 유방헌은 광종 23년, 김심언과 정우현은 성종대 과거에 합격한 자들이었다. 이외에 배향공신(配享功臣: 왕이 죽은 뒤 그 태묘에 함께 모신 공신)에 책봉되었던 이몽유(李夢游), 성종 즉위시 내사령(內史令: 내사문하성의 장관으로 종1품에 해당)이 되었던 최지몽(崔知夢)이나 중추원사(中樞院使: 중추원의 장관으로 종2품)를 지낸 한언공(韓彦恭)·이양, 성종 3년 형관어사를 지낸 이겸의(李謙宜) 등의 유학자도 있었다.

이들 가문은 성종대 무렵이 되면 서서히 중앙귀족적 성격을 띠기 시작하였다. 이제 중앙에서의 관직을 바탕으로 지방과의 관계를 끊고서도 생활할 수 있는 기반을 닦게 되었다.

그들 가운데는 관직의 세습을 통하여 하나의 문벌가문을 이룩한 경우가 많았다. 우선 경주최씨였던 최승로 가문의 예를 들 수 있다. 최승로는 성종대 영달했을 뿐 아니라 그의 아들 최숙(崔肅)과 손자 최제안(崔齊顔) 등이 계속 높은 벼슬에 올라 가문을 이어갔다. 한언공의 장단한씨(長湍韓氏), 이겸의의 청주이씨(淸州李氏) 등도 계속 번영하였다. 서희의 이천서씨(利川徐氏)는 이미 그의 아버지 서필(徐弼)대부터 기틀을 잡았다. 그의 아들 서눌(徐訥)은 현종대 최고벼슬인 문하시중(門下侍中)까지 지냈던 것이다.

관직의 세습을 가능케 한 음서(蔭敍)제도도 이 무렵에 생겨난 것 같다. 음서에 대한 실제적인 사료는 목종 즉위년 처음 보이지만 이미 성종대에 이 제도는 정착된 것으로 보는 것이 타당하다. 5품 이상의 관료들에게 특별대우를 한 사례가 여럿 보이기 때문이다.

전시과(田柴科: 관직의 품계에 따라 田과 땔나무를 할 수 있는 柴地를 준 제도)는 물론이고 경제적 부의 세습을 가능케 한 공음전(功蔭田)의 존재도 이 때 마련된 것으로 보인다. 공음전의 기록 역시 현종 12년(1021) 처음 보이지만 이 무렵에 형성된 것이 아닌가 한다. 예컨대 성종 원년(982) 최지몽을 홍문숭화치리공신(弘文崇化致理功臣)에 봉하고 성종 7년 최승로를 청하후(淸河侯)에 봉할 때 공음전 같은 토지를 준 것이 아닌가 하는 것이다.

이제 성종대의 유교적 중앙집권정책의 결과로 중앙에서는 귀족적 성격을 가진 가문들이 나타나기 시작했다. 고려사회를 특징짓는 요소들이 자리를 잡게 되었던 것이다. 이런 의미에서 고려 성종대는 시호가 보여주는 바와 같이 고려사회의 기틀이 어느 정도 이룩된 시기였다 하겠다.

김갑동

불운함 속에서 일어난
현종

고려 8번째 왕인 현종(顯宗)의 어렸을 적 이름은 순(詢)이고 대량원군(大良院君)으로 봉해지기도 했다. 그는 왕이 되기 전까지의 청년시절을 다른 사람들은 경험하지 못할 많은 어려움으로 보냈고 왕이 되어서도 거란족이 세운 요(遼)의 침입으로 인하여 피난을 떠나면서 온갖 고난과 역경을 경험했다. 그러나 전쟁을 극복하고 나서, 이후 고려 전성기의 기초가 되는 제도들을 만들어 갔다. 또한 현종 치세시기에는 고려사회의 특징이라고 할 수 있는 문벌귀족들이 등장하기 시작하는 때로써 현종은 이들 세력과 함께 자신의 정치를 펴나갔다.

어머니를 죽이면서 태어난 현종

현종은 고려를 건국한 태조 왕건의 아들인 안종(安宗) 욱(郁)과 헌정왕후(獻貞王后) 황보씨(皇甫氏) 사이에서 태어났다. 헌정왕후가 자신의 모계 성씨를 따라서 황보씨로 불려지고 있었지만, 실제로는 역시 왕건의 아들인 대종(戴宗) 욱(旭)의 딸이었으므로 안종과 헌정왕후는 삼촌과 조카 사이였다. 고려시대에는 혈족끼리의 혼인이 자주 있었고 특히 왕실에서는 어머니만 다르면 남매간에도 혼인이 이루어졌기 때문에 안종과 헌정왕후의 관계는 그 당시 문제가 되지 않았다. 그러나 헌정왕후는 고려 5대 왕인 경종(景宗)의 부인으로 남편이 죽은 뒤에 왕궁 밖 자신의 집에 나와 살면서 안종과 가깝게 지내다가 아이를 낳은 것이어서 당시 사회에서도 파장이 일 수밖에 없었다.

이들 사이의 관계는 헌정왕후가 안종의 집에서 자고 있던 중에 안종의 가인(家人)이 집안의 뜰에 땔나무를 쌓아놓고 불을 지르자 백관들이 달려와 구하고 당시 임금이었던 성종(成宗)이 와서 위문하는 중에 밝혀졌다. 이 때문에 안종은 사수현(泗水縣: 지금의 경남 사천)으로 유배되었고 헌정왕후는 울면서 집으로 향하던 중 산기가 있어 자신의 집 대문 앞에 있는 버들가지를 잡고 아이를 낳은 뒤에 죽었다. 성종은 아이를 위해 유모를 구해 양육토록 했는데, 유모는 아이가 2살이 되었을 때부터 항상 '아버지'란 말을 가르쳤다. 어느 날 성종이 아이를 불러 살폈더니 아이가 포대기에 쌓인 채 성종을 바라보면서 아버지라고 부르고 또 무릎 위로 기어가 옷을 당기면서 아버지라고 다시 불렀다. 성종은 눈물을 흘릴 정도로 가련해 하며 "아이가 아버지를 그리워하는구나" 하면서 사수현에 있는 안종에게 보내도록 했다.

즉위 이전까지의 징조와 고난

현종에게는 즉위하기 전 왕이 될 것이라는 많은 징조가 나타났다. 우선 어머니인 헌정왕후가 경종이 죽은 뒤에 대궐에서 나와 살던 중 어느 날 곡령(鵠嶺)이라는 곳에 올라 오줌을 누니 그것이 온 나라안에 넘치고 다시 오줌이 모두 변하여 은빛 바다가 되는 꿈을 꾸었다. 점을 쳐보니 "아들을 낳으면 왕이 되어 한 나라를 소유하게 될 것이다"라 하는 것이었다. 헌정왕후는 "나는 이미 과부이므로 어떻게 아들을 낳겠는가"라고 했지만 이후 안종과의 관계에서 현종을 낳게 되었다.

또 현종의 아버지인 안종은 일찍이 글을 잘 짓고 지리에도 정통했는데, 어느 날 현종에게 금 한 주머니를 주면서 "내가 죽거든 이 금을 술사(術師)에게 주고 나를 이 마을의 성황당 남쪽 귀룡동(歸龍洞)에 묻도록 하는데 반드시 엎어서 묻도록 하라"고 하였다. 현종이 5살 때 안종이 죽으니, 그는 아버지가 시킨 대로 묻도록 하였다. 술사는 "어찌 그렇게 급한가" 하면서도 원하는 대로 안종을 묻어주었다고 하는데, 그가 묻힌 땅은 후손이 왕이 될 수 있는 곳이었으며 엎어져서 묻히면 그 일이 더 빨리 이루어진다는 것이었다.

한편 현종도 왕이 될 것을 예언하는 꿈을 꾸게 되는데, 그것은 자신의 이모이자 고려 7대 왕인 목종(穆宗)의 어머니인 천추태후(千秋太后)의 핍박을 받아 삼각산(三角山) 신혈사(神穴寺)에서 스님 노릇을 하고 있을 때였다. 어느날 꿈에 닭 우는 소리와 다듬이 소리를 듣게 되는데, 술사가 속담으로 해몽하기를, "닭울음은 꼬끼오(高貴位)이고 다듬이 소리는 어근당(御近堂)이니, 높고 귀한 자리인 왕의 자리에 오르게 될 것을 의미한다"라고 하였다.

물론 이러한 징조들은 현종이 왕이 된 뒤에 만들어진 것일 가능성이 높다. 헌정왕후가 꾸었다는 꿈도 신라시대에 김유신의 누이로 김춘추에게 시집간 문희(文姬)가 자신의 언니에게 산 꿈과 유사하고, 안종을 엎어 묻은 일도 현종이 5살의 나이로 아버지의 유지를 얼마나 이해하고 따를 수 있었는가를 생각한다면 말이다.

그러면 현종은 어떻게 왕위에 오를 수 있었을까? 목종의 어머니인 천추태후는 자신의 외족(外族)인 김치양(金致陽)과 사통하여 아들을 낳은 뒤에 김치양과의 사이에서 난 아들을 목종의 후계자로 삼으려 하였다. 그래서 현종이 12살이 되는 목종 6년(1003)에 그를 위협하여 억지로 머리를 깎고 스님이 되도록 한다.

천추태후가 현종을 핍박한 것은 현종이 목종의 뒤를 이을 가능성이 높았기 때문이다. 물론 현종이 즉위할 당시 현종만이 유일한 태조의 손자였기 때문이라 전하고 있지만 사실 태조의 아들로 광종(光宗) 때 반역의 뜻을 품고 있다고 해서 죽임을 당한 효은태자(孝隱太子)의 아들 임(琳)과 정(禎)이 현종 초에 작위와 노비·토지를 받았던 것을 보면 현종만이 당시 생존한 태조의 손자는 아니었다.

임과 정 이외에도 태조의 자손으로써 생존해 있는 자들이 전혀 없지는 않았을 것이라고 생각되는 이 때 현종의 즉위를 용이하게 해준 다른 조건은 없었던 것일까? 그것에 대해서 왕실내의 혼인관계를 통해 설명하려는 의견들이 있다. 즉 4대 광종 때부터 7대 목종까지의 혼인관계와 왕위계승 관계에서 몇 가지 원칙을 찾을 수 있는데, 혼인이 태조의 많은 왕비가문 가운데 충주유씨(忠州劉氏) 및 황주(黃州) 황보씨 가계와 연속으로 나타나고 왕위계승도 이 두 가계에서 교대로 계승되고 있다는 것이다. 현종도 자신의 어머니가 황주 황보씨였기 때문에 그 이전까지의 결합관계가 유지될 수

현화사비
개성시 방직동에 위치한 현화사비. 이 비문에는 현화사를 짓게 된 내력과 세운 연대 등이 자세히 기록되어 있다.

있었으며 그 이유로 인해 현종이 처음부터 왕위계승과 관련되어 주목받을 수 있었다는 것이다.

목종에게 후계자가 없었던 당시, 현종은 천추태후와 김치양에게 있어 못마땅한 존재였기 때문에 위에서 언급한 대로 태후의 핍박을 받아 머리를 깎고 스님이 되었다. 처음에는 숭교사(崇敎寺)라는 곳에 머물렀는데, 그 절 스님의 꿈에 큰 별이 절 마당에 떨어지더니 용이 되고 다시 현종으로 변하는 것을 보고는 많은 사람들이 그를 기이하게 여겼다고 한다. 3년 뒤에는 다시 삼각산 신혈사로 옮기게 되는데, 천추태후는 자주 사람을 보내 현종을 해치려 하였다. 그러나 신혈사의 노승이 방에 굴을 뚫어 그를 숨기고 그 위에 침대를 두어 불의의 일을 방지하도록 해서 그의 신변을 보호해 주었다.

그럼 현종의 고난에 대해서는 여기서 잠시 그치고 즉위과정에 대해서 살펴보자. 목종 12년이 되는 1009년 정월에 왕이 숭교사에서 돌아오던 중 폭풍이 불어 일산의 대가 꺾이고 이틀 뒤에는 상정전(詳政殿)에 나아가 연등(燃燈)을 구경하던 중 대부시(大府寺)의 기름 창고에 불이나 천추태후가 지내던 천추전까지 연소되는 것을 보고 병을 얻어 정치를 돌보지 못하였다. 병환중이던 목종은 채충순(蔡忠順)·최항(崔沆)과 몰래 후사에 대해 의논한 뒤에 황보유의(皇甫兪義)를 보내 현종을 신혈사에서 맞아오도록 한다. 목종은 어머니의 야욕을 알고 있었고 또한 자신이 병들어 있는 중에 김치양이 변을 일으키려고 계획하고 있다는 유충정(劉忠正)의 상소를 보고는 생전에 자신의 후계자로서 현종을 지목하려 했던 것이다.

한편 당시 서북면도순검사(西北面都巡檢使)였던 강조는 왕의 명령으로서 수도로 들어와 숙위토록 되었는데, 강조가 서울로 돌아오던 중 통주(洞州)에서 어떤 사건에 연루되어 조정에서 쫓겨나 원망을 품고 항상 반란을 꾸미려 하던 내사주서(內史主書) 위종정(魏從正)과 안북도호장서기(安北都護掌書記) 최창(崔昌)을 만나게 된다. 위종정과 최창은 거짓말로 "임금의 병이 위독해서 생명이 경각에 달렸고 태후와 김치양은 사직을 탈취하려고 하면서 공[강조]이 외방에 있고 군대를 이끌고 있으므로 혹 자신들의 명령을 따르지 않을까 두려워 거짓 명령으로 소환한 것이다. 속히 본도(本道)로 돌아가 의병을 일으켜 나라와 자신의 몸을 보전해야 한다"고 하였다. 강조는 그 말이 옳다고 여겨서 왕은 이미 죽었으며 조정은 모두 김치양에 의하여 잘못되고 있다고 생각하여 자신의 본영(本營)으로 돌아갔다. 태후도 강조가 오는 것을 꺼려 절령(岊嶺: 자비령)을 지키고 행인을 차단토록 했다.

한편 강조의 아버지는 태후의 이러한 조치를 근심하여 한 노비의 머리를 깎아 스님으로 만들고 묘향산(妙香山)의 스님이라고 말하도록 한 뒤에 그의 죽장(竹杖) 속에 편지를 넣어 강조에게 전달하도록 했다. 편지에는 "왕은 이미 죽었고 간신이 정치를 마음대로 하니 병사를 거느리고 와서 국난을 안정시켜라"고 되어 있었다. 이로써 강조는 왕의 사망을 더욱 믿게 되어 부하와 강한 군대 5천을 이끌고 수도를 향하게 된다.

강조는 평주(平州)에 이르러서야 왕이 살아 있는 것을 알았으나 부하들이 이미 왔으니 그칠 수는 없다고 하는 것을 듣고 마침내 왕을 내쫓기로 결심하고 목종이 이미 현종에게 사람을 보낸 것을 알지 못했으므로 분사감찰(分司監察) 김응인(金應仁)을 보내 현종을 모셔오게 하였다. 또한 강조는 목종에게 궁중을 떠날 것을 강요하여 목종과 천추태후는 법왕사(法王寺)로 나가게 되었다. 황보유의와 김응인에 의해 모셔져 온 현종은 연총전(延寵殿)에서 즉위하게 되어 고려 8번째 왕이 되었다.

현종의 즉위 뒤에 그의 후계가 아들인 덕종(德宗)·정종(靖宗)·문종(文宗)으로 이어지면서 고려 말까지 현종의 자손들이 고려의 왕위를 계승하게 되었다. 때문에 현종은 오랫동안 추앙받으면서 중시조(重始祖) 정도의 의미를 가졌다. 그런데 현종의 아버지인 안종 욱이 신라 마지막 왕인 김부(金傅)의 백부인 김억렴(金億廉)의 딸과 왕건과의 사이에서 태어난 점을 강조하여 현종이 신라의 왕통을 이었다고 강조되기도 하였다.

거란 침입의 극복

강조는 현종을 즉위시킨 이후 정권을 장악하였고 이부상서(吏部

尙書: 정3품) · 참지정사(參知政事: 종2품 재상)가 됨으로써 당시 문반의 인사를 장악하게 되었다. 이러한 강조의 전횡은 오래 계속되지 못하고 거란족이 세운 요의 2차 침입으로 인해 막을 내리게 된다.

고려는 성종 12년(993)에 있었던 요의 1차 침입 때 서희(徐熙)의 외교담판으로 강동6주를 얻게 되었는데, 거란은 고려가 약속과는 달리 송(宋)과 비공식적인 교류를 계속하는 것에 대해 불만을 가지고 있었고 강동6주가 동여진(東女眞)을 제압하는 데 중요한 전략적 위치라는 것을 재인식한 뒤에 이를 재탈환하려고 기회를 엿보던 중이었다. 때마침 강조에 의한 목종의 퇴위·살해를 핑계삼아 강조의 죄를 묻겠다는 이유로 현종 원년(1010)에 요의 성종(聖宗)이 친히 군대를 이끌고 고려를 침공해 왔다. 물론 강조에 대한 처벌은 핑계였고 고려와 송과의 관계를 완전히 단절시키는 것과 강동 6주의 반환을 목적으로 한 것이었다.

요나라 군대는 흥화진(興化鎭)에서 양규(楊規)의 저항을 받자 그곳을 그대로 남겨둔 채 남하하여 통주에서 강조가 지휘하고 있던 고려의 주력부대를 격파하고 강조를 붙잡아 살해한 뒤에 고려의 수도 개경으로 진군한다. 그러나 후방에 함락시키지 못한 지역이 많았기 때문에 보급선이 끊겨 어려움을 겪을 가능성이 있었던 요는 고려에서 사신으로 보낸 하공진(河拱辰) 등을 통해 전쟁을 끝맺으려 하였다.

고려는 현종이 요의 조정에 직접 가서 요의 임금을 만나 보겠다는 약속을 하고는 요군을 돌려보낼 수 있었다. 그러나 요군은 귀주(龜州) 등에서 고려군의 공격을 받아 많은 피해를 입고서 돌아가게 된다. 이후 현종이 병으로 인해 요에 갈 수 없고 강동 6주의 반환도 불가능하다는 통고를 받은 요는 고려가 송나라와 다시 외교관계를 가지려 하자 즉시 군대를 출동시켜 3차 침입을 개시하였다. 이때도 수도인 개경 근처까지 군대가 진군해 왔지만 수도 일대의 경비가 강화되어 있어 퇴각하던 중 강감찬(姜邯贊)에게 귀주에서 크게 패하고 돌아가게 되는데 이 일을 우리는 귀주대첩이라고 배워왔다.

현종은 2차 침입 때 요군을 피해 나주(羅州)로 피난하였다. 왕은 피난길에 많은 신하들이 도망하기도 하였고 지방관리들로부터 모욕과 공격을 받기도 하였다. 현종이 적성현(積城縣: 지금의 경기도 연천) 단조역(丹棗驛)에 이르렀을 때는 군인과 역인(驛人)들이 활을 현종 행렬에 쏘기도 하고, 창화현(昌化縣)에 도착하니 그곳의 아전이 "왕께서는 저의 이름과 얼굴을 아시겠습니까"라고 하면서 시비를 걸고 왕이 듣지 못한 척하자 왕의 일행에 공격을 가하기도 하였다.

또한 유종(柳宗)의 청으로 그의 고향인 양성(陽城: 지금의 경기도 안성)에 갔을 때는 유종과 김응인이 왕명이라 속이고 임금의 말안장을 부숴 고을사람에게 나누어주기도 하였다. 또한 이들은 왕후들을 각각 그 고향으로 돌아가게 하고 호종하는 장졸들은 변방으로 보내라고 하는 등의 행동을 하다가 결국에는 도망하였다. 그리고 전주지역에 갔을 때는 전주절도사(全州節度使) 조용겸(趙容謙)이 관복이 아닌 평상복으로 임금을 맞이하고 밤이 되자 왕을 그 곳에 머물게 하여 위세를 부리려고 왕의 처소를 습격하기도 하였다.

이렇게 현종이 피난중 어려움을 겪은 이유에 대해서는 정확한 설명이 없다. 요의 침입으로 이제 고려의 운명이 다했다고 생각했던 것인지, 또는 아직 목종대의 신하들이 잔존하여 현종에 대한 충성심이 없었기 때문인지 다양한 생각을 해볼 수 있기는 하지만 말이다.

이후 요군이 물러갔다는 소식을 듣고 공주(公州)·청주(淸州)를 거쳐 개경으로 돌아옴으로써 현종의 실제적인 치세가 시작되게 되었다.

새로운 체제의 정비

현종은 재위 3년(1012)에 지방제도를 5도호(都護)·75도안무사(道安撫使)로 바꾸고 이후 9년에는 4도호·8목(牧)·56지주군사(知州郡事)·28진장(鎭將)·20현령(縣令)을 설치한다. 이러한 제도는 이후 고려 지방제도의 기본체계가 되는 것이다. 고려 초에는 지방에까지 통제력이 완전하게 침투되지 못해 조세의 징수와 운반을 맡은 임시적인 지방관과 군사요지에 파견되어 상주하는 지방관만이 존재하다가 성종 때에 이르러 12목을 설치하게 되면서 본격적인 지방제도가 시작되었다. 이후 성종과 목종의 지방제도 개혁을 거쳐 현종 당시에 고려의 지방제도가 완전히 정비되었던 것이다.

한편 현종은 성종 때 유교정치 이념이 대두되면서 일시적으로 침체되었던 불교를 다시 부흥시켰다. 우선 성종 때 폐지되었던 연등회와 팔관회를 부활시켰다. 연등회나 팔관회는 불교행사이면서도 기곡제(祈穀祭)와 토속신에 대한 제사의 성격을 각각 지니고 있는 것으로 고려 전시기를 걸쳐 지속되었다. 이것이 성종 때 폐지되어 국가적 행사의 성격을 잃고 왕실에 의해 소규모로 행해지던 중 다시 현종 치세기간에 부활되었다. 이는 성종과 목종 이전의 사상체계로의 복귀였고, 이후 고려를 불교국가라고 부를 정도로 그 행사가 성행되는 시발점이라고도 할 수 있다.

또한 현종은 자신의 부모인 안종과 헌정왕후를 위해 현화사(玄化寺)라는 법상종(法相宗) 사원을 창건하였다. 현종은 불우하게 숨진 부모의 추복(追福)을 위해 현화사를 창건하면서 토지 2천 경(頃), 노비 100명, 곡물 3천여 섬, 그리고 소와 말 등을 받쳐 사원의 경영에 사용토록 하였다. 이러한 지원으로 현화사는 법상종의 본찰로서 역할하게 되었고 현종의 사망 이후 그의 추복을 위한 원찰이 되면서는 그의 아들인 덕종·정종·문종 때까지 국가적으로 많은 혜택을 받으면서 큰 영향이 있는 사원으로 행세하였다. 현화사가 법상종 사찰이 되었던 것은 현종이 한때 출가했던 숭교사나 신혈사가 모두 법상종 사찰이었기 때문에 그에 대한 이해가 어느 정도 있었던 것에 기인하고, 또한 법상종 승려들이 천추태후의 살해위험 속에서 현종을 보호해 주었던 것에 대한 의리, 현종의 왕위계승에 있어 그를 지지해 주었던 것도 한 원인으로 이야기되고 있다. 참고로 이야기하자면 법상종은 모든 현상을 개념적으로 분석하고 해석하는 경향을 가지고 있으며 중생들의 기본 자질인 근기(根氣)에 따라서 성불(成佛)할 수 있고 없고가 결정된다고 하여 상대적으로 귀족층 이상에게 더 적극적으로 수용되었던 종파이다.

한편 현종 치세기간은 이후 고려시대의 지배신분층이라고 할 수 있는 문벌귀족들이 등장하는 시기이다. 여기서는 이후 문벌귀족으로써 고려 전시기를 풍미하게 되는 집안 출신들 가운데 몇몇

만을 살펴보겠다. 우선 안산(安山) 김씨 집안의 김은부(金殷傅)는 현종이 요의 침입으로 나주까지 피신하였을 때 공주절도사로서 현종을 융숭하게 대접하고 이후 개경으로 돌아갈 때 자신의 딸을 현종에게 받쳐 외척이 된다. 김은부는 이후 모두 3명의 딸을 현종의 왕비로 들여보내고 그 사이의 외손자들이 덕종·정종·문종으로 즉위함으로써 계속 영화를 누릴 수 있었다. 또 수주(水州) 최씨 집안의 최사위(崔士威)는 현화사 창건의 책임자로서 큰 역할을 하였다. 그리고 경주 최씨인 최항(崔沆)은 신라 말 유학자로 유명한 최언위(崔彦撝)의 손자로서 현종의 즉위에 공을 세우고 이후 정치에도 활발한 활동을 하였다. 이들 이외에도 많은 사람들이 대개 성종대 이후 과거급제를 통해 등장하여 현종대에 재추(宰樞)로서 정치에 적극적으로 참여하였고 이들의 후손들이 음서나 과거를 통해 계속 그들의 사회적 지위를 유지함으로써 문벌귀족이라고 부를 수 있는 신분층을 형성하게 되었던 것이다.

박윤진

전성기를 이룩한 문종

고려 말의 대유학자로 유명한 이제현(李齊賢)이 문종을 평가하여 다음과 같이 쓰고 있다. 즉, "현종(顯宗)·덕종(德宗)·정종(靖宗)·문종(文宗)은 부자와 형제끼리 서로 대를 이어 전후 거의 80년 동안 전성시대를 이루었다고 할 만하다. 그 가운데 특히 문종은 스스로 근면하고 검소했으며 어진 인재를 등용하고 백성을 사랑하여 형벌을 너그럽게 하였으며 학문을 숭상하고 어른을 존경하였다. 그리고 중요한 벼슬이 자격 없는 자에게 미치지 않고 권력이 친근한 자에게 돌려지지 않았으며 비록 가까운 친척이라 하여도 일정한 공로가 없으면 표창하는 일이 없었고 사랑하는 좌우 측근이라 하여도 그들이 과오를 범하였을 경우에는 반드시 벌을 주었다.

왕의 시중을 드는 환관의 수가 10여 명에 불과하였고 내시(內侍)는 반드시 공로와 재능이 있는 자를 선택하여 이를 임명했으되 역시 20여 명에 불과하였다. 이리하여 쓸데없는 관원이 줄어서 사업은 간편하게 되었고 비용이 절약되어 나라가 부유해졌으며 창고에는 해마다 묵은 곡식이 쌓이고 집집마다 살림이 넉넉하여 당시 사람들은 이 때를 태평성세라고 일컬었다.

송나라에서는 매양 왕을 칭찬하는 글월을 보내왔고 요나라에서는 매년 왕의 생신을 축하하는 의례를 치렀으며 동쪽에 있는 왜국에서 바다를 건너 보배를 바쳤고 북쪽에 있는 야인들도 관문에 들어와서 토지와 주택을 받았다. 그러므로 임완(林完: 고려 인종 때 사람)이 문종은 우리나라의 성군(聖君)이라고 하였다"는 것이다.

그의 문종에 대한 이러한 평가는 오늘날의 연구하는 사람들에게도 많은 시사점을 주고 있으며, 대체로 그의 평가에 긍정을 하고 있다. 그렇다면 도대체 왜 700년 전의 사람이나 지금의 사람이나 모두 문종에 대해 비슷한 평가를 내리고 있는 것일까?

문종은 고려의 제8대왕인 현종(顯宗)의 셋째아들이다. 두 형인 덕종과 정종의 뒤를 이어서 1046년에 즉위하여 고려의 제11대 왕이 되었고, 이후 37년간 고려를 통치하였다. 그의 시대는 대체로 고려의 여러 문물제도가 완비되고 학문이 발달했으며, 사회가 안정되고 평안했던 것으로 여겨진다. 그럼 이제 문종대의 고려를 살펴보도록 하자.

문물제도의 정비

고려는 태조 왕건(王建)에 의해 918년에 건국된 이후 나라의 각종 제도를 정비해 왔다. 그러다가 제6대 왕인 성종(成宗) 때에 중앙 정치기구 및 지방제도가 대략 정비되었다. 그러나 이것이 고려시대 제도의 완전한 정비를 의미하는 것은 아니었다. 이후에도 조금씩 손질을 하다가 문종대에 이르러 각종 제도가 완비되기에 이른 것이다.

먼저 중앙의 정치제도를 살펴보면, 문종 15년에 기존의 내사문하성(內史門下省)을 중서문하성(中書門下省)으로 고치고 이어서 30년에는 모든 문·무의 관제를 재정비하게 되었다. 그래서 이후 고려의 정치제도는 이 때 정비된 제도를 기본으로 하고 있으며, 우리가 잘 아는 도병마사(都兵馬使)와 삼성(三省)·육부(六部)·중추원(中樞院)·삼사(三司) 등의 기구가 완전한 모습을 갖추게 되는 것이다. 그리고 6부의 장관인 상서(尙書)가 정3품으로써 국정의 운영에 직접 참여할 수 없으므로 2품 이상의 재상들이 6부의 상서 위에 판사(判事)를 두고 이 관직을 겸하도록 하여서 국정의 논의와 행정의 실무를 맡도록 한 '6부판사제'가 한층 더 활발하게 실시되었다.

이어서 지방제도의 정비과정을 보자. 성종 2년에 고려는 처음으로 광주(廣州)·충주(忠州)·상주(尙州) 등 전국의 주요 12개 주(州)에 지방관을 파견하였다. 이후 현종 9년에 주(州)·군(郡)·현(縣)에 대한 지방제도가 정비되어서 일단락 되었다. 또 문종 16년에는 개성부(開城府)가 설치되어서 수도인 개성 주위의 경기(京畿)를 통치하도록 하였다.

그런데 이렇게 많은 지방관을 파견하자 신라 말 이래로 역사의 주인공으로 활동해 온 호족들의 지위하락을 가져왔다. 따라서 지방관의 파견과 함께 지방의 호족들은 개경으로 관료가 되어 올라온 경우를 제외하고는 거의 향리(鄕吏)가 되어 중앙에서 파견된 지방관을 보좌하여 지방을 지배하는 것으로 도왔다. 이에 문종 때에는 이렇게 지위가 하락된 향리들의 승진규정을 정하였다. 즉 문종 5년 10월에 전국의 향리직을 모두 호장(戶長) - 부호장(副戶長) - 병정(兵正)·창정(倉正) - 호정(戶正) - 부호정(副戶正) - 부병정(副兵正)·

부창정(副倉正) - 주부군현사(州府郡縣史) - 병사(兵史)·창사(倉史) - 제단사(諸壇史) 등의 9단계로 나누어 승진하도록 한 것인데, 이를 통해서 향리에 대한 중앙의 통제가 더욱 강화되었고, 향리의 질서가 더욱 정연해졌다. 그리고 이를 통해 고려는 과거를 볼 수 있는 자격을 제술업(製述業)과 명경업(明經業)은 부호장(副戶長) 이상의 손자와 부호정(副戶正) 이상의 아들로 한정하여 향리의 직제와 과거제도를 연결시키고 있다.

다음으로 경제적인 제도의 정비를 보면, 우선 전시과(田柴科)의 완비를 들 수 있다. 경종 원년(976)에 처음 실시된 전시과는 모든 관료들에게 토지로 복무에 대한 보수를 지급해 준 것인데, 처음 실시된 지 꼭 100년 만인 문종 30년(1076)에 다시 고쳐서 토지를 지급하도록 하였다. 여기에 더해 곡식으로 보수를 지급하는 제도인 녹봉제(祿俸制) 또한 동시에 갖추어졌다. 그리고 문종 3년 5월에는 5품 이상의 관원에게 상속도 가능한 특권적 성격의 공음전시법(功蔭田柴法)도 정비하고 있다.

이렇게 정치-경제적인 제도의 정비를 바탕으로 삼아 문종은 여러가지 다른 제도의 정비도 이루었다. 중요한 유교적 국가의례 가운데 하나로 성종 때에 처음 설치되었던 사직단(社稷壇)이 다시 유교적인 격식에 맞게 정비되고, 경군(京軍)의 명부인 군반씨족(軍班氏族)이 오래되어서 다시 군적(軍籍)을 정리하였다. 그리고 재판에서 함부로 벌을 남용하여 무고하게 벌을 받지 않도록 하기 위해 형률을 살펴서 고치고 있기도 하는 것이다.

대외관계의 안정

　문종이 통치하던 11세기의 동아시아는 중국 북쪽의 거란족이 세운 요(遼)와 중국 한족(漢族)의 송(宋)이 대치하고 있는 시기였다. 고려는 원래 오대의 혼란함을 극복하고 중원을 통일한 송과 통교하여 국교를 맺고 있었으나, 성종(成宗)에서 현종(顯宗)대에 걸친 거란의 세 차례의 침입을 받았다. 거란은 고려가 송과 연합하여 자신들이 고립되는 것을 막고, 송을 공격하기 위하여 침입했으나, 번번이 고려의 강력한 저항으로 실패하였다.

　그러나 결국 고려는 현종 때에 송과 단교하고 거란과 국교를 맺었다. 이후 간혹 양국 사이에 긴장이 고조되기도 하였으나, 고려와 요는 매년 사신을 여러 차례씩 주고받으며 대체로 평화로운 관계가 지속되었다. 그리고 고려의 북쪽 국경 밖에는 여진족들이 모여서 살고 있었는데, 일부의 무리들이 간혹 국경을 넘어와 노략질을 하기도 하였다. 그러나 대체로 고려에 귀순하여 고려에 조공을 바치고 관작을 받아가는 등 평화로운 관계를 맺고 있었다.

　또 송나라와 국교가 끊어졌다고는 하나 비공식적인 관계는 계속 유지되었다. 즉, 자주 송나라의 상인이 고려에 찾아와서 무역을 하였던 것이다. 남쪽에 위치한 일본과는 말썽이 많았던 고려말기와는 달리 별다른 관계를 맺고 있지 않았다. 그러나 일본의 승려가 문종의 장수(長壽)를 기원하며 불상(佛像)을 전하거나 와서 기도하기도 하였으며, 풍랑을 만나 표류한 고려의 백성을 돌려주는 등 우호적이었다.

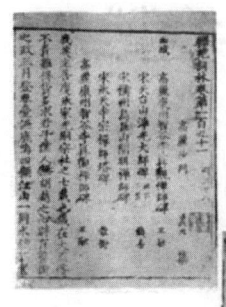

중광회사 숙종어장서인문(重廣會史 肅宗御藏書印文)

설명한 바와 같이 문종대의 고려는 주변의 여러 국가들과 우호적인 관계를 맺고 있으면서 평화로운 국제관계를 유지할 수 있었다. 이렇게 안정된 국제관계 속에서 문종은 앞에서 본 대로 국내의 여러 제도를 정비하고 문화를 발전시켜 나갈 수 있었던 것이다.

이렇게 국내외의 안정으로 자신감을 갖게 된 문종은 12년에 송나라와 국교를 재개하고자 하였으나, 여러 신하들의 반대를 받았다. 신하들은 고려와 송의 통교는 당시의 안정된 국제질서를 깨뜨릴 위험이 많으며, 그 위험을 무릅쓰면서까지 송과 통교하여 얻을 것이 없다는 것을 이유로 반대하였다. 이것은 중국과 굳이 통교를 하지 않아도 경제나 사회-문화적인 면에서 부족한 것이 없다는 고려 지배층의 인식이라고 할 수 있는 것이다. 오히려 송나라가 고려와 통교하고자 적극적이어서 22년에는 송의 황제가 고려와 통교하고 싶다는 의사를 두 차례에 걸쳐서 전해 오기까지 하였다. 그렇기 때문에 문종의 셋째아들인 의천(義天)이 몰래 국교가 없는 송에 밀입국을 하였을 때도 송은 융숭하게 그를 대접하고 마음대로 다닐 수 있도록 편의를 보아주기도 하였던 것이다. 그러다가 마침내 문종 25년에 송나라가 고려와 국교를 재개하고자 사신(使臣)을 보냄으로써 고려와 송은 다시 국교를 맺게 되었다.

문운(文運)의 융성

각종 제도의 정비와 국제관계의 안정에 따른 국내정치의 안정은 필연적으로 문화의 발전을 가져오게 마련이다. 이것은 문종 때에도 예외는 아니어서 문화에서 많은 발전이 있었다.

문종 7년까지 문하시중을 지냈던 최충(崔冲)은 '해동공자(海東孔子)'라고 불릴 정도로 유교적 학식이 깊은 인물이었다. 그는 70세로 벼슬을 끝내자[致仕], 일종의 사학(私學) 교육기관인 사숙(私塾)을 열어서 교육을 하였고, 그가 죽자 그의 시호를 따서 그들을 '문헌공도(文憲公徒)'라고 불렀는데, 이것은 이른바 '사학12도'의 시초이다. 이후 문종조에 재상을 지냈던 정배걸·문정 등이 서로 사학을 열어서 국학인 국자감(國子監)을 능가하는 '사학12도'가 성립하게 되어서 학문이 많은 발전을 이루었다.

고려는 기본적으로 신분의 귀천을 따지는 신분제 사회였고, 왕실과 일부의 문벌귀족 가문이 이끌어 가는 귀족국가였다. 그러나 문종은 인재를 등용하는 데 있어서 능력을 중시해 발탁하여 나라에 이바지하도록 배려하였다.

또 문종은 자신의 원찰로 흥왕사(興王寺)를 지었는데, 10년부터

22년까지 무려 12년에 걸쳐서 이루어진 대역사였다. 문종의 셋째 아들인 의천(義天)은 송으로의 유학을 다녀온 뒤에 이 곳에서 머물면서 화엄종(華嚴宗)을 바탕으로 하여 불교 교종(敎宗)계열의 종파들의 통일을 위해 힘쓰게 된다. 동서대비원(東西大悲院)에서 병자들을 모아서 치료를 한다거나, 임진강 나루에서는 여행객 등을 위해 간단한 음식을 제공하게 하는 등의 모습을 보여주기도 하였다.

    이렇게 문종대의 고려는 여러 면에서 제도가 완비되고, 사회가 안정되었으며, 문물이 발전하는 등 고려의 전성기로서의 모습을 유감없이 보여주고 있다. 더구나 정치적으로도 왕권이 안정되고, 문벌귀족 사이에 갈등이 보이지 않고, 국왕인 문종과 관료들 사이에도 원만한 조화의 모습이 보인다. 서로 협조하고 이해하면서 정치가 잘 이루어졌던 것이다. 그렇기 때문에 이후 고려는 문종 때의 정치를 이상으로 여겼고, 임완이 문종을 성군이라 불렀던 것이다.

    고려는 후기로 들어가면서 사회의 모순을 해결하기 위한 개혁을 여러 차례에 걸쳐서 벌이게 된다. 이 때 그 지향점이 되었던 것이 바로 '문종구제(文宗舊制)'로 불리는 문종대의 정치였던 것이다. 이렇게 이 때의 정치는 후대 사람들에게 귀감이 되고 목표가 되는 그러한 것이었다.

김보광

조카를 몰아내고
왕이 된 숙부

　조선시대에 세조가 자신의 조카인 단종을 내쫓고 왕이 되었던 것과 비슷하게 고려시대에도 조카에게 선위(禪位)의 형식으로 왕위를 물려받은 사람이 있었으니 그가 곧 고려 제15대 왕인 숙종(肅宗)이다. 숙종은 소위 이자의(李資義)의 난이라는 것을 진압하고 최고권력자가 된 뒤에 자신의 조카인 헌종(獻宗)에게서 선위를 받아 1095년에 즉위하여 10년 동안 집권하였다. 숙종은 집권 이후 외척들이나 문벌귀족들의 세력을 누르고 왕권을 강화하기 위한 여러 시책을 시행하였던 것으로 알려져 있다.

이자의의 난을 진압하다

　고려 13대 선종(宣宗)은 자신의 형인 순종(順宗)이 아버지인 문종의 장례를 치르다가 너무 애통해하던 중 지병이 악화되어 죽자 왕위를 계승하였다. 선종은 11년 동안 왕위에 있다가 병이 나서 죽게 되는데, 유언으로 11살의 어린 나이인 자신의 아들을 후계자로 지목하였다. 선종의 이러한 유명은 당시 사람들에게 비난받았다고 전해지는데, 그것은 선종에게 장성한 아우가 5명이나 있으면서 어린 아들에게 왕위를 물려준 것이 잘못이라는 이야기이다.

사실 고려는 형제간에 왕위가 계승된 적이 많았는데, 선종 이전의 예를 들어보면 혜종(惠宗)·정종(定宗)·광종(光宗)과 덕종(德宗)·정종(靖宗)·문종(文宗)이 있었고 선종 자신도 형의 뒤를 이어 왕이 되었다. 그런데도 어린 아들을 왕으로 삼아 왕위계승을 둘러싼 정치싸움을 일으킨 원인을 제공한 잘못이 있다는 점이 당시 사람들에게 비판받았다고 한다.

여론이 어떠했든 간에 왕위에 올랐던 헌종은 정치를 하기에는 어렸기 때문에 그의 어머니인 사숙태후(思肅太后) 이씨가 나라의 모든 일을 결정하게 되었다. 조선시대처럼 수렴청정이라는 제도가 일상화되어 왕이 어려서 즉위하면 그의 어머니나 할머니가 정치를 대신했던 경험이 없는 고려에서는 사숙태후의 정치참여를 달가워하지 않았을 것이며 왕위를 넘보는 사람들이 생기기까지 했다. 가장 대표적인 사람이 헌종의 숙부이자 뒤에 숙종이 되는 계림공(雞林公) 희(熙)였고, 또다른 측으로는 헌종의 이복동생인 한산후(漢山侯) 윤(昀)을 내세운 이자의였다. 선종은 헌종 이외에 원신궁주(元信宮主)에게서 한산후 윤과 또다른 아들을 두고 있었다. 그런데 한산후의 외삼촌인 이자의가 무뢰한 용사들을 모아 말타고 활쏘는 것으로 일삼으면서 항상 "지금 주상께서 병이 있어 아침에 어떻게 될지 저녁에 어떻게 될지 모르는데, 밖에서 왕위를 넘보는 자가 있으니 너희들은 힘써 한산후를 받들어 왕위가 다른 사람에게 넘어가지 않도록 하라"고 이야기하였다는 것이다.

헌종이 왕위에 오른 다음해인 헌종 원년(1095) 7월에 이자의가 궁궐에 병사를 모아 난을 일으키려 하자 계림공 희가 이 사실을 알고서 문하시랑평장사(門下侍郎平章事: 정2품)인 소태보(邵台輔)를 달래기를, "국가의 안위가 재상에게 달려 있습니다. 지금 일이 급박하니 공[소태보]께서 도모해 주십시오"라고 하였다. 그러자 소태보는 상장군(上將軍: 정3품)인 왕국모(王國髦)로 하여금 병사를 이끌고 궁궐로 들어가 호위하도록 하고 장사(壯士) 고의화(高義和)에게는 이자의와 그의 당파를 죽이도록 하였다. 이어서 이자의의 당파로 몰린 50여 명의 사람들은 변방으로 유배당했다.

이후 계림공은 왕족은 정치에 참여하지 않는다는 고려시대의 원칙을 깨고 중서령(中書令: 종1품)이라는 최고지위에 올라 정치를 좌우하게 되었고 소태보와 왕국모도 그 공에 대한 포상으로 승진을 하게 된다. 한편 원신궁주와 한산후 윤 형제는 경원군(慶源郡: 지금의 인천)으로 유배보내졌다. 이것이 소위 '이자의의 난'의 내용이다.

이자의의 난에 대해서는 실제로 이자의가 난을 도모했다고 보는 설과, 반대로 계림공이 정권을 잡기 위해 이자의의 난을 꾸며내었다는 설이 있다. 후자의 의견은 이자의의 난에 참여한 사람들의 수가 적은 데다가 너무 쉽게 진압되었고 이자의가 난을 꾸민다는 내용을 계림공만이 아무런 전언자도 없이 어떻게 알 수 있었는가에 대한 의문에서 시작된다. 전하는 자료가 적어 이자의의 난이 사실이었는지 또는 조작되었는지 확언할 수 없다.

그러나 병약한 헌종이 죽은 뒤의 일에 대해 한산후가 계승권을 가졌다는 쪽과 반대로 계림공이 왕위를 이어야 한다는 세력이 대립하던 중 국가의 군사력을 동원할 수 있었던 계림공이 승리하게 되었던 것만은 사실인 듯하다. 한편 중앙관료들 대부분은 어느 쪽에도 참여하지 않은 채 사건의 추이를 지켜보았던 것으로 생각되며 이러한 태도 덕분에 그들은 숙종 즉위 이후에도 자신의 관직을 유지할 수 있었다.

이자의의 난 이후 실제로 권력을 획득한 것은 계림공과 소태보 등이고 난이 일어났던 3개월 뒤인 10월에 헌종은 병을 핑계삼아 자신의 숙부인 계림공에게 왕위를 선위하고 후궁으로 물러남으로써 계림공 즉 숙종의 치세가 시작되었다.

한편 헌종은 숙종 2년(1097)에 사망하게 되는데, 숙종은 헌종에게 묘호(廟號)도 정하지 않아 정통군주로 인정하지 않았다. 우리가 보통 숙종·헌종이라고 부르는 명칭이 묘호인데, 이것은 왕이 죽은 뒤에 그의 공적에 따라 붙여지는 이름이다. 또한 숙종은 스스로를 14대 왕이라고 하여 헌종을 왕으로서 인정하려 하지 않았다. 숙종이 헌종을 정통임금으로 인정하지 않은 것은 혹 자신의 집권을 정당화하기 위한 것이 아닐까 추측이 되지만, 헌종에게는 너무나 가혹한 처사였던 듯하다.

숙종의 왕권강화

숙종은 헌종의 재위기간에 외척이 강성해져 약화되었던 왕권을 강화하기 위해 많은 시책을 시행하였다. 우리가 익히 알고 있는 것으로는 별무반(別武班)의 창설과 '해동통보(海東通寶)'라는 화폐의 주조·유통이다. 그밖에도 남경(南京)을 건설하였고 천태종(天台宗)의 개창을 지원하였다. 또 태자의 지위를 강화하여 자신의 사후까지도 준비하였다. 물론 위의 대부분 정책은 숙종 재위 초기부터 시행하려고 노력했지만 실제로 본격화하게 되는 것은 후반기에 들어서이다. 그것은 숙종의 측근세력이나 정책수행자들이 고위관료가 되어 숙종의 정치적 의도를 적극적으로 수행해 줄 수 있었던 시기가 후반기였기 때문이다.

시기적으로 먼저 제기된 정책부터 살펴보면, 우선 숙종 원년(1096) 8월에 김위제(金謂磾)가 신라 말의 도선이 지었다고 하는 『도선기(道詵記)』에 의거하여 남경[지금의 서울]을 건설하고 그 곳으로 수도를 옮겨서 나라의 운명을 연장시키자고 주장하였다. 이 건의는 잠시 유보되다가 3년 뒤에 숙종이 재신(宰臣)과 일관(日官)에게 남경 건설을 의논케 하였고 곧이어 왕비 유씨(柳氏)·원자(元子)와 관료들을 대동하고 남경을 건축하려고 하는 양주(楊州)에 행차하여 땅을 살펴보기도 하였다. 그리고 2년 뒤인 숙종 6년에는 남경개창도감(南京開創都監)을 설치하고 문하시랑평장사 최사추(崔思諏), 어사대부(御史大夫: 정3품) 임의(任懿), 지주사(知奏事: 정3품) 윤관(尹瓘)에게 그 일을 돕도록 했다. 그 뒤 3년 만인 숙종 9년에 남경의 궁궐은 완성되고 임금이 그곳에 행차함으로써 남경 건설은 마무리되었다.

숙종의 남경 건설은 풍수지리와 도참사상에 영향을 받은 것으로 민심을 안정시키고 왕실의 권위를 강화시키려는 의도를 가지고 시행되었다. 한편 남경 건설은 정치세력의 재편의도로 추측되고 있지만 이후 서경(西京: 지금의 평양)이 주목받게 되면서 남경을 중심으로 한 정치세력 개편은 별다른 영향을 끼치지 못했다.

그 다음은 천태종의 개창에 대한 지원이다. 물론 천태종 개창의 주역은 대각국사(大覺國師) 의천(義天)이다. 그러나 천태종 개창이 단순하게 교종(敎宗)과 선종(禪宗)의 대립을 해결하는 사상계의 변화만을 초래할 뿐만이 아니라 불교계의 통합을 이루어 왕권을 지원하려는 의도를 가지고 있었다는 것은 널리 알려진 사실이고 또한 숙종과 그의 어머니인 인예태후(仁睿太后) 이씨(李氏)가 적극적으로 천태종 개창을 지원하고 있었으므로 숙종의 개혁정책에서 빠지지 않고 이야기되는 부분이다.

고려는 불교국가라고 불릴 정도로 불교를 숭상하고 있었는데 당시 가장 대표적인 교단은 화엄종(華嚴宗)과 법상종(法相宗) 그리고 선종(禪宗)이었다. 그러나 선종은 상대적으로 약했고 화엄종은 왕실의 지원을, 법상종은 인주(仁州)이씨 중심으로 문벌귀족의 지원을 받으면서 당시 불교계를 이끌고 있었다. 화엄종은 왕권강화의 이념을 제공하였고 법상종은 귀족들의 우월한 지위를 인정해주는 교리를 가지고 있었기 때문에 각각 왕실·문벌귀족과 결합할 수 있었던 것이다.

대각국사 의천은 문종과 인예태후의 넷째아들이자 숙종의 동생으로 문종 재위 당시 화엄종 승려인 경덕국사(景德國師) 난원(爛圓)에게 출가한 뒤에 흥왕사(興王寺)에 머물면서 화엄종의 대표자로서 왕실의 의사를 반영하고 있었다. 한편으로 법상종 세력은 현화사(玄化寺)를 중심으로 문벌귀족 특히 인주 이씨 세력과 결탁하여 있는 상태였고 선종(宣宗) 때에는 외척이 강성해지면서 화엄종과 의천의 영향력이 감소하는 추세였다.

이러한 때 의천은 14개월 동안 송나라에 다녀오면서 법상종에 대항하기 위하여 새로운 종파인 천태종을 개창하고 그것의 중심

사찰인 국청사(國淸寺)를 창건했던 것이다. 천태종은 교종 중에 선종이라고 불릴 정도였으므로 천태종을 개창하여 당시 선종세력을 규합함으로써 법상종에 대한 우위를 차지하려고 했던 듯하다. 그리하여 선종 6년(1089)에 국청사를 창건하기 시작하여 숙종의 강력한 지원을 받으면서 숙종 2년(1097)에 완성된 국청사를 중심으로 천태교학을 강의하고 제3종단이라고 할 수 있는 선종승려를 포섭하여 천태종을 개창하였다.

숙종의 화폐주조와 유통정책 또한 의천의 '화폐를 만들어 사용하라'는 상소문에 근거하여 시작되었다. 의천의 상소문에 따르면 화폐를 사용함으로써 국가가 유통경제를 장악할 수 있고, 세금을 걷거나 교역을 할 때 권세가나 부유한 상인들이 백성들을 수탈하는 것을 막을 수 있다고 하였다. 그러므로 화폐유통책은 악화되고 있는 민생에 대한 대응책이자 왕권강화와 관련된 정책이라고 할 수 있었다. 숙종 2년에 화폐를 만드는 주전관(鑄錢館)이 설치되고, 동 7년에 해동통보를 만들어 재추·문무양반·군인에게 나누어주어 돈의 사용을 시작케 하였다. 또한 음식을 파는 식점(食店)과 술을 파는 주점(酒店)을 열어 백성들에게 돈을 이용할 수 있게 하였다.

이러한 숙종의 화폐유통책은 일부 문벌귀족들의 반대가 있었는데, 그 이유는 지금까지의 유통관행이나 수취체계와 어울리지 않는다는 즉 "풍속에 합당한 바가 아니다"라고 이야기하고 있다. 이러한 반대에도 불구하고 숙종 재위기간에는 화폐의 유통이 강행되며 이 이익을 통해 국가재정이 확충되어 남경의 건설이나 여진정벌이 이루어지게 되었다.

또한 숙종은 자신의 후계자를 위한 준비도 하였다. 우선 태자의 지위를 강화하기 위해 그를 교육하고 호위하며 태자와 관련된 행사를 시행하는 역할을 담당한 첨사부(詹事府)를 강화하였다. 첨사부 관원으로 숙종의 즉위에 공이 있었던 인물들과 새로이 진출하는 신진세력들을 포진케 함으로써 이후 숙종의 태자 즉 예종(睿宗)이 왕이 되었을 때의 측근세력을 미리 형성하고 인연을 맺을 수 있는 기회를 주었다. 또 숙종 6년에는 태자의 생일을 임금이나 왕태후의 생일을 가리키는 절(節)이라는 단어를 붙여 창녕절(昌寧節)이라고 하여 상징적으로 태자의 지위를 상승시켰다.

마지막으로 숙종이 대대적으로 시행한 정책은 별무반(別武班) 창설과 여진정벌이다. 고려는 여진의 침략에 대해 방어를 철저히 하고 여진인들의 귀부를 유도하는 정책을 실시하고 있었는데 숙종 당시 여진족의 일족인 완안부(完顔部)가 강성해지면서 고려에 복속한 여진부락들을 침입하고 있었다. 그리고 숙종 9년에 여진족이 정주(定州) 근처까지 와서 군대를 주둔시키자 고려는 이것을 그대로 방치할 수 없어 문하시랑평장사 임간(林幹)을 판동북면행영병마사(判東北面行營兵馬事)로 파견했으나 패전하였다. 다시 추밀원사(樞密院使: 종2품) 윤관을 동북면행영병마도통(東北面行營兵馬都統)으로 삼아 파견했으나 그 역시 패전하고 말았다. 윤관이 자신의 패전은 여진이 기병인데 반해 고려의 군대는 보병이라 대적할 수 없었기 때문이라는 건의에 따라 별무반을 설립하게 되었다.

별무반은 문무관리 가운데 실제로 맡은 직분이 없는 산관(散官)과 하급관료층인 서리(胥吏)로부터 장사꾼·천예(賤隷)·스님에 이르는 사람을 소속시켜 말이 있는 자는 신기군(神騎軍)으로, 말이 없는 자는 신보군(神步軍)으로 삼았으며 승려들은 항마군(降魔軍)으로 삼아 훈련을 시켜 다음 전쟁에 대비토록 하였다. 이후 여진과의 전쟁은 예종 때나 되어야 재개되지만, 별무반 편성이 숙종의 측근인 윤관에 의해서 주도되었고 여진정벌이 농지개척을 통한 국가재정 확충이라는 경제적 의도도 내포되어 있어 역시 왕권강화책으로 이해되고 있다.

이러한 정책들 이외에도 숙종은 외척의 세력을 약화시키기 위해 당시 가장 큰 외척이었던 인주 이씨와의 혼인을 하지 않았고 정주(貞州) 유씨를 왕비로 맞았으며 또한 다른 왕들과는 달리 한 명의 왕비만을 두어 외척의 발호를 억제하고자 하였다. 한편 숙종시기부터 나타나는 백성들의 유망을 막기 위해 가난하여 자력으로 생활을 하지 못하는 자들을 제위포(濟危鋪)에서 구제하도록 하였다.

예종의 개혁지속과 그 좌절

숙종 10년(1105)에 숙종이 서경에 행차하여 둘러보던 중 병이 나서 개경으로 돌아오던 길에 수레 안에서 사망하고 태자가 숙종의 유언에 따라 38세의 나이로 즉위하면서 고려 제16대 왕인 예종의 치세가 시작되었다.

예종의 치세 전반기는 숙종의 개혁정책을 계승하려는 예종과 그를 보좌하는 윤관 등을 중심으로 한 관료층과 그것에 회의적인 관료층으로 나뉘어 정쟁을 계속하였다. 즉위한지 1년이 되지 않은 예종 원년(1106) 6월에 가뭄이 들어 양부(兩府)의 근신과 대성(臺省) 등에게 글을 올려 당시의 폐단에 대해 직언하도록 했더니, 화폐유통책과 숙종의 원당(願堂)인 천수사(天壽寺)를 창건하는 것에 대해서 비판하고 중지를 요청하는 것이었다. 또 이전에는 별무반 체제를 일정정도 변경하여 신기군에 충원할 대상의 기준을 완화하는 일도 건의되어 채택되기도 하였다.

이러한 숙종 이래의 개혁정책에 대한 비판은 예종과 윤관을 중심으로 방어되면서 화폐유통과 천수사 창건이 계속되었다. 또한 서경에 용언궁(龍堰宮)을 창건했으며 여진정벌도 강행하였다. 예종 2년 12월에 파견된 고려의 군대는 윤관을 원수, 오연총(吳延寵)을 부원수로 하여 여진족을 소탕하고 9개의 성을 쌓아 남쪽 지방의 백성을 그 곳으로 옮겨 살도록 하였다. 다음해 4월에 윤관 등은 개선했으나 북쪽지방에서는 완안부를 중심으로 한 여진족들이 계속 침략해 오고 있어 고려군대는 고전을 하였다.

때마침 여진족이 9성을 돌려달라고 간청하자 고려조정에서는 마침내 예종 4년에 9성을 돌려주게 되었다. 그러자 여진정벌의 실패에 대한 책임을 윤관과 오연총에 돌리면서 그가 받은 공신호가 박탈되는 등 윤관은 사실상의 정국주도권을 상실하게 되었다. 이후 숙종 때부터 시작된 개혁정책들을 사실상 중지되게 되고 이자겸(李資謙)을 중심으로 한 외척세력과 한안인(韓安仁)을 중심으로 한 측근관료들이 정치의 주도세력이 되었다.

이들 예종 후반기의 정국 주도세력들은 모두 숙종대의 정치개혁을 태조의 유훈에 위배된다 하여 구제도로의 복귀를 주장하였기 때문에 숙종에 의해 시작되었던 왕권을 강화하기 위한 정책들은 중지되기에 이른다.

예종 후반기의 정치는 유교이념에 입각한 정치로 볼 수 있으며 태조 또는 문종 때의 제도로 돌아가자는 복고적인 면이 많았다. 그 일환으로 백성들의 유망을 막기 위해 지방관이 파견되지 않았던 지역에 감무(監務)를 파견하기도 하였으며, 관학진흥을 위해 국자감에 7재(齋)를 설치하고 일종의 장학재단인 양현고(養賢庫)를 세우기도 하였다. 그러나 예종치세의 후반기로 접어들면서 외척이 정치 주도권을 장악하게 되어 숙종이 막고자 했던 왕권의 약화 내지는 그것으로 인한 외척의 발호가 다시 시작되게 되었다.

박윤진

이자겸의
영화와 몰락

    우연히 영광 굴비의 포장을 뜯다가 그 유래에 대한 설명을 보고 적지 않게 놀랐다. 고려 때 충신인 이자겸이 왕에게 맛있는 조기를 상하지 않게 보내드릴 방법을 고심하다가, 조기를 소금에 절이는 굴비가 탄생하게 되었다는 것이다. 더군다나 굴비(屈非)는 옳지 않는 것에 굴복하지 않겠다는 이자겸의 의지를 나타낸다는 설명이 덧붙여 있었다. 이것이 과연 역사적 사실에 근거한 것인지 의문이 생겼다. 자료를 찾아보니 영광군의 군지(郡誌)에 유사한 내용이 실려있었다.
    이자겸이 전라도 영광으로 귀양간 사실은 분명하지만, 무슨 근거로 충신이라고 했을까? 역사적 사실에 대한 왜곡이 심하다는 생각이 들었다. 조기가 굴비로 변신하게 된 과정을 이자겸이 영광에서 귀양살이를 한 사실과 적절히 연결시켜 이와 같은 유래가 생겨난 듯하다.
    이자겸은 고려 예종·인종대 사람으로 당대 최고의 권세가였다. 온갖 부와 명성을 다 누렸지만 반역으로 종지부를 찍은 인물이다. 이자겸의 반란은 묘청(妙淸)의 난과 더불어 고려 귀족사회가 문신귀족 사이의 대립과 분열로 인해 점차 몰락해 가는 과정이며, 무신란의 역사적인 전단계로 이해되어 왔다.

딸을 잘 두어 출세가도를 달리다

경원이씨 집안은 고려시대 대표적인 문벌귀족 가문이었다. 특히 왕실의 외척으로서 위세를 떨쳤다. 11대 문종으로부터 17대 인종 때까지 80여 년 동안 무려 10명의 왕비를 배출하였다. 이자겸 역시 경원이씨 가문의 일원으로서 왕실과 인연이 깊었다. 그의 누이는 12대 순종에게 출가한 장경궁주(長慶宮主)이다. 그러나 순종이 죽은 뒤에 궁궐의 노예와 정을 통하는 불상사가 발생하였고, 여기에 연좌된 이자겸은 관직에서 쫓겨나게 되었다. 그러나 이자겸의 여러 딸은 다시 왕실과 이어주는 끈이 되었다. 이자겸의 둘째딸은 예종(睿宗)에게 시집가 문경왕후(文敬王后)가 되었다. 딸이 왕비가 된 뒤에 이자겸은 매우 빠르게 승진하여, 재상인 중서시랑 동중서문하평장사(中書侍郎同中書侍郎平章事: 정2품)가 되었다. 또한 문경왕후가 태자[뒷날의 인종]를 낳은 뒤에 이자겸의 출신지인 소성현은 인주로 승격되는 영예를 누리기도 하였다. 따라서 경원이씨와 인주이씨[혹은 인천이씨]는 모두 같은 본관이다.

이자겸의 급격한 부상은 정계에도 적지 않은 파란을 몰고 왔다. 예종대에는 한안인(韓安仁)으로 대표되는 측근관료가 정치세력의 한 축을 이루고 있었다. 이들은 예종의 정책결정에 참여하여 정치적으로 왕을 보필하면서 하나의 세력집단을 형성하였다. 이자겸이 등장하면서 예종대 후반기는 이자겸으로 대표되는 외척세력과 한안인을 중심으로 하는 측근관료 세력에 의해 정국이 주도

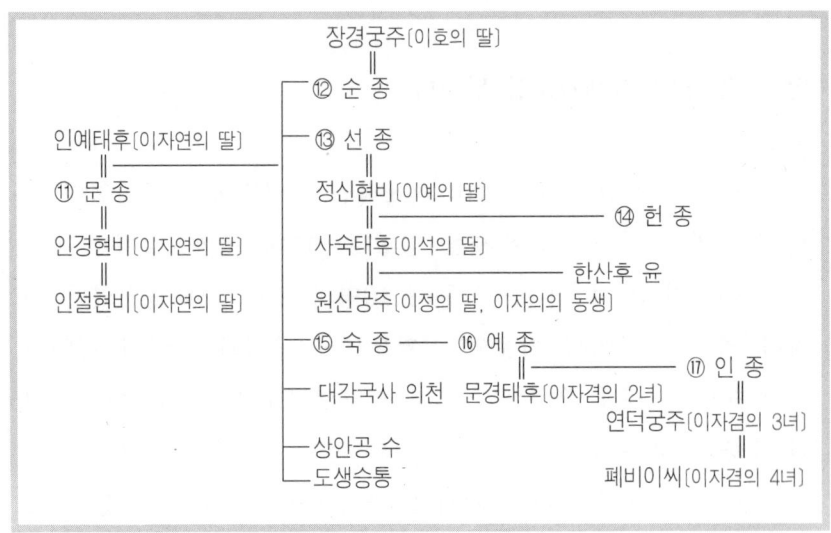

경원이씨 가문과 왕실의 혼인

되었다. 그런데 두 세력 사이의 균형은 오래 가지 못하였다. 예종은 왕위계승 문제와 왕실의 입장을 보호하려는 목적에서 외척세력에 의존하는 경향을 보였다.

왕이 점차 외척세력쪽으로 기울자 측근관료의 정치적인 입지는 상대적으로 좁아져 갔다. 이자겸파와 한안인파가 반목하게 된 것은 당연한 결과였다. 경제적인 기반에서도 두 집단은 차이가 났다. 이자겸 등의 외척세력은 대부분 대토지 소유자로서 막대한 경제적 부를 축적하고 있었다. 반면 한안인 등의 측근세력은 대체로 중소지주층이었다. 여러 면에서 입장이 달랐던 것이다.

인종의 즉위에 이르러 이자겸의 권세는 최고조에 달하였다. 문경왕후의 소생으로 자신의 외손자인 태자 해(楷)가 무사히 왕위를 계승하는 데 커다란 역할을 하였다. 당시 태자는 겨우 14세에 불과하여 왕위를 노리는 숙부들이 여럿 있었기 때문이다. 외손자가 왕이 되었고 더군다나 그 과정에서 공로가 만만치 않았으니 위세가 기고만장한 것은 어쩌면 당연한 일인지도 모른다.

인종은 즉위한 뒤에 이자겸을 공신으로 책봉함과 동시에 중서령〔종1품〕으로 승진시키고 소성후(邵城侯)라는 작위도 내려주었다. 중서령은 신하의 지위로서는 가장 높아 '인신지극(人臣之極)'이라 하였다. 같은 종1품인 상서령·문하시중보다도 상급의 직위로 주로 왕자나 왕의 아우 같은 종친에게 주어졌다. 신하인 경우에는 대개 고위직을 역임하고 사망했거나 70세가 되어 벼슬살이를 마치는 치사(致仕) 때에 증직이나 치사직으로 수여되었다. 이자겸 같은 권력있는 신하에게 수여된 것은 특별한 경우였다.

그런데 이자겸은 더할 바 없는 당시의 명예와 권력에도 안주하지 못하였다. 다른 가문에서 왕비가 배출되어 왕의 총애와 권세를 잃게 될까 두려워한 나머지 인종에게 자신의 셋째딸과 넷째딸을 출가시켰다. 인종은 친이모 두 사람을 아내로 맞아들였으니, 이자겸은 외조부인 동시에 장인이 되는 셈이다. 우리의 상식으로는 좀 이해하기 어려운 일이지만 고려시대에는 근친혼이 제법 많았다.

하지만 권력에 집착하여 근친혼을 감행한 이자겸에 대한 시선이 곱지만은 않았던 것 같다. 인종이 이모를 왕비로 맞아들인 날에는 폭풍이 불어 기와가 날리고 나무가 뿌리째 뽑혔다고 한다. 바람직하지 않은 혼인이라는 점을 천재지변에 빗대어 비난했다고 생각된다.

인종은 이자겸의 딸을 왕비로 맞아들이면서 대대적인 사면을 행하였을 뿐만 아니라 그날 전국에서 바치는 공물을 모두 이자겸의 집으로 보내는 과분한 은총을 베풀었다. 뿐만 아니라 토지와 노비 및 각종 물품을 하사하였고, 이자겸의 자제나 친척들에게도 관직을 제수하였다. 이자겸은 중복되는 혼인관계를 통하여 비할 데 없는 권세를 누리게 되었다. 딸을 잘 두었다기보다는 있는 딸을 잘 이용했다고 할 수 있겠다.

왕 못지않은 호사를 누리다

두 딸을 왕비로 들인 뒤에 이자겸은 더할 나위 없는 부귀영화를 누리게 되었다. 그러나 권세가 지나치면 문제가 생기는 법이다. 더많은 권력을 휘두르기 위해 혹은 다른 사람에게 권력을 빼앗기지 않기 위해 점점 타락의 길로 빠져들어 갔다. 이자겸을 지나치게 예우하는 인종의 처신은 오히려 권력욕에 기름을 부었다. 인종은 이자겸에게 다른 신하와는 달리 신하로 칭[稱臣]하지 않는다는 이례적인 처분을 내렸다. 김부식(金富軾)이 반대하여 실행되지는 않았지만 이자겸에 대한 임금의 파격적인 대우를 엿볼 수 있다.

권세와 총애가 융성해질수록 이자겸의 파행적인 행동은 점점 두드러져만 갔다. 자신에게 아부하지 않는 사람은 갖은 방법으로 중상모략을 했다. 이자겸은 예종의 동생인 대방공 보(俌)가 문하시랑[정2품] 한안인, 추밀사(樞密使: 종2품) 문공미(文公美) 등과 반역을 꾀하였다 하여 귀양보냈다. 여기에 연루되어 살해 또는 유배된 자가 50여 명이나 되었다.

　관리들은 이자겸의 뜻을 거스를까봐 전전긍긍했다. 김인존(金仁存) 같은 이는 이자겸이 독주하는 조정에서 화를 당할까봐 관직에서 물러나기 위하여 일부러 말에서 떨어지기도 하였다.

　반대파는 철저히 배척하는 대신 자신의 당파나 친인척을 요직에 앉혔다. 관직을 돈을 주어 사고파는 매관매직도 서슴지 않았다. 뇌물이 공공연히 오갔으며 사방에서 선물이 들어와 그의 집에서는 항상 수만 근의 고기가 썩어나갈 지경이었다. 백성들의 토지를 강제로 빼앗고 노비들을 시켜 남의 수레와 말을 약탈해 물건들을 실어 나르기도 다반사였다. 이자겸은 합법적으로 취득한 토지도 많았지만, 불법적으로 남의 토지를 탈점하여 대토지를 소유하여 막대한 재산을 축적하였다.

　이자겸 주변 인물들에 의한 비리와 폐단도 심각하였다. 그의 어머니는 욕심이 많아 상인에게서 물건을 사고도 값을 제대로 주지 않았을 뿐만 아니라 노비를 시켜 횡포를 일삼았다. 오죽하면 이자겸의 어머니가 죽자 상인들이 이제는 살았구나 하면서 서로 축하하였을 정도였다. 이자겸의 동생인 이자량(李資諒) 또한 남의 토지를 침탈하여 말썽을 일으키기도 하였다. 또 지방관이나 사신으로 각지로 나간 관리들은 이자겸에게 아부하기 위하여 백성들의 재물을 다투어 빼앗아 바치기도 하였다. 이자겸 일파에 의한 전횡이 얼마나 심했는지 알 수 있다.

　임금 못지않은 호사를 누리던 이자겸은 이제 지위도 왕에 견주고자 하였다. 의례상의 등급을 왕태자와 대등하게 하였으며,

자신의 생일을 인수절이라 불렀다. 아무나 생일을 절이라고 부를 수는 없었다. 황제나 황후·태자만이 그렇게 칭할 수 있었다. 자신에게 보내온 축하문을 전(箋: 왕에게 올리는 글)이라 칭하는 불경스런 태도를 보이기도 하였다. 예전에 예종의 병세가 위독할 때에는 중국 주공의 고사를 본떠 백관을 이끌고 하늘에 기도한 적도 있었다. 이자겸은 한 술 더 떠 자신의 부(府)에 소속된 관리를 사사로이 송나라에 보내 표문과 토산물을 바치면서 지군국사(知軍國事)를 자칭하였다. 나아가 왕에게 자신을 지군국사로 삼아줄 것을 자청했을 뿐만 아니라 임명날짜까지 강압적으로 지정하였다. 현실화되지는 않았지만 인종이 그를 미워하는 계기가 되었다. 탄탄대로로만 보이던 이자겸의 인생에도 먹구름이 끼기 시작하였다.

반역으로 부귀영화의 마침표를 찍다

이자겸의 그칠 줄 모르는 정권욕은 결국 인종과의 사이에 금이 가게 하였다. 내시 김찬(金粲)과 안보린(安甫鱗)이 이자겸을 증오하는 왕의 뜻을 간파하고 뜻이 맞는 몇몇과 의논하여 이자겸을 제거하려 하였다. 그 가운데 상장군 최탁(崔卓) 등은 척준신(拓俊臣)이 자신들의 윗자리에 있으면서 권세를 부리므로 미워하다가 마침내 거사에 흔쾌히 동참하였다. 척준신은 이자겸 일파의 핵심인 척준경(拓俊京)의 아우이다. 그러자 인종은 김찬을 신하 몇 사람에게 보내 대책을 물어보게 하였다. 모두들 왕이 외가[이자겸의 집]에서 성장한 은혜는 쉽게 끊을 수 없고, 조정에는 이자겸 일파가 가득 차 있으니 경솔하게 움직이지 말고 시기를 기다리자고 하였으나, 인종은 뜻을 굽히지 않았다. 드디어 최탁 등은 인종 4년(1126) 2월에 군사를 거느리고 궁궐로 들어가 척준신과 척준경의 아들인 척순(拓純) 등을 살해하였다. 소위 이자겸의 난이 시작되었다.

한편 자신을 제거하려 한다는 소식이 전해지자, 이자겸은 척준경과 상의한 뒤에 반격을 시도하였다. 이자겸은 사람을 시켜 최탁 등의 집에 불을 지르고 그의 처자와 노비들을 가두었다. 이자겸의 아들인 승려 의장(義莊)도 현화사의 중 300여 명을 이끌고 궁궐을 포위하였다. 그런데 의장이 거느린 승병은 상당한 위력을 지녔다. 이들이 당도하자 궁궐 안에 있던 군인들은 감히 나오지 못하고 다만 활과 화살을 들고 궁문 위를 지키고 있을 따름이었다. 이자겸은 의장이 거느리고 온 병력에 힘입어 반대세력으로부터 공격을 막아낼 수 있었다. 이것은 단지 아들과 아버지 관계라기보다는 당시 귀족세력과 사원세력과의 유착을 잘 보여준다. 척준경 등은 궁궐에 불을 지르고 반대파를 살상하였다.

놀란 인종은 밤에 걸어서 밖으로 나간 뒤에 이자겸에게 조서를 보내 왕위를 물려주려고까지 하였다. 다행히 평장사[정2품] 이수(李壽)가 "주상께서 비록 조서를 내렸다 하나 이공[이자겸]이 어찌 감히 이럴 수 있느냐"는 힐책에 이자겸이 포기하고 조서를 되돌리면서 이 문제는 해결되었다.

한 차례의 소동이 끝난 뒤에 마침내 최탁·안보린 등은 체포되어 죽음을 당했으며 귀양을 당한 자 또한 많았다. 궁궐이 불타자

이자겸은 왕을 자신의 집인 중흥택으로 강제로 모시고 갔다. 집에 당도하니 이자겸의 처가 대성통곡하면서, "황후〔이자겸의 둘째딸〕가 궁궐로 들어간 후부터 태자 낳기만 빌었는데 전하를 낳으니 하늘에 전하의 장수를 빌어마지 않았소. 천지의 귀신이 나의 지성에 감복한 줄 믿었는데 뜻밖에 오늘에 와서 〔왕이〕 적신(賊臣)을 믿고 골육을 해치는구료" 하였다. 인종은 부끄러워 얼굴을 붉히고 아무 말도 하지 못했다.

이자겸의 집에 머무르게 된 뒤에 왕의 주변은 모두 이자겸의 도당으로 채워졌다. 인종은 나랏일도 직접 결정하지 못하였으며, 자유롭게 행동할 수도 마음대로 음식을 먹을 수조차 없었다. 임금의 외가인 이자겸 가문의 횡포는 점점 심해졌으며, 거의 모든 관리들이 이자겸 편에 붙어서 아첨하였다.

인종에게 왕위를 물려받을 뻔했던 이자겸에게 솔깃한 참언이 들려왔다. 십팔자(十八子)가 왕이 된다는 비기(秘記)였다. 십팔자는 이(李)라는 글자를 풀어놓은 것이니, 이씨 성을 가진 자가 왕이 된다는 참언이었다. 훗날 무신정권 때 이의민(李義旼)도 십팔자가 왕이 된다는 도참설(圖讖說)을 이용해 반란을 꾀하려던 사실로 미루어 볼 때, 오히려 이자겸 쪽에서 날조한 참언일 가능성도 배제할 수 없다.

왕좌를 차지하려는 욕심에 희생물이 된 사람은 다름 아닌 그의 딸이었다. 이자겸은 자신의 딸이자 인종의 왕비인 이씨를 시켜 왕을 독살하려는 음모를 꾸몄다. 이씨는 아버지를 따르자니 지아비가 죽고, 지아비를 살리자니 아버지를 거역할 수밖에 없는 딱한 처지가 되었다. 고민 끝에 이씨는 아버지가 아니라 남편이자 조카인 인종을 선택하였다. 이자겸이 떡에 독약을 넣어 왕에게 보내자 왕비는 그 사실을 몰래 알려주었다. 인종이 그 떡을 까마귀에게 던져주자, 떡을 먹은 까마귀가 죽었다. 그러자 이번에는 왕비에게 독약을 보내 왕에게 올리게 하였다. 왕비 이씨는 독약 그릇을 받들고 가다가 일부러 넘어져 독약을 엎지르는 재치를 발휘하였다. 인종은 이씨 덕분에 두번씩이나 죽음의 문턱에서 살아난 것이다.

뒷날 이씨는 이자겸이 몰락한 뒤에 폐위되어 궁궐에서 쫓겨났다. 하지만 인종은 이씨의 공로를 생각하여 토지·저택·노비를 하사하는 등 각별한 은총을 베풀었다. 목숨을 구해 준 은혜에 대한 보답이었다.

이제 이자겸의 난은 새로운 국면으로 접어들었다. 인종측에서 반격을 개시하였다. 그 수훈갑은 내의인 최사전(崔思全)이다. 그는 이자겸과 척준경의 알력을 적절히 이용하여 둘 사이를 갈라놓았다. 척준경은 본래 서리출신으로 동여진 정벌에 공을 세워 출세하였고 이자겸과는 사돈관계이다. 그런데 때마침 척준경은 이자겸의 아들인 이지언(李之彦)의 종이 자신의 종에게 "너희 상전은 임금 있는 자리에 대고 활을 쏘고 궁중에 불을 질렀으니, 그 죄가 마땅히 죽어야 하며 너도 마땅히 관노가 되어야 할 것이다"라고 폭언한 것 때문에 이자겸과 사이가 틀어졌다.

인종 또한 척준경에게 편지를 보내 지난 일은 생각하지 말고 이자겸을 제거하여 큰공을 세우라고 설득하였다. 이자겸을 제거하는 것이 자신에게 유리하다고 판단한 척준경은 이자겸과 그의 처자들을 팔관보에 가두고 도당들도 체포하였다. 이로써 이자겸의 반란은 끝나게 되었다. 이자겸은 영광으로 유배갔다가 얼마 뒤에 죽었다. 인종은 이자겸 일가가 빼앗은 토지와 노비를 모두 본래 주인에게 돌려주었다. 이자겸이 체포된 뒤에 백성들이 만세를 불렀다 하니 그 도당들에 의한 폐단이 얼마나 심했는지 짐작할 수 있다.

한편 이자겸을 제거하여 난리를 수습한 척준경은 얼마 동안 권력을 장악하였다. 그러나 반역자의 끝은 편안치 않았다. 그 역시 정지상(鄭知常) 등의 탄핵을 받아 귀양갔다 죽음을 맞이했다.

이자겸은 글자 그대로 무소불위의 악행과 폐단을 저지르다 끝내는 유배지에서 쓸쓸히 죽어갔다. 분수에 넘치는 영예와 권력이 오히려 반역의 씨앗이 되었던 것이다.

이자겸의 반란을 한 개인의 영화와 몰락으로만 이해할 수 없음은 물론이다. 예종·인종대 문벌귀족의 파당성과 보수성을 적나라하게 보여준다. 이자겸 등 외척세력의 파당성은 위에서 이미 언급되었고, 보수성은 외교정책에서 찾아볼 수 있다. 인종 4년에 금나라가 고려에게 신하의 예를 갖추라고 요구했을 때, 이자겸과 척준경은 금의 요구를 받아들이자고 주장하였다. 대외관계의 변동과 동요가 기존 지배질서의 동요로 이어질 수 있기 때문이었다. 이들은 국내의 정치질서를 그대로 유지하여 자신들의 기득권을 지키려 한 것이다. 당시 문벌귀족들의 안이한 태도를 엿볼 수 있다.

이자겸의 난은 외척인 문신귀족에 의해 농락당할 정도로 미약해진 왕권의 현주소를 보여주는 사건이다. 고려 귀족사회는 점점 쇠락의 길을 걷고 있었던 것이다. 이후 고려는 문신귀족의 발호로 인한 난국을 제대로 수습하지 못한 채 묘청의 난이라는 또 한 차례

정변을 겪은 뒤에 왕실의 권위는 더욱 곤두박질치게 되었다. 문종대에 가장 꽃을 피웠던 고려 귀족사회는 인종대의 두 차례 정변을 겪은 뒤에 커다란 전환점을 맞이했다. 문신귀족이 아닌 무신이 정권을 장악하는 새로운 시대가 열리게 되었다.

김난옥

묘청과 김부식
그리고 정지상

묘청·김부식·정지상이 살았던 시대

　김부식은 신라왕실의 후예로서 문종 29년(1075)에 태어나 의종 5년(1151)에 죽어 천수를 다하였다. 경주김씨 집안은 김부식대에 3형제가 모두 과거에 급제하고 학식과 문장이 탁월한 것으로 유명했으며 특히 김부식은 관직을 문하시중까지 역임하여, 고려사회에서 성공한 인생의 표본이라 할 수 있다.
　이에 비해 정지상과 묘청은, 태어난 시점은 알 수 없으나 인종 13년(1135) 같은 해에 묘청의 난의 여파로 죽임을 당했다. 한 명은 동료 관료인 김부식에게, 한 명은 그를 지지하고 따랐던 부하에게서 비참하게 죽게 되는 비운의 인물들이었다.
　이들 세 인물은 12세기 정치상과 맞물려 성패를 거듭하다가 결국은 김부식만 살아남는 형태로 종말을 고했는데 세 사람 모두 동시대를 살아간 인물로 독특한 개성을 지니고 있었다. 그들이 주로 활동했던 인종대를 중심으로 당시 정치적 변혁과 더불어 살펴보기로 하자.
　고려시대는 귀족사회로서 그 중심축을 이루고 있는 귀족은 문

대화궁터
평안남도 대동군 부산면 남동리에 소재. 인종 때 묘청이 서경천도운동을 벌이면서, 이 곳에 세운 궁궐인 대화궁이 있던 자리.

벌귀족이었다. 귀족들은 고려사회에서 가장 문벌이 높은 왕실과의 혼인을 통하여 그들의 신분을 상승시키고 정권을 장악하려 하였는데 이에 가장 성공적으로 대응한 집안이 경원 이씨였다. 그 가운데 특히 인종대의 이자겸 세력이 가장 강성하였다. 이자겸은 그의 외손인 인종이 왕위에 오르자 그의 3녀·4녀를 인종의 비로 더 맞아 들이게 하고 정권을 독점하였다.

14세의 어린 나이로 즉위했던 인종의 입장에선 이모들과의 혼인으로 강력한 왕권의 옹호세력을 원했다고 보여지며, 이자겸은 타의 추종을 불허하는 배타적인 권력을 바라는 목적에서 서로의 필요성에 의해 맺어졌던 것이다. 그러나 이자겸은 왕권의 옹호세력이 아니라 왕권을 위협하는 세력이 되어갔다. 그는 항간에 유포되고 있는 십팔자(十八子, 즉 李)가 왕이 된다는 도참설에 기대어 왕이 되고자 하는 꿈을 갖고 있었다.

이에 인종은 그의 측근과 더불어 모의하여 이자겸의 군사적 기반이 되고 있는 척준경을 국왕의 편으로 끌어들여 이자겸을 체포하게 했다. 이자겸의 제거가 성공을 거둘 수 있게 된 것은 인종과 그 측근의 활약이 결정적인 이유이지만 그보다는 이자겸 세력의 비대화에 대한 다른 문벌귀족들의 견제가 있었기에 가능한 일이었다. 이자겸 일당은 제거되었지만 다른 문벌귀족들의 세력은 아직 그대로 존립하고 있었다. 이자겸 제거로 최대의 이익을 향유한 계층은 경주김씨, 즉 김부식 일가였다.

 이와 같이 이자겸을 제거한 이후에도 인종을 중심으로 하는 통치질서가 수립되지 못하였다. 그러한 상황의 타개책으로 인종은 당시 구정치 지배세력의 구성원과 성격을 달리하는 신진관료인 정지상·묘청·백수한 등의 서경세력과 연결을 꾀했다. 국왕이 문벌귀족들로 인해 왕권이 제약당하는 개경을 벗어나고 싶어하는 사실을 알고 서경세력은 인종을 움직여 서경천도를 계획하였다. 수도천도의 목소리까지 나오게 된 데에는 당시의 국제정세 또한 일익을 담당하였다.

금은 고려를 부모의 나라에서 신하의 나라로 격하시키다

 묘청은 개경의 지덕은 쇠하고 서경의 지덕은 왕성하므로 만약 서경으로 천도하면 금나라와 이웃 36국이 신하가 되어 조공을 바칠 것이라고 하여 수도를 옮길 것을 적극적으로 주장하였다. 당시 시시각각으로 고려에 압박을 가해 오는 금나라에서 벗어나고자 하는 고려의 입장에서 천도만 하면 금이 굴복하고 이웃 나라들이 조공을 바치는 등 일이 쉽게 풀릴 것이라는 주장은 다소 허황된 것으로 보이지만 고려의 자주성 회복이라는 적극적 의지에서 이해한다면 일정한 평가를 받을 수도 있을 것이다. 우선 당시 국제정세를 살펴보기로 하자.

　예종 2년(1107) 별무반을 편성하여 여진과의 전쟁에서 승리를 거둔 고려는 윤관으로 하여금 함경도 일대에서 두만강 유역까지 미치는 곳에 9성을 설치하게 하여 이를 영원히 고려의 영토로 삼으려 했다. 그러나 여진의 계속적인 공격과 애원의 강온작전에 밀려 결국 고려는 9성을 돌려주었다. 이후 여진은 이를 근거로 강력한 세력으로 부상하여 예종 10년에는 금제국을 건설하기에 이르렀다. 금은 예종 17년에는 거란의 수도 연경을 함락시켰으며 인종 3년(1125)에는 요를 멸망시켰다.

　이후 인종연간은 금이 송을 공격하여 송이 양자강 남쪽으로 쫓겨가는 과정이었다. 인종 5년에 금은 송나라 수도 변경(汴京:開封)을 공략하여 송황제 휘종(徽宗)·흠종(欽宗)과 종실귀족 등 3천 명을 붙잡아 갔으며, 하북(河北)·산동(山東)·산서(山西) 지방을 차지하였다. 이에 송은 양자강 남쪽으로 쫓겨가 남송이 건립되었다.

　송에 대한 공격과 병행하여 금은 고려에도 끊임없이 압력을 가했다. 금제국을 건립한 지 불과 2년 뒤인 예종 12년(1117) 3월, 금 태조 아골타(阿骨打)는 아지(阿只) 등 5명을 보내 "형인 대여진 금국 황제가 아우인 고려국왕에게 글을 보낸다"라는 서한을 보낸 바 있으며, 인종 3년(1125), 요를 멸망시키고 송의 수도 변경을 압박하던 금은 고려에게 '형제관계' 요구에서 한 걸음 더 나아가 '군신관계'로 사대할 것을 요구하였다.

　불과 10여 년 전만 해도 부모의 나라로 고려를 섬기던 금의 태도변화에 고려는 분개했으나 거란을 멸망시키고 송을 위협하는 현실적인 힘에 어쩔 수 없이 굴복하였다. 그러나 이를 마음속까지는 절대 승복할 수 없는 일이었다. 이 시기는 실질적인 정치권력을 이자겸이 장악하고 있었던 때였으므로 이자겸의 주장이 그대로 수용되었지만 이듬해 이자겸이 제거되자 왕권강화의 움직임과 함께 대외관계에도 새로운 반성의 움직임이 일기 시작하였다. 예전에는 고려를 부모의 나라로 섬기던 여진이 이제는 돌변하여 고려에 협박을 가해 오는 데 대해 고려민들은 이를 타파하기 위한 방법을 모색했다. 이에 따라 고려조정에는 예종 때 9성을 포기한 데 대한 반성의 기운이 나타났고, 여기에 찬성했던 관리에 대한 비판의 기운이 일기 시작했다. 이 같은 상황이 묘청이 등장할 수 있었던 원인이었다.

묘청의 난이 일어남

이자겸의 난으로 궁전이 불타고 정치기강이 해이해져 수도 개경의 분위기는 흉흉해졌으며 밖으로는 여진족의 세력이 더욱 강성해져 고려에 대하여 압력을 가하고 있었다. 이 시기에 묘청·정지상 등 서경파는 고려가 구태의연한 문벌귀족의 사회에서 벗어나, 백성의 생활을 보살펴 국력을 강화시켜 금과 대적하기 위해서는 개혁이 필요함을 인식하였다. 그들은 우선 개혁을 위해서는 정치적 주도권을 잡는 것이 필요하고 이를 위해서는 그들의 세력근거지인 서경천도가 필수적이라고 판단하였다.

묘청·정지상은 분위기 쇄신을 위해 서경으로 수도를 옮길 것과 자주성을 내세우기 위해 칭제건원(稱帝建元: 황제로 칭하고 연호를 정함)과 금국정벌을 주장하였다. 정지상 등은 단순히 대중의 심

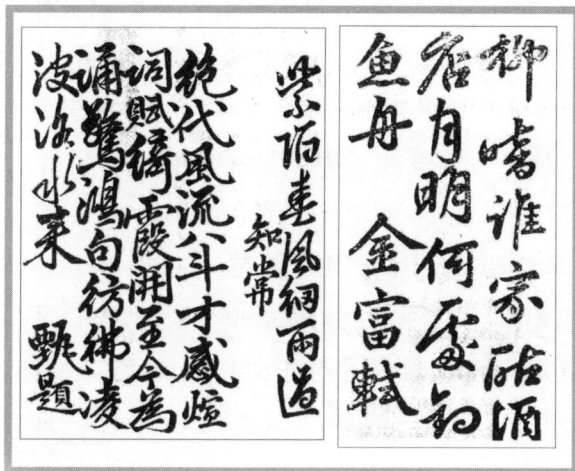

정지상과 김부식의 필체

리에 영합하기 위해서가 아니라 외세의 침략으로부터 고려를 지키려는 철저한 자주독립의 의식을 지녔던 것으로 생각된다. 예컨대 인종 5년에 송에게 금이 패배했다는 잘못된 소식이 전해지자 정지상 등은 송과 연합하여 금을 칠 것을 주장했던 적이 있었다.

인종도 왕권을 강화하기 위한 방법으로 서경천도를 고려하고 있었으므로 쉽사리 서경파의 견해에 동조하였던 것이다. 그러나 서경에 궁궐이 완성되어 본격적으로 천도를 거론할 즈음인 인종 8년, 국제정세에 변화가 있었다. 그 동안 승승장구 송을 격파하던 금이 악비(岳飛: 중국 남송의 장수. 금과 강화하지 말고 끝까지 항전할 것을 주장하다가 재상 진회의 무고로 감옥에 갇혔다가 피살당함) 등 송나라 장수들의 활약으로 여러 군데서 고전하여 송을 완전히 멸망시킬 수 없다고 판단하자 고려에 대해서 유화책을 쓰기 시작했다.

인종의 서경천도는 서경세력을 이용해서 개경의 문벌귀족을 견제하게 하여 왕권을 강화시키고 금의 압력을 배제시키는 것이 주목적이었다. 이제 금의 압력이 느슨해진 상태에서 억지로 서경천도를 강행하려는 서경파의 행위는 왕권을 억압하는 또 하나의 세력이었다. 인종의 입장에서는 왕권강화에 도움되지 않는다면 굳이 천도를 강행할 필요가 없었다. 국왕의 갈등을 눈치챈 김부식 등 수구 사대파는 반격을 시작하였다. 즉 서경에 궁궐을 세웠는 데도 재변이 거듭 일어났으므로 그들의 견해가 틀렸을 뿐 아니라 한 걸음 더 나아가 혹세무민(惑世誣民: 세상을 어지럽히고 백성을 속임)의 죄로 묘청 등 서경세력을 처단해야 함을 주장하였다. 이에 천도는커녕 목숨조차도 부지하기 어려움을 간파하고 묘청 등은 반란을 모의하게 되었던 것이다.

묘청은 분사시랑(分司侍郎: 정4품) 조광(趙匡), 분사병부상서(分司兵部尙書: 정3품) 유참(柳旵) 등 서경의 관리들과 합세하여 반란을 일으켰는데 왕명을 칭하여 개경에서 파견된 관리들을 가두고, 각 성의 병력을 강제로 동원시켰으며, 가까운 지역주민의 말들을 약탈하여 성내로 끌어들여 전투할 계획을 세웠다고 한다.

이로써 그는 관리를 가둘 때 왕명을 칭탁할 정도로 독자성이 없었음을 알 수 있으며, 주민의 말을 약탈했다는 것으로 보아 난을 성공시키기 위해서 민심을 그의 편으로 끌어들여야 한다는 생각도 갖고 있지 못했던 것 같다. 아울러 거사를 일으키면서 국왕을 옹립하지 않고 그들 스스로가 거병 소식을 국왕에게 알린 것으로 보아 왕권에 대한 도전이 아니라 개경의 문벌귀족 타도가 목적임을 나타내 준다. 그러므로 그가 일으킨 반란은 정변적인 성격이 강했다. 즉 조선시대 지배층의 권력쟁탈전이 사화와 당쟁의 모습으로 나타났다면 고려는 반란의 모습으로 드러난 것이었다.

그러나 서경성에서 농성에 들어갔을 때 농민들이 적극 가담하였다. 병란이 생긴 이후 산골짜기에 숨은 일부 노약자를 제외하고는 장정들은 대부분 성에 들어가 전사가 되어 묘청에 동조했다. 서경민은 관군을 그들이 쳐부숴야 할 군대로 인식하고 있었으니, 묘청의 난에 상당한 기대를 걸었던 것으로 생각된다. 이에 따라 시일이 갈수록 농민반란의 모습으로 바뀌는 것이 묘청란의 특이한 모습이다.

묘청의 난이 일어났을 때 묘청과 같은 세력권으로 불리던 정지상·백수한 등은 개경에 있었다. 그들은 반란이 일어난 사실도 몰랐던 것 같다. 백수한은 서경에 반란이 일어났으니 빨리 서경으로 오라는 친구의 편지를 받고서는 이를 왕에게 보고하면서 반신반의하고 있다. 이미 이 때에는 서경에 거주하던 재지파(在地派)와 중앙 관료로 진출했던 서경파 사이에 천도방법에 대해 의견을 달리했던 것 같다.

김부식은 묘청의 난이 일어나자 중서시랑평장사[정2품]로서 판병부사(判兵部事)를 맡고 있다가 원수로 임명되어 3군을 동원하여 토벌하였다. 그는 출정에 앞서 묘청의 반란에 연루되었다는 명분으로 왕에게 아뢰지 않고 정지상·백수한·김안 등을 먼저 처단한 후에 출발하였다.

김부식이 이끄는 관군이 서경에 들어서자 서경민이 반란군의 눈과 귀가 되어 그들의 동태를 서경성에 알려주는 등 결사적으로 관군을 막아 김부식은 번번이 패배했다고 한다. 이는 이미 민심이 이반되어 후일 정부에 항거하는 농민항쟁을 예고하는 것이기도 했다. 그는 1년 이상이나 서경성을 포위하는 지구전을 써서 성의 양식이 다 떨어진 이후에야 비로소 함락시킬 수 있었다.

세 사람의 가계와 특성

김부식은 숙종 1년(1096)에 과거에 급제하여 주로 한림원(翰林院: 임금의 명령을 받아 문서를 꾸미는 일을 맡아보던 관청) 등의 문필에 관한 일에 종사하였다. 그는 철저한 유학자로서 유교윤리의 실천을 주장하였고 유교이념의 실현에 노력하였다. 그의 『삼국사기』 편찬도 계속되는 사회변동과 정치변란에 대응하여 지배질서를 재정립해야 할 필요성에서였다.

김부식은 묘청란 수습을 분열주의에 대한 통일주의의 승리로 간주했으며 묘청란과 같은 갈등과 분열을 국가 멸망의 원인으로 보았다. 그는 이 같은 관점에서 『삼국사기』를 편찬하여 안으로 왕권을 옹호하고 밖으로 나라를 지켜주는 정신적 구실을 하고자 하였던 것이다. 그러므로 그는 임원애(任元敱: 정안임씨. 이자겸이 제거된 뒤에 이자겸의 딸들이 왕비의 지위에서 쫓겨나자 그의 딸이 왕비가 되어 출세함) 등 개경귀족과 더불어 현실에 안주하는 수구파·사대파·유학파로 불렸던 것이다.

이에 비해 정지상은 서경사람으로 유학보다는 노장사상의 도교·역학·불교에 조예가 깊었으며 뛰어난 문장가·천재 시인으로 이름이 높았다. 그의 시는 맑고 운율이 활달하고 뛰어나 한 대가의 수법을 이루었다고 한다.

김부식과 정지상은 사상뿐 아니라 정치에서도 라이벌 관계에 있었다. 이들의 대립은 중앙 문벌귀족 대 지방 신진세력과의 상반된 이해관계에서 유발된 것이었다. 묘청의 난 때 정지상이 죽임을 당하자 김부식이 평소에 정지상의 문학재능을 미워하여 왕의 허락도 받지 않고 반란을 빌미삼아 빨리 죽여버렸다는 이야기도 전해지고 있다. 그러나 김부식이 이들 서경파를 먼저 죽이고 출정한 것은 혹 묘청군이 승리하여 수도 개경을 공략하게 될 때 정지상이 이들과 내응하여 개경의 혼란을 초래할지 모른다는 뒷날을 염려해서라고 생각된다. 이규보의 『동국이상국집(東國李相國集)』에 다음과 같은 재미있는 내용이 있다.

어느날 김부식이 봄을 노래하여 "버들 빛은 일천 실이 푸르고 복사꽃은 일만 점이 붉구나[柳色千絲綠 桃花萬點紅]"이라고 읊으니 김부식에게 피살되어 음귀(陰鬼)가 되었던 정지상이 갑자기 공중에 나타나 김부식의 뺨을 치면서 말하기를, "일천 실인지 일만 점인지 누가 세어보았느냐. 버들 빛은 실실이 푸르고 복사꽃은 점점이 붉구나[柳色絲絲綠 桃花點點紅]해야 할 것이다"라고 비웃었다고 한다.

위의 시구만 보더라도 정지상이 김부식보다는 시에 있어서는 한 수 위임을 알 수 있다. 정지상에게는 많은 주옥 같은 시가 남아 있다. 예컨대 그의 시 「송인(送人)」은

비 개인 긴 둑에 풀빛 푸른데
남포에 임 보내는 구슬픈 소리
대동강 물이야 어찌 마르리
해마다 이별눈물 더하는 것을

그의 시는 천재적인 재치가 느껴진다. 또한 「단월역」이라는 시에서는

술상 물리고 누우니 머리맡에 그림병풍
앞마을 첫닭 울음에 단꿈이 깨이었네
문득 생각하니 어젯밤 비 갠 뒤
작은 누(樓) 서쪽하늘에 조각달 걸렸던 일

이 시는 마치 그림을 보고 있는 듯하다. 읽는 사람 스스로가 새벽에 잠이 깨어 달모습을 기억하고 있는 듯한 기괴함조차 느껴진다. 이에 비해 김부식의 시 「안화사치재(安和寺致齋)」를 보자.

깊은 가을에 뜰 앞의 나무 그림자 빽빽한데
고요한 밤 돌 위의 샘물소리 높아라
자다가 일어나니 처연하기 비 오는 것 같아
일찍이 갈대 숲속 고깃배에 자던 일이 생각나누나

　　김부식의 시도 우수하다고 볼 수 있지만 정지상에 비해 시의 묘미는 느껴지지 않는다. 그는 산문적인 사람으로서 『삼국사기』 사론(史論)에서 드러나듯이 대의명분과 예, 도덕주의의 확립에 힘쓰는 입장으로 보다 유교적 합리론에 철저했으며, 정치적으로는 급진적 개혁에 반대하였다.
　　묘청은 서경인으로서 이름은 정심(淨心)이다. 그는 승려이면서도 도교적 요소를 갖추었으며 풍수지리와 도참사상에도 능했던 것 같다. 그는 도참설을 이용하여 서경천도를 주장했는데 개경귀족들의 반대와 국제정세의 변화로 인종이 이를 받아들이지 않자 난을 일으켰던 것이다.
　　묘청의 서경천도운동 실패는 부패한 개경관리의 제거와 그에 따른 개혁시도의 실패로 볼 수 있으며, 나아가 반란을 일으킴으로서 개인적으로는 그 자신의 신변적 위협을 자초하는 결과가 되었다. 또한 반란의 실패는 한민족의 적극적인 북진정책으로 표현되는 웅지의 상실로 나타나게 되었다고 보여진다.

정지상과 묘청은 같은 서경출신이며 자주국을 지향하는 정치노선은 같았으나 시인과 승려, 반란에 대한 입장도 달랐으므로 정지상은 묘청의 난에 가담하지 않았던 것 같다.

김부식과 묘청·정지상의 행로는 그들이 어떤 생각을 가지고 나라를 이끌어 갈 것인가 하는 문제에 각기 그들 나름대로 소신에 따라 움직였다. 여기에서 누가 옳고 그르냐의 문제는 별 의미가 없다. 다만 각 개인의 삶의 모습에서 우리는 치열하게 살다간 개성있는 인물들의 모습을 발견할 수 있는 것이다.

이정신

우리 역사상 가장 오래 간
무신정권

무신정변은 왜 일어났을까?

고려 의종 24년(1170) 8월에 왕의 친위대인 견룡군(牽龍軍) 소속 하급장교 이의방(李義方)과 이고(李高)가 대장군 정중부(鄭仲夫)를 앞세워 정변을 일으켰다. 이것이 이후 100년간이나 지속된 무신정권의 시작이었다. 무신이 집권하면서 기존의 문벌귀족 중심 사회는 해체되었고, 정치·경제·사회 등 각 분야에서 엄청난 변동이 일어났다. 그럼으로써 무신정변은 고려시대사를 전기와 후기로 나누는 분수령이 된다.

무신정변은 왜 이 시기에 발생했을까? 가장 큰 이유는 무신들이 당시 고려사회에서 차지하는 위상과 실제 지위가 맞지 않았기 때문이다. 고려는 왕도와 덕치를 숭상하는 유교사상이 정치이념으로 자리잡고 있었기 때문에 문신에 비해 무신의 지위는 상대적으로 낮았다. 그런데 숙종이 쿠데타로 왕위에 오른 11세기 말부터는 안팎으로 전쟁과 정변이 빈발한 탓에 무신들의 지위가 상대적으로 높아지고 있었다. 특히 왕을 가까운 거리에서 경호하는 친위대의 위상은 불안한 정정탓에 계속 높아지고 있었다. 위세를 떨치던 문벌귀족들과 똑똑한 동생들 때문에 태자시절부터 내내 정치적 지위가 불안했던 의종은 특히 친위대를 우대했다. 불안한 정치적 기반을 확고하게 하고 싶었던 의종은 내시(內侍: 궁성 안에서 왕 가까이에 있으면서 보필하는 문신의 통칭)와 친위대를 자신의 유력한 기반으로 삼기 위해 애썼다.

그런데 의종집권 후반기로 가면 갈수록 의종의 총애는 내시 쪽으로 쏠리고, 친위대에 대한 대우는 점점 나빠졌다. 왕이 유락을 즐기면서 내시들과 어울리는 동안 왕의 신변을 경호하는 무사들은 피로에 지치고 굶주렸으며 심지어는 경호도중 얼어죽기까지 하였다. 이 무사들의 상대적 박탈감이 문신관료 전체에 대한 불만으로까지 확장되는 데는 그리 많은 시간이 걸리지 않았다. 게다가 당시 권력을 갖고 있던 문신들은 여전히 무신들을 멸시하고 있었다.

그러나 단순히 무신들이 차지하는 위상과 실제 지위가 일치하지 않은 것만이 이유였다면 무신정변이 고려사회 전체를 뒤바꿔놓는 분수령이 되지는 않았을 것이다. 무신정변이 결정적으로 확대된 것은 일반 군인들의 대대적인 호응 때문이었다. 이 즈음에 일반 군인들이 당한 설움은 이미 한도를 넘었다. 당시의 군인들은 본연의 업무에 부가하여 각종 공사에 동원되는 등 그 고역이 이만저만이 아니었다. 게다가 급료도 제대로 지급받지 못하여 생활이 극히 어려웠다. 생활고와 격무에 시달린 군인들의 원한은 쌓여만 갔다. 그러다가 정변이 발생하자 그간의 설움과 분노가 폭발하였다. "무릇 문관(文冠)을 쓴 자는 비록 서리라도 죽여서 씨를 남기지 말라!"는 구호는 일반 군인들의 이성을 마비시키는 동시에, 공격대상을 분명히 하기에 충분했다.

"문관을 쓴 자는 죽여서 씨를 남기지 말라!"

　　무신정변은 의종이 개경 근처에 있는 보현원(普賢院)에 행차하는 도중에 일어났다. 왕은 격무에 지친 무사들의 불만을 감지하고는 그들을 위로하기 위해 무사들의 오병수박희(五兵手搏戲)를 관람하고 상품을 내릴 생각이었다. 그런데 관람도중 문반 종5품 기거주(起居注) 한뢰(韓賴)가 상대를 이기지 못하고 도망치는 무반 종3품 대장군 이소응(李紹膺)을 비웃으며 그의 뺨을 때렸다. 종5품 문신에게 종3품 무신이 모욕당하는 모습을 본 무신들의 분노가 폭발하였고, 그날 밤 바로 무신정변이 일어났다.

　　그렇지만 한뢰가 이소응의 뺨을 때리는 돌발상황이 없었더라도 무신정변은 발생했을 것이다. 무신정변은 이미 오래 전부터 치밀하게 계획되어 있었기 때문이다. 이를 계획한 인물은 견룡행수(牽龍行首)인 산원(散員: 정8품) 이의방과 이고였다. 이들은 일찌감치 정변을 계획하고는 대표성을 획득하기 위해서 무신 전체를 대표할만한 인물을 찾았다. 그들이 처음에 접촉했던 인물은 대장군 우학유(于學儒)였다. 하지만 우학유는 아버지의 유지를 들어 '죽어도 따를 수 없다'면서 거절했다. 이의방과 이고는 곧이어 대장군 정중부에게 접근했다. 정중부는 키가 7척에 모난 눈동자와 넓은 이마, 흰 피부에 아름다운 수염을 가진 당당한 풍모의 장군으로 지위나 풍모가 정변의 주동자로 손색없는 인물이었다. 의종

24년 4월에 이의방과 이고는 정중부에게 정변의 전면에 나서달라 요구하여 승낙을 받아냈다.

4개월 뒤에 그들은 때가 무르익었다고 판단했다. 그들은 왕이 보현원에 행차하면 거사하기로 이미 결심했다. 이 곳에서 한뢰가 이소응의 뺨을 때린 사건은 무신정변의 폭발을 극적으로 표현한 하나의 계기였다. 이날 이의방과 이고는 왕명을 사칭하여 병력을 집결시켜서는 평소 왕의 총애를 믿고 방자하게 굴었던 우부승선(右副承宣) 임종식(林宗植), 지어사대사(知御史臺事) 이복기(李復基), 기거주 한뢰를 비롯한 호종 문관, 대소 신료, 환관을 살해하였다. 그리고는 곧바로 개경으로 돌아와서 닥치는 대로 문신들을 죽이는 한편 사람을 시켜 문관을 쓴 자라면 서리라도 죽여 씨를 남기지 말라고 선동했다.

이 선동으로 평소 낮은 처우 때문에 불만이 누적되어 있던 일반 군인들의 분노는 모조리 문신에게 전가되었다. 흥분한 일반 군인들이 문신들을 닥치는 대로 색출하여 죽인 것이 50명이 넘었다. 곧이어 있었던 왕 측근세력의 공격을 물리친 정변 주도세력은 왕을 거제도로 내쫓고, 왕의 둘째 남동생인 익양공(翼陽公) 호(晧)를 왕으로 세웠으니 그가 명종이다.

명종 즉위 뒤에 곧이은 인사에서 무신들은 이전에 상상할 수 없었던 파격적인 직책을 차지했다. 여기에 무신에게 호의적인 문신들이 포함되어 무신정권이 성립하였다. 얼마 뒤에 의종대의 정치범들이 석방되고 복권되었다.

무신정권 성립기의 혼란 - 이의방과 정중부의 집권

　무신정권 성립 직후에 실질적인 권력은 정변을 주동한 세력이 장악했다. 정변 주동세력은 하급무신들이 주를 이루고 있었는데, 이들 가운데 뚜렷한 선두주자가 부각되지 않은 탓에 정권장악을 위한 다툼이 치열하게 벌어졌다. 교통정리는 자연스럽게 이루어졌다. 명종 원년에 정권을 독점하려던 이고를 이의방과 채원(蔡元)이 연합하여 제거하였고, 3개월 뒤에는 이고를 처치한 공로를 내세우던 채원을 이의방이 살해하였다. 이후 무신정권의 실권은 이의방의 손에 넘어간다.

　실권은 잡았지만 이의방은 정변 이전에 고위직에 있었던 무신들을 전적으로 배척하지는 못했다. 무신정권 성립 초기에는 개개 무신들의 독자적 세력기반이 취약해서 한 사람이 권력을 좌지우지 할 수 없었다. 정권운영에 직접적 위해를 가하지 않는 무신, 특히 영향력있는 고위무신들은 최대한 회유해야 정권유지가 가능했던 것이다.

　그 예로 이고와 채원을 숙청한 뒤 이의방은 숙청을 두려워하고 있던 정중부를 직접 찾아가 부자의 의를 맺었고, 정변의 주모자 제의를 거절한 우학유에게는 여동생을 시집보내고 동지추밀원사(同知樞密院事: 종2품)로 기용했다. 국가의 중대사는 상장군(정3품)과 대장군들의 합의기구인 중방(重房)에서 처리하였다. 이런 식으로 이의방은 고위무신들의 반발을 무마하였다. 동시에 이의방은 지방 파견 관리직을 무신들로 대거 채움으로써 정변에서 큰 공을 세웠던 하급무신들에 대한 논공행상도 잊지 않았다.

이의방 정권은 문신들의 반발에 직면하면서 위기를 맞았다. 명종 3년 동북면병마사였던 김보당(金甫當)이 이의방·정중부의 제거와 의종복위를 명분으로 반란을 일으켰다. 김보당은 군사를 일으키면서 동시에 사람을 거제로 보내 유배되어 있던 의종을 받들고 경주로 나오게 하였다. 이 소식을 접하고 이의방은 김보당 세력을 토벌하는 동시에 이의민을 시켜서 의종을 살해하였다. 얼마 지나지 않아 김보당은 거사에 실패하고 잡혀 죽게 되는데, 죽음에 임하여 문신으로 공모하지 않은 자가 없다고 거짓으로 말했고, 이로 인해 많은 문신이 또다시 살륙당했다.

흔들리던 정치기반을 강화하려고 이의방은 자기 딸을 태자비로 삼았다. 하지만 이는 오히려 다른 무신들의 경계심을 가중시키는 역효과를 일으켰다. 결국 이의방은 명종 4년에 일어난 서경유수 조위총(趙位寵)의 반란으로 어수선한 틈에 정중부의 아들인 정균(鄭筠)에 의해 살해당했다. 이로써 권력은 정중부와 그 일파의 손으로 넘어갔다.

정중부는 고위 무신출신이었고, 정변의 간판으로 추대되긴 했지만 정변으로 인한 급격한 변화를 바라지는 않는 인물이었다. 하지만 정변을 성공으로 이끄는 데에 결정적 역할을 담당한 하급 무신이나 일반 군인들의 기대를 내팽개칠 수는 없었고, 그런 탓에 이들의 요구를 어느 정도 수용할 수밖에 없었다. 그런데, 양보가 거듭되면서 이번에는 고위 무신들이 정중부에 대한 지지를 철회하기 시작하였다. 하급 무신과 일반 군인들이 변혁의 속도가 늦은 것에 불만을 품고, 고위 무신들이 정중부의 국정 관리능력에 의심을 품는 상황을 맞아 정중부 정권은 흔들리기 시작했다. 피지배층인 서북 지방민과 공주 명학소(鳴鶴所) 민의 봉기는 정중부 정권의 위기를 가속시켰다.

무신정변에 반대한 무신정변 - 경대승의 집권

정중부 정권은 명종 9년(1179) 9월에 26세의 청년장군인 경대승(慶大升)의 쿠데타로 무너졌다. 쿠데타를 일으킨 경대승은 좋은 가문 출신이었기 때문에 겨우 15세에 불과했던 의종 22년(1168)에 음서로 정9품인 교위(校尉) 벼슬을 받고 관직에 진출하였다. 그는 무신정변에 참여하지 않고도 가문배경에 의해 출세의 길을 달렸다. 그런 탓에 경대승은 무신이면서도 늘 무신정변 주동세력을 못마땅하게 생각하고, 그들의 불법적 행동에 분개했다.

정중부 정권이 흔들릴 즈음에 정중부의 아들 정균이 공주에게 장가들어 세력을 만회하려 시도한 적이 있었다. 이 때 경대승은 정중부를 토벌할 생각이었지만 정중부의 사위로 당시 병부(兵部)의 장관을 맡고 있던 송유인(宋有仁)이 두려워 선뜻 결행하지는 못하고 있었다. 그러던 중 송유인이 대수롭지 않은 일을 꼬투리 삼아 당시 신망을 얻고 있던 문신인 문극겸(文克謙)과 한문준(韓文俊)을 탄핵하여 인심을 잃었다. 정중부 세력의 횡포에 대한 반발심리가 높아지자 경대승은 기회를 놓치지 않고, 견룡 허승(許升)과 모의하여 결사대 30여 명을 동원해서 숙직하고 있던 정균을 죽이고 궁에 침입하여 정중부 일당을 처치하였다. 그리고는 금군(禁軍)을 출동시켜서 정중부와 송유인 부자를 체포하여 처형하였다.

정중부 세력을 제거했지만 다른 무신들의 반발은 두드러지지 않았고, 왕인 명종도 쿠데타를 추인했다. 상황이 어느 정도 진정되자 내친 김에 경대승은 자신의 정치성향을 분명히 밝혔다. 정중부 제거 뒤에 대궐에서 자신에게 하례하는 대신들에게 "임금을 시해한 자가 살아 있는 데 무슨 하례인가?"라고 말하며 무신정변 주동 세력에게 공공연히 경고한 것이다.

뿐만 아니라 경대승은 학식과 용략이 없는 자는 원칙적으로 기용하지 않았다. 이 때문에 무신정변에서 큰 활약을 보였던 무사들은 타격을 받았다. 이들 가운데에는 비천한 가문출신에 무식한 자들이 많았기 때문이다.

그렇지만 경대승이 취한 정책은 무신정변 이후 형성된 새로운 질서 자체를 완전히 부정하는 것은 아니었다. 무신위주의 권력구조가 정변 뒤에 9년 동안 나름대로 뿌리내렸기에 이를 전면적으로 부정했다가는 정권이 존립할 수 없었기 때문이다. 실제로 경대승을 토벌하자는 의견이 대두되기도 했다. 그러나 이것은 현실로 옮겨지지는 않았다.

당시의 정치형세를 살펴보면 유력한 무신들은 '무신'이라는 점 말고는 동일한 정치적 이해를 갖고 있지 않았고, 또 그들 가운데에는 하급 무신들과 일반 군인들의 각종 요구로 급격하게 사회가 변화하는 데에 거부감을 갖고 있는 자들이 많았다. 경대승이 보수적인 정치성향을 표방했음에도 불구하고 집권할 수 있었던 까닭이다.

하지만 경대승의 권력은 안정적이지 못했다. 경대승은 동일한 이해관계를 갖고 있지 않았던 무신들을 정치적으로 통합하여 자신의 세력으로 포섭할 만큼 유능한 인물은 아니었다. 그렇다고 정치력·군사력으로 정적을 소탕할 만한 힘과 배경을 갖고 있는 것도 아니었다. 경대승은 집권 직후 곧바로 무신정변을 옹호하면서 정중부 일파의 죽음에 대한 복수를 공언하는 무신들의 경고를 받았다. 놀란 경대승은 정적의 위협에 대처하기 위해 1백 수십 명의 결사대를 모아 도방(都房)을 조직하였다.

도방 구성원에는 이후 각종 사회문제를 야기했던 불량배가 많았지만 경대승은 도방 구성원들이 숙직할 때 그들과 한 이불을 덮고 잠을 자기도 하는 등, 그들에게 파격적인 성의를 베풀었다. 경대승은 보위를 위해 사병을 양성했을 뿐 아니라 불안정한 권력을 안정시키기 위해서 다양한 세력을 포섭하려고 애썼다. 필요하다면 무신정변으로 인해 급부상한 세력과의 타협도 서슴지 않았다.

그래도 경대승은 항상 신변에 위협을 느꼈다. 그래서 염탐꾼을 항상 풀어놓고, 유언비어를 들으면 즉시 잡아가두어 고문하고, 자주 옥사를 일으켰으며, 형벌을 무자비하게 사용하였다. 하지만 이는 그저 정권을 유지할 자신감이 없음을 드러내는 표지에 불과했다. 경대승은 고작 4년 동안 실권을 휘두르다가 정중부가 칼을 잡고 큰 소리로 꾸짖는 꿈을 꾼 뒤 시름시름 앓다가 명종 13년(1183) 7월에 30세의 젊은 나이로 병사했다. 경대승이 죽은 뒤 도방으로 대표되는 그의 세력은 철저하게 붕괴되었다.

신분파괴와 새 질서수립을 향한 꿈 – 이의민의 집권

경대승이 죽은 뒤 잠시 권력의 공백상태가 있었다. 이 공백상태를 매듭짓고 집권한 자는 이의민이었다. 이의민의 아버지는 소금과 체를 파는 상인이었고, 어머니는 절의 노비였다. 노비신분의 어머니 소생인 이의민은 고려의 법에 따라서 천민이었다. 그는 키가 8척에 완력이 남달랐다. 신분상의 제약에 따른 불만과 넘치는 기운을 이기지 못한 이의민은 탈선의 길로 빠져 두 형과 함께 고향인 경주에서 불량배 짓을 했다. 행패를 못 견딘 지역민의 고발로 삼형제가 함께 투옥되었는데, 국문과정에서 두 형은 야위어 죽고, 이의민만 살아남았다. 이를 장하게 여긴 안렴사 김자양이 그를 경군(京軍)으로 뽑아올렸다. 이의민은 수박(手搏)을 잘해서 왕인 의종에게 사랑을 받고, 평탄하게 군인생활을 했다.

무신정변이 일어났을 때 이의민은 닥치는 대로 사람을 죽인 공로로 중랑장(中郞將:정5품)을 거쳐 얼마 뒤에 장군(정4품)이 되는 파격적 승진과정을 밟았다. 천민출신인 그로서는 기존질서가 확 뒤바뀌는 것을 꺼릴 이유가 없었다. 무신정변에서의 활약으로 나름대로 이름을 날린 그는 명종 3년(1173) 10월에 전왕이었던 의종을 시해함으로써 천하에 이름을 떨쳤다.

이 때 의종은 김보당의 거병에 힘입어 유배지인 거제도에서 탈출해 경주에 머물고 있었다. 김보당의 난은 얼마 가지 않아 실패로 끝났는데, 김보당이 의종복위를 명분으로 내세운 터라 당시 집권자였던 이의방은 의종을 살려둘 수 없는 처지였다. 이의방은 경주 출신 무장인 이의민에게 의종을 살해하도록 명했다. 이의민은 경주에 도착해서는 의종을 끌어내 곤원사라는 절의 북쪽 연못에서 술 몇 잔을 바친 뒤, 특유의 완력으로 의종의 등뼈를 부러뜨리며 잔인하게 죽이고는 시체를 연못 속에 던져버림으로써 자신을 사랑했던 왕의 은혜에 보답했다. 의종을 살해한 공로로 이의민은 대장군이 되었고, 이듬해에 조위총이 반란을 일으켰을 때 화살에 눈을 맞았음에도 굴하지 않고 반란군을 철저하게 격파한 공으로 상장군이 되었다.

이의방이 집권하고 있을 때에는 순탄하게 승진가도를 달렸던 이의민은 정중부가 집권하면서 중앙에서 밀려나 변방을 돌았고, 경대승이 집권하면서는 '왕을 시해한 자'로 지목되어 생명의 위협까지 받았다. 그러던 중 명종 11년(1181)에는 경대승이 죽었다는 잘못된 보고를 받고 크게 기뻐하면서 자신 대신 경대승을 죽인 이를 칭송했는데, 이 소식이 멀쩡히 살아 있는 경대승의 귀에 들어갔다. 실수를 깨달은 이의민은 두려움을 이기지 못하고 병을 핑계삼아 고향인 경주에 내려가 버렸다. 경대승이 죽을 때까지 이의민은 중앙 정치무대에 복귀하지 못했다.

경대승이 죽은 뒤에도 몇 달 동안 이의민은 경주에 머물러 있었다. 왕인 명종이 이의민에게 공부상서(工部尙書: 정3품)를 제수하면서 귀경하기를 간청한 뒤에야 이의민은 돌아온다. 명종이 굳이 이의민의 복귀를 원했던 이유는 명종 자신이 무신정변으로 왕위에 오른 수혜자로, 자신과 이해관계를 같이하는 세력의 집권을 도움으로써 무신정변 이후의 질서를 유지하고 운신의 폭을 넓히기 위해서였다. 아무런 배경없이 자신의 용력만으로 높은 지위를 차지했던 이의민은 그런 면에서 가장 적격의 인물이었다.

집권기간 중 이의민의 정치적 기반이 아주 튼튼했던 것은 아니었다. 이의민은 명종의 필요에 의해 선택된 사람이었고, 천민출신으로 마땅한 후원세력도 없었던 데에다가 경대승 집권기에는 정치적 공백기를 가지기까지 했기 때문에 강력한 권력을 행사하기가 애초에 어려웠다. 그래서 이의민은 집권 기간 동안에 그와 정치적 성격을 달리하는 무신들을 제어하기보다는 회유하려고 애썼다.

하지만 그런 중에도 이의민 집권 기간에는 이의민과 같이 문벌이나 학식이 아닌, 개인의 용력으로 출세한 자들이 많았다. 이런 판국에 기존 신분질서가 그대로 유지될 수는 없었다. 이의민과 같은 천민출신들이 국가의 고위직을 차지하는 것을 본 피지배층은 신분 상승욕구를 분출시켰고, 가혹한 수탈로 인한 궁핍한 상황을 거부하며 저항하였다. 대표적인 것이 명종 23년(1193)에 일어난 김사미·효심의 난이다.

그런데 이의민은 난의 진압에 매우 소극적이었고, 심지어 이들과 내통하고 있다는 혐의까지 받게 되었다. 반란은 명종 24년 12월에 완전히 진압되는데, 이즈음에 이의민은 위기 관리능력을 의심받았을 뿐 아니라 반국가세력으로 낙인찍혔다. 게다가 정치적으로 이의민과 비슷한 입장을 가졌던 문·무신들이 차츰 물갈이가 되면서 이의민의 입지는 더욱 좁아졌다. 결국 명종 26년 4월에 최충헌 일파가 일으킨 쿠데타에 이의민 세력은 몰살당하고, 이 때부터 최씨일가의 독재가 시작된다.

최충헌 이전의 무신정권은 몇몇 반란군의 손에 권력이 왔다갔다 할 정도로 불안정한 모습을 보였다. 실권은 무신의 손에 있었는데, 상호 견제로 한 사람이 독주할 수 없었다. 만약 정치권력을 제멋대로 휘두르려고 하면 반드시 그 대가를 치러야만 했다. 무신들의 약진, 특히 가문이나 학식이 변변치 않아도 개인의 용력만으로 성장할 수 있는 분위기가 조성되면서 신분질서가 전반적으로 동요하였고, 하극상의 풍조도 만연하였다. 이러한 혼란은 최충헌이 집권하고, 독재의 기틀을 마련하는 과정에서 폭력적인 방식으로나마 점차 해소되었다.

이창섭

최씨 무신정권의
역사적 과오

집비둘기 탈취사건과 최충헌의 집권

　의종(毅宗) 24년(1170)에 무신정변이 일어난 뒤 최충헌(崔忠獻)이 집권하기 이전까지의 초기 무인집정의 지위는 매우 불안정하였다. 계속되는 무인들 사이의 피비린내 나는 권력쟁탈로 인해 무인집정의 지위가 안정되지 못했을 뿐만 아니라, 무신정변 이후 각 지방에서 빈번하게 일어난 민란(民亂) 등으로 인해 정국은 매우 어수선한 상태였다. 그러나 이런 당시의 정국정세는 최충헌이 쿠데타를 통해 집권한 이후 완전히 다른 양상으로 변한다. 즉 무인집정의 지위가 점차 확고해지면서 독재의 기틀까지 마련하여 왕권을 능가하는 수준에까지 올라섰고, 이것을 기반으로 이후 4대 60여 년 동안 최씨정권이 지속되었던 것이다.

　최충헌의 집권은 명종 26년(1196) 4월에 발생한 '집비둘기 탈취사건'을 통해서 이루어진다. 당시의 최고 무인집정자인 이의민(李義旼)의 아들 이지영(李至榮)이 최충헌의 동생인 최충수(崔忠粹)의 집비둘기를 탈취하여 불거진 이 사건은, 급기야 이지영이 아버지의 권력만을 믿고 자신의 노비를 시켜 최충수를 포박하고 욕보이려고까지 하는 사태로 진전되었다. 이에 최충수는 큰 모욕감을 느껴, 형인 최충헌에게 이의민 부자를 제거할 것을 의논하여 실행에 옮긴 것이 이 사건의 전말이다.

사건의 전개과정만을 보면 최충헌의 집권은 표면적으로는 집비둘기 탈취라는 갑작스런 사건에서 야기된 듯한 인상이 깊다. 그러나 최충헌의 쿠데타는 실은 최충헌 형제에 의해 상당한 준비기간을 거쳐 이루어졌다. 이지영에 의해 일어난 집비둘기 탈취는 이들 형제에 의해 치밀하게 쿠데타가 준비되고 있던 상황에서 갑자기 일어난 사건, 즉 도화선에 불과했다. 이 점은 최충헌 형제가 집권하자마자 자신의 쿠데타에 정당성을 부여하기 위해 시무책(時務策: 封事十條)을 당시의 국왕인 명종(明宗)에게 건의했던 것으로 보아 알 수 있다. 단지 집비둘기 탈취라는 우연한 사건으로 최충헌이 집권하게 되었다고 치부해 버리기에는 최충헌 형제는 너무나 빠른 시일에 당시 고려사회가 직면하고 있으면서 시급히 해결해야만 하는 것들을 '시무책의 상소'라는 형식을 통해 표출했다. 이는 최충헌 형제가 집권 이후의 권력구도를 미리 계획한 것에서 나온 조치였다고 밖에 볼 수 없는 것이다. 즉 그들은 쿠데타를 미리 계획하고 있다가, 비록 우연이라고 할지라도 비둘기 탈취사건이란 계기를 통해 집권했던 것이다.

최충헌 형제는 이후 자신들의 집권구상을 하나 하나 진행시켜 나갔다. 우선 시무책 상소를 통해 자신들의 쿠데타를 정당화시키는 작업을 진행시켜 나갔다. 자신들은 이의민이나 그 이전의 무인집정과는 차별적인 존재임을 부각시킨 것이다. 그러기 위해 이의민과 그 이전 무인정권의 부도덕성과 그들에 의해 왕으로 추대된

강화도 궁궐터
몽고의 침략에 맞서 강화도로 수도를 옮긴 후 고려왕조는 그 곳에 많은 궁궐과 성을 건축하였는데, 현재는 그 터만 남아 있다

명종대의 정치에 대한 비판이 시무책의 내용에 주를 이루어야 했다. 그리고 이 작업의 마무리는 당연 아직도 남아 있던 이의민의 당여(黨與)세력과 명종의 폐위였고, 이것을 이들 형제는 별 무리없이 차근차근 진행시켜 결국 쿠데타를 일으킨 지 1여 년만인 명종 27년(1197) 5월에 왕을 폐위하고 신종(神宗)을 즉위시켰다.

역사에서 두 명의 승리자는 없는 법이다. 공동보조를 잘 지켜나가던 형제는 결국 가장 적대적인 존재로 남는다. 사실 이들 형제에 의해 이루어진 쿠데타는 그 전개과정을 살펴보면, 최충수의 주도로 이루어졌음을 쉽게 짐작할 수 있다. 따라서 최충수는 열매는 자기 차지라고 생각했다. 열매란 다름 아닌 자신의 딸을 세자비(世子妃)로 들이는 일이었다.

신종을 왕으로 즉위시킨 이후, 최충수는 신종의 아들 즉 훗날의 희종(熙宗)에게 자신의 딸을 들이려 했다. 그런데 사실 희종에게는 이미 부인이 있는 상태였고, 이에 최충수는 그녀를 궁궐에서 내보내면서까지 자신의 딸을 세자에게 주려 했던 것이다.

이 일에 대해 최충헌은 매우 부정적인 입장을 취했다. 그는 초기의 무인집정이었던 정중부(鄭仲夫)의 아들 정균(鄭筠)이 무리하게 공주에게 장가들려고 하다가 경대승(慶大升)에게 제거되었던 일을 상기시키면서 최충수의 독단적인 행보를 막아보려고 했다. 그러나 이것을 계기로 두 형제는 서로 다른 행로로 나아가게 된다. 두 형제는 각기 1천여 명의 군사를 거느리고 시가전(市街戰)을 벌인 끝에, 최충헌이 동생 최충수를 제거하게 된다.

역사기록에 따르면 최충헌은 동생을 죽일 마음은 추호도 없었는데 심복들의 지나친 충성에 의해 최충수가 피살되었다고 하니, 이것은 역사의 승리자로서 누렸던 호사는 아닐까? 그런데 그가 의도했던 의도하지 않았던 것과 상관없이, 자신에 의해 동생이 제거된 것은, 이후 개인적으로 최충헌이 독재 기틀을 마련하게 된 중요한 계기가 되었다고 할 수 있다. 즉 이 사건 이후 최충헌은 노석숭(盧碩崇)과 박진재(朴晉材)와 같이 쿠데타를 함께 모의하고 주도했던 친인척뿐만 아니라 수많은 정적(政敵)의 제거에 매우 철저할 수 있었던 것이다.

그는 자신에게 반대하는 세력에 대해서는 철저한 응징으로 보답했다. 그리고 이런 정적의 제거를 통해 공포정치를 단행함으로써 일석이조의 효과를 얻었다. 특히 희종 5년(1209)에 청교역(靑郊驛)의 역리들이 승려들과 연합하여 자신을 죽이려다 사전에 발각된 사건을 계기로 교정도감(敎定都監)을 설치하여 1인독재의 기틀을 마련하였다. 교정도감은 이후 최씨 무신정권의 독재기반에 가장 중요한 기구로 남게 되었다.

최우의 계승과 강화도 천도

최충헌은 집권한 지 23년째가 되는 고종 6년(1219)에 병사하고, 이후 권력은 그의 맏아들인 최우(崔瑀)가 이어받았다. 최우는 아버지 살아 생전에 일찍이 후계자로 거의 지목되고 있었기 때문에 그의 계승은 비교적 무난하게 이루어졌다. 집정이 된 뒤 최우는 먼저 이복동생인 최향(崔珦)과 그 추종세력을 제거하여 정권의 안정을 꾀하는 한편, 많은 불법을 감행하여 민심을 잃었던 아버지와는 반대되는 행동을 함으로써 민심을 얻으려 하였다. 즉 아버지가 축적한 금은 등의 보물을 국왕에게 바치는 한편, 아버지가 불법적으로 빼앗은 토지를 본래의 주인에게 돌려주었다.

그렇지만 한편으로 그는 아버지에게 물려받은 자신들의 통치기구를 공식화하거나 확대해 나가기 시작하였다. 우선 아버지의 사병조직이었던 도방(都房)을 내도방(內都房)과 외도방(外都房)으로 확대 개편하여 무력적인 기반을 더욱 확장하였다. 인사권을 행사함에 있어서도 아버지가 이·병부상서(吏兵部尙書)라는 관직을 통해 사제(私第)에서 행했던 것을 그대로 물려받았을 뿐만 아니라 그것을 공식화했다. 즉 고종 12년(1225)에 아버지 때부터 인사의 업무를 수행하던 곳인 자신의 사제를 정방(政房)이라고 명명하여 공식적인 기관으로 만들고, 자신의 인사권을 더욱 강화하기에 이르렀다.

　게다가 그는 무인으로써의 입장에 치우쳤던 아버지와는 달리 문인(文人)을 우대하는 정책을 취함으로써, 명실상부한 최고집정자가 되려 했다. 문신(文臣)의 억압에 항변하였던 무신정변이 일어난 이후, 경대승을 제외한 무인집정들은 한결같이 문신에 대한 적대감을 감추지 않았다. 그런 까닭에 문신들은 무신정변이 일어난 이후 계속해서 불우한 생활을 할 수밖에 없었다. 그런데 어느 정도 정권의 안정을 구축한 최충헌 시기부터는 문신을 끌어안는 상황을 만들어 나갔고, 최우가 집정이 된 이후에는 더욱 적극적으로 자신의 자문기관인 서방(書房)을 통해 문신을 등용하여 정국의 안정을 꾀했던 것이다.

　오랜 안정을 구가하던 최씨정권에 불운의 그림자가 드리워지기 시작한 것은 대외적인 문제에서였다. 인종(仁宗)시기에 이루어진 여진[금나라]과의 화약 이후 대외적으로 평화로운 나날을 보냈던 이 무렵에 몽고라는 새로운 세력이 등장하였다. 강력한 몽고의 침략에 맞서 최우는 고종 19년(1232)에 강화도로 서울을 옮기며 강한 항몽(抗蒙)의 의지를 내보인다.

　이에 대해 훗날의 역사가들은 분투(奮鬪)정신의 발로 내지 자주성을 지키기 위한 처사라고 하면서 높이 평가하기도 한다. 그러나 그 이면을 살펴보면 최우가 조정의 의논이 정해지지도 않은 상황에서 독단적으로 강화도로의 천도(遷都)를 단행한 것은 결코 국가의 안위만을 위한 것은 아니었다. 고종 18년 몽고와의 1차 전투 이후 몽고는 서북면 지방의 40여 성에 민정감찰관인 달로화적(達魯花赤: 다루가치)을 파견했는데, 이 달로화적이 심한 내정간섭과 함께 많은

강화성 북문
조선시대. 현재 인천광역시 강화군 강화읍 관청리에 위치한 강화성의 북문인 누송진(樓松鎭)

공물(貢物)을 고려에 요구했었다. 이에 자신의 정권 안정에 큰 위협을 느꼈던 최우는 홀로 강화도로의 천도를 결정했던 것이다.

게다가 육지에 그대로 남겨진 많은 백성들에 대해서는 단지 입보책(入保策)만을 마련하였다. 입보책이란 몽고병사를 피해 가까운 산성이나 섬으로 들어가 숨어 있으라는 것에 불과하였다. 강화도로의 천도에 대한 보복으로 몽고가 백성들에게 철저한 침략을 행할 것이라는 것을 너무도 잘 알고 있는 상황에서 나온 조처였다는 점에서 최씨정권의 부도덕성을 볼 수 있다.

최항과 최의의 권력세습과 최씨정권의 몰락

최우는 30년간 집권한 뒤 고종 36년(1249)에 병사하고, 그의 아들인 최항(崔沆)이 3대 집정으로써 권력을 세습하였다. 그런데 집권과정은 아버지만큼 순탄하지는 않았다. 그는 아버지와는 달리 어머니가 기생이라는 핸디캡을 가졌다. 전근대 사회에서 어떤 한 사람의 신분을 결정하는 것은 '피'였다. 그가 누구의 핏줄을 이었느냐가 바로 그의 신분을 결정하는 요소인 것이다. 그 가운데 가장 결정적 피는 아버지에게서 받지만, 그에 못지않게 어머니의 피도 중요한 결정요소였다. 따라서 최항은 최우의 후계자로 지목되는 과정에서 많은 우여곡절을 겪을 수밖에 없었다.

최우에게는 2남 2녀의 자녀가 있었다. 그 가운데 적통의 핏줄을 이어받은 사람은 맏딸뿐이었다. 나머지 2남 1녀는 모두 기생 서련방(瑞蓮房)의 소생이었고, 그 가운데에 최항이 있었다. 따라서 최우가 집권한 이후 가장 주목을 받았던 사람은 당연히 신분적 하자가 전혀 없는 맏딸의 남편인 김약선(金若先)이었다.

최우가 집정이 된 이후 김약선은 나름대로 추종자를 거느리면서 후계구도를 잡아가고 있었다. 그러던 중 김약선은 부인과의 불화로 인해 갑자기 최우에게 제거당하는 비운을 맞게 된다. 이후 최우의 후계자로 주목을 끈 사람은 바로 김약선과 최우의 딸 사이에서 태어난 김미(金敉)였다. 최우는 자신이 죽기 불과 1~2년 전에 실제로 김미를 후계자로 세우고, 지방에서 승려로 있으면서 말썽만 피우는 아들 만전[최항의 아명]과 만종의 무리를 벌주라는 요청을 받기도 한다.

그런데 이것이 오히려 최항에게는 전화위복이 되었다. 이 청원을 계기로 최항 형제가 아버지 살아 생전에도 자신들이 이렇게 핍박을 받는데 아버지가 죽으면 어찌 되겠느냐고 항변한 것이 주효하여 갑자기 최우가 마음을 바꾸게 되었다. 이후 최항은 점차 정계에 발을 들여놓게 되었고, 곧 아버지가 죽자 후계권을 잇게 되었다.

많은 우여곡절을 겪은 이후 집정이 된 최항이었던만큼 사실 그의 반대세력도 만만치 않았다. 따라서 최항은 집권 초기 많은 정적을 제거하는 데 온 정력을 쏟아부어야만 했다. 그러던 중 집권 8년 만인 고종 44년(1257)에 병사하였다.

최항의 뒤를 이어 4대 집정이 된 최의(崔竩)가 집권 1년 만인 고종 45년에 그의 가노출신인 별장(別將: 정7품의 무관직) 김인준(金仁俊: 훗날에 김준으로 이름을 개명함)과 유경(柳璥)·박송비(朴松庇) 등에 의해 제거되어 4대 60여 년간 지속되었던 최씨정권이 몰락을 고하게 된다. 불법을 저질렀던 김인준의 추종자들을 돌보아주지 않고 오히려 비난한 것이 계기가 되어 최의가 제거되는 사태에 이르렀던 것이다.

60여 년간 공고하게 집권의 구도를 확립했던 최씨정권이 너무나도 허술하게 무너져 버린 것이다. 이렇게 최씨정권이 무너진 것은 무엇 때문일까? 대외적으로는 몽고의 압력이 몰락에 무시할 수 없는 정도로 원인을 제공했음도 간과할 수는 없다. 그러나 몽고의 압력은 이미 최우정권 시기부터 오랜 시일에 걸쳐 지속되었던 것으로, 이것만으로 최씨정권의 갑작스런 몰락을 설명하기에는 부족하다. 그것보다는 최씨정권의 권력기반 자체 내부에서 그 원인을 찾아야 한다. 최씨정권을 60여 년 동안 지속시켰던 권력기반에서 최씨정권 붕괴원인을 찾는 것이 가장 빠르고 정확한 방법이라고 생각한다.

그렇다면 최씨정권을 60년간 지속시켰던 권력기반은 무엇일까? 최씨정권의 권력기반 하면 떠오르는 것이 도방(都房)·서방(書房)·정방(政房)·교정도감(敎定都監) 등 여러 기관이다. 최씨정권의 사적 군사기관인 도방, 자문기관인 서방, 인사기관인 정방과 이것들 모두를 총괄하는 교정도감이 바로 그들 권력의 핵심부라고 할 수 있다.

분명히 이런 것들이 바로 그들의 권력기반이었다는 데에는 이의가 없다. 그렇지만 한편으로 어떤 정권의 권력기반이라고 하면 바로 인적 자원이 가장 중요한 기반이 된다고 생각한다. 제아무리 좋은 권력 기관을 창출해낸다고 하더라도 그 속에 인적 자원을 적절하게 배치하지 않으면, 그 기관을 곧 무너져 버리고 말기 때문이다. 따라서 최씨정권이 오랜 기간 지속될 수 있었던 원인도 바로 그런 인적 자원을 적절하게 이용하였던 데에서 찾아야 할 것이며, 정권의 몰락도 그것의 실패에서 찾아야 할 것이다.

그렇다면 최씨정권을 지탱하였던 인적 자원은 무엇이라고 할 수 있을까? 이미 설명하였던 핵심 권력기관인 도방·서방·정방·교정도감의 소속원이 우선 상정될 수 있다. 그러나 이들 이외에도 사실 고위관원은 아니지만, 최씨정권의 중요한 무력기반이 되었던 가노(家奴)들도 역시 상정될 수 있다. 이들과 최씨 집정자와의 관계에 문제가 생긴다면, 권력의 중심부가 흔들리게 되는 것이다.

최씨정권의 몰락은 이들 세력과 최의 사이에 균열이 생긴 데 한 원인이 있었던 것이다. 한편으로 귀족 세력과도 최의는 틈이 벌어지고 있었다. 아버지와 마찬가지로 최의 자신도 어머니가 천인 신분인 노비출신이었다. 이 점은 역시 그에게도 걸림돌로 작용하였다. 당시인들 가운데서 최항과 최의의 신분적 하자를 이용하여

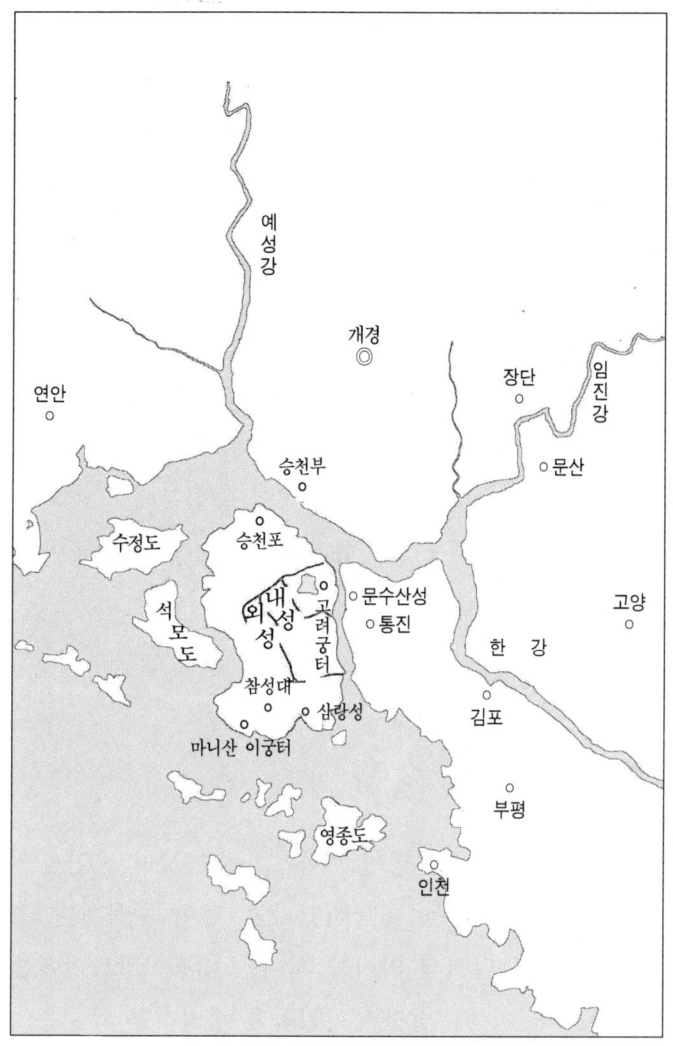

강도(江都)약도

자신의 원수를 제거하는 사람까지 생기게 된 것으로 보아도 그의 입장을 충분히 알 수 있다. 당시인들은 집정자의 어머니 신분이 기생과 비(婢)와 연관되는 까닭에 글을 읽을 때조차 '기(妓)'나 '비(婢)'자는 피했으며, 원수가 있다면 그들이 집정자의 핏줄이 미천함을 말했다고 무고(誣告)했다고 한다.

자신의 어머니가 비천하다는 것이 최항과 최의 부자에게는 가장 큰 걸림돌이었다. 더구나 이 시기는 귀족사회였다. 문벌을 중시하던 당시의 많은 귀족들은 그런 집정자들의 출생신분을 탐탁하게 여기지 않았을 것이고, 심지어 그들에 대해 의구심마저 품을 수 있었다. 이런 상황에서 최의에 의해 권력의 중심부에서 소외된 김인준이 '최의제거'를 모의했을 때, 유경과 같은 귀족세력들이 적극적으로 가담하여 최씨정권의 몰락이 있게 된 것이다.

최씨정권의 역사적 과오

최씨정권의 성립은 무신정변 이후 그 때까지의 혼란을 수습하여 정치적·사회적 안정을 이룩하였다는 점이 주목된다. 그러나 그것이 과연 얼마나 발전적 의미를 지니는 내용이었느냐에는 상당한 의구심이 든다. 이 때 '발전적'이었음을 평가하는 기준은 그들이 펼친 여러 시책이 자신들의 정권만을 위해서가 아니라 국가와 일반 백성들의 이익에 얼마나 합치되는 것이었느냐에 두어야 하리라 생각된다.

이 기준으로 평가를 할 때 최씨정권은 매우 부정적인 성격을 내포하고 있다. 그들은 인사권을 함부로 하는가 하면 공·사의 토지와 백성을 점탈하였다. 뿐만 아니라 강력한 사병을 조직하여 관군의 약화를 초래시켰고, 몽고군의 침략을 당하고 있던 백성들을 그대로 내버려 둔 채 강화도에서 향락생활을 영위하고 있었다.

우선 사병의 문제부터 살펴보자. 최씨정권은 권력을 유지하기 위해 사병을 조직하고 그것을 점차 확대시켜 나갔다. 고종 3년(1216) 12월에 최충헌이 가병(家兵)을 사열했는데, 그 규모는 "좌경리(左梗里)부터 우경리(右梗里)까지 군사들이 두서너 겹으로 열을 지어 2·3리에 걸쳤다"고 할 정도로 대단한 것이었다. 또한 최우의 가병 규모는 "선지교(選地橋)로부터 이령(梨嶺)을 지나 숭인문(崇仁門)까지 이르렀다"고 표현되고 있으며, 고종 20년인 1233년에 서경의 반란군 필현보(畢賢甫)를 제거하기 위해 최우가 파견한 자신의 가병은 3천 명이었다고 한다.

그런데 이런 가병조직의 확대는 공병(公兵)의 와해를 수반하는 것이었다. 최충헌은 자신에게만 충성하는 가병을 많이 모집하기 위해 창자루에 은병(銀瓶)을 달아매어 대중들에게 자랑해 보이며 오는 사람을 끌어모았다. 이로 인해 많은 사람들이 국가의 공병이 되기보다는 최씨정권의 가병이 되기를 원했고, 공병은 약화될 데로 약화되어 결국 최씨정권 시기에 계속되었던 외국과의 전쟁에서 패전을 거듭하는 결과를 초래하였다.

최씨 집정자들의 관심사는 자신들의 권력안정화였던 것이다. 따라서 그들은 몽고·거란과의 전쟁이라는 국가적 위기상황에서도 자신들의 권력기반을 해치는 어떤 행동도 용납하지 않았다. 이로 인해 국가의 공적 기능수행에도 큰 차질을 빚게 하였다. 고종 3년에 몽고에 쫓겨 고려를 침입하였던 거란족을 몰아내기 위해 최충헌의 문객중 공병에 종군하기를 희망했던 자를 최충헌은 귀양보냈다. 게다가 최충헌은 거란과의 전쟁을 위해 출정(出征)하는 군사로 하여금 좁은 길로 가도록 하였다. 이것은 큰길로 출정하다가 자신에게 어떤 변고가 생길지도 모른다는 불안감에서 취한 조처였고, 이로 인해 당시 군인들의 사기가 매우 저하되었다고 한다. 결국 자신들의 정권안위를 위해 사병을 조직·확대함으로써 국가의 공병조직을 와해시켰으며, 그로 인한 대외전쟁에서의 거듭된 패전에 대해 그들은 책임을 면할 수 없는 것이다.

다음으로 인사권의 문제를 살펴보자. 최충헌은 처음 집권을 했을 당시에는 이·병부상서라는 공적 직책을 이용하여 인사권을 행사하였다. 즉 문관의 인사를 담당하는 이부상서와 무관의 인사를 담당하는 병부상서를 동시에 차지하여, 이를 통해 관리의 인사권을 장악하였던 것이다. 그러나 최충헌은 집권이 안정되자, 인사행정을 사적인 영역으로 만들어 버렸다. 오랜 시기 동안 인사권을 장악하였던 최충헌은 자신의 사제(私第)에 인사를 담당하였던 관리들을 불러들여 처리하기 시작하였던 것이다. 그리고 그의 아들인 최우는 아예 이런 인사관행을 자신의 사제에 '정방(政房)'이라는 인사기관을 설치하여, '공식화'해 버렸다.

최씨정권이 부정적인 평가를 받는 가장 주목할 대목은 바로 강화도 천도와 강화도에서의 사치생활이다. 국가보다는 자신의 권력안위를 더욱 염려하여 이루어진 강화도 천도였기에, 백성들을 위한 정책은 없었다. 그저 몽고군을 피해 깊은 산 속이나 섬으로 도망하라는 입보책(入保策)이 전부였다. 몽고의 칼날에 백성을 그대로 내맡긴 채로 강화도 정부는 개경에서와 같은 생활을 그대로 유지하고 있었다. 강화도에 있으면서 정부는 비교적 안정적이었던 조운망(漕運網)을 이용하여 전쟁의 고통에 시달리고 있던 백성들에게서 계속하여 세금을 거두어 갔고, 그 세금으로 개경에서와 같은 사치스러운 생활을 계속 영위해 나갔던 것이다.

다음으로 민란에 대한 태도에서도 최씨정권의 과오를 살필 수 있다. 무신정변이 성공할 수 있었던 중요한 요인은 사실 일반 백성들의 무신정변에 대한 적극적 참여와 소극적 지지라고 할 수 있다. 문신귀족들에 의해 많은 수탈을 당하고 있었던 일반 백성들은 무신에 의한 쿠데타가 일어났을 때 일반 군인과 함께 적극적으로 정변에 가담한 사람도 있었고, 소극적으로 그것을 지지한 경우도 있었다. 특히 정변을 피해 지방으로 도망해 갔던 문신귀족들을 그 지방민들이 받아들이지 않고 오히려 많이 죽였다는 기록에서 당시 민심의 향방을 읽을 수 있다.

적극적이든 소극적이든 무신정변에 지지를 보냈던 일반 백성들은 나름대로 무신정권에 기대하는 것이 많았다. 그러나 기대치가 높으면 그만큼 실망도 많은 법이다. 정변이 성공한 뒤 무인집정들은 백성을 위한 정책을 제대로 펴지 않았고, 이에 실망한 백성들은 민란으로 대응할 수밖에. 없었다.

한편 최씨정권이 성립한 이후에도 역시 백성을 위하는 정책은 커녕, 백성들의 토지를 침탈하는 행위만이 오히려 가중되었다. 최우가 집정이 된 뒤 민심을 얻기 위해 가장 먼저 취한 조치가 아버지가 탈점한 토지를 본래의 소유주와 국가에 돌려주는 것이었음에서, 최충헌이 얼마나 많은 토지를 불법적으로 탈점했는지를 알 수 있다. 따라서 최씨정권이 성립한 이후에, 역시 민란이 계속해서 발생하였다. 신종 2년(1199)에는 명주(溟州: 현재의 강릉)와 동경(東京: 현재의 경주)에서, 다음해에는 진주(晉州)에서 민란이 일어났으며, 신종 5년에 동경과 운문(雲門: 지금의 경북 청도)·초전(草田: 지금의 밀양)에서 일어난 반란은 거의 1년 반 동안 지속되었다. 한편 신종 원년에는 "공경장상(公卿將相)의 씨가 따로 있느냐"라고 하면서 노비 만적(萬積)이 개경에서 반란을 모의하다가 주살당한 사건도 발생하였다.

그런데 이 시기에 계속해서 일어난 일련의 민란에 대해 최씨정권은 강력한 탄압으로 대응하였고, 이를 통해 공포정치를 실시하여 독재의 기틀을 마련했다. 최씨정권은 민란을 단순히 자신들의 정권을 위협하는 것으로만 간주하여, 이에 대해 강력 일변도로 탄압을 하였던 것이다. 민란에 담겨 있는 백성들의 소망은 아랑곳하지 않으면서 말이다.

이정란

원나라 간접지배의
실상

몽골과의 강화로 독립을 유지하다

고려는 고종 18년(1231) 8월부터 몽골(몽고)과 항쟁하였다. 하지만 최씨 무신정권의 마지막 집권자 최의(崔竩)가 살해당한 데다가 몽골과 강화를 바라는 세력들이 성장하여 고종 46년 4월에 고려는 마침내 강화를 맺기로 결정하였다. 국왕인 고종은 이를 알리기 위해 태자인 원종을 몽골에 파견하였다.

고려의 태자는 남송을 공격중인 몽골의 칸(汗) 몽가(蒙哥: 몽케, 징기스칸의 손자)를 만나기 위해 중국의 서쪽으로 향하지만 몽가가 죽는 바람에 그냥 돌아오고 있었다. 태자는 도중에 남송을 정벌하다 북상중인 몽가의 동생 쿠빌라이(忽必烈: 홀필렬)와 만나게 된다. 당시 몽골은 새로운 칸의 옹립을 둘러싸고 막 내전에 돌입하려는 찰나였다. 몽가의 아들들은 나이가 어렸기 때문에 자연히 동생인 쿠빌라이와 아리불가(阿里不哥: 아릭 부케)가 후보로 떠올랐지만, 몽가를 잇는 정통성은 쿠빌라이가 아니라 오히려 그 동생으로 몽고 고원을 지배하며 몽가와 친밀했던 아리불가였다. 이에 도전한 쿠빌라이는 반역자이고 그 군대는 쿠데타군이었던 것이다. 그런데 고려 태자는 우연인지 의도적이었는지 이러한 입장의 쿠빌라이와 만나 고려의 강화문서를 전달하였다.

고려 태자와 쿠빌라이의 만남은 이후 고려의 역사에 지대한 영향을 미친다. 왜냐하면 곧 북상하여 스스로 몽골의 칸에 즉위하는 쿠빌라이가 아리불가와의 싸움에서 승리하여 1271년에 원나라를 건국할 뿐만 아니라 1279년에 남송을 정복하여 중국의 지배자가 되기 때문이다. 불리한 입장에 있던 자신을 지지해 준 데에 상당한 호의를 느낀 쿠빌라이는 고려의 태자에게 고려의 토풍(土風) 즉 고유한 풍습을 유지해도 좋다는 약속을 해주었다. 물론 이는 근본적으로 몽골의 침략을 받은 어느 지역에서도 찾아보기 어려울 정도로 고려가 30년 동안 침략군에 항쟁한 결과였다.

토풍을 유지한다는 것은 왕국으로서의 독립을 유지한다는 것이었다. 그래서 고려는 몽골의 속국이 되었지만 망한 것은 아니어서 고려왕조는 계속 존속한다. '세조구제(世祖舊制)'라 불리는 쿠빌라이(세조)의 약속은 고려를 지키는 방패 역할을 하게 된다.

태자가 몽골에 가 있을 때 고종은 임시수도인 강도(江都: 강화도)에서 세상을 떴다. 귀국한 태자가 왕위에 오르니 원종이다. 몽골을 뒤에 업은 원종의 힘은 무신집권기 다른 왕들보다 커져 임연(林衍)과 결탁하여 무신집권자 김준(金俊)을 제거할 정도였다. 그런데 원종의 왕권강화정책과 개경으로의 환도추구는 새로운 무신집권자 임연과의 갈등을 초래하였다. 결국 임연은 원종을 폐위하고 그 동생인 안경공 창(淐)을 옹립하였다.

하지만 몽골에 가 있던 태자(충렬왕)가 부왕의 복위운동을 전개했으며, 몽골 또한 원종을 복위시키기를 강력히 요구하고 그렇지 않으면 고려와 다시 전쟁에 돌입하겠다고 협박하였다. 여기에 임연은 굴복하여 원종을 복위시킬 수밖에 없었다. 이처럼 몽골의 신세를 진 고려국왕은 더욱 몽골에 의지하게 된다. 원종은 감사를 표시하기 위해 친히 몽골로 향했다.

자존심이 상한 충격 때문인지 임연은 원종 11년(1270) 2월 세상을 떴다. 그 뒤를 아들인 임유무(林惟茂)가 계승하지만 그러나 그의 권력기반은 약하였다. 몽골군을 끌고 귀국하던 원종은 5월에 강도에 있는 고려정부에게 개경으로 환도할 것을 명령하였다. 그러자 임유무는 왕명을 거부했지만 누이의 남편인 홍문계(홍규)와 삼별초에 의해 공격을 받아 죽음을 당하였다.

이로써 100년 동안 지속된 무신정권은 막을 내렸다. 그리고 원종과 고려조정은 개경으로 돌아왔다. 이후 고려는 삼별초가 몇 년 동안 다시 몽골과 항쟁하지만 본격적인 원나라 간섭기에 접어들게 된다.

고려는 독립을 유지했지만 몽골족 원나라의 속국 내지 제후국이 되었다. 그래서 원종의 아들인 충렬왕이 즉위한 초기에 여기에 맞게 칭호들이 고쳐졌다. 고려국왕과 관련된 용어의 경우 짐(朕)은 고(孤)로, 폐하는 전하로, 선지(宣旨)는 왕지(王旨)로 바뀌었으며, 태자는 세자로 바뀌었다. 정치기구도 2성(省)인 중서문하성과 상서성은 합쳐져 첨의부(僉議府)로, 중추원은 밀직사(密直司)로, 행정을 담당한 6부(部)는 4사(司)로 되는 등 격하 내지 축소되었다. 고려가 사용해 왔던 황제국체제의 명칭들이 제후국체제의 명칭으로 개칭되었던 것이다.

왕실 사당인 태묘에 신주를 봉안할 때 붙이는 묘호(廟號)도 충렬왕이 세상을 떴을 때 종(宗)을 붙이지 못하고 '충렬왕(忠烈王)'이라 칭해졌다. 이후 고려가 망할 때까지 '종'이 아니라 '왕'이라고만 칭해지며, 더구나 원나라 간섭을 벗어나지 못하는 공민왕 이전까지는 앞에다가 원나라에 충성을 했다는 의미로 '충'자를 붙여야 했다.

원나라 공주와 혼인해야 했던 고려국왕

원나라 간섭기에 특이한 현상중의 하나는 고려국왕이 원나라 공주와 혼인한 것이었다. 원종은 이미 혼인한 태자〔충렬왕〕를 15년(1274)에 원 세조 쿠빌라이의 딸 즉 제국대장공주(齊國大長公主)와 혼인시켰다. 이 결혼을 고려왕실에서 원했는지, 아니면 원나라에서 원했는지는 확실치 않지만 서로가 이해타산이 맞아떨어져 성사되었다고 하겠다. 고려왕실은 원황실이라는 든든한 후원자를 얻어서 좋고, 원황실은 고려에 대한 장악력을 높일 수 있어서 좋았다. 원황실의 사위가 된 고려국왕은 원황실의 일원이 되고 그 안에서의 지위도 높아 상당한 수준의 발언권도 행사하였다. 하지만 다른 한편으로는 원나라의 고려에 대한 영향력이 커져 필요에 따라 고려의 내정에 간섭하는 문제를 안고 있었다.

충렬왕이 제국대장공주와 결혼하면서 먼저 배우자가 되었던 정신부주(貞信府主) 왕씨는 제1비의 서열에서 밀려나게 되었다. 원나라 공주는 고려국왕이 이미 혼인했든 안했든 상관없이 서열 1위의 왕비가 되었던 것이다. 정신부주의 아들은 장자임에도 불구하고 제국대장공주가 낳은 왕자〔충선왕〕에게 세자자리를 빼앗기고 중이 되어야 했다. 왕위의 계승권도 원나라 공주가 낳은 왕자에게 우선권이 돌아갔던 것이다. 충선왕은 징기스칸의 피가 흐르는 첫번째 고려국왕인 셈이다.

충선왕도 이미 혼인했음에도 불구하고 원나라 진왕(晉王) 감마랄(甘麻刺: 카말라)의 딸인 계국대장공주(薊國大長公主)와 혼인하였다. 감마랄은 쿠빌라이의 손자이자 쿠빌라이를 계승한 성종 철목이(鐵穆耳: 테무르)의 형이었다. 그런데 충선왕과 계국대장공주는 금슬이 좋지 않아 둘 사이에는 왕자가 없었다. 그래서 다른 몽고 여자인 의비(懿妃)에게서 태어난 충숙왕이 왕위에 오른다.

충숙왕은 고려인 홍규의 딸인 덕비(德妃)와 혼인하여 훗날의 충혜왕과 공민왕을 낳았지만 그 또한 관례대로 원나라 공주와 혼인해야 했다. 그래서 쿠빌라이의 손자 영왕(營王)의 딸인 복국장공주(濮國長公主)와 혼인하지만 그녀는 자식이 없이 일찍 죽었다. 또 쿠빌라이의 증손자 위왕(魏王)의 딸인 조국장공주(曹國長公主)와 혼인했는데 용산원자를 낳다가 죽었다. 이러한 사정으로 고려인 덕비의 아들 충혜왕이 왕위에 오르게 되었다.

충혜왕은 쿠빌라이의 증손자 진서무정왕(鎭西武靖王)의 딸인 덕녕공주(德寧公主)와 혼인하여 충목왕을 낳았다. 어린 나이로 즉위한 충목왕이 미혼인 상태로 일찍 세상을 뜨자 충혜왕과 고려인 희비(禧妃) 윤씨 사이에 태어난 충정왕이 즉위하였다. 하지만 충정왕은 숙부인 공민왕에게 쫓겨나 죽음을 당하고 만다. 공민왕 또한 부왕 충숙왕의 왕비 조국장공주의 조카인 노국대장공주(魯國大長公主)와 혼인했지만 그녀는 난산으로 죽는다.

공민왕 때는 원나라가 약화된 틈을 타 고려가 그 간섭에서 벗어나는 시기였다. 결국 원나라는 흥기하는 명나라에 의해 몽골고원으로 쫓겨나고, 그래서 더 이상 고려왕이 원나라 공주와 혼인할 필요가 없어졌으니 공민왕이 원나라 공주와 결혼한 마지막 왕이 되었던 것이다.

이처럼 고려국왕은 원나라 공주와 결혼했으며 원칙적으로 그 사이에서 태어난 왕자가 후계자가 되었다. 이러다 보니 원나라에서 고려의 왕위계승에 개입하는 문제가 종종 발생하여 정국을 혼란 속으로 빠뜨렸다. 먼저 충렬왕이 세자 충선왕에게 양위해야만 했다. 징기스칸의 손자인 쿠빌라이의 외손자여서 위상이 높은 충선왕은 모친인 제국대장공주의 죽음을 빌미로 부왕을 몰아냈던 것이다. 이후 충렬왕파와 충선왕파는 갈등이 심해진다. 충선왕도 충렬왕파의 공작에 의해 밀려나고 다시 충렬왕이 왕위에 올랐다.

그런데 충선왕은 원나라에서 황제 성종이 죽은 뒤의 후계자 싸움에 개입하였다. 그는 성종의 형인 답랄마팔랄(答剌麻八剌: 다르마발라)의 아들 애육려발력팔달(愛育黎拔力八達: 아유르바르와다, 인종)를 밀었다. 애육려발력팔달이 황제에 오르려 하자 그 형인 해산(海山: 카이샨, 무종)이 군대를 일으켜 반발하였다.

당시 몽골에서 해산이 워낙 지지도가 높아 애육려발력팔달은 형에게 제위를 양보하고 자신은 황태자가 되었다. 어쨌든 해산이 즉위하여 무종이 되자 충선왕은 힘이 커졌다. 이에 충선왕은 원나라에 와 있던 부왕 충렬왕을 유폐하여 실권을 장악하고 부왕이 곧 세상을 뜨자 다시 왕위에 올랐다. 원나라에서 무종이 몇 년만에 의문사하고 애육려발력팔달이 즉위하여 인종이 되자 충선왕의 위상은 더욱 높아졌다.

충선왕의 다음 왕인 충숙왕과 충혜왕 사이에도 비슷한 일이 벌어졌다. 충숙왕도 아들 충혜왕에게 왕위를 양위했다가 충혜왕을 밀어내고 다시 왕위에 올랐으며, 충숙왕이 세상을 뜨자 충혜왕이 다시 왕위에 올랐던 것이다. 물론 이 과정에는 원나라의 개입이 있었다. 원나라의 불신을 받은 충혜왕은 결국 체포되어 원나라로 압송되어 유배되는 도중 세상을 떴다. 그리하여 충혜왕의 어린 아들 충목왕이 왕위에 오르게 된다.

충목왕이 일찍 세상을 뜨자 이복동생인 충정왕과 그 숙부인 공민왕이 후계자로 떠올랐다. 원나라는 고려인들의 다수가 공민왕을 원했음에도 불구하고 나이 어린 충정왕을 택했다. 그리고 몇 년 뒤에 고려정국의 안정을 바라서였는지 충정왕을 버리고 공민왕을 선택하였던 것이다.

하지만 공민왕은 원나라가 한족의 반란으로 약화되자 원나라에 기대어 세력을 떨치는 기철(奇轍) 등을 숙청하여 원나라의 간섭에서 벗어나려 했고 마침내 이를 달성했다. 기철의 누이인 원나라 순제 타환 첩목이(安懽 貼睦爾: 토곤 테무르)의 기 황후가 오빠의 복수를 위해 자기 멋대로 공민왕을 폐위시키고 군대를 파견하기도 하였지만 고려군의 성공적인 방어로 효과를 보지 못한다.

고려왕과 심왕의 갈등, 그리고 입성문제

고려왕의 계승문제를 복잡하게 만든 요인으로 심왕이라는 존재

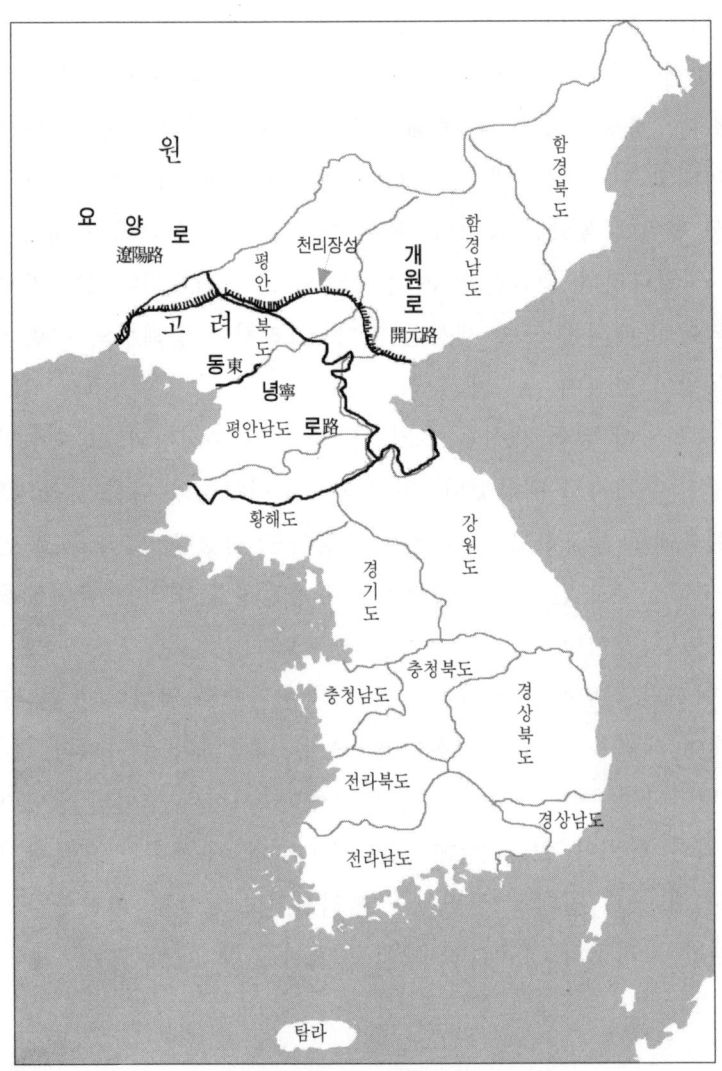

원세력하의 고려강역도

가 있었다. 충선왕은 원나라에서 무종과 그 다음의 인종을 옹립한 공으로 고려의 국왕으로 복위했음을 물론이고 요동지역의 왕인 심양왕(瀋陽王)까지 겸하는 막강한 지위를 누렸다. 심양왕은 뒤에 심왕(瀋王)으로 승격된다. 충선왕은 원나라의 수도인 연경[북경·대도] 생활이 마음에 들어 고려로 돌아가지 않으려 했다. 고려에서도 돌아오기를 청하고 연경에서도 여기저기서 압력이 들어오자 충선왕은 자신의 지위를 나누어서, 아들 충숙왕에게는 고려국왕을, 조카 고(暠, 혹은 호)에게는 심왕을 주고 자신은 상왕으로 물러났다.

조카 호는 충선왕의 배다른 형인 강양공 자(滋)의 아들이었다. 아마도 충선왕은 자신이 단지 원나라 공주의 아들이란 이유로 형을 밀어내 왕위에 오른 데 대해 미안한 감정을 느꼈을 것이다. 그래서 형의 아들인 호에게 애정을 쏟았으며 심왕까지 물려준 것이라 하겠다. 그러나 충선왕은 상왕으로 물러났음에도 불구하고 계속 실권을 행사하다 자신의 권력배경인 원나라 황제 인종이 세상을 뜨자 실각하여 티베트까지 유배당하기도 하였다.

그런데 이 심왕은 자신의 지위에 만족하지 못하고 계속 고려국왕에게 도전하였다. 여기에는 원나라와 고려 내부의 정치세력이 개입되어 있었다. 충숙왕은 심왕의 도전으로 왕권이 흔들렸으며 심지어 원나라에 소환되어 억류되기도 하였다. 충숙왕의 아들인 충혜왕 때에도 심왕의 도전은 계속되었다. 결국 충혜왕은 원나라가 파견한 관리들에 의해 체포되어 끌려갔으며 유배되는 도중에 비운의 최후를 맞이했던 것이다.

고려국왕과 심왕의 대립원인은 근본적으로 원나라가 둘의 대립을 교묘히 조정하여 고려를 장악하려 한 데서 발생했다고 볼 수 있다. 이러한 결과를, 처음 둘로 나누어 물려준 충선왕 자신은 별로 예상치 못했을 것이다.

고려왕위의 계승문제가 복잡해지고 게다가 심왕의 도전이 거세지면서 고려 안의 정치세력 사이의 갈등도 치열해진다. 이러한 가운데 입성책동이라는 이상한 일이 벌어진다. 입성(立省)이란 행중서성(行中書省)을 세운다는 뜻이다. 원나라의 최고기구가 중서성이었으므로 그 산하에 있는 지방의 최고기구가 행중서성이 되었던 것이다. 원나라는 중국을 완전히 지방으로 편입하고는 여러 개의 성 즉 행중서성을 두어 지배했다.

고려에도 일본을 정벌하기 위해 설치한 정동행성(征東行省) 즉 정동행중서성(征東行中書省)이 있었다. 이는 일본정벌이 끝난 뒤에도 남아서 때로는 고려내정을 간섭하기도 하였지만 보통은 형식적인 업무를 수행하는 측면이 강하였다. 정동행성의 책임자인 승상은 고려왕이 겸임했으며, 그 밑의 평장정사·좌승·우승·참지정사는 원나라에서 파견하는 자리이지만 보통 때는 비어 있었다. 그리고 그 밑의 낭중 이하 실무진에는 고려인들이 임명되는 경우가 많았다. 그러니까 나라가 완전히 해체되어 여러 개의 행중서성으로 편제된 중국지역과 고려라는 나라가 유지된 상태에 설치된 정동행중서성은 성격이 판이하게 달랐던 것이다.

그런데 고려에도 중국의 여러 행성(行省)과 같은 형태의 행성을 설치하자는 주장이 여러 차례 생겨난다. 이는 고려라는 나라를 없애고 원나라의 한 지방으로 편입하자는 것으로, 그리되면 국왕도 없어진다. 그러니까 그러한 형태의 행성이 고려에 설치되면 고려는 완전히 망하게 되는 것이다.

'입성'주장은 국내와 국외의 여러 세력들에 의해 일곱 내지 여덟 번에 걸쳐 다양하게 제기되었다. 그 가운데는 미수에 그친 것도 있고 거의 실현단계까지 갔다가 취소된 경우도 있었다. 입성론이 제기될 때는 대개 고려의 정국이 혼미한 때이며 그것이 제기됨으로 인해 정국은 더욱 혼란스러워졌다. '원나라 측은 필요할 때마다 고려를 흔들고 견제하는 카드로 이용하였다.

그러나 '입성'은 여러 차례 제기되었음에도 불구하고 성공하지 못했다. 그 이유는 기본적으로 고려인들이 강력한 반대운동을 전개했기 때문이었다. 입성반대운동은 고려를 멸망의 위기에서 구해냈다는 데 큰 의의가 있는 것이었다.

'입성'론은 원나라 간섭하의 고려정치 모순의 정점이었다. 입성론은 그 혼자서만 작용했던 것이 아니라 원나라 공주와 결혼한 고려왕의 처지, 부왕과 아들 왕의 갈등, 고려국왕과 심왕 사이의 갈등, 원나라와 고려 각 정치세력의 입장 등과 맞물려 돌아갔다. 이처럼 어려운 상황이 계속 전개되었는 데도 고려는 끝내 독립을 지켜냈으니 고려인의 저력이 대단했음을 알겠다.

김창현

원나라를 몰아내다

준비된 국왕, 공민왕

공민왕(恭愍王)은 유난히 힘든 과정을 통해 22세의 나이로 충정왕(忠定王) 3년(1351)에 고려국왕에 등극하였다. 이는 그가 숙위(宿衛)라는 명목으로 12세의 나이에 원나라에 인질로 간 뒤에 실로 10년 만의 일이었다. 그 사이에도 공민왕은 한번 국왕에 즉위할 기회가 있었다. 그의 형인 충혜왕(忠惠王)이 음란한 행실과 파행적인 정치로 인해 충혜왕 후5년(1344)에 원나라에 의해 폐위당한 뒤에 충혜왕의 아들인 충목왕(忠穆王)이 즉위했지만, 그는 병약하여 재위 4년 만에 죽는다. 여기서 후사의 문제가 발생하였다. 원나라 입장에서는 마땅한 국왕 후보자를 정해 두지 않았던 까닭이었다.

당시 고려의 국왕이 되기 위한 가장 중요한 조건은 고려왕과 원나라 공주 사이의 소생이라는 것이었다. 그러나 충혜왕과 원나라 공주인 덕녕공주(德寧公主) 사이의 소생은 충목왕뿐이었는데, 그가 죽었던 것이다. 이에 원나라에서나, 고려에서나 새로 즉위해야 할 국왕에 대한 의견이 갈렸다. 충혜왕의 아들이자 충목왕의 배다른 동생인 훗날의 충정왕이 마땅히 충목왕의 뒤를 이어야 한다고 주장하는 측과 12세에 불과한 어린 나이의 충정왕이 국왕에 등극하는 것보다는 이미 다년간 원나라 조정에 숙위를 하고 있던 충혜왕의 동생인 공민왕이 가장 적당하다는 일파로 나뉜 것이다. 특히 고려의 유명한 유신인 권준(權準)·왕후(王煦)·이제현(李齊賢)·이곡(李穀)·김경직(金敬直)·이승로(李承老) 등이 적극적으로 공민왕의 등극을 지지하였다.

그러나 원나라는 충정왕을 새로운 국왕으로 지목하였다. 충정왕은 비록 원나라 공주의 소생도 아니고 나이도 어리지만, 원나라에서 그를 새 국왕으로 지목한 이유는 덕녕공주 때문이었다. 덕녕공주는 이미 자신의 아들인 충목왕이 즉위한 이후부터 고려국내의 정치를 좌지우지하고 있었고, 원나라 조정에서도 그녀를 중심으로 해서 이루어지고 있던 정치형태가 그대로 유지되기를 바랐던 것이다. 그런 까닭에 나이 어린 충정왕이 즉위하였다.

그런데 몇 년 후 또 다시 원에 의해 충정왕이 폐위당하는 사태가 발생하게 된다. 충정왕이 즉위한 이후 국왕의 모후인 희비(禧妃) 윤씨(尹氏)와 연결된 외척들의 발호로 정국이 더욱 혼란하게 된 것이 폐위의 원인이었다. 이 때 충정왕의 후사로 원나라에 의해 지목된 사람이 바로 공민왕이었다.

이처럼 어려운 과정을 거쳐 국왕에 등극했던만큼 다른 고려의 왕들에 비해 공민왕은 즉위 이후의 정치에 대한 좀더 확실한 '계획'을 가질 기회가 있었다. 공민왕은 원나라 조정에 의해 충혜왕과 충정왕 같은 고려의 국왕이 하루아침에 폐위되는 일을 계속 지켜보았을 뿐만 아니라, 국왕으로서 자신의 처지도 원나라의 조종에 의해 심한 격동을 겪을 수 있음을 알았다. 아니 실제로 그는 그런 격동을 거친 뒤에 국왕에 즉위할 수 있었다. 충정왕이 즉위함로써 국왕즉위에서 밀려난 뒤에 많은 자신의 지지세력들이 자신의 주변에서 떠나가는 일을 그는 이미 겪었다. 이에 공민왕은 원나라에 대한 반감뿐만 아니라, 원나라의 조종에서 벗어나야만 자신이 국왕으로서 살아남을 수 있다는 생각을 가지게 되었다.

한편으로 10년간 원나라 조정에서 숙위를 하면서 공민왕은 원나라의 쇠퇴양상을 직접 목도하였다. 당시 원나라는 순제(順帝) 치하에서 정치가 극도로 문란하게 되었을 뿐만 아니라, 점차 한족(漢族)의 반란이 전국 각지에서 일어나기 시작한 상황이었다. 공민왕은 원나라에 대한 스스로의 반감과 아울러 이런 원나라 주변상황을 정확하게 판단한 결과, 즉위 후 곧 반원(反元)의 태도를 보일 수 있었다.

그가 반원정책을 적극적으로 펼칠 수 있었던 데에는 부인의 도움도 컸다. 그의 왕비였던 원나라 공주인 노국대장공주(魯國大長公主)는 남편에 대해 그 이전의 공주와는 매우 다른 입장을 취했다. 그 이전의 공주들은 한결같이 남편인 고려국왕에 대해 우월한 지위를 차지하거나 차지하려고 하여, 국왕과 공주의 사이는 항상 마찰이 있었다. 그러나 노국공주는 공민왕과 사랑으로 맺어진 사이였던 관계로, 공민왕의 반원정책에 있어 공주는 오히려 든든한 후원세력이었던 것이다.

이러한 여러 조건에서 그는 자신있게 원나라에 대한 반감을 즉위 후 드러내기 시작했다. 그는 즉위하자마자 우선 몽고식의 변발(辮髮)과 호복(胡服)을 풀었다. 그리고 국내에 있는 친원세력을 제거하기 위해 여러 개혁정책을 폈다. 우선 무신정권에 의해 설치되어 사적 성격이 농후한 인사기구였던 정방(政房)을 혁파하여 인사권을 본래의 인사기관인 전리사(典理司)와 군부사(軍簿司)로 되돌렸다. 다음으로 친원세력이나 권문세족 등 당시의 기득권층들이 남의 소유토지를 빼앗거나 양민을 자신의 노예로 만드는 등 부당한 행위를 많이 했는데, 공민왕은 이 점을 시정하기 위해 전민변정도감(田民辨整都監)을 설치하였다.

이런 그의 개혁은 국내외의 많은 반발을 일으킴으로써 실패하게 되었다. 고려의 국내외에는 많은 친원세력과 불법을 자행하는 권문세족이 득세하고 있었고, 이들은 원을 조종해서 국왕도 폐위시킬 수 있을 만큼 강대한 세력이었음을 그가 간과한 결과였다.

공민왕이 즉위한 이후, 그의 주변에 모였던 정치세력은 크게 셋으로 분류할 수 있다. 충목왕 사후에 자신의 즉위를 주장하였던 이제현·이승로 등의 유신세력, 공민왕이 10년 동안 원나라 수도인 연경(燕京)에서 머물렀을 때 그와 함께 갖은 고생을 하며 그를 보필했던 조일신(趙日新)·유숙(柳淑) 등의 공신세력, 공민왕과 혈연관계가 있는 홍언박(洪彦博) 등의 남양홍씨 외척세력이 그것이다.

그러나 이들은 당시 정치세력의 역관계에 있어 오히려 미흡한 세력이라 할 수 있었다. 공민왕의 지지세력인 이들보다 훨씬 강력한 정치세력이 고려에는 존재하고 있었다. 공민왕이 즉위하자마자 여러 방면에서 개혁정책을 펴나가려고 하자, 기득권을 누리고 있었던 이들은 그에 대해 저지세력으로 활동하기 시작하였다. 특히 원나라의 기황후(奇皇后) 집안인 기씨일족을 중심으로 한 친원세력과 불법적인 많은 농장(農莊)을 차지하고 있던 권문세족들이 공민왕의 이러한 개혁 정치에 대해 거센 반발을 하였다.

이렇듯 개혁이 곤란하게 될 무렵, 즉 그가 즉위한 지 1년 만인 공민왕 1년(1352) 9월에 조일신이 반란을 일으킨다. 이미 설명했듯이 조일신은 공민왕의 주변에 있던 중요한 지지세력이었다. 그런 조일신이 기철(奇轍)의 동생인 기륜(奇輪)을 살해하고, 왕궁을 포위하여 정권을 잡았다. 왕궁을 포위한 상태에서 그는 자신의 당여에게 높은 관직을 제수하는 인사행정을 단행하였다. 그런데 이틀 뒤 조일신은 함께 변란을 일으켰던 최화상(崔和尙) 등 10여 명이 변란을 일으킨 주동인물이라고 하여 참형에 처하고, 다음날 다시 인사이동을 단행하여 자신의 지위를 낮추어 우정승(右政丞)으로 삼았다. 이 일이 있은 뒤에 다시 사흘 뒤 공민왕이 조일신을 주살함으로써 변란은 7일 만에 일단락 되었다.

조일신이 왜 반란을 일으켰는지에 대해서는 사료가 부족하여 자세한 내용을 알 수 없지만, 중요한 것은 이 반란이 공민왕의 개혁에 커다란 타격을 주었다는 점이다. 우선 공민왕에게 있어서 최대 지지기반이었던 조일신이 이 사건으로 인해 제거되었을 뿐만 아니라, 반란 초기에 도망하였던 기씨일족 등의 친원세력이 반란이 진압된 이후에 더욱 공민왕에 대한 의심의 눈초리를 보내면서 그를 압박하게 되는 결과가 초래되었기 때문이다.

공민왕의 반원개혁책과 이성계의 등장

즉위 초에 열의만 충천했던 공민왕의 개혁과 반원정책은 국내외의 수많은 부원세력과 아직도 건재한 원나라, 공민왕의 미흡한 지지기반 등으로 인해 제대로 시행될 수 없었다. 그러던 중 절치부심하고 있던 공민왕에게 기회가 찾아왔다. 공민왕 5년(1356)에 중국대륙에서 한인(漢人) 반란군이 사방에서 더욱 거세게 일어났고 이에 대해 원의 조정은 반란을 제대로 진압하지 못하고 있었는데, 공민왕은 원에 지원군으로 갔다가 돌아온 장상(將相)들의 보고로 원이 정말로 쇠퇴의 길로 들어갔음을 더욱 확신하게 된 것이다.

그는 자신의 확신을 행동으로 옮겨 국내 정치세력들에게 보여주었다. 우선 원과 결탁하고 있던 가장 큰 세력인 기철과 노책(盧頙)·권겸(權謙) 등의 부원세력을 주살하고, 이후 국내에 있으면서 고려의 정치에 간섭하고 있던 원의 기관인 정동행성이문소(征東行省理問所)를 혁파했으며, 원의 연호를 정지하였다. 연호의 사용을 정지한다는 것은 그 나라와의 사대관계를 청산하겠다는 의지를 보여주는 대표적인 조치라고 할 수 있다.

공민왕은 또한 원나라와의 관계에서 왜곡되었던 모든 관제(官制)를 원래대로 복구하였다. 고려가 원나라에 복속된 이후 원나라는 상국(上國)인 자신의 제도와 맞먹는 고려의 관제를 제후국에 맞도록 고치게 하였다. 이에 고려의 관제는 전면 개정되어 제후국의 위치에 걸맞은 모습으로 변경되었다. 그런데 공민왕은 이것을 완전히 개혁하여 원래의 제도로 복구했던 것으로, 이도 역시 원나라와의 관계청산을 전제로 하지 않고는 불가능한 개혁조치였다.

그는 여기에서 그치지 않고 자신이 직접 원나라와의 관계를 청산하겠다는 의지를 국내외에 천명하려 하였고, 그 결과 이루어진 것이 원나라에게 빼앗겼던 영토를 회복하기 위한 군사행동의 감행

광통보제선사비

우왕 4년(1378)에 이색이 공민왕과 광통보제선사의 내력을 적은 사적비로, 현재 개성시 해풍군 해선리 무선봉 남쪽 기슭에 있다. 공민왕과 노국대장공주가 죽은 후 그들의 명복을 빌기 위해 광통보제선사를 중수하였고, 1374년 10월에 공민왕의 능인 현릉을 이 곳에 모신 뒤부터 공민왕의 명복을 비는 원찰(願刹)이 되었다.

이었다. 그가 이렇게 '군사행동'이라는 무리한 일을 감행했던 것은 아직도 국내에서 잔존하고 있던 부원세력에게 원나라의 쇠퇴를 재확인시키려는 의도에서 비롯된 것이라 할 수 있다.

이 때 이루어진 공민왕의 반원정책과 뗄레야 뗄 수 없는 것이 바로 이성계의 등장이다. 공민왕이 원에 빼앗긴 쌍성(雙城: 영흥)지역을 회복하기 위해 군사행동을 감행하였을 때, 이성계의 아버지인 이자춘(李子春)이 이에 내응했던 것이다. 이성계의 집안은 여러 세대 동안 함흥(咸興)지역에서 원의 관직을 받으면서 그 곳을 다스리고 있었는데, 공민왕이 반원정책을 폈을 때, 이자춘은 과감히 원과의 관계를 청산하고 고려에 내응함으로써 공민왕이 이 지역을 회복하는 데 가장 큰 힘이 되었다. 이로 인해 이자춘은 대중대부(大中大夫: 종4품의 관계) 사복경(司僕卿: 종3품의 벼슬)이라는 관직에 임명됨과 동시에 개경의 집을 왕으로부터 하사받았다. 그리고 이자춘의 아들인 이성계는 이자춘에 대한 우대책의 일환으로 고려의 중앙정계에 비로소 입문하게 된다.

승려 신돈과 공민왕이 만났을 때

　공민왕 5년에 이루어진 그의 과감한 개혁정책은 뜻대로 잘 되지 않았다. 즉위 초와 마찬가지로 아직도 대다수를 차지하고 있던 부원세력과 미흡한 그의 지지기반에서 원초적으로 시작된 불안이 실패의 원인이었다. 특히 그의 개혁에 있어 중요한 역할을 담당했던 사람조차도 불법과 탈법을 조장하였던 권문세족과 완전히 분리되지 않는 존재였던 점에서 그의 개혁정책은 처음부터 실패의 가능성을 안고 있었던 것이다.

　게다가 공민왕 8년과 10년 두번에 걸친 홍건적의 침입이 그의 개혁을 결정적으로 실패로 돌아가게 했다. 중국에서 일어난 한인 반란군 가운데 일부세력이 원나라 군사에게 쫓겨서 고려의 내지에까지 밀려들어 온 세력이 바로 홍건적인데, 이들에 의해 개경이 함락되는 사태가 발생하였던 것이다. 이런 외부적인 침략으로 인해 5년부터 이루어진 그의 개혁정책은 위기를 맞게 되었다.

　실패의 맛은 매우 썼다. 이후 그에게는 시련의 나날이 계속되었다. 홍건적의 침입으로 공민왕은 복주(福州: 현재의 안동)지역으로 피난했다가, 개경의 수복으로 12년 2월에 돌아오던 중 개경 주변에 있던 사찰인 홍왕사(興王寺)에 머무르게 되었다. 이 때 원나라 세력과 연결된 김용(金鏞) 등이 자객을 보내 한밤중에 홍왕사에 난입하여 공민왕을 시해하려다 실패하는 사건이 벌어졌다.

　그 후 공민왕은 한번 더 정치적 위기를 만난다. 공민왕 5년에 공민왕이 기철 일당을 제거한 것에 원망을 품고 있던 기황후와 원나라 조정이 국내의 한족반란이 잠시 수그러들고 있던 차에 공민왕을 일방적으로 폐위하고 충숙왕의 아우인 덕흥군(德興君)을 고려의 왕으로 삼는 한편, 요양(遼陽)의 군사 1만을 내어 고려를 침입하였다.

고려에서는 이미 많은 부원세력은 제거되어 있는 상황이었고, 한편으로 원나라의 쇠미양상을 직접 보고 들었던 정치세력이 있었다. 이들은 더 이상 원나라의 이러한 내정간섭을 원치 않았고, 이에 대해 군사행동으로 맞섰다. 즉 공민왕의 명령을 받은 최영(崔瑩)·이성계 등이 원나라 군사를 물리쳐서 공민왕의 왕권에 안정을 가져다주었다.

즉위한 이후 10여 년간 줄기차게 개혁-반원정책을 고수해 왔던 공민왕은 그로 인해 자신의 의지와는 상관없이 많은 반대세력을 양성하게 되었고, 또 여러 번의 시련을 겪게 되었다. 10여 년간의 정치 결과 그는 어느 세력도 믿을 수 없게 되었다. 10여 년간의 정치활동을 통해 자신이 얻은 것은 고작 자신의 반대파를 양성하는 것이었다고 느끼게 되었던 것이다. 그러던 와중에 자신이 목숨처럼 아꼈던 부인 노국공주가 공민왕 14년(1365)에 아이를 낳다가 죽고 만다. 이에 공민왕은 정치에 염증을 느끼게 되었다고 한다.

그러나 사실 그의 개혁의지는 꺾이지 않았다. 다만 자신이 전면에 나서서 개혁을 하는 것은 자신의 목숨을 위태롭게 하는 것임을 깨달았으므로, 부인인 노국공주가 죽은 뒤에 겉으로는 부인의 죽음에 대해 애통해 하는 나머지 모든 정치에 뜻을 잃은 듯이 행동하였다. 그러면서 자신을 대신하여 고려의 개혁을 해나갈 사람을 찾게 되었다. 그 사람이 바로 신돈(辛旽)이었다. 그들은 공민왕 14년에 만나게 된다. 공민왕은 당시 승려였던 신돈에 대해 "도(道)를 얻어 욕심이 없으며, 또 미천하여 친당(親黨)이 없으므로 큰 일을 맡길 만하다"라고 하였고, 이에 그에게 전권을 주면서, "스승이 나를 구하고, 나도 스승을 구하리라"는 다짐을 하였다.

이후 신돈은 국왕으로부터의 절대적인 신임과 전권을 받은 후, 개혁에 걸림돌이 되는 중요 정치세력을 제거하는 작업을 공민왕을 대신하여 수행하게 되었다. 개혁의 대상은 오래 전부터 문제가 된 권문세족뿐만 아니라, 흥왕사의 난, 홍건적의 침입, 왜구의 침입 등의 진압을 통해 국내에서 급부상하게 된 무장세력까지 포함되었다.

공민왕은 신돈을 등용함으로써 일석이조의 효과를 얻을 수 있었다. 자신이 직접 정치에 참여함으로써 초래될 신변의 위험을 없앴고, 또 신돈을 통해 과감하게 기존의 정치세력을 효과적으로 제거할 수 있었다. 특히 즉위 초에 실시했다가 실패했던 토지와 인민에 대한 불법적 탈취문제를 전민변정도감을 다시 설치하여 과감하게 개혁할 수 있었다. 어떠한 기존의 정치세력과도 연결되지 않은 유아독존적인 신돈은 왕을 대신해서 어느 누구보다도 과감하게 이 문제를 해결할 수 있었던 것이다.

한편 신돈의 입장에서는, 국왕의 의지대로 과감히 기존 정치세력들을 제거했지만, 결국 자신에 대한 반대파가 급증하는 결과가 초래되었다. 이에 그는 성균관(成均館)의 재건축 사업을 통해 신진세력을 자신의 지지세력으로 만들려고 하였다. 중국에서 시작된 신유학인 성리학이 고려 후기에 본격적으로 수입되면서, 이제현·이곡·이색(李穡) 등의 유종(儒宗)과 그들의 제자들인 신진세력들이 고려의 중요 정치세력 가운데 하나로 등장하기 시작하였다. 이들이 사상적으로 불교를 숭상하고 대외적으로 원에 의지하였던 권문세족과는 큰 차이가 있던 세력이었기 때문에, 권문세족을 개혁의 대상으로 삼고 있던 신돈은 이들과의 접촉을 통해 이들을 자신의 지지세력으로 삼을 필요가 있게 되었다.

이 두 세력의 만남을 이루게 했던 것은 무신정권 이래로 거의 무너졌던 교육기관인 성균관을 다시 건축하는 일이었고, 재건축된 성균관에 학관(學官)으로 임명된 사람들은 이색을 비롯하여 김구용(金九容)·정몽주(鄭夢周)·이숭인(李崇仁) 등 당시의 대표적인 신진세력들이었다. 이후 이들 신진세력들은 신돈이 제거된 뒤에도 꾸준히 정계에 진출하여 하나의 중요세력으로 자리를 잡아 마침내 조선을 건국하는 세력으로까지 확장되게 된다.

신돈에 의해 개혁의 대상이 되었던 권문세족은 끊임없이 신돈을 제거하려 했으나, 번번이 공민왕의 옹호로 실패하였다. 그러나 공민왕 18년(1369)에 이르러 여러 개혁정치의 부작용과 함께 흉년이 들어 국내외의 조건이 신돈에게 불리하게 작용하기 시작하였다. 게다가 동녕부(東寧府:만주에 있었음)의 정벌과 왜구 격퇴 등으로 다시 무장들의 입장이 강화된 한편, 그의 비리가 하나씩 밝혀지기 시작하였다. 이에 공민왕은 19년에 친정을 단행하고 마침내 신돈을 반역혐의로 제거한다. 그러나 실제 그가 반역을 저질렀다는 제대로 된 증거도 없이 그는 제거되었다. 이렇게 전권을 휘둘렀던 신돈이 갑자기 제거될 수 있었던 것은 그의 권력기반이 오로지 공민왕이었다는 점에서 비롯된 것이다.

공민왕은 신돈을 통해 다시 한번 개혁을 단행하려 했지만, 이것이 실패한 뒤, 급기야 23년에 자제위(子弟衛)의 홍륜(洪倫)과 환관인 최만생(崔萬生)에 의해 피살된다. 그의 피살은 겉보기에는 공민왕의 방만한 생활에서 연유한 듯 보이지만, 실제로 그의 피살에 연루된 홍륜이 부원세력과 연관되는 사람이라는 점을 간과해서는 안된다. 사실 원나라에 대해 재위기간 내내 반원정책을 고수해 왔던 공민왕은 끊임없이 부원세력에게서 목숨의 위협을 느꼈고, 결국 그들에 의해 피살된 것이라고 할 수 있다.

노국공주와의 애틋한 사랑으로 유명한 공민왕은 어느 누구보다도 파란만장한 인생을 살았을 뿐만 아니라, 정치가로서의 안목도 대단한 국왕이었다. 특히 국외정세에 대한 정확한 판단을 통해 반원정책을 감행했던 것이다. 반원정책이 정치가로서의 그에게는 시기상조였을지 모르지만, 고려라는 국가적 차원에서 보면 매우 시의적절한 조처였던 것이다. 그의 개혁은 비록 실패했지만, 부패한 국내의 정치와 정치세력을 개혁하려고 했던 고려의 마지막 노력이었다는 점에서 의미가 있다고 하겠다.

이정란

우왕은 신씨인가, 왕씨인가

우왕은 누구인가

　우리 나라 역사에 관심을 가지고 있는 사람들이 궁금하게 생각하고 있는 사실 중 하나는 고려 때의 우왕(禑王)이 정말로 공민왕의 아들인 왕씨가 아니고 신돈(辛旽)의 자식인 신씨였을까 하는 점이다.

　우왕은 일반인들에게 그렇게 잘 알려진 왕이라고는 볼 수 없기 때문에 먼저 그에 대하여 알아볼 필요가 있다. 고려 32대 왕이었던 우왕은 매우 특이한 출생배경을 가지고 있었다. 우왕의 아버지인 공민왕은 100여 년간 지속되었던 원나라(몽고)의 간섭을 떨쳐버리고, 나아가 몇 차례의 개혁정치를 단행한 것으로 유명하다. 그 개혁정치 가운데 한번은 승려인 신돈에게 전권을 맡긴 파격적인 것이었다. 신돈의 발탁은 기성 정치세력과는 전혀 연관이 없는 신선한 인물의 등용이라는 측면에서 이루어졌다고 볼 수 있다. 그런 신돈을 등용한 개혁정치는 상당한 효과를 거두었다고 평가받았다. 그러나 권력이 지나치게 신돈에게 집중된 것과 국내외 정세의 변화에 의하여 신돈은 공민왕의 명에 의하여 죽음을 당했다.

공민왕릉
개성시 개풍군 해선리에 위치한 공민왕의 무덤 현릉(玄陵)과 왕비 노국공주의 무덤 정릉(正陵)

바로 그 때 우왕이 처음으로 역사의 기록에 등장하였다. 신돈을 제거할 때, 공민왕은 신돈의 집에서 '모니노'라는 아이를 데려오게 하여, 당시 수시중〔지금의 부총리격〕이던 이인임(李仁任)에게 자신은 후사가 있으니 걱정할 것이 없다고 하면서 그 아이를 잘 돌보아줄 것을 부탁하였다. 이 아이가 우왕이었고 그 때 나이는 7살이었다. 즉 그가 궁안으로 들어오기 전까지는 신하들 가운데 누구도 그가 왕자인 줄을 몰랐던 것이다.

『고려사』의 기록만 가지고는 이 아이가 궁안에 들어오기 전에 자신이 왕자이었다는 사실을 알고 있었는지 그렇지 않은지는 확인할 수가 없다. 그러나 그의 나이 7살 때 공민왕은 그를 자신의 아들이라고 하면서 궁중으로 데리고 들어왔고, 이후 그는 강녕부원대군에 책봉되어 우(禑)라는 이름을 받고, 왕자로서의 수업을 받으면서 생활하였다. 공민왕의 어머니인 명덕태후가 못마땅하게 생각하였던 것 말고는 아무도 모니노의 등장과 그의 존재에 대해 이의를 제기하지 않았다.

3년 뒤 공민왕이 갑작스럽게 시해당하자, 그는 왕위에 올랐다. 그 때 할머니 명덕태후와 시중〔국무총리격〕 경복흥 등 몇 명이 그가 왕이 되는 것을 반대했지만, 그 이유는 그가 공민왕의 자식이라는 것을 인정하지 않아서가 아니라, 당시 복잡한 국내외 상황을 능동적으로 타개해 나가기에는 그의 나이가 너무 어려 적합하지 못하다고 판단되었기 때문일 것이다. 여기서 지적하고 넘어가야 할 사실은 우왕이 왕이 되는 과정에서 뒷날 조선 건국의 주도세력이 되었던 '신진사류(新進士類)' 가운데서 '우'의 즉위를 반대한 사람은 한 사람도 없었다는 점이다. 적어도 『고려사』 등 공식적인 기록에서는 그것이 확인되고 있다. 『고려사』는 조선 건국 이후 '신진사류'에 의하여 편찬된 책인데, 그 내용에서 '신진사류'가 '우'의 즉위를 반대했다는 기록을 발견할 수 없는 것이다.

이런 과정을 거쳐 왕위에 오른 우왕은 많은 노력에도 불구하고 권력을 장악한 신하들 때문에 거의 왕으로서의 권한을 제대로 행사해 보지 못하면서 지냈다. 그러나 꾸준히 왕의 권리를 찾으려는 노력을 계속하였고, 그런 노력은 재위 14년째에 정국을 혼란에 빠뜨렸던 임견미·염흥방 등을 축출하는 과정에서 어느 정도 결실을 맺을 수 있었다. 이후 실권을 장악한 최영(崔瑩)과 함께 정국을 논의하면서, 요동정벌을 계획하여 단행하였다.

이 요동정벌의 주된 원인은 명나라의 무리한 요구 때문이었지만, 당시의 국내외 현실로 볼 때 상당히 무리한 것이었고, 그런데다가 그것의 추진도 합의에 의한 것이기보다는 강압에 의한 것이었다. 이런 분위기를 이용하여 이성계(李成桂)가 위화도 회군을 주도하였고, 결국 최영이 먼저 쫓겨났고 우왕도 그 책임을 지고 퇴위당하였다. 그러나 이 때까지도, 그의 뒤를 이어 왕이 된 인물이 그의 아들 '창(昌)'이었다는 것에서 알 수 있듯이 우왕의 정통성이 부인되지는 않았었다.

왕씨와 신씨 논쟁의 근본 원인

우왕의 정통성마저 부인된 것은 폐위된 지 1년이 조금 더 지난 창왕 1년(1389) 11월의 일이다. 이 때 우왕이 이성계를 죽이고 복위를 도모하려고 하였다는 '김저사건'이 사전에 적발되었다. 이 모의의 진위 여부에 대해서는 논란의 여지가 있지만, 이 사건을 처리하는 과정에서 이성계·심덕부·정몽주·정도전·조준 등 9명의 중요 인물들이 모여 "우와 창은 본래 왕씨가 아니므로 종사를 받들게 할 수 없으며, 또 천자의 명도 있으니 마땅히 가짜 왕을 폐위시키고 진짜 왕을 세워야 될 것이다"라고 논의한 결과, 창왕도 쫓아내고 공양왕을 세웠다. 그리고 같은 해 12월에는 결국 우왕과 창왕 모두 죽음을 당했다. 이후 3년이 채 지나기도 전에 공양왕마저 쫓아내고 이성계가 왕위에 오르니, 고려는 멸망하고 조선이 건국된 것이다.

이렇게 이성계 일파가 우왕과 창왕을 왕씨가 아니고, 신돈의 후손들이라고 주장하였던 데에는 나름대로의 이유가 있다고 할 수 있다. 앞에서 이야기했던 것처럼 우왕의 출생배경이 뚜렷하지 않았기 때문이다. 공민왕은 일찍이 모니노를 궁안에 데리고 들어오면서, "아름다운 부인[이름은 반야]이 신돈의 집에 있었는데, 아들을 잘 낳는 여자라는 말을 듣고, 관계하여 모니노가 있게 되었다"라고 하였다. 이런 출생배경 때문에 뒷날 『고려사』의 편찬자들은 우왕 관련 기록에 그를 신돈의 소생으로 기록하였고, 심지어는 반야가 낳은 아이는 죽고 다른 아이로 그를 대신했다고 하여 모니노는 신돈의 소생도 아닌 것으로까지 기록하고 있는 것이다. 그러나 어디까지나 이것은 조선이 건국된 뒤에 이루어진 기록이다.

제일 중요한 것은 공민왕의 태도였다고 할 수 있다. 공민왕은 모니노를 궁으로 데리고 들어온 뒤에 그의 생모가 살아 있음에도 불구하고 이미 죽은 궁인 한씨(韓氏)가 모니노의 어머니라고 하였다. 이것이 문제가 되어 우왕 2년에는 반야가 대궐 안에 잠입하여 소동을 부린 일이 있었다. 이 때 삼사우사[재정경제부 차관격] 김속명은 "아버지를 판별하지 못한 경우는 있어도 어머니를 판별하지 못한 경우는 들어본 적이 없다"라고 말했다고 한다. 그러나 이것은 어머니의 문제이지 우왕의 아버지가 공민왕이라는 데에 이의를 제기한 것은 아니었다. 즉 공민왕 본인은 물론이고 신하들 가운데 누구도 우왕이 공민왕의 아들이라는 사실에 이의를 제기하지 않았었다.

진실은 무엇일까

상황의 변화는 정권을 잡은 세력이 변했기 때문에 일어난 것이었다. 사실 『고려사』 등 관련 기록만을 가지고서는 누구도 우왕이 공민왕의 아들인지 아닌지 정확히 알 수가 없다. 그것은 아마 현대 과학의 힘을 빌린다고 하더라도 확신할 수만은 없는 문제일 것이다. 우왕이 공민왕의 후비(后妃)들 중 한 명에게서 태어났더라면 적어도 이런 성씨 논쟁은 없었을 것이다. 역사에 만약이라는 상상을 한다는 것은 별다른 의미가 없는 일이지만, 만약 우왕이 후비소생이었다면 역사는 어떻게 전개되었을까? 그래도 이성계가 우왕을 폐위시키고, 그 여세를 몰아 조선을 건국할 수 있었을까?

조선 건국 주도세력인 '신진사류'의 공민왕에 대한 평가는 대체로 긍정적이었다. 물론 20년 이후 문란한 개인생활을 지속하였던 것에는 당연히 비판적이었지만, 개혁정치를 지속해 나가고 적극적으로 명나라와의 관계를 수립해 나갈 때까지 공민왕의 정국 운영 능력에 대해서는 인정을 하였다. 그런 공민왕이 스스로 자신의 아들임을 인정하였고, 당시 명망있는 학자들인 백문보 등에게 우를 가르치게 하는 등 적극적으로 왕자수업을 시켰다는 사실을 주목하여야 한다. 공민왕은 우를 자신의 후사로 삼을 뜻을 대외에 분명히 밝혔던 것이다. 이런 배경이 있었기 때문에 공민왕이 불의의 시해를 당했을 때에, 이인임 등이 선왕의 뜻임을 주장하며 우를 왕으로 추대한 것이 가능하였다.

우왕은 재위기간 중에 강력한 권신들의 견제 속에서도 꾸준히 왕권을 확보하려고 노력하였다. 그런 그의 노력은 재위 14년 무렵에야 어느 정도 결실을 맺었던 것이다. 그래서 최영과 함께 요동정벌을 다소 무리하게 추진하는 것도 가능하였다. 그러나 자신의 생존이 걸린 많은 출정군 지휘자들은 이성계의 주장에 위화도 회군을 결행하였고, 그 결과 최영과 우왕이 잇달아 쫓겨났다. 아마 우왕이 허수아비와 같은 존재였다면, 굳이 그를 왕위에서 쫓아내지 않았을지도 모른다. 그렇지만 당시 우왕은 패기만만한 24살의 나이였다-물론 『고려사』 등에서는 아주 좋지 않게 기록하고 있지만-. 그래서 이성계 일파는 우왕을 내쫓고, 9살인 우왕의 아들 창을 왕으로 세운 것이다.

창이 왕으로 된 데에는 회군파 내에서의 권력다툼의 영향도 강하게 반영되었다. 요동정벌군은 형식상 최영을 최고 지휘관으로 하고, 다음 서열은 조민수, 그 다음 서열이 이성계였다. 그러나 최영은 우왕의 만류로 정벌군을 직접 지휘하지 못했고, 사실상 조민수가 최고 지휘관이었다. 따라서 회군 후 그의 정치적 영향력은 막강하였을 것이다. 그런 조민수가 창을 지지하였다. 이성계는 뒤에 창왕을 내쫓았을 때 왕으로 내세웠던 공양왕을 더 마음에 두고 있었던 것처럼 보인다. 공양왕은 이성계와 혼인관계를 맺고 있었기 때문이다. 그러나 조민수는 당시 대학자이자 정치가로 명망있던 이색(李穡)의 "당연히 전왕의 아들을 왕으로 세워야 한다"라는 지원 발언에 힘입어 창을 왕으로 추대하였던 것이다. 한편으로는 조민수의 창왕 추대는 회군에 참여하였던 장군들 가운데 상당수의 지지를 받았기 때문에 가능하였다.

이렇게 창왕을 세운 뒤에도 회군파들 특히, 무장(武將)들 사이에서의 권력다툼은 치열하였다. 그렇지만 싸움은 '신진사류'의 지원을 받은 이성계쪽의 일방적인 승리였다. 먼저 조민수를 내쫓고, 이어 군사력을 가지고 있던 여러 무장들을 축출하였다. 이 권력투쟁의 정점은 우왕이 이성계를 죽이고 복위를 도모했다는 '김저사건'이었다고 할 수 있다. 이성계 일파는 바로 그 사건을 해결하는 과정에서 가짜를 폐하고 진짜를 세운다는 '폐가입진(廢假立眞)'의 논리를 만들어내어 우왕과 창왕을 축출할 합리적인 명분을 제시하였고, 나아가 신씨를 추대했다는 명목으로 이색은 물론 유수한 무장 상당수도 제거하였던 것이다. 이성계 일파로서도 두 명의 왕을 잇달아 폐위시킨 것은 매우 부담스러운 일이었을 것이기 때문에 그에 대한 가장 명분있는 해결책으로 그 왕들은 가짜라는 논리를 만들어낸 것이다. 반대파들을 가짜를 추종했다는 이유로 제거한 것은 부수적인 이득이었다.

공민왕 스스로가 자신의 아들이라고 하며, 왕자수업을 시켜 후사를 잇게 하려고 한 우왕에게 정통성이 없다고 주장하는 것은 어불성설이었다. 더군다나 이성계는 물론이고 정몽주·정도전·조준 등 '신진사류' 대부분도 우왕을 왕으로 인정하여, 14년여 동안 국록을 받으며 정치적으로 성장하였던 것을 생각한다면, 그들이 우왕을 부정했다는 것은 명분 없는 일이었다. 그 사이에 우왕의 출생에 대한 어떤 새로운 기록이 드러났다면, 문제는 다르지만 전혀 그런 것도 없었다. 이성계와 '신진사류'는 권력투쟁에서 승리해 나갔지만 보다 안정적인 집권을 위하여 전왕이었던 우왕을 완전히 제거할 필요성을 느꼈다.

우왕의 폐위는 명분상으로 그들에게 부담을 주고 있었고, 우왕의 존재는 그들에게 여전히 위협적인 것이었다. 그래서 그들은 우왕이 왕씨가 아니고 신씨라는 설을 만들어낸 것이다. 그 결과 우왕의 폐위에 대한 명분은 뚜렷해졌고, 나아가 반대파들까지 연루시켜 숙청시킴으로써 일석이조의 효과를 얻을 수 있었던 것이다.

결국 우왕이 신씨라는 주장은 자신들의 정권을 공고하게 하기 위한 이성계와 '신진사류'의 정치적 목적에서 만들어진 작품이었다고 할 수 있다. 그들이 조선을 건국하여 역사적 발전을 이루었다는 측면에서 그들의 '우왕이 신씨라는 주장'을 긍정적으로 이해하려고 하는 사람들도 있을 수 있다. 그러나 결과와 과정이 모두 정당한 경우만이 옳은 평가를 받을 수 있다고 생각한다. 과정보다는 결과를 중요시여기는 경향이 강한 요즈음 세태를 볼 때 '우왕은 왕씨가 아니고 신씨였다'라는 조선 건국 주도세력의 주장에 대하여 신중하게 재평가할 필요가 있는 것이다.

이형우

최영이
이성계에게 패한 까닭

군인이 출세하는 사회

고려가 30여 년 동안 몽고와 전쟁을 치른 끝에 강화를 맺었고, 이후 거의 100년 동안 원나라의 간섭을 받았다는 것은 모두가 알고 있는 사실이다. 원나라는 고려가 독자적인 군사력을 갖지 못하게 했기 때문에 고려는 군사적으로 매우 취약하였다. 그러나 14세기 중반에 이르러 몽고족의 지배를 받던 한족(漢族)들의 반란으로 중국대륙이 혼란해지면서 상황은 급변하였다. 공민왕 3년(1354) 원나라의 군사지원 요청에 의한 무장(武將)들의 중국에서의 활약은 자연스럽게 무장들의 정치적 입지를 강화시켜 주었다. 최영(崔瑩)은 그 때부터 이름을 드러내기 시작하였다. 그 뒤 공민왕 5년에 원나라의 간섭을 몰아낼 때에도 이들 무장의 역할은 중요하였다. 이성계(李成桂)는 그 시기부터 역사의 전면에 등장하였다.

이후 무장들의 정치적 성장에 중요한 영향을 끼친 것은 홍건적(紅巾賊)과 왜구이다. 원나라에서 일어난 한족반란군 가운데 하나로 한족반란의 선봉이 되었던 홍건적은 머리에 빨간 두건을 둘러 표식을 삼았기 때문에 홍두적(紅頭賊)이라고도 불렀다. 그들은 원나라 각지에서 전투를 벌였는데, 그들 가운데 한 무리가 원나라 군

↑ 최영사당
제주도 북제주군 추자면 대서리에 위치한 최영장군의 사당 입구

최영장군 영정→
'조국도통대장최장군신위(朝國都統大將崔將軍神位)'라 하여
최영이 조선의 장군인 듯 쓴 것이 이채롭다

대의 반격을 받고 고려쪽으로 쫓겨 들어와서는 노략질을 자행하였다. 우리는 이를 홍건적의 침입이라 부른다.

홍건적은 두 번에 걸쳐 침입했는데, 1361년 10월에 두번째로 쳐들어왔을 때는 개경까지 함락당하여, 공민왕이 복주(福州: 현재의 안동)까지 피난 갈 정도로 피해가 컸다. 그러나 고려에서는 곧 전열을 정비하여, 개경을 수복하고 도망가는 적을 거의 섬멸하였다. 이 때 최영과 이성계는 최고 지휘관급은 아니었지만, 모두 혁혁한 공을 세웠다.

홍건적의 침입은 두번뿐이었지만, 왜구는 고려 말과 조선 초에 걸쳐 지속적으로 우리나라를 침략해 왔다. '왜구(倭寇)'라는 말은 본래 "왜가 ~를 침입했다"라는 말인데, 고려 말과 조선 초에 왜가 우리나라와 중국을 너무 빈번하게 침입하였기 때문에 일본해적을 가리키는 고유명사가 되어버렸다. 사실 왜가 우리나라에 침입한 것은 삼국시대에도 있었던 일이다. 그러나 고려 말 왜구의 침입은 지속적이고 그 피해가 매우 컸다는 점에서 이전 시기와는 매우 달랐다. 그들은 고려의 수도까지 위협하여 정부에서는 계엄을 선포하기도 하였으며, 수도를 보다 안전한 내륙으로 옮기자는 논의까지도 있었다. 공민왕대부터 공양왕대까지의 41년 동안 왜구는 총 506회, 1년 평균 약 12회 이상 침입해 왔다. 이 일은 우왕대에 제일 극심했는데, 그 가운데서도 우왕 3년(1377)에는 월평균 4회 이상인 총 52회 이상 쳐들어와서 백성을 죽이고 재물을 약탈하였다.

이런 상황에서 자신의 생명을 내걸고 전장터에 나갔던 무장들에 대한 여러 형태의 보상이 뒤따랐던 것은 당연하다. 더군다나 고려 말에는 무장들이 군사를 사병(私兵)적인 형태로 통솔하는 경향도 강했기 때문에 무장들의 출세는 이전 시기와는 비교할 수 없을 정도로 빨랐다. 그리고 고려 전기사회처럼 학문에 뛰어날 필요도 없었다. 사실 우리가 잘 알고 있는 서희·강감찬·윤관 등은 모두 뛰어난 학문을 소유한 문신이었다. 그들 고위 문신이 휘하에 무신인 장수들을 거느리고 전장터에 출정하였던 것이 고려 전기의 현실이었다.

그러나 최영과 이성계가 활약한 시대는 그렇지 않았던 것이다. 그 덕분에 최영과 이성계는 문신들이 가져야 하는 학문적 지식없이도 얼마든지 출세가 가능하였고, 최고 지휘자의 자리까지 오를 수 있던 것이 그 당시의 상황이었다. 그들은 어떤 면에서는 시대적

상황이 가져다준 혜택을 충분히 누린 행운아들이었다.

황금 보기를 돌같이 하라

최영이라는 이름을 들었을 때 가장 먼저 생각나는 것이 무엇인가를 물었을 때, 아마 많은 사람들이 요동정벌을 말할 것이다. 그것은 고조선과 고구려의 옛 땅을 그리워하는 사람들이 많기 때문이라 생각된다. 또한 요동정벌이 본격적으로 시작되지도 못한 미완에 그친 것이기에 사람들에게 더욱 많은 생각을 불러일으킨다고 생각된다. 만약 요동정벌이 성공을 거두었더라면, 이성계가 위화도에서 회군을 하지 않았더라면, 위화도에서 회군한 이성계를 최영이 물리쳤더라면 어떻게 되었을까 하는 생각을 많은 사람들이 한번쯤은 해보았을 것이다.

이 상상에서의 주인공은 최영이고, 조연은 이성계라고 할 수 있겠다. 이 때의 요동출병과 뒤이은 '위화도회군'은 고려 말의 두 거목 최영과 이성계의 명암을 갈라놓았고, 결국은 고려의 멸망과 조선의 건국으로 이어졌다.

최영은 당대의 명문집안인 철원최씨 출신이었지만, 정작 자신의 직계 선조들은 그다지 현달하지 못했고, 최영의 아버지도 그의 나이 16세 때 일찍 죽었다. 그런 이유 때문인지 최영은 본래 대표적인 문신집안이면서도 과거 등을 통하여 문신으로 출세하지 못한 채 남보다 뛰어난 완력을 바탕으로 무신으로 출세하였다. 이후 "황금 보기를 돌과 같이 하라"는 아버지의 유훈을 생활신조로 삼고,

강직한 군인의 길을 걸었다.

그는 홍건적의 침입을 격퇴한 것을 포함하여 몇 차례 중요한 공을 세워 공민왕 14년(1365)경에 이미 막강한 권력을 행사하였고, 권력남용에 대한 비판도 받았다. 그 때문에 공민왕이 신돈을 등용하여 개혁정치를 재개할 때는 6년여 동안 좌천되기도 했지만, 신돈이 제거된 직후 곧바로 옛 관직을 회복하였다.

그는 우왕대에 들어와서는 무장(武將)의 대표 역할을 하며, 정권핵심의 한 축을 차지하였다. 그러나 그런 지위를 가지고 있음에도 불구하고 당대의 국가의 큰 골칫거리인 왜구 퇴치에 솔선수범했다. 최영이 왜구에게 거둔 승리중에서는 지금의 충남지역인 홍산에서의 전투가 특히 유명하다. 삼면이 모두 절벽이고 오직 한 길만이 통할 수 있는 곳을 왜구가 먼저 차지하고 있어, 여러 장수들은 겁이 나서 전진하지 못하고 있었는데, 최영이 61세의 노구를 이끌고 앞장서서 돌격하였다. 이 때 숲속에 숨어 있던 왜구가 최영을 쏘아 입술을 맞히자 피가 철철 흘렀지만, 그는 안색이 조금도 변하지 않고 그 적을 쏘아 쓰러뜨린 다음 화살을 뽑고, 더욱 세차게 싸워서 적을 거의 섬멸시켰다는 이야기는 유명한 일화이기도 하다.

황금 보기를 돌같이 하는 청렴한 생활을 하였고, 전장터에서 솔선수범했던 최영이지만 정권에 대한 집착만큼은 다른 사람과 크게 다른 면을 보이지 못했다. 예를 들면, 그는 우왕 3년에 정적인 지윤(池奫)을 제거하기 위한 목적으로 왕의 허락을 받지도 않고 어전에 칼을 차고 들어가는 불경스러운 행동을 하였다. 심지어 우왕 5년에는 우왕의 유모를 둘러싼 정치적인 문제로 왕과 대립하자, 자신의 휘하 군사들을 홍국사에 주둔시키면서 왕을 강압해 자신의 뜻을 달성하기도 하였다. 당시 보다 못한 한 신하가 최영의 행동을 지적했다가, 곧바로 유배당하기도 하였다.

그는 이러한 정권에 대한 집착 때문에 우왕대의 정치·경제상의 문란을 야기한 주범인 임견미(林堅味)와 염흥방(廉興邦) 등을 묵인하면서 나아가 오히려 그들과 공동연립정권을 유지해 나갔다. 그러다가 우왕의 왕권이 강화되고, 임견미 등의 부정부패가 극에 이르자, 우왕과 상의한 뒤에 이성계의 도움을 받아 우왕 14년에 그들을 제거하였다. 그럼에도 그는 뒤에 이성계 등과 협조하여 정국을 운영하는 것이 순리임에도 불구하고 거의 독단적으로 전권을 행사하였고, 나아가 무리하게 요동정벌을 추진하여 결국은 파멸되었다.

처세술의 대가 이성계

이성계는 전주이씨 출신이다. 고조부인 이안사(李安社) 때 지금의 함경도 지역으로 이주하였다. 이 지역은 당시 원나라의 통치 아래 있었고, 따라서 이성계 집안은 이안사를 비롯하여 이성계의 아버지 이자춘(李子春)에 이르기까지 4대에 걸쳐 원나라의 벼슬을 받았다. 그러다가 공민왕 5년(1356) 공민왕이 반원(反元)개혁정치를 단행할 때 이자춘이 고려에 내응하면서 다시 고려의 관직을 받고 활동하게 된다.

이성계는 당시 고려 개경의 관료들 입장에서 볼 때는 먼 변방 지역에서 온 미천한 존재였다고 할 수 있다. 그러나 이성계는 개경에 전혀 기반이 없던 자신의 불리함을 뛰어난 활솜씨 등 탁월한 무재(武才)를 바탕으로 극복하면서, 서서히 정치적으로 성장하였다.

이성계의 정치적 성장과정은 최영과 거의 유사했다고 하겠다. 홍건적의 침입을 격퇴한 것에서 공을 세운 것을 비롯하여, 무수히 많은 전투에서 이성계는 공을 세웠다. 당시 무장들은 사병적인 성격의 군대를 거느렸음은 이미 말했는데, 특히 이성계의 경우는 그의 출신지인 동북면(東北面: 지금의 함경도와 강원도 일부 지역) 출신의 무리들로 이루어진 가별초(家別抄)라는 부대를 거느렸다. 가별초는 대부분의 구성원들이, 정확하게 확인할 수는 없는 문제이지만, 고려인이라기보다는 여진인이라 할 수 있으며, 그런 까닭에 군인으로서 뛰어난 활약을 보였고, 이성계가 출세하는 데 더욱 유리하게 작용하였다.

『고려사』·『태조실록』 등의 역사기록에서 이성계의 활약은 그가 조선의 건국자였기 때문에 더욱 과장되게 묘사되었다. 그는 싸우기 전에 신기에 가까운 활솜씨를 이용하여 부하들의 사기를 진작시키는 방법을 자주 이용하였다. 백수십 걸음 밖에 놓여 있는 투구나 새 등을 목표물로 삼은 뒤, 화살 몇 발을 정해 놓고 '이것들이 모두 명중하면 이번 전투는 이길 것이다' 하고는, 모두 쏘아 맞추어 결국은 전투까지 승리로 이끌었다.

그의 활솜씨는 지금 전북 남원지역의 황산전투에서 극적으로 드러났다. 당시 15·6세 가량의 아지발도(阿只拔都)라는 적장이 매우 용맹하여 우리 군사들이 두려워했다. 그는 얼굴까지 갑옷으로 가려서 화살을 맞출 만한 틈조차 없었다. 이성계가 활로 투구꼭지를 쏘아 적중시키자 그는 재빨리 투구를 고쳐 썼는데 이성계가 바로 다시 쏘아 투구를 떨어뜨렸다. 이 때 이두란(李豆蘭)이 얼굴을 쏘아 죽이니 적의 기세가 꺾여 도망가고 고려는 대승을 거두었다. 그들이 흘린 피로 냇물이 온통 붉어져 6·7일간이나 빛이 변하지 않아서 사람들이 마시지를 못했다 한다. 그 때문에 지금도 남원에는 그 지역의 땅이 붉은 빛이 돈다는 이야기가 전해지고 있다고 한다.

이렇게 자신이 수많은 전투에 참여하여 공을 세운 것 이외에 이성계는 자신의 혼인과 자녀들의 혼인에도 매우 많은 신경을 기울였다. 그는 첫번째 부인이 살아 있음에도 개경에서 자리를 잡은 뒤, 두번째 부인 강씨와 혼인을 맺었다. 그런데 이 강씨는 당시 상당한 세력을 가졌던 곡산강씨 집안의 딸이었던 사실을 주목해야 한다. 아들들의 혼인을 보면, 첫째와 둘째아들〔조선 정종〕은 무장으로 출세하여 우왕 3년까지 실권을 행사한 지윤의 딸들과 혼인을 하였고, 넷째와 다섯째아들〔조선 태종〕은 사대부 집안인 황려(黃驪) 민씨 집안과 혼인을 맺어주었다. 실로 문무 양쪽 가문과 혼인관계를 맺은 것이다. 나아가 두번째 부인 소생인 여섯째아들은 뒤에 공양왕이 되는 왕요(王瑤)의 동생인 왕우(王瑀)의 딸과 혼인관계를 맺어 왕실까지 인척으로 삼아두었다. 이 왕우의 딸과의 혼인 때문에 뒷날 이성계 일파가 창왕을 폐위시키고 공양왕을 왕으로 추대한 것이라고도 볼 수 있는 것이다.

이러한 이성계의 혼인관계는 최영의 경우와 비교해 보면 차이점이 극명하게 드러난다. 최영은 일단 자녀의 숫자 측면에서부터 이성계와 차이가 많이 난다. 이성계는 첫째와 둘째부인을 합하여 아들 8명, 딸 5명을 두었다. 반면 최영은 73살까지 살았음에도 불구하고 아들과 딸 1명씩을 두었을 뿐이다. 그리고 이성계는 문무

양쪽의 명망있는 집안과 적극적으로 혼인관계를 맺은 반면, 최영은 아들도 그다지 이름있는 집안과 혼인을 하지 않았고, 딸은 우왕이 혼인을 하자고 강권해서 마지못해 허락하였을 정도이다.

이성계의 더 놀라운 점은 기록상으로는 한번도 정치적 좌절을 겪은 적이 없다는 사실이다. 자신의 첫째아들·둘째아들과 혼인을 맺은 지윤이 우왕 3년에 죽음을 당했을 때에도 이성계는 전혀 피해를 입지 않았던 것에서 알 수 있는 것처럼 이성계는 놀라운 인간관계를 유지하면서, 자신의 운명을 개척해 나갔던 것이다.

운명을 가른 '요동정벌론'

이렇게 최영과 이성계 두 사람은 뛰어난 군인자질에 바탕해서 홍건적 침입 등 중국대륙의 변화하는 상황 덕분에 출세의 길을 달렸고, 마지막으로는 끈질기게 지속된 왜구의 침입을 격퇴하는 과정을 통하여 최고위의 지위를 확보할 수 있었다. 그래서 그들은 1388년 1월 우왕대 정치·경제 혼란의 주범들인 임견미·염흥방 등을 숙청할 때에도 서로간에 꼭 필요한 존재로서 뜻을 같이하였고, 그 뒤 관료 서열 1·2위를 나란히 차지하였다.

그러나 곧 그들의 운명은 완전히 다르게 전개되었다. 당시 중국대륙의 패자로 자리잡아 가던 명나라가 고려에 고압적인 자세를 취하며, 고려의 영토내에 철령위(鐵嶺衛)를 설치하겠다는 뜻을 통보하면서 사건은 비화되었다. 최영은 고위관료들의 회의에서 영토를 할양할 것인가의 여부를 의논했는데, 참석자 대부분이 그것에 반대하였다. 그러자 최영은 논의를 비약시켜 요동을 정벌할 것을 상의하게 하였다. 그러나 이 요동정벌에는 대부분이 반대하였다. 이성계는 "소국으로써 대국을 거역하는 것은 안된다"는 등의 '4불가론(四不可論)'을 내세우면서 그것에 반대했지만, 최영과 우왕은 끝내 출병을 강행시켰다.

당시 고려조정의 분위기는 명나라에 우호적이지는 않았다. 명나라에서 계속해서 너무 무리한 요구를 해온 데다가, 고려의 영토에 명의 관청을 설치하겠다고까지 통보하니 여론이 좋을 수가 없었던 것이다. 그러나 그렇다고 하여 요동정벌을 그렇게 빨리 강행했던 것은 지나친 무리였다. 당시 명나라는 원나라를 지금의 몽골지역까지 몰아내는 등 한창 세력을 떨치고 있던 상황이었기 때문에 정면대결을 할 경우 승산이 있어 보이지는 않았다. 그래서 최영을 추종하고 있던 많은 무장들도 이 요동정벌에 대해서만큼은 심복하지 않았을 것으로 생각된다. 그런 분위기 때문에 이성계가 주도한 '위화도회군'은 쉽게 성공할 수 있었을 것이다.

어떤 학자들은 최영이 그렇게 강경하게 요동정벌을 강행한 것은 전쟁을 통하여 독자적인 사병적 군대를 가지고 있던 많은 무장들을 제거하려는 목적 때문이었다고도 말한다. 특히 이성계 세력의 제거를 계획했다고도 한다. 그러나 그런 것을 감안하더라도 요동정벌은 너무 준비없이 이루어졌다. 여름이 지나 곡식을 수확할 때 출병하자는 이성계의 타당성있는 주장조차 전혀 받아들여지지 않았던 것이다.

백전노장인 최영이 무슨 이유로 이렇게 무리수를 두었는지에 대해서는 누구도 정확한 설명을 하기가 힘들어 보인다. 다만 이 요동정벌로 인하여 비슷한 성장배경을 가진 고려 최고의 무장들 가운데 두 명의 운명이 완전히 바뀌어졌다는 사실만이 명확할 뿐이다. 아울러 고려와 조선 두 국가의 운명이 정해졌다는 것도 또한 명확해졌다. 최영은 고려와 함께 운명을 달리하였고, 이성계는 조선과 함께 떠오르는 태양이 되었던 것이다.

이형우

고려왕조의 종말
―명분과 의리 사이―

이성계의 등장

쇠퇴일로에 있던 고려왕조는 공민왕(恭愍王) 초기의 개혁으로 어느 정도 중흥의 기운이 엿보이기도 했으나, 두번에 걸친 홍건적의 내습과 지역을 가리지 않는 왜구의 잦은 침노로 회생불능 상태로 빠져들게 되었다. 게다가 원명(元明)교체기라는 대륙정세의 변화는 고려의 입지를 더욱 어렵게 만들었다.

이러한 시기에 혜성처럼 나타난 인물이 동북면의 한 무장인 이성계(李成桂)였다. 『용비어천가(龍飛御天歌)』의 첫머리에는 "불휘 기픈 므른 브르매 아니 뮐씨, 곶됴코 여름 하느니, 시미 기픈 므른 구모래 아니 그츨씨, 내히 이러 바르래 가느니"라 하여 이씨왕조의 연원이 오래된 듯이 노래하고 있지만 실상 이성계는 왜구의 잦은 침구과정에서 공을 쌓아 중앙정계에 진출한 신진세력이었다.

이씨가 동북면을 기반으로 세력을 굳히기 시작한 것은 그리 오래 전의 일이 아니었다. 그들은 고향인 전주(全州)에서 살아가지 못하고 삼척(三陟)을 거쳐 함흥(咸興)지방에 정착한 유랑민에 불과했다.

이들은 여진인들의 서리에서 무장으로서의 두각을 나타내어 이

지역이 몽고의 영토로 편입되자 그 식민지 관리 즉 달로화적(達魯花赤: 다루가치) 노릇을 하다가, 아버지 이자춘(李子春) 대에 이르러 공민왕이 반원정책을 펼 때 고려에 내응하여 항원변장(抗元邊將)으로 동북면병마사를 역임하면서 그 지방의 대표적인 무장세력으로 성장할 수 있었고, 이성계는 이러한 부조(父祖)의 가계를 계승하여 공민왕 10년(1361)에는 금오위 상장군(金吾衛上將軍)으로 동북면 만호(東北面萬戶)가 되었다.

이성계는 그의 수하군사를 이끌고 강계(江界)지방까지 도망해 온 독로강 만호(禿魯江萬戶) 박의(朴義)의 잔당을 섬멸하고 개경을 점거했던 홍건적을 격퇴하는 데 일조를 한 공으로 동북면병마사가 되면서 고려 옛 땅의 경략과 왜구격퇴의 선봉이 되었다. 이렇게 동북면 지방에서 무장으로서의 명성을 떨치던 이성계는 공민왕 21년(1372) 지리산 일대에 침구한 왜구를 대파함으로써 여말의 대표적 무장으로 그 명성을 전국에 떨치게 되었다.

그러나 아직 이성계는 하나의 유력한 장수일 뿐 정치적으로 강력한 힘을 행사할 수 있는 처지는 아니었다. 당시 고려조정은 정치적으로는 이인임(李仁任), 군사적으로는 최영(崔瑩) 등 명문출신 구세력들에 의해 장악되어 있었기 때문이다.

친명정책(親明政策)을 일관되게 주장하던 공민왕이 살해되고 우왕(禑王)이 뒤를 이어 즉위한 후, 새로 일어난 명나라와의 관계는 순탄하지 못했다. 친명정책의 강력한 수행자였던 공민왕이 비명에 시해된 데다가 명나라 사신이 귀환도중에 피살되는가 하면, 사신으로 온 자가 자살하는 소동이 벌어지는 등 불행한 사태가 빈발하자 명나라는 과도한 조공물의 요구와 까다로운 외교조건을 내걸어 고려를 괴롭혔다.

반면 북으로 쫓겨간 원나라의 잔당은 물에 빠진 자가 지푸라기 하나라도 잡으려는 심정으로 고려에 호의를 보이자 당시 집권층 내부에는 친명파(親明派)·친원파(親元派)가 대두하게 되었으니, 이성계 등 신진세력은 친명파라 할 수 있고 최영 등 구세력은 친원파로 분류할 수 있었다.

위화도회군과 토지제도의 개혁

이 때에 불거진 것이 이른바 철령위(鐵嶺衛) 문제였다. 즉 우왕 14년(1388) 1월 명나라에 사신으로 갔던 설장수(偰長壽)가 귀국하면서 철령 이북은 원래 원나라의 영토였으니 이것을 모두 요동(遼東)에 소속시키겠다는 명나라 태조의 말을 전한 것이다. 수천 년 지켜 온 우리 강토가 일시 몽고의 지배하에 있었다고 해서 명나라가 다시 차지하려 하는 것은 순전히 고려를 얕보고 하는 짓이었다.

이 사건은 그 때까지 갖은 수모를 참아가며 굴욕외교를 수행해 오던 우왕과 최영의 분통을 터뜨리기에 충분하였다. 최영은 생각 같아서는 당장이라도 요양(遼陽)에 있는 명나라 군대의 본거지인 정요위(定遼衛)를 쳐들어가고 싶은 심정이었다. 그리하여 중신회의(重臣會議)를 열었다. 친명파건 친원파건 모두들 철령 이북의 지역은 고대로부터 우리 영토였으니 한 치도 명나라에 넘겨줄 수 없다는 데는 의견이 일치되었다. 그러나 이성계 일파는 정요위를 치는 데는 반대였다. 제후국으로서 천자의 나라에 대적할 수 없다는 것

선죽교

개성시 선죽동에 위치한 돌다리. 1216년 건설 당시에는 '선지교'라고 불렸으나 고려왕조에 절개를 지킨 정몽주가 이 다리에서 피살된 이후 '선죽교'라고 불리기 시작했다. 1780년에 정몽주의 후손들은 사람들이 다리를 건너다니지 못하게 하기 위해 난간을 설치하고 그 옆에 난간없는 다리 하나를 더 건축하여 사람들이 그 곳으로 건너다니게 하였다고 한다.

이 주된 논리였다. 그리하여 사신을 보내 철령 이북이 우리 영토임을 주장하자고 결론짓고 박의중(朴宜中)을 사신으로 뽑아보내는 한편, 만일의 사태에 대비하여 5도에 명령을 내려 산성을 수축하게 하였다.

그런데 3월에 명은 요동에서 왕득명(王得明)이란 자를 보내 철령위 설치를 정식으로 통보해 온 것이다. 다급해진 우왕은 최영과 이성계를 불러 대책을 숙의하였다. 이성계는 소국으로서 대국을 거역하는 행위의 부당성과 여름철 군사동원의 불가함 등 이른바 4대불가론을 내세워 출병을 강력히 반대하였다. 출병하더라도 박의중이 귀국하는 것을 보고 대책을 세우자는 주장이었다. 반면 최영은 저들이 철령위 설치를 통보해 온 이상 더 이상 머뭇거릴 것이 없다는 논리로 요동정벌 계획을 단행할 것을 강력히 주장하였고, 결국 최영의 강경책을 우왕이 수용함으로써 요동정벌 계획은 결정되었다.

우왕은 최영을 팔도도통사(八道都統使), 조민수(曺敏修)를 좌군도통사(左軍都統使), 이성계를 우군도통사에 임명하고, 왕 14년(1388) 4월 초, 군사 3만 8천, 짐꾼 1만 1천, 말 2만 1천 필을 동원, 이름하여 10만 대군으로 요동정벌의 출정길에 오르고, 우왕과 최영은 평양까지 따라가 독전하였다.

그러나 마지못해 출정하는 군사들의 발걸음이 가벼울 리 없었다. 개경을 출발한 지 한 달이 걸려 5월 초, 대군이 압록강 하구 위화도(威化島)에 이르렀을 때는 이미 장마철에 접어들고 있었다. 여기에서 보름 동안을 머뭇거리면서 좌·우군도통사가 함께 글을 올려 회군을 간청했으나 받아들여지지 않자 마침내 군사를 되돌리니 이것이 이른바 위화도회군이다.

전군을 요동정벌에 투입한 우왕과 최영은 맨손으로 반역군을 맞이하는 수밖에 없었고, 결국 최영은 고양(高陽)으로 귀양가고 얼마 뒤에 우왕 또한 이성계 일파를 제거하려던 계획이 탄로나서 왕위를 아들 창왕(昌王)에게 물려주고 강화(江華)로 물러났다. 그 후 조민수마저 조준(趙浚) 등의 탄핵으로 전제개혁(田制改革)을 반대한다는 명목으로 실각하자 우왕과 창왕은 고립무원의 처지로 전락하였다. 비록 이색(李穡)이 시중(侍中)의 자리에 앉아 창왕의 후원세력으로서 안간힘을 썼지만 군국(軍國)의 실권은 이성계에게로 돌아갔다. 이성계는 이제 단순한 일개 무장이 아니라 고려왕조의 존망을 좌우하는 새로운 정치세력의 지주가 된 것이다.

공양왕릉
고려의 마지막 왕인 공양왕이 묻힌 경기도에 있는 무덤. 공양왕의 무덤은 전국 3곳에 있다.

 아버지를 내쫓고 그 아들을 세우는 일은 동서고금을 통하여 없었던 법이다. 그런데도 9세의 창왕이 즉위하게 된 것은 당시의 수상격인 좌시중(左侍中) 조민수가 적극 주창하고, 원로인 이색이 이를 후원했던 결과인데 이들은 공민왕의 적통이 우왕·창왕으로 이어진다고 보았기 때문이다. 그러나 기우는 대세는 어쩔 수 없었다.
 이러한 격변기에 이성계 일파는 자파세력의 기반을 더욱 공고히 하는 정변을 일으켰으니 이른바 폐가입진(廢假立眞)이다. 우왕과 창왕은 신돈(辛旽)의 자손이니 가짜를 폐하고 진짜 왕씨는 세운다는 것이 표면상의 명분이었지만 그 본심은 이 기회를 이용하여 이색 등 반대세력을 일거에 타도하려는 의도였던 것이다. 즉 이성계·정몽주(鄭夢周)·조준·정도전(鄭道傳) 등이 흥국사(興國寺)에 모여 모의하고 창왕을 폐하고 신종(神宗)의 7대손인 정창군(定昌君) 요(瑤)를 추대하니 이가 공양왕(恭讓王)이다.

공양왕은 왕으로 추대되기는 했으나 허수아비에 불과했다. 평생 부귀하게 자라 재산을 관리할 줄만 알았지 나라를 경륜하는 데는 관심이 없는 데다가, 이성계 일파의 허락없이는 사사로이 친구 하나 만날 수 없이 감시를 받고 있는 형편이었으니, 설사 국가를 경영할 웅지가 있었다고 한들 어찌해 볼 도리가 없었다.

신진세력이 정권을 장악했으나 경제력의 기반인 토지는 여전히 구세력의 수중에 있었기 때문에 이 상태로는 자신들의 개혁목표를 달성하기는 불가능한 일이었다. 정치적 실권을 장악한 이성계로서는 권문세족의 토지를 빼앗아 자기들 중심의 새로운 세력기반을 확고히 할 필요가 있었다. 왕실을 둘러싼 권문세족의 세력기반은 국초의 전시과(田柴科)체제가 무너진 아래, 고려 말에 더욱 확대된 농장이었고, 이것을 그대로 두고서는 나라의 재정이나 새로운 세력의 경제적 기반을 구축할 수가 없었다. 그러므로 권문세가가 점유한 농장을 몰수하여 구세력의 기반을 뒤엎고 토지의 재분배를 통하여 새로운 경제질서를 구성하는 것이, 신진세력들로서는 무엇보다 우선하는 초미의 급선무였던 것이다.

실제로 일찍부터 고려 말기 농장의 확대에 따른 국가재정의 파탄에 대해 이색 등 일부 개혁파 유신들에 의해 개혁논의가 있었지만 전제개혁론(田制改革論)에까지 이르지는 못했는데, 이제 신진세력이 집권함에 미쳐 그 실현을 보게 된 것이다.

전제개혁은 조준의 구체적인 전제개혁안으로 나타났다. 그 개혁안의 명분상 취지는 중국 고대 제도를 따랐다는 고려 초기의 전제(田制)를 부활 확충한다는 데 있었다. 그것은 또 새로운 관료체제를 뒷받침하여 주는 동시에 민생의 안정도 도모할 수 있다는 현실적인 요구에도 어느 정도 부응하는 것이었다.

전제개혁은 우선 전국의 토지를 다시 측량하는 작업으로부터 시작되었다. 그리고는 공양왕 2년(1390) 종래의 공사전적(公私田籍)을 모두 불살라 버리니, 공양왕은 선왕대의 제도가 자신의 대에 와서 폐기되었다고 눈물을 흘리면서 한탄했다고 역사는 기록하고 있다. 이것만 보더라도 전제개혁이 공양왕의 의지와는 무관하게 신진세력에 의해 독단으로 단행되었음을 알 수 있다.

이어 공양왕 3년에는 새로운 전제의 기준이 되는 과전법(科田法)이 공포되었다. 이에 의하면 과전은 경기지역에 한하여 관료들에게 그 관직의 고하에 따라 차등있게 분배하게 되어 있었다. 그 결과 이성계・정도전・조준・윤소종(尹紹宗) 등 신진세력이 많은 토지를 분배받게 되었음은 물론이다. 그리고 경기 이외의 전국의 토지는 모두 공전(公田)으로 편입되었다. 이 개혁으로 자연히 권문세가의 농장은 몰수되고 그들의 경제적 토대는 무너지게 되었다. 이것은 곧 이들의 몰락을 말하는 동시에 고려왕조의 멸망을 예고하는 조종(弔鐘)이기도 하였다.

이와 동시에 군사력도 신진세력에 의해 장악되었으니, 종래의 5군을 삼군도총제부(三軍都摠制府)로 개편하여 이성계가 도총제(都摠制)가 되고 조준을 좌군총제사(左軍摠制使)로, 정도전을 우군총제사로 임명하여 군사지휘권마저 이성계 일파에 의해 완전히 장악되었다.

정몽주와 정도전의 대결

한편 풍전등화 같은 고려의 운명을 보면서 가슴을 치고 통탄하는 한 중신이 있었으니 수시중으로 있던 같은 신진사대부 출신의 정몽주였다. 그는 대의(大義)를 위해 이성계와 함께 친명정책을 부르짖었고, 왕통을 바로잡는다는 신념에서 우왕·창왕을 폐하고 공양왕을 옹립하는 데 참여하여 9공신의 대열에까지 올랐으며, 이성계의 후원으로 출세가도를 달려오기는 했지만 세월이 흐르자 점차 회의를 느끼기 시작했다. 이성계 일파인 조준·정도전 등이 하는 짓을 보니 고려왕실을 약하게 하는 일만 골라서 하였다. 이미 끝난 일도 다시 들추어내고, 혐의가 없는 사람에게도 죄를 덮어씌워 전날의 중신은 하나도 온전한 사람이 없고 자기네들에게 붙는 자들만이 그 공격을 피할 수 있었다. 이색을 비롯하여 이숭인(李崇仁)·권근(權近)·지용수(池龍壽) 등이 모조리 유배되고 고려를 버틸 중신으로는 정몽주만이 고군분투할 뿐이었다.

정몽주는 믿을 수 있는 사람들을 요로에 심어놓고 때를 기다렸다. 이성계 일파의 위세에 눌려 드러내놓고 주장하지는 못하지만 모두들 꺼져 가는 고려왕조에 충성을 다하려는 이들이었다.

공양왕 4년 3월, 마침내 절호의 기회가 찾아왔다. 때마침 세자가 명나라에 갔다가 돌아오게 되었는데, 이성계가 황주(黃州)에서 마중하고 돌아오는 길에 해주(海州)에서 사냥을 하다가 말에서 떨어진 것이다. 그리하여 몸을 움직이기 힘들 정도로 크게 다쳤다. 이 기회를 타서 대간(臺諫) 김진양(金震陽) 등이 일제히 이성계의 심복들인 조준·정도전·남은(南誾)·윤소종·남재(南在)·조박(趙璞)·오사충(吳思忠) 등을 탄핵하였다. 탄핵이 격화되어 조준과 정도전을 죽이라는 상소까지 올라갔다. 공양왕은 이들이 공신이기 때문에 함부로 죽일 수 없다고 거절하다가 못이기는 체하고 유배시키라는 명을 내리기에 이르렀다.

한편 이성계 일파도 가만히 있지 않았다. 정권탈취에 아버지보다도 더욱 적극적인 아들 이방원은 급히 말을 달려 이성계가 묵고 있는 벽란도(碧瀾渡)로 갔다. 벽란도는 예성강(禮成江) 입구에 있는 나루터로 외국상인들도 많이 드나드는 번화한 곳이었다. 이방원은 자리에 나아가 정몽주가 자기네 집안을 함몰시키려 한다고 고했다. 그리고 빨리 떠날 것을 강행하여 이성계는 아픈 몸을 가마에 싣고 이튿날 새벽 개경에 도착하였다. 그는 도착 즉시 대궐에 들어가 조준 등의 억울함을 변론했으나 왕은 들어주지 않았다. 서너 차례 궁궐에 들어가 아뢰었으나 헛일이었다. 이성계는 천명(天命)을 기다릴 뿐이라고 생각하고는 집에 돌아가 누워버렸다.

다급해진 이방원은 휘하 장사들과 정몽주를 제거하기로 의논을 모았다. 그런데 이성계의 형인 이원계(李元桂)의 사위 변중량(卞仲良)이 이 사실을 정몽주에게 누설하였다. 그러나 수하에 한 명의 무사도 거느리고 있지 못한 정몽주로서는 대책이 없었다. 일이 뜻대로 되어가지 않자 노심초사하던 정몽주는 자기가 직접 동정을 살필 겸해서 이성계의 문병을 핑계로 그 집을 방문하였다.

이방원이 이 기회를 놓칠 리 없었다. 돌아가던 정몽주를 선죽교(善竹橋)에서 격살하고 이성계에게 사실을 고했다. 이성계는 처음에는 대신을 함부로 죽였다고 격노했으나 이미 엎질러진 물이었고, 이를 수습할 책임은 자신에게 있었다. 이성계는 대궐에 들어가 공양왕에게 정몽주가 난을 꾸미려 했기 때문에 죽였다고 아뢴 다음, 정몽주의 목을 베어 거리에 매달고 죄목을 써서 거리에 붙였다.

정국은 급전하여, 김진양·설장수·이숭인·이종학(李種學) 등 고려왕조에 충성한다고 생각되는 이들은 대부분 화를 입었고, 대신 조준·정도전·남은 등은 귀양지로 출발하기도 전에 풀려나 현직에 복귀하였다.

고려가 멸망하다

정몽주마저 제거되자 고려왕조로서는 기둥이 부러진 격이었다. 이제 공양왕은 싫든 좋든 이성계에게 매달리는 수밖에 없었다. 그래서 왕위만이라도 부지해 보려고 생각해낸 것이 이성계와 맹약을 맺는 것이었다. 공양왕 4년 7월 5일, 공양왕은 이방원과 조용(趙庸)에게 시중인 이성계와 맹약하는 글을 초안해 오라고 하니, 맹약의 내용은 이러하였다.

경이 아니었다면 내 어찌 이런 자리에 이르렀으랴. 경의 공덕을 내 감히 잊겠는가. 하늘이 위에 있고 땅이 곁에 있으니 자손대대로 서로 해치지 말 것이다. 내가 경을 저버리는 일이 있다면 이 맹약이 말할 것이다.

국가와 국가 사이라면 또 모르되 임금과 신하 사이의 맹약이란 그 유래가 없는 것이다. 더구나 맹약이란 한쪽에서 파기하면 휴지일 뿐인데 무슨 소용이 있겠는가?

공양왕이 맹약에 신경을 쏟고 있는 사이에 이성계 일파의 비밀 음모는 점점 무르익어 갔다. 이방원·조준·정도전·남은·조박·조인옥(趙仁沃) 등 52인은 이성계를 왕으로 추대할 계획을 확정하고 공민왕의 왕비인 정비(定妃) 안씨(安氏)에게 공양왕은 무능하니 폐하여야 한다고 강박하여 폐위교서까지 받아놓았다.

그런 줄은 꿈에도 모르는 공양왕은 이성계의 집을 찾아갔다. 주연을 베풀고 맹약을 공고히 하기 위함이었다. 이 자리에서 정비의 교서가 반포되어 공양왕은 묘호(廟號)대로 왕위를 공손히 물려주니 34대 475년간의 고려왕조는 막을 내리고 조선이 개창되었다.

조선왕조를 개창한 주도세력은 무장세력과 신흥사대부 세력이라는 것이 일반적인 인식이다. 즉 고려 말의 잦은 이민족 침략에 대응하여 등장한 이성계가 당시 사회적 모순을 개혁하려는 성리학[신유학]으로 무장한 신흥사대부 세력과 힘을 합쳐 조선왕조를 세웠다는 것이다.

그러나 전자에 대해서는 이의가 없겠지만 후자에 관해서는 선뜻 수긍하기 어려운 점이 있다. 왜냐하면 성리학은 의리와 명분을 기본으로 하고 있는데, 이른바 개혁의 주역들이란 사람들의 면면을 살펴보면 그에 해당되는 사람이 별로 없기 때문이다. 여말의 대표적인 유학자로 이색·정몽주·이숭인·이종학·정도전·권근·길재 등을 꼽을 수 있는데 개국공신은 정도전만이 유일하고, 권근이 개국 이후 조선왕조에 협력했을 뿐, 대부분 고려왕조와 운명을 같이하였다.

개국 주도세력들은 의리는 물론 명분의 일관성도 없었다. 정도전과 윤소종은 정치적 입장이 다르다고 스승인 이색을 죽이기 위해 갖은 모략을 꾸몄고, '이소역대(以小逆大)'의 부당성을 내걸고 회군으로 정권을 잡았지만, 건국 직후 명과의 관계가 험악해지자 앞장서서 요동정벌을 주장한 이도 정도전이었다. 조선 태조 6년, 왕과 정도전이 요동정벌을 강행하려 하자, 조준이 만류하면서 한 다음의 말은 당시의 민심을 잘 반영한 것이다. "온 나라 사람들이 우리를 흘겨보는데 군사를 일으킨다면 요동에 닿기 전에 우리가 먼저 망할 것이요."

결국 조선의 개국은 왕권이 미약한 왕조말기적 혼란기를 틈타 무장세력과 권력지향 소수인사들이 일으킨 쿠데타에 불과한 것이다.

박찬수

제2장
중앙과 지방의 모습

고려 때의 수상은 누구였을까
국왕의 권력을 규제하기 위한 장치들
출세의 두 길, 음서와 과거
고려를 움직인 중앙의 행정조직
고려시대 관료들의 생활
고려 수도 개경의 모습
경기의 유래
'도'라는 행정단위가 생겨나다
우리 고향도 주현(主縣)으로 만들어 달라
여러 종류의 특수한 지방행정단위
향리의 업무와 생활
촌락의 생활상

고려 때의 수상은
누구였을까

국가를 운영하는 여러 기구

고려의 국정을 운영하던 통치기구는 건국과 함께 등장하고 있지만 그 모습은 우리가 흔히 말하는 고려시대의 관제라고 하는 것과는 약간 달랐다. 태조에서 성종 초에 이르는 정치체제는 태봉의 옛 제도를 본받은 것으로, 재상의 관부에는 광평성(廣評省)·내봉성(內奉省)·순군부(徇軍部)·병부(兵部) 등이 있었고 내의성(內議省)은 문한을 담당하는 고문기구였다. 이후 성종대에 왕권과 귀족권의 타협이 이루어지면서 그에 맞는 새로운 정치체제가 필요하게 되자, 당나라의 3성 6부제를 참고하여 관제를 개편하였다. 이 때 등장한 주요한 관서로는 내사문하성(內史門下省)과 어사도성(御事都省)·어사육관(御事六官: 뒤에 6부) 등이었고, 이후 송나라의 제도를 받아들여 중추원(中樞院)과 삼사(三司)가 설치되었으며, 우리의 실정에 따라 설정된 독자적 기구인 도병마사(都兵馬使)와 식목도감(式目都監)이 추가됨으로써 대체적인 통치의 기본 틀이 이루어졌다. 또한 이 시기에 하부조직으로서 시(寺)·감(監)·국(局)·서(署) 등도 나타나는데, 이러한 관서들은 목종·현종 등의 여러 왕을 거치면서 정비되어 마침내 문종대에 이르러 소장업무·정원·품계 등이 확정되었으며, 그것을 고려시대 관제의 기준으로 삼고 있다.
고려시대의 최고 관서는 내사문하성의 후신인 중서문하성으로서 국내외의 중대사를 의논하여 결정하는 2품 이상의 재부와 정사의 잘잘못을 간언(諫言)하는 3품 이하 6품 이상의 낭사(郎舍)로 구성되었다. 중추원에는 군사기밀에 관한 업무와 의정기능을 담당하는 추부의 추밀과 왕명의 출납을 맡는 정3품 승선이 있었다. 상서성(尙書省)에는 국가의 여러 행사를 주관하고 공문을 발송하는 2품 이상의 도성(都省)과, 실제로 행정을 집행하는 6부의 정3품 상서 이하의 관원이 있었다. 그리고 전곡의 출납과 회계를 관장하는 삼사, 국방·군사 등의 중대사에 대해 재추가 모여 회의하는 기관인 도병마사, 새로운 제도와 시행규칙 등을 의정하고 그에 관한 기록을 보관하는 식목도감, 백관의 규찰과 풍속을 바로잡는 일을 하는 어사대(御史臺), 왕에게 학문적 자문을 해주는 한림원(翰林院), 정사의 기록을 맡는 사관(史館), 태자의 보도와 호위를 담당하는 첨사부(詹事府) 등이 주요 관서였다.
이보다 낮은 기관으로 특정분야를 담당하는 시·감·서·국, 재화와 곡식을 보관하는 창(倉)·고(庫), 특별한 일이 생기면 설치했다가 그것이 끝나면 폐지하는 도감(都監)·색(色) 등이 있었다. 한편 무반의 기구로는 왕을 측근에서 호위하는 응양군(鷹揚軍)·용호군(龍虎軍) 등의 2군과 개경의 방어와 경찰업무·의전 등을 수행하는 6위(衛)가 있었으며 최고위직으로는 상장군이 있었다.
이러한 기본틀로 이루어진 고려시대 중앙관제의 특징으로는 먼저 중서문하성·상서성·중추원 등의 중요 기구가 2원화되어 있는 점을 들 수 있다. 중서문하성은 재부와 낭사, 상서성은 도성과 6

부, 중추원은 추부와 승선방 등으로 구성되었으며, 각각 2품 이상의 재상과 3품 이하관으로 나뉜다. 같은 관서내에서 기능을 달리하는 별도의 조직을 함께 두는 방식은 조선시대에 낭사가 사간원으로, 승선방이 승정원으로 분리된 것과 비교하면 분명히 구별되는 점인데, 이는 사간원과 승정원이 독립하여 왕에게 직속되는 조선시대 체제가 왕권강화와 관련되었다는 점을 고려할 때, 3품 이하의 관원이 같은 관서의 재상과 더 긴밀한 유대가 되도록 운영했음을 알 수 있다.

다음으로 고려시대의 사서(史書)에는 6부가 직접 국왕에게 보고하고 왕에게 직접 지시를 받아 시행하는 사례가 적지 않게 보인다. 그것을 액면 그대로 이해하면 정사에 있어서 재상의 역할은 줄고 왕의 역할은 강조된다. 그러나 재신과 추밀이 상서 6부의 최고 위직인 판사와 상서를 겸하여 지배하도록 운영함으로써 재상이 국정 전반을 장악하도록 하였다. 결국 고려시대의 정치체제는 재추 중심이었다고 할 수 있다. 마지막으로 고려시대의 관제는 당나라에서 3성 6부제를, 송나라에서 중추원·삼사제도를 수용했지만 우리의 실정에 맞게 독자적으로 운용했다는 점이다. 당나라에서는 중서성과 문하성이 독립되어 각각 다른 기능을 하였으며, 고려에서도 마치 외형상으로 분리된 것 같은 예가 보이기는 하지만 기능을 구체적으로 살펴보면 단일기구처럼 운영되었으므로 중서문하성이라 부른다.

또한 상서도성이 당나라와 달리 재상의 기구로서 역할을 하지 못했고, 중추원의 추밀도 조회 등에서 재신에 상대되는 위치에 섰지만 그것은 형식에 불과하였다. 재신과 추밀 사이에 엄격한 상하

「백관지」
고려시대 관직에 대해 정리해 놓은 『고려사』「백관지」

관계가 있었던 것이다.

관직에도 맑고 흐림이 있다

관직에는 더 말할 필요도 없이 소속 관청·해당사무·정원 등이 있었다. 고려시대의 관직은 직사(職事) 여부·직능·근무지역·성격·품계의 유무 및 녹봉의 많고 적음, 관품의 고하 등에 따라 여러가지로 구분되는데, 이런 다양성이야말로 고려시대의 관직운영의 가장 중요한 특징의 하나이다.

직사의 여부에 따라 나뉘는 것이 실직(實職)과 산직(散職)이다.

실직은 해당 직함에 주어진 사무를 실제로 수행하는 관직이며 산직은 직함은 있되 사무는 보지 않는 허직(虛職)이다. 산직도 분명한 관직이기 때문에, 제수받은 경우 관계(官界)에 편입되었다는 의미를 지녔다.

직능은 종사하는 주요업무를 말하며 일반행정을 담당하는 문반과 전투의 임무를 맡은 무반, 의례를 진행하는 남반으로 나뉜다. 이 가운데 문반과 무반은 동반과 서반으로 불리는데, 조회 등의 의식을 할 때 왕이 남쪽을 향해 북쪽에 앉으면 문반은 동쪽-왕의 왼쪽-에 서고, 무반은 서쪽-왕의 오른쪽-에 서기 때문이다. 남반은 의례를 진행하면서 남쪽에 도열하는 자들로서 합문(閤門)의 관원과 환관들을 통칭하지만 합문직도 동반이 임명되므로 보통 남반은 환관만을 지칭한다. 3개의 반열중에서 3품 이하의 관인은 크게 문반과 무반으로 구분되므로 이를 합쳐 양반이라 한다. 문반과 무반은 형식상 대등한 것처럼 되어 있지만 실제로는 무반은 정3품 상장군이 사실상의 한직(限職)이어서 2품 이상 재상의 반열에 오를 수 없었고, 같은 품계의 관직 사이에서도 문반과 무반의 우열이 뚜렷했으며 이러한 무반에 대한 차별이 무신란의 한 원인이 되기도 하였다.

고려시대에는 녹봉액의 차이로써 관직이 구분되기도 하였다. 문반에 설치된 시직(試職)과 무반에 설치된 섭직(攝職)은 동일한 업무를 하면서도 정식 직함인 진직(眞職)에 비해 녹봉이 적었다.

한편 고려시대 관직은 사무의 성격에 따라 맑고[淸] 흐리고[濁] 중요하고[要] 한가함[閑]의 차이가 있었다. 이 가운데 맑고도 중요한 관직을 청요직이라 하는데, 맑다는 것은 임명 대상자의 품성이 그래야만 감당할 수 있을 뿐 아니라 혈통이 깨끗한 자만이 임명되어야 함을 뜻하며, 중요하다는 것은 말 그대로 국정의 운영상 매우 요긴함을 뜻한다. 본래 청직과 요직은 다른 개념이었지만 일반적으로 청직과 요직은 잘 구별되지 않은 채 청요직으로 통칭되었는데, 그것은 대체로 요직에 임명되는 자들의 품성이 맑아야 국정이 제대로 운영될 수 있었기 때문이다. 청요직은 인사를 맡는 이부·병부, 백관을 규찰하는 어사대 등의 참상직, 문한을 담당하는 한림원, 역사를 기록하는 사관 등의 관직, 왕명을 문장으로 짓는 지제고(知制誥) 등이 해당되었다. 청요직의 상대적인 개념은 탁한직(濁閑職)이지만 이런 용어는 사용되지 않았는데 대체로 의업(醫業)·천문(天文)·율업(律業)·산업(算業) 등 기술직이나 잡직이 포함된다고 할 수 있다.

　이와 같이 관직의 성격에 따라 차이를 둔 것은 정치적으로 또 다른 의미가 있다. 청요직에 취임하는 자는 출세가 보장된 장래의 재상감이라 해도 과언이 아니며, 그만큼 능력과 함께 혈통에 흠이 없어야 했다. 청요직의 존재는 출세의 조건으로서 능력과 더불어 출신 가문을 따지던 당시의 분위기와도 무관하지 않다.

　관인들은 관품에 따라 2품 이상의 재추, 3품에서 6품까지의 참상직, 7품 이하의 참외로 나뉘었다. 그런데 이는 정확한 구분은 아니다. 종6품 중서문하성의 좌우습유(左右拾遺)—뒤에 좌우정언으로 바뀜—는 참상직이었지만 종5품 제릉령은 참외직이었다가 신종대 참직이 되며 반차는 여전히 정언보다 낮았다. 때문에 관품으로 나누는 것보다는 반차를 기준으로 하는 것이 정확하며, 문종대 관제에서 습유 이상, 인종록제 하에서 각문지후(閣門祗候) 이상이 참상이었다.

참상-참직-과 참외는 조회에 참여할 수 있는지에 따른 구분으로 정치·경제·의례상 제반 특권이 참상직에 집중되었다. 사회적인 시각도 환관 등 천인까지도 포함된 참외직은 매우 낮게 인식한 반면 참상직은 매우 귀하게 여겨져서 혈통상의 흠이 없어야 제수될 수 있었다. 이와 같은 참상·참외의 지위를 보여주는 유명한 사례가 있다.

고종 때의 재신 채송년(蔡松年)은 일찍이 무반의 참직인 낭장을 제수받았으나 오랫동안 새로운 직함으로 바꾸지 않자 무신집정인 최충헌이 그 이유를 물었다. 채송년은 답하지 않았지만 주변 사람이 "그 아버지가 지금 참직에 제배되지 못했는데, 만약 낭장의 직함을 받고 길거리를 나가게 되면 혹시 아버지가 그 아들인 줄 모르고 말에서 내려 피해 달아날까 두려워하기 때문입니다"라고 하니 최충헌이 의롭게 여겨 아버지에게도 참직을 주었다고 한다.

경제적 비용을 들이고 참직을 보장받는 역관(役官)이 등장하는 것도 참상과 참외의 차이에서 비롯되었다. 역관은 문하녹사(門下錄事)·중서주서(中書注書)·추밀원당후관(樞密院堂後官) 등이며 이 관직에 임명되면 승선(承宣)의 숙직과 팔관회의 연회 등에 소요되는 비용을 부담하는 대신에 참상직으로의 진입이 보장되었다. 재상가에서조차도 적지 않은 경제적 부담을 지고서라도 역관에 취임했던 것은 참상직의 진입이 현실적으로 어려웠으며 그것이 매우 중요한 일이었음을 알 수 있다.

백관의 우두머리인 수상은 누구였을까

참상에 오른 자는 다시 다음 목표인 재상이 되기 위해 노력할 것이다. 재상은 중서문하성의 2품 이상 관원과 중추원의 정3품 직학사 이상, 상서성의 수사공·복야와 복야 등이 해당된다. 이들은 구체적인 행정실무를 수행하는 것이 아니라 국정운영 전반에 대해 논의 결정하는 관직이므로 의정기능이 핵심이다. 그리고 재상의 역할로서 중요한 것이 "진군자 퇴소인(進君子 退小人)"이란 표현과 같이 훌륭한 인재를 적재 적소에 추천하고 능력이 없는 자를 퇴출시키는 것, 즉 인사에서의 영향력이었다.

이러한 인재를 보는 안목 역시 국정운영의 능력과 매우 관계가 깊다. 고려의 재상은 이상의 일을 잘 수행할 수 있는 자가 되었으며, 그들은 재상에 오르기까지 많은 관직을 거치면서 능력을 발휘한 사람들이다. 원칙적으로 적어도 두 차례의 외직을 경험해야 하고, 참외에서 도감이나 하급 관서의 행정 업무를 익혔다. 참상에 오른 이후에는 관제상 정품계(正品階)에서는 주로 6부의 관직에 임명되고, 종3품과 종4품에서는 시·감의 관직을 지내야만 했다. 물론 그 사이 대간직이나 지제고 등을 제수받을 수 있었지만 분명한 것은 재상이 되는 과정에서 청요직이 아닌 관직을 반드시 지내도록 관제를 만들고 인사를 하였다는 점이다. 중서문하성 낭사·어사대·한림원·사관 및 인사담당 관서뿐 아니라 시·감·서·창·고·도감·색 등과 외직 등을 거치면서 겪게 되는 다양한 경험은 뒤에 재상이 되어 국정을 총괄하는 데 아주 중요한 역할을 하게 되는 것이다.

재신 중에 으뜸이 수상이다. 중서문하성의 재부에는 중서령·문하시중·문하시랑평장사·중서시랑평장사·참지정사·정당문학·지문하성사 등의 관직이 있었다. 이 가운데 중서령은 문하시중보다 상위직으로 신하로서 최고 지위였고 문하시중을 거친 자 가운데서도 아주 일부에게만 제수되는 매우 영예로운 관직이었다. 따라서 그에 합당한 최고의 전시와 녹봉이 지급되었지만, 실제로 실무를 담당하는 관직은 아니었으며, 주로 사후의 증직이나 70세가 되어 벼슬을 물러나면서 받는 치사직(致仕職)과 같은 명예직으로 많이 이용되었다.

실제로 국정의 논의에 참여하는 것은 문하시중·평장사·참지정사·정당문학·지문하성사 등이었으며, 이를 재신 5직 즉 '재오(宰五)'라고 한다. 그 가운데 문하시중은 재신 가운데 으뜸이었으므로 수상이라거나 또는 총재(冢宰)·상재(上宰)·대재(大宰) 등으로 불렸으며 당연직으로 이부의 판사(判事)를 겸했다.

그런데 재미있는 사실은 문하시중이 수상이 되었지만 역으로 수상이 문하시중이 되는 것은 아니었다는 점이다. 고려전기에는 관직간의 반차를 매우 중요시 여겨 임명자격이 되지 않으면 특별한 승진을 시키지 않았다. 만약 문하시중이 물러나고 다음 반차의 재신이 아직 문하시중이 될 조건이 되지 못할 경우 그 자리는 그대로 비워두었다. 이 때 수상은 다음 반차의 재신이 승계하지만 그것은 문하시중과 같은 최고위 관직에 제수되었다는 절대적 기준이 아니라 재신 가운데 반차가 제1이라는 상대적 기준에 따른 것이다. 문하시중이 궐위되면 그 다음 반차인 문하시랑평장사가 수상이 된다. 그도 없으면 중서시랑평장사, 참지정사 순으로 최고 반차의 재신이 수상이 되고 만약 최상위직에 둘 이상 있을 때는 선임이 수상이 되었다.

이런 운영으로 인해 의종대의 양원준(梁元俊)과 박순충(朴純冲)은 가장 낮은 재신인 지문하성사로서 수상이 될 수 있었다. 수상을 제외한 나머지 재신은 반차에 따라 제2위는 판병부사, 제3위는 판호부사 등의 순으로, 제6위의 재신이 판공부사를 제수받았다. 6부 판사의 제수범위는 재신과 재신에 준하는 지위인 수사공·복야까지였다. 결국 동일한 참지정사라고 하더라도 때에 따라서 수상인 판이부사가 되기도 하고, 6재인 판공부사를 제수받을 수도 있다.

고려시대 문헌에서 수상·아상 이외에도, 3재·4재, 심지어 7재라는 표현까지 나오는 것은 재신의 반차가 특정한 관직에 대해 자동적으로 부여되지 않았기 때문이다. 이것은 재신의 수를 최소화하고 재신직의 권위를 높이려는 의도였다. 문하시중·문하시랑평장사 등 최고위급 관직에 결원된 기간이 길수록 그 관직은 쉽게 임명되는 것이 아니라는 사실을 보여주며, 그만큼 그 관직을 제수받은 자의 권위는 더욱 높아지게 마련이다. 중서령의 경우 실직이든 치사직·증직이든지 문하시중보다 훨씬 제수사례가 적은 것은 문하시중 역임자에게조차도 함부로 제수할 수 없는 가장 존귀한 관직이라는 중서령의 상징성과 관련된다.

이상에서 고려시대의 관제를 체제가 완비되었던 문종대를 중심으로 살펴보았는데 관부·관직의 이름이 당·송 제도에서 유래한 것이 많았다. 그러므로 우리는 고려의 제도운영도 당·송과 크게 다르지 않았다고 생각하기 쉽다. 하지만 도병마사·식목도감과 같은 고유의 관서가 있고, 수상이 재신간의 상대적 반차에 의해서 결정되는 방식 등 여러가지로 독자성이 눈에 띈다. 당·송에서 고도화된 통치조직을 만들어냈으나 그것은 당·송의 사회적·역사적 수준을 반영한 것이다. 고려에서는 그러한 발전된 모델을 수용했지만 막상 우리 사회에 적용하는 과정에서는 우리의 실정에 맞게 변용하여 운영하지 않을 수 없었기 때문이다.

이진한

국왕의 권력을 규제하기 위한
장치들

국왕의 권력과 유교정치이념

'고려왕조(高麗王朝)'란 고려라는 이름으로 불린 국왕이 다스리는 나라라는 뜻이다. 이런 왕조국가에서는 근대의 국가에서와는 달리 국왕이 나라의 주인으로 인식되고 있었으며, 그리하여 그가 모든 권력을 장악하고 통치하는 형식이 되게 마련이었다. 국왕은 나라의 중요한 정책을 처리하는 데 있어서뿐만 아니라 법률을 제정하거나 중한 범죄자를 처벌하는 일 등에 있어서 최종적인 결정권자였던 것이다. 말하자면 행정권·사법권·입법권이 모두 그에게 속해 있었던 셈이다.

유교정치이념에 입각하고 있던 근대 이전의 동양사회에서는 그같은 존재를 하늘의 아들, 곧 천자(天子)라 일컬었다. 그리하여 그는 하늘의 뜻, 곧 천명(天命)을 받들어 나라를 다스린다고 생각했으며, 여기에서 천자인 황제의 절대권이 나오게 되었던 것이다. 우리나라의 국왕들도 천자라 일컬어지지는 않았지만, 절대적인 권력을 가지고 국가를 통치할 수 있는 뒷받침이 된 것은 역시 그와 같은 천명사상이었다.

그런데 유교정치사상은 이렇게 황제·국왕에게 절대권을 부여하는 뒷받침이 되었으면서도, 한편으로는 그와 상치되는 논리도 제공하고 있었다. 황제·국왕은 반드시 하늘의 뜻에 맞게 통치를 하여 백성들이 편안하고 잘 살게 해야만 한다는 게 그것이었다. 동양사회에서는 그와 같이 하늘의 뜻에 잘 맞게 하는 이상적인 정치를 덕치(德治)라고 보았고, 그러한 군주를 성군(聖君)이라 하였지만, 그 반대의 경우에는 하늘이 황제·국왕에게 견책을 하였다. 그것을 천견(天譴)이라 불렀는데, 구체적으로는 가뭄이나 홍수가 들게 하기도 하고 때로는 메뚜기 떼를 내려보내기도 하며 또 때로는 지진이나 천둥·번개·벼락 등으로 경고한다고 생각하였다. 그러므로 이런 일이 발생하면 황제·국왕은 자신을 반성하고 일상의 음식물 가짓수를 줄이는 등 몸가짐을 조심스럽게 하였다.

여기에서 임금이 덕을 쌓고 하늘의 뜻에 맞게 정사를 펴나가도록 보좌하는 신료(臣僚)들의 역할이 필요하게 되며, 그런 과정에서 이들에 의해 왕권이 제약을 받는 일도 있게 되는 것이었다. 이처럼 유교정치사상은 국왕의 절대권과 그에 대한 규제라는 양면성을 함께 지닌 것이었으며, 그것이 어떻게, 어느 정도로 나타나느냐 하는 문제는 국왕의 됨됨이와 능력, 그리고 해당사회의 성격과 그와 연결된 정치구조에 따라 달랐다. 그런데 고려왕조는 다른 시대에 비하여 왕권이 좀더 많은 규제를 받는 사회였다.

재추에 의한 왕권의 제약

고려왕조는 대체적으로 귀족사회였다고 이해되고 있다. 귀족적 존재들이 대부분의 국가 요직을 차지하고 국왕과 더불어 나라를 운영하여 간 사회라고 보여지기 때문이다.

　고려의 귀족들은 곧 관료이기도 하였으므로 우리들은 흔히 그들을 귀족관료라고 부르고 있지마는, 이들이 일을 보는 핵심적인 정치기구는 중서문하성(中書門下省)과 중추원(中樞院: 추밀원이라고도 함), 그리고 상서성(尙書省)이었다. 이 가운데에서 중서문하성은 중요한 국무를 총괄하는 최고의 기구였는데, 그의 상층조직을 재부(宰府)라고 하였으며, 그 구성원들을 재신(宰臣)이라 불렀다. 이들 재신중 종1품인 문하시중이 가장 으뜸의 위치에 있어서 수상이 되었다. 고려 때는 정1품직도 있기는 했지만 그것들은 명예직에 지나지 않았으므로 종1품직인 문하시중이 수상이 되었던 것이다. 이 문하시중의 아래에 정2품의 평장사(平章事), 그리고 다시 그 아래에 종2품의 참지정사(叅知政事) 등 몇몇 재신이 더 있었지마는, 이들이 고려의 가장 높은 신료들로서 달리 재상이라 일컬어지기도 하였다.

　중추원은 궁중의 의례와 숙직업무 그리고 나중에는 군사기무 등을 관장한 기구였다. 이 곳의 상층조직을 추부(樞府)라 하였으며, 그 구성원을 추밀(樞密)이라 불렀다. 그리하여 여기에는 종2품의 중추원사(中樞院使) 이하 꽤 여러 명의 추밀들이 소속하여 있었지마는, 이들도 넓은 의미의 재상으로 자리잡고 있었다.

　고려 때의 역사를 다룬 책들을 보면 '양부(兩府)' 또는 '재추양부'라는 기록이 자주 눈에 띠는데 이것은 곧 재부와 추부를 일컫는 말이며, '재추' 또는 '재신·추밀'이란 다시 말할 필요도 없이 그 곳 소속의 재상들을 지칭하는 말이다. 이들은 국가의 최고위 관직자이면서 동시에 위에서 설명한 대로 귀족적 존재로서 나라를 경영하여 가는 중심적인 위치에 있었던 것이다.

　재추들의 이러한 역할을 좀더 구체적으로 살펴보면 우선 재상으로서의 기본적인 직무라 할 수 있는 의정기능(議政機能)을 들 수 있다. 즉 이들은 주요 국정에 대해 국왕과 더불어 논의하기도 하고, 또 자기들끼리 협의하여 국왕에게 건의하기도 했던 것이다. 뿐만 아니라 재추들은 각기 중서문하성과 중추원의 책임자 내지는 상급자들로 그들 기구의 업무를 통할하였다. 그런데 이들의 역할은 거기에 그치지 않고 국무의 집행기관인 상서성의 업무 역시 통할하는 직임을 맡고 있었다. 그밖에도 재추들은 세자의 사부(師傅)를 비롯한 여러 업무를 함께 맡는 일이 흔히 있었지마는, 이처럼 고려 때의 정치권력과 행정의 권한은 재추에게 집중되는 경향이 매우 짙었다.

　재추들도 더 말할 나위없이 국왕의 보필을 위해 설치한 신료들이었다. 그렇지만 이와 같이 권력이 재추들에게 많이 집중되도록 되어 있는 구조로 말미암아 국왕의 권력은 이들에 의해 상대적으로 위축될 수밖에 없었다. 저들은 보필의 한계를 넘어 왕권을 제약하는 구실까지 했던 것이라 하겠다. 이런 구조나 현상은 거듭 말하지만 고려가 귀족사회였다는 사실과 깊은 연관이 있다. 재추는 귀족들의 대표적인 존재이기도 했던 것이다.

대간들의 왕권 규제

　왕권은 대간(臺諫)들에 의해서도 많은 제약을 받았다. 대간이란 대관(臺官)과 간관(諫官)을 합하여 부르는 명칭인데, 이 가운데 후자는 중서문하성의 하층부를 구성하는 낭사(郎舍: 조선시대의 사간원)의 관원들로서, 정3품의 상시(常侍)와 정4품의 간의대부(諫議大夫) 등 14명의 정원으로 되어 있었다. 그리하여 이들이 맡고 있는 직무는 간쟁(諫諍)과 봉박(封駁), 그리고 서경(署經)이었다. 이 가운데에서 간쟁이란 국왕의 옳지 못한 처사나 잘못에 대하여 힘써 간언하는 것을 말하며, 봉박은 부당한 조칙에 대해 반박하여 되돌리는 것을 뜻한다. 그러니까 이들은 국왕이 부당한 일을 하지 못하게 막고, 또 그것을 시정하도록 간하는 직무를 전적으로 맡고 있던 관원들이었으며, 그렇기 때문에 간관이라 불렸던 것이다.

다음 서경은 고신서경(告身署經)이라 하여 문·무관의 임명과, 그리고 의첩서경(依牒署經)이라 해서 새 법을 세우거나 옛 법을 고칠 때와 부모의 상기(喪期)가 끝나기 이전에 벼슬을 할 수 있도록 기복(起復)시키는 데 있어서, 이들이 심사하여 동의하는 서명을 해야 비로소 효력을 발생하게 한 권한을 말한다. 어떻게 보면 법제의 개편과 관원의 임명에 대한 최종적인 결정권이 간관들에게 있었던 셈이다. 그렇기 때문에 특히 관원의 임명을 둘러싸고 국왕과 간관들 사이에 의견의 충돌이 자주 발생하였다. 그럴 때에 간관들은 역시 간쟁을 하게 마련이었다.

그런데 고려 때는 이와 비슷한 직무를 띤 관서가 하나 더 있었다. 어사대(御史臺: 감찰사라고도 함. 조선시대의 사헌부)가 그것이었다. 이 곳의 관원들은 관서의 명칭을 따서 대관이라 했지마는, 그들은 정3품의 판어사대사(判御史臺事)와 어사대부(御史大夫)로부터 종6품의 감찰어사(監察御史)까지 20명 가까운 인원으로 구성되어 있었다.

　규정에 의하면 대관들은 "시정(時政)의 논집(論執)과 풍속의 교정 및 규찰·탄핵을 관장한 것"으로 되어 있다. 여기서 시정의 논집이란 그때 그때의 정치나 시책에 대한 집요한 언론을 말하며, 그 이하는 글자 그대로 풍속을 바로잡고, 관리들의 부정과 불법을 규찰하고 탄핵하는 직무를 의미한다. 이 기구는 관서의 명칭과도 같이 주로 감찰을 담당하는 부서였던 것이다.

　그런데 한편으로 보면 시정을 논집할 때의 주된 대상은 국왕과 재추들일 수밖에 없었고, 그러므로 이 경우에도 간쟁 등이 뒤따랐다. 그리고 감찰의 대상도 재추뿐만 아니라 범위를 넓히면 국왕 역시 포함되었으며, 또 이들도 서경권을 부여받고 있었던만큼 거기에서 비롯되는 언론활동을 충분히 생각할 수 있다.

　그런가 하면 간관들도 서경권을 행사하기 위해서는 관원들에 대한 감찰을 필요로 하였다. 이처럼 두 기구의 관원들은 어느 정도의 다른 직무를 맡고 있으면서 동시에 서로 중복되는 역할을 많이 담당하고 있었으며, 그런 연유로 이들은 흔히 '대간'으로 같이 불렸던 것이다. 요컨대 대간들은 다같이 위로는 국왕으로부터 아래로는 재추를 비롯한 모든 관원들이 정사를 보는데, 잘못이나 부정·불법이 없도록 감시·규찰하고, 그런 일이 발생했을 경우 시정을 촉구하거나 탄핵하는 직무를 맡고 있었다고 하겠다.

　그러므로 대간들의 실제적인 활동을 보면 재추를 비롯한 문무백관들을 감사하고 탄핵하는 예에 자주 접할 수 있다. 대간들은 지위가 그렇게 높진 않았지만 재상 등 상급자들이라 하더라도 잘못이나 부정이 있으면 서슴지 않고 지적하여 시정시키거나 벌을 받게 하고 있는 것이다. 그리하여 국가는 기강이 바로 서고, 안정을 유지하여 원만한 운영을 기할 수 있게 되는 것이었다. 이렇게 되면 왕권도 자연히 신장되는 효과를 얻게 된다.

그런데 다른 한편으로 보면 대간들도 왕권과의 관계에 있어서 재추 등과 입장이 같은 신료요, 또 귀족적 존재였다. 거기에다가 간관은 재신들의 관서인 중서문하성의 하급관원으로 편제되어 있었을 뿐더러 대·간의 책임자직은 재추가 겸임하는 예가 많았다. 이런 구조로 인해 고려 때의 대간은 재추에 대해 규제와 더불어 협조하는 면도 많았는데, 그에 반비례하여 왕권에 대해서는 오히려 규제 쪽에 많이 치우쳐 있었다. 이들은 그들에게 부여된 간쟁과 봉박·서경권 등을 적절히 이용하여 국왕의 옳지 못한 처사나 인사에 제동을 걸고 있는 것이다.

대간과 국왕 사이에 대립이 가장 심했던 18대 임금 의종(1147~1170) 때에 일어난 다음 사건은 그 같은 면모를 잘 보여주고 있다. 즉 왕은 자신이 어렸을 때 돌보아 준 환관인 정함이라는 자에게 부당하게 각문지후[정7품]를 제수하자 먼저 대관들이 환관에게 벼슬을 시킬 수는 없는 일이라고 하여 간쟁을 하였으나 허락 받지 못했다. 그러자 이들은 모두 청사에 출근하지 않는 방법으로 대항하여 마침내 임명을 취소시키고 있는 것이다.

그런데 몇 달 뒤에 왕은 다시 사람을 보내 정함의 고신(告身) 즉 임명장에 서경을 하도록 독촉하였다. 그러나 재신과 간관들이 옳지 않다고 논하며 서경하지 않자 왕은 "경 등이 짐의 말을 들어주지 않으니 나는 먹어도 단맛을 모르겠고 자도 잠자리가 편치 않다"라고 하며 간청하였다. 이에 몇몇은 할 수 없이 서경했음에도 불구하고 여러 사람이 끝까지 서경하지 않고 궁궐문에 엎드려 힘써 다투자 이들을 모두 좌천시켜 버렸다. 하지만 왕의 뜻은 여전히 관철되지 못했던 것이다.

해를 넘겨서 왕은 또 대관들을 불러서 "정함은 과인이 강보에 있을 때부터 애써 정성껏 보호하여 금일에 이르렀으므로 각문지후를 제수하여 그 노고에 보답코자 하는 것인데, 이미 3년이 지나도록 경 등이 고신에 서경하지 않으니 실로 신하로서 임금을 사랑하는 마음이 아니다. 정말로 서경하지 않겠다면 너희 무리들을 모두 젓 담아 죽이겠다"고 위협하였다. 이에 몇몇은 땅에 엎드려 땀을 흘렸으나, 이공승이라는 사람만은 뜻을 받들지 않자 왕이 노하여 꾸짖고 내쫓았다.

지문하성사[재신] 신숙과 간의[간관] 김양·유공재 등이 다시 상소하여 간했으나 왕이 들어주지 않자 어떤 이는 스스로 벼슬을 버리고 떠나기도 하였다. 달을 넘겨서 이번에는 신숙이 또 상소하여 정함의 관직을 삭제할 것을 청하면서 "만약 신의 말이 그르다면 청컨대 저를 죽여주시고, 옳다면 원컨대 윤허하여 주십시오"라고 강경하게 나오자 왕은 또다시 자기의 뜻을 굽히고 있다.

이 사건은 그 후에도 더 진행되지만, 대간들은 이처럼 혹은 단독으로, 혹은 상급자들과 함께 국왕의 부당한 조처에 대항하여 끝내는 시정시키고 있다. 보다시피 사안에 따라서는 대간들의 요구가 잘 받아들여지지 않기도 하였다. 그럴 경우 이들은 혹은 동맹파업으로, 혹은 사직도 불사하며 투쟁하였고, 그러면 대체적으로 국왕쪽에서 양보하는 게 상례였다.

물론 때때로 국왕이 자기의 뜻을 관철시키고자 강하게 나오기도 하였다. 그리하여 대간들을 달래보기도 하고 또 위협을 하는가 하면 파직시키기도 하였으며, 사례를 보면 심지어 감옥에 가두거나 유배시키는 경우도 볼 수가 있다. 하지만 대간들은 거기에 굴복하는 경우가 드물었다. 계속하여 왕에게 간언을 하고 투쟁도 하여 사안을 바로잡는 것이 자기들의 직무이며 동시에 국왕에게 충성을 다하는 것이라 생각하고 있었기 때문이다. 이렇게 양쪽의 견해가 평행선을 달리는 사건이 자주 발생하고, 그에 따라 대간들이 곤욕을 치르는 일이 많이 발생하게 되면 그 국왕은 덕이 없는 군주로 낙인을 찍하게 된다.

유교정치이념에 지도되던 동양사회에서 이렇게 되면 국왕은 군주로서의 자격을 상실하는 셈이 된다. 왕위에서 쫓겨난 고려의 의종이나 조선시대의 연산군은 그 대표적인 예라 하겠다. 하지만 이는 매우 드문 경우이고, 대간들의 간쟁이나 투쟁에 대체적으로 국왕이 물러서곤 했으므로 대간들의 파직이나 투옥 등의 곤욕도 대부분은 잠시 동안에 그치고, 뒤에는 오히려 충성스러운 신료로 인정을 받아 복직은 물론이요, 승진이 되기도 하였다.

이 같은 대간제도도 기본적으로는 국왕을 보필하는 장치였다. 그들 대간은 재추와 함께 모든 결정권을 가지고 있어서 국가의 운영에 절대적인 영향을 미치게 될 국왕이 올바른 판단을 하고, 바른 길을 가도록 돕는 막중한 직무를 띤 신료들이었던 것이다. 그렇기 때문에 대간을 왕의 이목관(耳目官)이라고도 불렀다. 왕의 눈과 귀와 같은 역할을 하는 관료라는 의미에서였다.

아울러 간쟁 등의 언론을 담당했으므로 언관(言官)이라는 칭호로도 불렀다. 이런 직무와 관련하여 대간들은 늘상 왕을 수행하는 시종신(侍從臣)의 일원이기도 하였다. 요컨대 대간은 국왕이 하늘의 뜻에 맞게 훌륭한 정사를 펴도록 돕는 매우 중요한 위치의 신료들이었다고 할 수 있으며, 그러한 지위와 위치를 바탕으로 왕권을 규제하는 역할도 했던 것이다.

고려나 조선시대에는 이런 특정의 직무가 부여된 신료가 아닐지라도 누구나가 상소를 할 수 있었으므로 그것에 의해서도 국왕은 영향을 받았다. 그런가 하면 언행의 일체를 기록으로 남기는 사관(史官) 역시 국왕에게 일정한 제약의 구실을 하였다. 누구나 마찬가지겠지만 국왕들도 옳지 않은 자기의 언동이 기록으로 남아 역사의 죄인이 되는 것을 매우 꺼렸기 때문이다.

이런 여러가지 장치들로 인해 절대권을 지닌 국왕도 멋대로 일을 처리하지 못했다. 그리하여 국왕들이 이 같은 제도를 설치한 취지를 잘 이해하고 신료들과 조화를 이루어 갈 때 국가는 안정되고 태평을 얻을 수 있었으며, 그 반대의 경우는 혼란과 위기를 맞았던 것이다. 귀족사회요, 유교정치이념에 바탕을 두고 있던 고려는 정치의 진행과정에서 신료측의 의사가 보다 많이 반영되는 그런 특성을 지닌 국가였다.

박용운

출세의 두 길,
음서와 과거

혈통이 좋으면 과거를 치르지 않아도 벼슬할 수 있다

　음서(蔭叙)는 아버지나 할아버지 등 조상의 음덕에 의하여 그 자손이 관리가 될 수 있게 하는 제도이다. 즉, 일정한 품계 이상의 관직을 역임하거나 일정한 자격을 갖춘 관원의 자손에게 관직을 주어 관리로서 복무하게 하는 제도이다. 조상의 음덕에 의하여 자손이 관리가 되는 음서제야말로 고려의 귀족들이 문벌을 형성해 가고 그 특권을 유지해 가는 데 큰 영향을 끼쳤다.

　음서가 입사방식의 하나로서 제도화되는 것은 고려시대이지만 그 연원은 계급의 발생과 국가의 형성단계까지 거슬러 올라간다. 일정계층 이상을 상대로 해서 능력을 검증하여 통과한 자에게 벼슬하는 자격을 주는 과거제도가 실시되기 이전에는 거의 전적으로 부모의 신분 또는 직역을 자식들이 계승하는 방식으로 운영되었을 것이므로, 고대국가의 형성과 함께 관인층이 생기면서 동시에 세습의 방식이 나타났다고 생각되는 것이다.

　신라의 골품제도는 그러한 신분세습 원리를 잘 보여준다. 940년 태조가 역분전(役分田)을 제정한 목적도 고려의 건국이나 삼한의 통일에 기여한 관인과 군인에 대한 포상과 함께 이들을 직역 대상자로 편성하여 자자손손 계승시키려는 의도가 있었다고 여겨진다. 관인의 후손이 다시 관인이 되고, 군인의 후손은 다시 군인이 되면서 그에 대한 대가로 지급되는 토지인 전정(田丁)이 함께 상속되면 직역의 체제와 토지분급제의 운영을 동시에 해결할 수 있었던 것이다. 비록 광종대 과거제가 실시되었지만 이제현이 경종대에 제정된 시정전시과(始定田柴科)를 '세록지의(世祿之意: 세세대대로 녹봉이나 벼슬을 받게 한다는 뜻)'라고 평가한 것과 성종대에 최승로(崔承老)가 「시무 28조」에서 태조공신의 자손에게 가문을 이어갈 수 있도록 관작을 수여하고 입사자(入仕者)에게는 품계와 관직을 올리라고 건의한 것은 당시에도 여전히 역분전 제정의 사회적 전통을 반영하는 것이다. 직역과 토지분급이라는 측면에서 직역의 변화를 인정하지 않고 혈족간에 직역과 전정이 계승되는 체제가 훨씬 간편하고 합리적이다.

그러나 광종대에 과거제가 등장하고 성종대에 관료제가 정비되면서 조상의 직역을 세습하는 방식에서 관인 가운데 일정계층 이상이나 공신의 후손만이 입사의 기회를 얻기 시작하여 대상자가 훨씬 좁혀지게 되었다. 구체적인 첫 사례는 목종 즉위년(998) 12월에 왕이 위봉루(威鳳樓)에 행차하여 5품 이상 관리의 아들에게 음직(蔭職)을 수여했다는 것이다. 이후 음서는 입사의 한 방식으로서 제도화된다.

음서는 왕실의 자손에 대한 조종묘예음서(祖宗苗裔蔭敍), 공신의 후손에 대한 공신음서와 5품 이상 관인의 자손에 대한 음서로 나뉘었다. 음서의 기회를 제공하는 탁음자(托蔭者)는 조종묘예음서가 태조 및 태조 형제의 자손, 공신음서는 삼한공신·배향공신·전몰

공신 등이 해당되었다. 일반음서는 5품 이상의 관인이었지만 보통 2품 이상이 많고 사망한 다음에 탁음자가 된 경우도 상당수였는데, 이러한 현상은 5품 이상에게 음서의 혜택이 주어졌지만 곧바로 그 권리를 행사하지 않고 필요할 때마다 이용했기 때문이다.

실제로 병약하다는 이유로 과거응시 대신에 음서로 입사할 것을 강요당한 이정(李頲)이나 집이 가난하여 과거에 의한 진출이 어렵게 된 이후에 비로소 음서입사를 택한 허재(許載) 등의 이야기는 음서의 자격을 갖추었다고 하여 모두가 강제적이고 의무적으로 택해야 하는 입사로가 아니라 탁음자 또는 수음자가 필요할 때 행사했음을 의미한다.

반대로 음서의 혜택을 받는 승음자(承蔭者)는 일반음서의 경우 자격을 갖춘 관인의 아들·수양자·손자·외손자·아우·사위·생·질 등이었으며, 공신음서는 이 범위를 벗어나는 혈손(血孫)까지도 혜택을 입을 수 있었고 조종묘예음서는 그보다 더 훨씬 후대까지 가능하였다. 그리고 조종묘예음서나 공신음서는 시기를 달리하며 여러 후손에게 음서를 줄 수 있으며, 일반음서도 한 사람의 탁음자가 여러 자손에게 음서직을 줄 수 있었다. 즉 한 사람의 탁음자가 여러 명의 자손에게 음서를 주거나, 두세 차례 음서의 기회를 사용했다는 의미이다. 그밖에 탁음자를 달리하는 방식으로 형제가 음서를 받기도 하였다.

음서로 벼슬하기 위해서 조선시대에는 5경(經)과 4서(書) 가운데 하나의 시험절차를 통과해야만 했다. 관리의 자손뿐 아니라 공신자손도 음취재(蔭取才)의 시험을 치러야 했던 것이다. 그러나 고려의 경우 승음자를 시험했다는 기록은 없는데, 특사음서(特賜蔭

叙)나 공신음서는 시험이라는 절차와 관계없이 제수되었으며 일반적인 음서도 그러한 절차가 없다고 생각된다. 고려시대의 음서는 조건만 갖추면 누구나 관직을 받을 수 있었으므로 조선시대에 비하여 상대적으로 쉬운 입사로였다.

음서로서 제수되는 첫번째 관직은 대체적으로는 실직이 아닌 동정직이었는데, 정8품과 정9품의 품관동정직 및 이속동정직(吏屬同正職)이 많았다. 그런데 탁음자와의 관계가 멀고 가까움에 따라 차이가 있어서 혈연적으로 가까울수록 또는 탁음자의 지위가 높을수록 유리하였다.

음서를 통해 입사하는 자는 규정상으로는 나이 18세 이상으로 한정되었으나 현재까지 알려진 사례를 검토하면 7할 가까이가 17세 이하였다. 구체적으로 의종 때까지는 평균 17.2세, 명종에서 원종까지 18.5세, 충렬왕에서 충목왕 때까지 13.7세, 공민왕 이후 12.3세로 더 낮아지는 경향을 나타낸다. 이것은 과거의 제술과 급제자 평균연령 24.4세나 국자감시 평균연령 18.7세에 비해 음서출신이 대략 9년 가량 앞서고, 토지나 녹봉 등을 더 받게 되므로 지배계층들에게 유리하였다. 또한 음서출신자들이 조기에 실직을 가진 관리가 되어 더 빨리 고위 관품으로 승진해갈 수 있었음을 말한다.

고려시대 가장 어린 나이에 음서를 받은 경우는 선종 때 불과 5세에 할아버지의 음서로 상서호부서령사(尙書戶部書令史)를 제수받은 이식(李軾)이다. 상서호부서령사는 상급서리직으로 제17과 20결의 전시가 지급되었다. 요즘 같으면 겨우 유아원 다닐 정도의 나이에 조상 덕택에 서리로서 관인의 후보자가 되고 전시를 받는 경제적 혜택을 누렸던 것이다.

그래도 학문에 정진하여 과거에 급제하는 것이 좋다

　우리나라에 과거제가 도입된 것은 고려 광종대였는데, 그 배경에는 다분히 정치적인 목적이 있었던 것 같다. 광종의 즉위시기는 고려 건국과 후삼국 통일에 기여한 호족들의 세력이 강하여 왕권이 늘 불안한 상태였으므로 이것을 타파하기 위해 일련의 개혁정치를 단행하면서 광종 9년(958) 후주(後周)의 귀화인 쌍기(雙冀)가 과거제도를 건의하고 왕이 이를 수용하는 형식으로 시행되기 시작하였다.
　과거는 한문학이나 유교경전의 능력을 시험하여 그 성적에 따라 관인을 선발했으므로 그 때까지 커다란 정치적 비중을 차지하고 있던 무훈공신들의 세력은 자연히 약화되는 대신 군주에게 충성을 본분으로 하는 신진인사들이 기용되어 왕권의 안정을 기하기 위한 목적이 광종의 왕권강화 의도와 맞아떨어졌던 것이다. 그러나 광종대를 통틀어 과거에서 가장 중요한 비중을 차지하는 제술과(製述科)의 합격자가 27인이었고, 명경과와 잡과를 포함해도 39인에 불과하였기 때문에 이러한 수로는 당시의 관료세계를 장악한다는 것은 불가능했으며, 그런만큼 과거 도입의 목적이 제한적으로 기능했음을 알려준다.
　과거제가 처음 실시되는 초기에는 고시절차가 비교적 단순하여 예비고시 단계를 거침이 없이 곧장 본고시에 응시할 수 있었다. 이후 고시체계가 갖춰지면서 지방출신은 12목과 같이 큰 고을에서 치러지는 계수관시(界首官試)와, 서경에서 치러지는 유수관시(留守

官試) 및 개경시 등의 초시를 거쳐 다음 단계인 국자감시에 응시하였고, 여기에서 합격한 자들이 예부에서의 본고사를 치렀다.

고려시대 고시체계에 따르면 원칙적으로 3단계의 고시를 모두 통과해야만 하였으나 예외도 있었다. 예를 들어 국자감생 가운데 고예시(考藝試)에서 우수한 성적을 얻은 자는 예부시에 직접 응시할 수 있었고, 벼슬하는 자도 같은 자격이 부여되었다. 일반적으로 예부시는 최종고시로서의 성격이 강했기 때문에 여기에서 일정한 등수 안에 드는 자가 급제자가 되었는데, 때로는 국왕이 급제자를 대상으로 하는 복시(覆試)를 치러 순위를 결정하기도 하였다. 이러한 고시체계는 공민왕 18년(1369) 원나라 제도인 향시(鄕試)·회시(會試)·전시(殿試)의 과거3층법이 도입되면서 크게 변화하였다.

선발분야는 크게 제술과·명경과·잡과 등으로 구분되어, 각각 고시체계와 과목 등에 있어 차이가 있었다. 한편 무과는 공양왕 2년(1390) 도평의사사의 주청으로 설치되었지만 고려시대에는 별로 큰 의미가 없었다.

그런데 과거 가운데 인재등용의 핵심을 이루는 중요한 제술업은 주·현의 부호장(副戶長) 이상의 손과 부호정(副戶正) 이상의 아들이 응시할 수 있다는 규정에 따라 관인의 자손, 향리와 하급 서리층의 자손까지 가능했지만, 백성의 대다수를 차지하는 양인층 이하는 응시기회가 원천적으로 봉쇄되었다. 과거를 통한 신분의 상승이 그리 폭 넓지 않았음을 뜻한다.

분야별 시험과목은 제술업의 경우 향시에서 오언육운시(五言六韻詩), 제술업감시는 6운시·부(賦), 10운시를 시험하였다. 예부시에서는 예경·육경의(六經義)·사서의(四書疑) 등의 경학과 시·

부·송 등의 문예, 시무책·책문·대책 등의 시무 등의 분야를 초장·중장·종장의 3장으로 구분하여 고시했으며, 삼장연권법(三場連卷法)이라 하여 초장·중장·종장을 잇달아 합격해야 급제할 수 있었다. 이 제도가 철저히 실시되는 한 모든 과정이 중요하여 골고루 공부해야 했지만 특히 등수가 정해지는 종장이 가장 중요했다.

고시방법으로는 시·부·송·책문·시무책은 필기시험이었고, 예경·6경·4서의 등 경학은 구술과 필기시험을 병행하였다. 구술시험은 경서의 본문 등에서 1행만 남겨놓고 앞뒤를 덮은 위에 또 1행 가운데 몇 자를 덮고 알아맞히게 하는 첩경(貼經:帖經)을 하였고, 필기시험은 경서의 본문을 내어놓고 그에 대한 해석을 가하면서 논(論)을 세우게 한 경의(經義) 등이 시행되었다.

한편 선발의 객관성과 공정성을 높이기 위해 답안지의 성명을 비롯한 인적사항 위에 풀로 붙여 봉하는 호명법(糊名法) 또는 봉미법(封彌法)과 필적 등으로 인해 시험관에게 수험생이 알려지는 것을 방지하기 위해 시험답안인 시권(試券)을 복사시켜 그 사본을 가지고 채점하게 한 역서법(易書法) 등을 실시하였다.

예부시 제술과의 종장을 통과하면 급제자가 된다. 그러나 급제 그 자체로 고위직으로의 승진이 보장되는 것은 아니며 벼슬할 수 있는 자격을 갖췄을 뿐이다. 이후 급제자의 성적과 가문에 따라 초사직을 제수받는 대기기간의 장단과 관직의 고하가 결정되었다. 학문적 실력을 표방한 과거제였지만 실제의 운영에서는 가문배경이 적지 않은 영향력을 끼쳤는데, 확인가능한 제술과 급제자의 72%가 음서를 줄 수 있는 5품 이상의 관인이 되었으며, 그것은 과거가 입사수단으로서 지니는 기능이 매우 컸다는 사실을 알려준다.

급제자를 선발하는 시관(試官)은 문제를 내고, 시험과정을 감독하며 합격자를 정하는 권한을 부여받아 해당고시를 주관하는 관인이다. 본고시를 주관하는 자를 보통 지공거(知貢擧)라 했고, 시기에 따라 독권관(讀卷官)·도고시관(都考試官) 등 다양한 명칭으로 바뀌었으며 부고시관을 동지공거라 하였다. 임명자격은 제술과 급제자여야 하며 지공거는 대체로 재상에서, 동지공거는 중요 관서의 3·4품에서 임명되었다. 관인의 입장에서는 지공거와 동지공거를 제수받는 것은 매우 영광이었기 때문에 이 직책을 맡기 위해 노력하였고 따라서 명문가 자제가 많았다.

지공거는 부고시관인 동지공거와 함께 제술과의 출제·시험감독·채점·과차(科次:등수)의 결정 등의 임무를 수행하였다. 명경업이나 잡과는 그 분야의 관원이 출제하지만 급제의 결정은 지공거의 일이었다. 지공거는 국왕으로부터 당해연도 예부시에 관한 업무를 총괄·감독하는 책임자로서 임명되면서 많은 권한을 위임받았으므로 급제자의 결정에 큰 영향을 끼쳤다.

이러한 지공거의 영향력으로 인해 특정한 학벌이 형성되었다. 시험을 관장하는 사람을 학사 또는 좌주(座主), 그 밑에서 급제한 자를 문생이라고 하였고 그들은 학사를 은문(恩門)이라고 불렀다. 한편 같은 해 급제한 동방자(同牓者)끼리는 동년(同年)으로서 형제처럼 지냈고, 장원급제자들은 용두회(龍頭會)를 만들었다.

이들 좌주와 문생의 관계는 부자와 같아서, 좌주가 문생을 후원하고 또 동문이 그들간에 서로 서로 도와가며 공생관계를 형성했다. 이에 대해서 "좌주·문생간 은혜와 의리가 온전함은 족히 국가의 원기를 배양하는 일이 되는 것이며, 시서(詩書)의 넉넉함과 사한(史翰)의 빛남은 비록 백년이 지나더라도 바뀌지 않을 것"이라는 긍정적인 평가와 "유자(儒者)들은 좌주·문생을 칭하며 여러 곳에 포열해 서로 간청하여 하고자 하는 바를 자행하는데, 이제현 같은 사람은 문생의 문하에서 문생을 보게 되어 드디어 나라에 가득 찬 도적이 되었으니 유자의 해됨이 이와 같다"라는 비판적인 견해가 있는 것과 같이 긍정과 부정의 두 측면이 모두 있었다.

과거는 시험에 의해 실력의 여하에 따라 벼슬할 수 있는 기회를 얻는 제도였으므로 유능한 인재를 뽑아 쓰는 가장 합리적 방식의 하나였다. 따라서 조정에서는 여러가지 의식과 시책을 베풀어 그것을 장려하였다.

예부시 급제자를 발표할 때 행해지는 의례인 동당감시방방의(東堂監試放牓儀)에서 국왕이 참석하여 급제자를 치하하는 것은 급제자에게는 큰 영광이 되었다. 이어 급제자들을 위해 철행(綴行) 또는 성행(成行)이라 하여 며칠간의 시가행진이 있었다. 아울러 급제자에게 합격증서로 수여되는 홍패(紅牌)는 사령을 파견해 직접 본인의 집에 가서 주었는가 하면, 지방급제자가 고향으로 돌아갈 때는 고을의 관원이 향리를 거느리고 오리정(五里亭)까지 나와 맞고 그의 부모를 불러 주연을 베푸는 의식을 하도록 하였다. 게다가 과거급제자에게는 등과전(登科田)이라는 토지를 특별히 지급하였고, 세 아들 이상이 급제했거나 혹은 두 아들이 장원급제하면 그 어머니에게 곡식을 하사하였다. 이러한 급제자에 대한 시책은 학문을 장려하기 위한 의도였음을 두 말할 나위가 없다.

장계(張桂)의 홍패(紅牌)

충렬왕 31년(1305)에 동진사(同進士)로 과거에 급제한 장계(張桂)에게 전리사[인사기관, 이부]에서 내려준 홍패. 고시관(考試官)의 이름과 서명이 있는 고려 후기 홍패양식을 보여준다.

출세의 조건은 혈통인가 실력인가?

먼저 과거와 음서에 대한 당시 사람들의 인식을 검토하면, 과거는 여러가지 제한요소가 있기는 하지만, 능력위주의 선발을 표방한 제도이므로 관인이 되고자 하는 자는 일단 급제를 위해 노력하였다. 참상(參上)은 응시할 수 없다는 규정에 따라 4년간 그 직위에 취임을 유예하여 마침내 급제한 허관(許冠)과 남삼(藍衫) 벼슬에 있는 사람은 세번밖에 응시할 수 없다는 규정을 다섯번까지 고쳐가면서 급제한 문극겸(文克謙) 등에서 그런 모습을 엿볼 수 있다.

그러나 음서 역시 매우 떳떳한 입사수단이었다. 개인 묘지명에서 음서로 입사했다는 사실을 당당히 밝히고, 자식들에게 음서를 준 사실 역시 구체적으로 적고 있는 사례가 적지 않다. 고려시대와 같이 혈통을 중요시 여기는 사회에서 음서를 받을 수 있다는 것 자체가 이미 자신의 혈통이 훌륭하다는 것을 증명해 주기 때문이다. 또한 관료제를 지향한 것으로 평가되는 정도전조차도 음서제를 합리적인 것으로 이해하여 "장상대신(將相大臣)은 모두 백성에게 공덕이 있고, 그들이 가훈을 이어받아 예의를 잘 알고 있으므로 모두 벼슬할 만하다고 생각하여 문음을 설치했다"고 하였다.

고려시대는 혈족간에 직역이 계승되고 전시가 함께 전해지는 체계로 운영되었다. 아버지가 관인이라면 자식 역시 관인이 되는 것이 당연하고 그것을 위해 국자감 등에 입학하여 관리로서 갖춰야할 여러가지 지식을 배웠다. 이들이 비록 과거에 급제하지 못했다고 할지언정 이미 관인으로서의 모든 소양을 갖췄다고 판단되기 때문에 입사의 기회를 주는 것이다. 그러므로 무신정권기 윤승해(尹承解)는 어려서 열심히 공부하여 18세에 예비시험인 사마시에 일등으로 합격했으나 과거에 두번이나 응시하여도 합격하지 못하자 문음으로서 관리가 되었다.

이처럼 여러 차례 과거에 응시하다가 결국 음서를 통해 입사하고 고위관인에 오른 사례도 적지 않다. 음서가 혈통에 의해 입사의 기회를 부여한다고 해서, 승음자의 능력을 과소평가 해서는 안된다. 현재 파악된 음서출신자들 가운데 과반수 이상이 재상이 되었다는 사실 자체가 그들의 능력을 증명한다 하겠다. 또한 음서로 벼슬을 하다가 과거에 급제하는 것도 귀족자제들에게는 자신들에게 주어진 두 개의 기회를 그들에게 유리하게 이용했기 때문이다.

한편 과거가 학문의 능력을 기준으로 관인을 선발하는 제도라고 하지만, 과업중에 절대적 중요성을 지닌 제술과에 인구의 대다수를 차지하는 일반양민 이하 계층에 응시자격이 주어지지 않았다. 과거는 본래의 취지와 달리 실력에만 기준을 두고 선발한 것은 아니어서 특권신분층의 이익에 부합하도록 운영되는 면이 많았다. 예를 들어 품관과 권무관은 예비고시를 거치지 않고 응시할 수 있었으므로 고위관인의 자제는 음서를 통해 관직을 받고 곧바로 본고시를 치러 급제할 수 있었으며, 국자감생들의 경우 고예시(考藝試)를 치러 성적이 좋으면 본고시의 초장·중장까지 면제되었다.

결국 음서출신은 자신들에게 유리한 조건을 이용하여 상대적으로 쉽게 급제의 영광을 누릴 수 있었다. 이것은 과거가 음서와 간접적으로 관련되었음을 뜻하며, 음서출신의 40%가 급제했다는 통계는 이와 같은 제도의 운영과 무관하지 않다. 학문도 닦지 않은 권문세가의 어린 자제가 대거 급제하여 비난받은 일 등이 나타나는 것 역시 그러한 운영방식 때문이었다.

　더욱이 급제가 출세를 보장하는 수단도 아니었다. 급제 이후 초사직을 받기 위한 대기기간의 장단이나 초사직의 고하·청요(淸要) 등의 문제에서도 가문관계가 작용하였다. 때문에 과거는 정치적·경제적·사회적으로 유리한 지위에 있는 자들이 그들의 특권을 배타적으로 공유하는 하나의 방법이었다. 급제자는 음서출신에게 제한된 문한직이나 학관직의 취임에 제한이 없고 초직의 지위가 높았으며, 벼슬하던 도중에 합격하면 더 높은 관직을 제수받을 수 있었다. 하지만 이러한 우대와 달리 한계 역시 있었다. 과거제는 음서제와 같은 정도는 아니지만 귀족사회체제 속의 제도이므로 그 테두리 안에서 기능하는 면이 많았다.

　음서와 과거제의 운영이 이와 같았다면, 고려시대는 초기부터 특정한 혈족집단이 지속적으로 재상을 배출하면서 권력을 유지해야 하는데, 실제로는 그 구성원이 조금씩 변화해 가고 마침내 새로운 성격의 집단이 등장하여 고려왕조를 무너뜨리고 조선을 건국하게 되는 이유는 무엇일까. 첫째로 귀족들이 음서나 과거를 적절히 이용하면서 자신들의 특권을 유지되도록 제도를 운영한다고 해도 그들의 후손들이 조상의 지위를 그대로 승계할 수 없으므로 어느 정도 유능한 후손이 끊임없이 나와야 한다는 것이다. 둘째로 과거제의 도입이 왕권의 강화와 관련이 있다고 했듯이, 그 이후에도 왕들이 귀족들을 견제하는 수단으로서 이 제도를 적절히 이용했기 때문이다. 고려시대와 같은 사회적 분위기 속에서 향리의 자제들이 급제하여 재상에 오르고 문지(門地)를 세우는 일은 쉽지 않았다. 인사권을 장악한 재상들이 그들의 특권을 유지하기 위해 향리 출신 급제자에게 배타적인 반면에, 귀족자제에 우호적일 경우 더욱 그러하다. 그러나 역대 왕들은 최종적인 인사권자로서 능력있는 신진을 발탁하고 후원함으로써 귀족권의 지나친 확대를 막았다. 이런 점에서 과거제는 신분변동을 가능케 하는 사회적 기능을 하고 폐쇄적인 고려 귀족제 사회에 신선한 공기를 불어넣는 역할을 하였다고 평가할 수 있다.

이진한

고려를 움직인
중앙의 행정조직

여섯으로 나누어 맡은 국가업무

각 나라는 국가의 업무를 몇 개 분야로 나누고, 그것을 담당할 해당기구를 설치해 맡게 하고 있다. 그러므로 그 기구들은 나라의 사정에 따라 같은 것들도 있지만은 다른 것도 있을 수 있다. 예컨대 교육부 같은 것은 세계 여러 나라가 공통적으로 설치하고 있는 기구이지만, 통일부는 우리의 특수사정에 따라 우리나라에만 설치된 기구인 것이다.

이러한 국가업무의 분담은 예전이라 하여 다르지가 않았다. 그런데 중국이나 우리의 고려와 조선까지도 전통적인 옛 제도는 6전체제(六典體制)라 하여 국가의 업무를 여섯 분야로 나누어 맡는 체제로 되어 있었다. 현대에 비하여 크게 축소된 숫자이지만, 비교적 단순한 사회였던 당시로서는 그로서도 국가의 운영에 별다른 장애가 없었던 것 같다.

고려의 경우 중앙의 행정을 분담한 그 기구는 상서6부(尙書六部)였다. 구체적으로 상서이부(尙書吏部)와 상서병부(尙書兵部)·상서호부(尙書戶部)·상서예부(尙書禮部)·상서형부(尙書刑部)·상서공부(尙書工部)가 그들인데, 간략하게는 그 앞의 '상서'를 빼고 그냥

이부·병부·호부·예부·형부·공부라고 불렀다.

　이들 가운데에서 이부는 문관(文官)의 인사와 공훈·봉작에 관한 업무를 맡은 기구였다. 그런데 이런 일을 처리하기 위해서는 모든 관리들의 공로와 과오에 대한 자료가 필요했으므로 그 아래에 고공사(考功司)라는 관서를 달리 두고 전담케 하였다. 그리하여 그 자료에 의거해 인사이동과 공로에 대한 표창 등을 시행하였던 것이다. 고려 때는 이 같은 인사업무가 가장 중시되었으므로 6부 가운데에서 이 이부가 서열상 가장 위였다.

　병부는 무관(武官)의 인사와 군사관계 업무 및 의장(儀仗)과 호위, 그리고 우역(郵驛)의 일을 관장한 기구였다. 그러니까 병부는 지금의 국방부가 담당했던 일과, 당시 역마(驛馬)를 통해 수행했던 서류·서신의 전달업무도 함께 맡았던 것이라 하겠다. 전통적인 6전체제에서와는 달리 고려에서는 이 병부의 업무를 매우 중시하여 6부중 서열 제2위에 두었다.

　호부는 지금의 재정경제부와 같은 업무를 담당한 기구였다. 그리하여 호구(戶口)와 세무행정 및 화폐와 식량 등에 관한 일을 맡아보았던 것이다. 호부는 6부 가운데에서 서열이 제3위였다.

　예부는 국가의 여러 의례와 제사·조회나 외교업무 및 학교와 과거에 관계된 행정을 담당한 기구였다. 지금 보면 매우 다양하고 과도한 업무이지만 당시에는 예부 혼자서 맡도록 되어 있었다. 예부는 6부중 서열이 제4위였다.

　형부는 법률과 재판 및 형벌에 대한 일을 주로 맡았다. 그런데 당시에는 노비문제와 관계된 문서와 재판이 매우 많고 또 중요했으므로 이 기구 아래에 그 일을 전담할 도관(都官)이라는 관서를

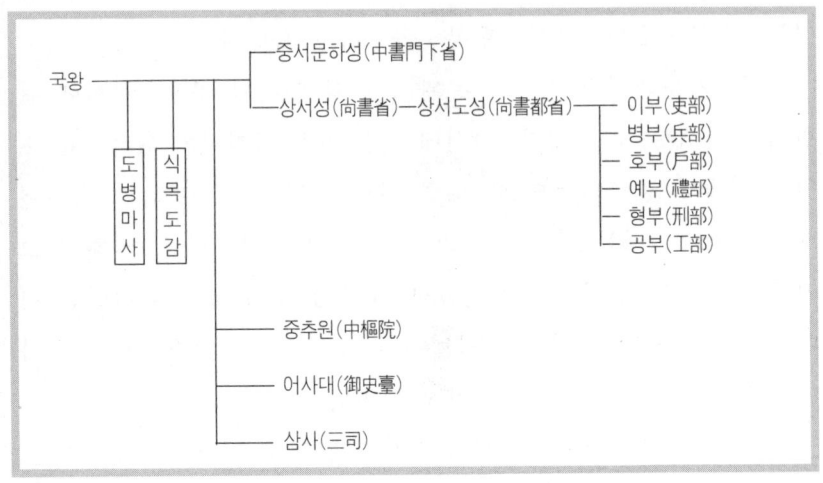

고려의 중앙행정 조직표

달리 더 두고 있었다. 형부는 6부중 서열이 제5위였다.

　공부는 산천과 호수의 관리 및 제조업 기술자와 건설에 관한 일을 맡은 기구였다. 공부는 6부중 서열이 제일 아래인 제6위였다.

　이들 상서6부에는 각각 일정한 수의 관리가 배치되어 일을 담당하였다. 그 가운데 윗자리는 정3품인 상서(尙書)였는데 정원은 1인이었고, 그 다음이 정4품인 시랑(侍郞)으로 정원은 부서에 따라 1~2인이었다. 그리고 다시 그 아래에 정5품인 낭중(郞中)과 정6품인 원외랑(員外郞)이 각각 2인씩 있었고, 그밖에 다른 직위에 있는 관원이 겸임하는 지부사(知部事)가 1인 있었다.

　보다시피 이들은 9품체계(정·종 1품~정·종 9품) 속에서 일정한 품계를 부여받고 있는 품관(品官)들이었다. 그리하여 다시 이들 아래에는 품관은 아니었지만 서리(胥吏) 또는 이속(吏屬)이라고 일컬어지는 각각 20인 내외〔형부는 67인〕의 인원이 있어 잡다한 업무에 종사하였다.

    이처럼 상서6부는 3품 이하관으로 구성되어 있는 조직이었다. 그러므로 2품관인 복야(僕射)를 장관으로 하는 상층조직이 따로 있었는데, 그것을 상서도성(尙書都省)이라 하였다. 그러니까 이 상서도성이 상층조직, 상서6부가 하층조직을 이루고 있었던 것인데, 두 기구를 통틀어 부를 때는 상서성(尙書省)이라 하였다.

    그런데 이와 같이 상서도성은 조직상으로 국가업무를 분담하여 집행하는 상서6부의 상층조직이었음에도 불구하고 그들 업무를 통할하는 입장에 있지 못했다. 그는 정무를 처리하는 데 발언권이 있는 권력기구가 되지 못하고 대신에 공문의 발송과 같은 사무적인 일을 주로 맡아보았던 것이다. 이런 점에서 고려 때의 상서도성은 본래의 취지와는 좀 달리 운영되었다고 할 수 있다.

재추(宰樞) · 국왕과의 연결

    고려시대의 최고 정무기구는 중서문하성(中書門下省)과 중추원(中樞院: 추밀원이라고도 함)이었다. 그리하여 전자에는 종1품의 문하시중(門下侍中)과 정2품의 평장사(平章事) 등이 소속하여 있었으며, 후자에는 종2품의·판중추원사(判中樞院事)와 중추원사(中樞院使)·지중추원사(知中樞院事) 등이 소속하여 있었지마는, 전자를 재신(宰臣), 후자를 추밀(樞密)이라고 불렀다. '재추'란 바로 이들 '재신·추밀'을 간략하게 부르는 칭호로서, 그들이 국왕과 더불어 중요한 국정을 의논하고 처결하는 데 중추적인 역할을 하는 관원들이었던 것이다. 역사책에 자주 보이는 재상이란 명칭도 모두 이들을 지칭하는 말이었다.

그런데 앞에서 설명했듯이 국정의 집행기관인 상서6부의 최고 직위는 정3품인 상서였다. 따라서 정작 이들은 주요 국정을 논의하는 재추회의 또는 재상회의에 참석할 수가 없었다. 그러므로 고려에서는 상서 위에다가 판사(判事)라는 직위를 하나 더 설치하였다. 이부판사·병부판사와 같은 것이 그들인데, 정식으로는 판이부사·판병부사와 같이 불렀다. 그리하여 고려에서는 이들 직위를 제도적으로 중서문하성의 재신들로 하여금 겸임하게 하였다. 즉 재신 가운데에서 제일 상급 직위인 문하시중이나 또는 그가 아직 임명되지 않았을 때 서열이 높은 평장사가 판이부사를 겸임하였고, 다음 서열의 재신이 판병부사, 이하 차례로 내려가 하위 재신이 판공부사를 겸임하도록 하였던 것이다. 그러므로 예컨대, 문하시중·판이부사는 중서문하성의 장관이면서 동시에 상서이부의 총책임자였다.

그런가 하면 상서직도 추밀들이 맡는 경우가 많았다. 제도적으로 그와 같이 되어 있었던 것은 아니지만 관례상으로 그처럼 운영하였던 것이다. 그리하여 결국 국정의 집행권은 재추들에게 장악되어 있는 것이나 마찬가지였다.

상서6부는 주요 국정들을 국왕에게 보고하였고, 그러면 국왕은 재추들과 상의하거나, 또는 단독으로 어떤 결정을 내려 다시 상서6부로 보내 집행토록 하였다. 이렇게 국정이 국왕과 상서6부 사이에서 이루어지고 있는 것이다. 하지만 6부의 판사제와 같은 제도의 운영으로 이미 그 사이에 국정에 대한 재신들의 의견이 충분히 반영될 수 있었다. 이렇게 고려의 정치와 행정은 국왕과 재추, 그리고 상서6부가 균형과 조화를 이루면서 결정되고 시행되도록 짜여져 있었다.

예하기관과의 연결

중앙의 관서 가운데는 상서6부와 직접적으로 상하관계에 있지 않은 기구들도 여럿이 있었다. 백관들의 비위를 규찰하고 탄핵하는 업무를 맡았던 어사대(御史臺)와 같은 것이 그 한 예이다. 이는 6부와 거의 대등한 위치에서 그곳 소속 관원들의 잘못 여부를 감시하는 기구였던 것이다.

하지만 6부의 예하기관으로 각종 업무를 분담하는 기구들도 매우 많았다. 예를 들면 제사를 관장한 전의시(典儀寺)와 손님에 대한 접대를 맡은 예빈시(禮賓寺)나, 토목·영선을 맡은 장작감(將作監)과 병기의 생산을 담당한 군기감(軍器監)과 같이 관청 이름의 끝 글자가 시(寺)·감(監)으로 되어 있는 게 그런 것들이었다. 그리고 국가에서 필요로 하는 물자를 징수하고 관리하는 여러 창고(倉庫) 역시 6부 관할하의 기구였다. 이런 관서들은 하나하나 모두를 다 열거할 수 없을 정도로 다수였는데, 상서6부는 소관업무에 따라 그 같은 몇 개씩의 시감·창고를 관할하면서 나라의 일을 보아나갔던 것이다.

중앙뿐 아니라 지방의 각종 행정기구들도 6부의 통할하에 일을 처리하였다. 지방의 각 주(州)·부(府)·군(郡)·현(縣)에는 각 직급의 수령(守令)들이 파견되어 업무를 보았지마는-지방관이 파견되지 않은 군현은 파견된 군현의 수령이 같이 처리하였음-. 그들 수령은 사안에 따라 상서6부의 어느 부서와 긴밀한 연관을 가지고 일을 보았던 것이다. 예컨대, 어느 지역에 수재나 한재 등으로 흉년이 들면 그 실상을 조사하여 수령이 중앙의 호부에 보고를 하고, 그러면 호부는 관계기관들과 협의하여 어떤 결정을 하게 되며, 그것을 다시 지방의 수령에게 하달하여 조세를 감면하여 주는 식으로 업무가 처리되었던 것이다. 이 때 지방에서 호부로 올라가는 공문은 상서도성을 통하여 이루어졌으며, 반대로 호부에서 지방의 수령에게 내려가는 공문도 일단은 상서도성에 접수되어, 그의 주관하에 지방으로 보내졌다.

고려의 정치와 행정의 체계는 크게 보면 대략 이상과 같은 것이었다. 즉, 국가의 업무를 여섯 분야로 나누어 상서6부가 각기 한 분야씩을 담당했는데, 이들이 관장하는 국정의 최종 결정권자는 국왕이었으되, 그 사이에 재추의 의사가 충분히 반영될 수 있도록 조직이 짜여져 있었다. 그리하여 어떤 정책이 결정되면 상서6부는 중앙의 예하 시감·창고나 지방의 각급 군·현에 하달하여 업무를 처리토록 하였던 것이다.

이 같은 체제를 놓고 볼 때, 다른 시대와 비교하여 고려의 가장 큰 특징을 꼽는다면 중서문하성의 재신들이 직접 상서6부의 판사를 맡아 집행기구마저 좌우했다는 점이다. 이것은 더 말할 필요도 없이 고려가 귀족적 성격이 강한 사회였다는 사실과 관련이 깊었다.

박용운

고려시대 관료들의
생활

근무성적에 따라 승진이 좌우되다

고려시대 관료들은 대개 과거나 음서를 통해 벼슬길에 올랐다. 과거를 거치든 음서를 받든지 간에 일단 관직세계에 발을 들여놓으면 문관과 무관 모두 문산계(文散階)를 받았다. 문산계는 관원들의 지위와 신분을 나타내주는 것으로 현직에 있을 때는 물론이고 휴직하거나 퇴직하여도 계속 지녔다. 관원들은 이것의 높낮이 곧 품에 따라 관직을 제수받도록 되어 있었다.

지금의 공무원과 마찬가지로 관원들의 인사이동이 원활하게 되어야 국정이 잘 운영될 수 있다. 관료들의 승진은 우선적으로 근무기간이 고려되었다. 해당관직에 복무한 기간이 오래 되었는가, 아닌가를 따져 품계를 올리고 그에 따라 관직이 이동되었다. 이를 순자격제(循資格制)라고 한다. 인사행정에는 뇌물이나 청탁과 같은 부정이 개입될 소지가 있으므로, 일정한 기간을 채워야만 승진시키거나 자리를 옮기도록 했던 것이다. 대개 3년 단위로 계산되었다.

하지만 근무기간을 다 채우지 않고 승진하는 경우도 있었다. 특별한 공을 세우거나 능력이 월등할 때에는 초천(超遷:등급을 뛰어

넘어 승진함)하기도 하였다. 문벌의 영향이나 혹은 인사행정이 문란하여 초천되는 사례도 있었다.

관리들의 인사이동은 도목정(都目政)이라고 불렸는데, 기본적으로는 1년에 한번 12월에 행해졌다. 도목정의 정(政)이란 사람을 뽑거나 옮기는 인사(人事)를 뜻하는 말이니, 사람을 적재적소에 두어야만 정치가 올바르게 펼쳐진다고 할 수 있다.

그러나 임기를 채웠다고 하여 무조건 승진되는 것은 아니었다. 임기 동안 성실했는지 나태했는지, 열심히 했는지 게으름을 피웠는지, 공을 세웠는지 아니면 잘못을 저질렀는지를 조사하였다. 이것을 고과(考課)라 하였다. 고과는 근무의 성실 내지 나태 여부를 조사해서 성적을 매기는 것이다. 성적이 좋았을 때는 승진시키고, 그렇지 않을 경우에는 그대로 제자리에 머물거나 심지어는 쫓겨나기도 하였다. 출척(黜陟)이라는 제도이다. 출(黜)이란 지위가 떨어지거나 쫓겨나는 것이며 척(陟)은 지위가 올라가는 것이니, 출척은 근무성적이 좋으냐 나쁘냐에 따라 승진되거나 파직 내지 강등되는 것을 말한다.

근무성적을 매기는 고과에는 일정한 기준이 있었다. 그 가운데 중요한 하나가 출근시간·퇴근시간과 휴가일수의 준수이다. 관원의 출근시간은 사시(巳時: 오전 9시)였고, 퇴근시간은 유시(酉時: 오후 5시)였다. 해가 긴 여름에는 일종의 섬머타임제를 실시하여, 출근시간이 오전 7시로 당겨졌다. 그리고 지금과 마찬가지로 관료들에게는 휴일이 있었다. 매달 1일·8일·15일·23일은 사무를 보지 않는 공휴일이었다. 설날·추석과 같은 명절이나, 입춘·한식·입하·입추·추분 등의 절기도 휴일이었다. 이밖에 연등회와 팔관회 때에도 휴무가 되었다. 대략 1년에 54일 정도가 법정공휴일이었던 셈이다. 누구에게나 공통적으로 주어지는 휴일 이외에 개인적으로 쓸 수 있는 휴가에 대한 규정도 정해져 있었다. 장례·제사·성묘 때나 부모의 병구완 등을 위해 휴가를 갈 수 있었다. 그러나 휴가는 1년에 100일을 넘을 수 없었다. 만약 병이 걸렸다든지 하는 특별한 이유가 있더라도 100일간 결근하면 파직되었다. 하지만 30일로 제한한 조선시대에 비해서는 넉넉한 편이었다.

지방수령에 대한 고과에도 일정한 기준이 있었다. 농사의 장려, 세금의 공평한 부과, 재판의 공정성과 신속성 등을 살펴서 근무성적을 매겼다. 출퇴근 시간을 준수하고, 근무성적이 좋아야 승진을 기대할 수 있었다.

하위관료는 박봉에 시달렸다

관리들은 관직에 복무하는 대가로 전시과(田柴科)와 녹봉(祿俸)을 받아 생계를 꾸려나갔다. 전시는 토지(土地)와 시지(柴地)를 말한다. 여기에서 토지는 땅 자체를 주는 것이 아니라 토지에서 나오는 수확물 가운데 일정한 액수를 받을 수 있는 권리를 보장하는 것이다. 시지는 땔나무를 채취할 수 있는 곳이다. 그런데 이것을 잘 개간하면 예상밖의 부수적인 수입도 기대할 수 있었다. 녹봉은 쌀로 지급한 급료이다. 관리들은 녹패(祿牌: 녹봉을 받을 수 있는 증명)를 받아 매년 1월 7일과 7월 7일 두 차례에 걸쳐 녹봉을 받았다. 간혹 가난하여 형편이 어려운 관리는 녹패를 팔아서 급한 용도에 사용하기도 하였다.

그렇다면 고려시대 관료들이 받은 전시과와 녹봉은 얼마나 되었을까. 문종 때에 개정된 전시과에 의하면, 토지는 품계에 따라 최고 100결에서 최저 17결까지 차등적으로 지급되었다. 녹봉은 최고 400석부터 최저 10석의 큰 차이가 있었다. 관료들은 품계에 따라 토지와 녹봉을 받아 생계를 꾸려나갔다. 국가로부터 받은 토지와 곡식이 얼마나 되는지에 따라 안정된 생활을 할 수도 있고, 그렇지 않은 경우도 있었다. 전시과 18등급 가운데 제11과에 배정된 정6품 보궐(補闕)은 토지 45결을 받을 수 있었다. 대충 31.5석의 소출을 낼 정도의 토지이다. 아울러 녹봉으로는 86석 10두를 받을 수 있었다. 둘을 합하면 약 1,770두인데 23명 정도의 성인이 1년 동안 먹을 수 있는 양이었다.

그러나 종8품인 율학박사(律學博士)는 별로 많은 액수가 아니었다. 토지와 녹봉을 합해 대략 560두 정도의 식량을 기대할 수 있었는데, 7~8명 성인의 1년분 소비량에 불과하였다. 더군다나 이것을 모두 식량으로 소비할 수는 없었다. 의복과 집에도 상당한 지출이 있어야 하고, 제사비용이라든가 교제비용도 만만치 않았을 것이다.

따라서 6품 이상의 관원인 경우에는 그런 대로 안락한 생활을 할 수 있었을 것이다. 그들 가운데는 많은 재산을 모으기도 하고, 사치스런 생활을 하거나 별장까지 소유한 경우도 적지 않았다. 하지만 하급관료는 박봉을 쪼개서 알뜰살뜰하게 살아야만 했다. 관직이 높고 낮음에 따라 국가로부터 받는 보수에 차이가 컸던 것이다.

최루백(崔婁伯)은 고려전기 명문인 수주최씨(水州崔氏)의 한 사람으로, 아버지를 잡아먹은 호랑이를 쫓아가 죽임으로써 효자로서의 명성이 높았던 인물이었다. 그는 하위관직에 재임할 때에는 경제적으로 상당히 어려움을 겪었다. 그러다가 종6품으로 승진하자 늘 각박한 살림에 쪼들리던 부인은 "우리의 가난이 가시려나 봅니다" 하고 기뻐했다고 한다. 하위직 관리의 수입이 가계를 꾸려나가기에 충분하지 못했음을 알 수 있다.

  똑같이 고위관직에 올라도 청렴한 생활을 하는 관원도 있고, 그렇지 못한 사람도 있게 마련이다. 문하시랑평장사(門下侍郎平章事: 정2품)까지 오른 양원준(梁元俊)은 벼슬이 높아져도 강직한 태도로 일관하였다. 그에게는 뇌물이 통하지 않아 찾아오는 사람이 없으므로 집앞이 쓸쓸하게 비어 있었다고 한다. 역시 문하시랑평장사까지 올랐던 최홍사(崔弘嗣)도 청렴한 관료로 이름이 높았다. 비록 채소나 과일이라도 남에게서 절대로 받지 않을 정도로 깨끗한 인물이었다.

  이와는 달리 자신의 지위를 이용하여 부정과 재산 모으기를 일삼는 관리도 있었다. 김경용(金景庸)은 수상의 지위까지 올라 전시과와 녹봉으로 많은 액수를 받을 수 있었다. 게다가 신라왕실의 후손인 그의 집안은 할아버지와 아버지가 고위관직을 역임했으므로 상당한 가산을 물려받을 수 있었다. 그럼에도 불구하고 권세에 의지하여 마구 거두어들여 재산을 늘리고, 집을 화려하게 치장하여 비난을 받았다. 이자겸(李資謙)도 둘째가라면 서러워할 부정축재의 표본이었다. 남의 토지를 강탈하고 노비를 빼앗았으며, 남의 소와 말을 노략질하여 자신의 물건을 수송하기도 하였다. 그의 집에는 항상 썩어나가는 고기가 수만 근이나 되었다고 하니 얼마나 많은 뇌물을 받았는지 짐작할 만하다.

혼인은 가문의 품격에 맞추었다

관료들은 친속(親屬)이나 이해관계에 따라 정치세력을 형성하였다. 정치적 이해관계만으로 이루어진 당여(黨與)에 비해 혈족으로도 관련되고 정치적으로도 입장이 같을 경우 상당한 결속력을 발휘하였다. 혈연적으로나 정치적으로 긴밀하게 연결된 세력을 족당(族黨)이라고 한다. 친척·친족의 족(族)과 무리·집단을 가리키는 당(黨)의 의미가 모두 포함된 것이다. 이렇게 형성된 족당세력은 부계뿐 아니라 모계 양쪽 모두 상당한 영향을 끼치는 양측적(兩側的)인 특징을 띠었다. 관직생활에서 양측적 족당관계는 큰 역할을 하였다. 세신대족(世臣大族: 대대로 내려오는 명문가문)들은 자신들끼리 혼인하고 혈족관계로 뒤얽혀 있으면서 많은 고위직을 차지하고 서로 감싸주고 도와주며 권세를 부렸던 것이다.

귀족가문들의 통혼(通婚)은 일정한 경향성을 보여준다. 자신들의 가문보다 높거나 최소한 비슷한 정도의 가문과의 혼사를 원했다. 해주최씨(海州崔氏)는 귀족가문과의 연속적인 혼인관계를 가지고 있었을 뿐 아니라 왕실과도 외척관계를 맺고 있었다. 최사추(崔思諏)의 외손녀와 최용(崔湧)의 딸이 모두 예종(睿宗)의 왕비가 되어 왕실과 직접 간접으로 외척관계를 맺었다. 아울러 최사추는 경원이씨(慶源李氏) 가문에 장가들었는데, 같은 집안사람인 이자겸(李

資謙)을 사위로, 이응장(李應璋)을 손녀사위로 맞아들였다.

고려 최대문벌 가운데 하나인 경원이씨(慶源李氏) 이자연(李子淵)의 가문도 비슷한 양상을 보여준다. 이 가문은 여러 명의 왕비를 배출하였을 뿐만 아니라 당대의 명문인 경주김씨(慶州金氏)·해주최씨(海州崔氏)·강릉김씨(江陵金氏)·남평문씨(南平文氏)·정안임씨(定安任氏)·수주최씨(水州崔氏) 등과 인척이 되었다. 당시의 귀족가문들은 왕실과 혼인하여 외척이 되기를 바랐고, 그렇게 되지 못하더라도 자기들 상호간에 중첩되는 혼인관계를 맺어 가문의 품격을 유지하고자 하였다.

고려시대 관료들은 가격(家格: 가문의 지위)이 높은 집안과 혼인하기를 원했으므로, 상대적으로 낮은 가문과의 혼사를 꺼렸다. 문공인(文公仁)이 귀족인 해주최씨 최사추의 딸에게 장가들어 호사를 마음대로 하였다는 기록은, 혼인을 통해 가문의 지위를 좀더 끌어올린 좋은 사례이다.

무신정권 말기에 쿠데타를 통해 권력을 장악한 임연(林衍)은 당대의 명문이던 공암허씨(孔巖許氏) 허공(許珙)의 딸을 며느리로 삼으려 하였다. 허공이 완강하게 거절하자, 임연은 이를 국왕인 원종(元宗)에게 말하여 성사시키고자 하였다. 그러자 원종이 허공에게 당시의 실력자인 임연의 원망을 사지 말라고 충고하였다. 그럼에도 불구하고 허공은 즉시 자신의 딸을 명문중의 하나인 언양김씨(彦陽金氏) 집안에 출가시켰다. 비록 권력가이지만 보잘것없는 가문과의 혼사를 목숨을 무릅쓰고 거부할 만큼 가문의식이 높았다고 할 수 있다.

과거나 음서로 관직에 진출한 관료들의 앞날은 여러가지 요소에 의해 좌우되었다. 우선 근무성적이 좋아야 순조로운 승진을 기대할 수 있었다. 그리고 하위관직에 주어지는 전시과와 녹봉은 그리 많지 않았기 때문에 고위관직에 올라야 안락한 생활을 할 수 있었다. 하지만 관료생활은 능력만으로 순탄한 출세를 보장해 주지 못했다. 가문의 배경이 실력 못지않게 중요한 변수로 작용하였던 것이다.

김난옥

고려의 수도
개경의 모습

개경의 건설

개경은 태조 왕건이 919년 도읍한 이래 1392년 고려가 망할 때까지 474년 동안 고려의 수도였다. 물론 몽고와의 전쟁 때 강화도로 천도한 38년간을 빼면 436년 동안이 된다. 사실 태조 왕건이 처음으로 개경에 도읍한 것도 아니었으니 이미 궁예가 898년에서 905년까지 8년 동안 개경의 전신인 송악을 수도로 사용한 적이 있었던 것이다.

개경의 중심은 왕건의 고향인 송악이었다. 송악은 송악산 혹은 송악산 남쪽 일대를 가리킨다. 이 일대는 원래 고구려의 '부소갑(扶蘇岬)'이었는데 신라 때 송악군으로 개칭되었다. 그런데 918년 철원에서 궁예를 몰아내 왕위에 오른 왕건이 그 다음 해에 자신의 근거지인 송악의 남쪽을 도읍으로 정하여 '개주(開州)'라 칭하고 궁궐을 창건하여 철원에서 이주하였다. 이 개주가 바로 개경(開京)인데 주로 개경으로 불리게 된다. 왕건 고려의 개경시대가 바야흐로 열린 것이다.

개주 내지 개경은 송악군에만 설정된 것이 아니라 그 서쪽의 개성군 지역의 일부까지 포함하였다. 이런 이유로 개경은 고려시대에 개성으로 간혹 불려지기도 하였으며 조선 이후에는 주로 개성으로 불려지게 된다. 하지만 고려시대에 개성은 송악의 서쪽 개성군 지역을 가리키는 경우가 많으므로 유의해야 한다. 개경은 그 중심이 송악군인 까닭에 송도(松都)로도 애칭되었다.

수도에는 외적의 방어를 위한 성이 쌓여지게 마련이다. 왕건이 철원에서 개경으로 이주했을 때는 송악산과 그 남쪽에 쌓은 발어참성이 도성의 역할을 하였다. 둘레가 약 8.2km 정도인 이 성은 왕건이 궁예의 신하로 있을 때 이미 쌓은 것이었다. 그런데 이 성은 주로 국왕이 거처하는 대궐인 황성을 방어하는 기능을 담당하였지 개경 중심지를 보호하지는 못했다. 결국 제8대 현종 때 거란의 침략으로 개경은 함락당하여 불타고 만다. 여기에 충격을 받은 현종은 개경의 중심부를 보호하는 도성[외성]을 쌓았으니 이른바 나성(羅城)이 그것이다.

나성은 북쪽의 송악산, 서쪽의 오공산, 남쪽의 용수산, 동쪽의 부흥산 등의 산세를 따라 옛날의 송악군을 중심으로 축조되었는데 성 전체의 둘레는 23킬로, 넓이는 2,470만 평방미터 정도였다. 나성의 성문은 대문이 4, 중문이 8, 소문이 13개로 전체 25개 정도가 있었다. 중심이 되는 문은 동쪽의 숭인문(崇仁門), 서쪽의 선의문(宣義門: 일명 오정문), 남쪽의 회빈문(會賓門), 북쪽의 북성문(北城門), 동남쪽의 장패문(長覇門: 일명 보정문) 등이었다.

이처럼 외성인 나성이 완성됨에 따라 개경일대는 도성(都城) 안과 밖으로 확연하게 구분짓게 되었다. 그렇다고 개경이 도성 안만을 의미하지 않았으니 도성 밖 인근의 교외까지 그 영역에 포함되었던 것이다. 그런데 북소문·자남산·발어참성의 남쪽을 연결하는 '내성'이라는 것도 있었다. 이는 고려가 망하기 직전에 시작되어 조선 태조 때 완성되므로 고려와는 별로 상관이 없다.

개경의 구조와 지리

개경의 도성 안은 부(部), 그 밑의 방(坊), 그 밑의 리(里)로 행정구역이 짜여졌다. 이러한 체제는 송악에 도읍을 정하는 태조 2년에 시작되고, 중앙과 지방의 제도를 정비하는 성종 6년에 개정되고, 나성의 건설로 도시정비를 새로 하는 현종 15년에 완성된다. 현종 15년(1024)을 기준으로 하면 부가 5개였는데, 그 가운데 동부는 7개의 방과 70개의 리로, 남부는 5개의 방과 71개의 리로, 서부는 5개의 방과 81개의 리로, 북부는 10개의 방과 47개의 리로, 중부는 8개의 방과 75개의 리로 구성되었다. 전체적으로 말하면 5부 35방 344리가 있었던 것이다.

개경의 인구는 몽고와의 항쟁으로 강화도에 천도할 당시 경도(京都)의 호(戶)가 10만에 이르렀다는 기록으로 보아 50만 명 정도로 파악된다. 고려의 총인구가 300만~500만 명 정도로 추정되는 점을 감안하면 50만 명은 대단한 인구집중이라 하겠다. 그래서 과연 이러한 집중을 견뎌낼 정도의 도시기반 시설이 당시에 가능했겠는가 의문을 제시하는 자들도 있다. 하지만 도성 안만이 아니라 도성 밖의 근교지역까지 포함하면 충분히 가능한 수치라 할 수 있다.

도성 안에는 두 개의 큰 도로가 닦여졌다. 도성의 동문인 숭인문과 서문인 선의문을 연결하는 동서대로와 남문인 회빈문과 북문

고려 왕궁 복원모형

인 북성문을 연결하는 남북대로가 그것이다. 이 두 대로가 교차하는 곳이 십자가(十字街) 즉 십자거리로 개경의 중심이었다. 십자거리에는 외국사신이나 상인들을 위한 객관이 지어졌다. 황성의 동문인 광화문 앞에는 관도(官道)가 펼쳐지고 그 주변에 여러 관청이 자리잡았다. 회랑으로 연결된 십자거리부터 광화문 근처까지는 관영시장인 시전이 형성되어 상인들이 물건을 판매하였다.

그런데 성종 14년에 적현(赤縣)이라 불린 개경의 중심부와 기현(畿縣)이라 불린 주변지역을 통제하는 관부로 개성부(開城府)가 두어지기도 하였다. 개성부는 수도 개경일대를 관장하는 관부이자 그 대상지역을 의미하였다. 개성부의 치소는 십자거리와 가까운 이궁인 수창궁 근처에 위치하였던 것으로 여겨지고 있다. 하지만

이 개성부는 현종 9년에 폐지되고 개경 5부를 제외한 적현은 기현과 함께 '경기(京畿)'로 독립해 나간다. 개경 5부는 현종 20년 도성인 나성이 완성되면서 도성 안으로 확정되었다. 그리고 문종 16년(1062)에 이 '경기'만을 관할하는 새로운 의미의 개성부가 설치되었는데, 치소는 도성의 서쪽 지역으로 옛날 개성현의 읍치가 있었던 근처로 파악된다. 이후 개경 5부와 경기의 2원체제는 지속된다.

그러다가 1308년 충선왕이 두번째 왕위에 오르면서 개성부가 다시 도성 안을 관장하고, 도성 밖은 개성현이 관장하게 되는 식으로 바뀐다. 좀더 부연하면 개성부가 도성 안을 직접 지배하고, 도성 밖은 개성현을 통해 간접 지배하게 되었던 것이다. 조선에 가서도 고려의 옛 수도 일대는 개성부로 계속 불리게 된다. 이러한 개성부의 존재, 특히 수도로서의 지위를 상실한 조선시대에 그렇게 불린 점이 오늘날까지 개경지역을 개성이라 칭하도록 만들었다고 볼 수 있다.

개경의 도성은 북쪽의 송악산(489m)을 중심으로 서쪽의 오공산(204m), 동쪽의 부흥산(156m), 남쪽의 용수산(178m) 등으로 둘러싸였다. 풍수지리로 따지면 누운 소 모양을 한 송악산이 이 일대를 통어하는 주인인 진산(鎭山) 혹은 주산(主山)이다. 그러니까 송악산 남쪽 일대가 명당이 되는 것이다. 주산의 뒤를 지켜주는 종산(宗山)은 송악산 북동쪽의 오관산(五冠山)인데, 다섯 개의 봉우리가 마치 다섯 개의 모자처럼 보이고 기이한 형승이 여러 산들의 으뜸이어서 그렇게 불려졌다 한다. 명당을 동쪽과 서쪽에서 보호하는 산줄기가 청룡과 백호인데, 청룡은 부흥산이고 백호는 오공산이다. 도성 밖 남쪽에는 주산인 송악산의 손님 내지 신하의 역할을 하는 조산(朝山)인 진봉산이 위치하였다. 송악산과 진봉산이 주인과 손님으로서 마주하려면 탁자역할을 하는 안산(案山)이 필요한데 '남산(南山)'으로 불리는 용수산이 바로 그에 해당하였다. 내 안산(案山)으로는 도심에 나지막이 자리잡은 자남산(子男山: 104m)이 해당하는데 '남산(男山)'으로도 불린 이 산은 사람으로 치면 배꼽이나 마찬가지였다.

도성 안은 동쪽의 청룡이 낮고 서쪽의 백호가 높은 형세여서 여러 갈래의 물이 남동쪽에서 합류한다. 송악산 기슭에서 남류하는 물과, 오공산과 용수산에서 내려오는 물이 광덕평에서 모였던 것이다. 이 물은 발해를 멸망시킨 거란이 선물한 낙타들을 왕건이 묶어 굶겨 죽인 장소로 유명한 낙타교(만부교)를 거쳐 동남쪽으로 흘러 도성을 빠져나간다. 이 물은 다른 곳에서 오는 물들과 만나 사천을 이루어 동강인 임진강으로 흘러들어 간다. 임진강은 하류에서 한강과 만나 하나가 되며, 나아가 개경의 서쪽을 흘러내리는 서강인 예성강과 바다에서 만난다. 개경은 임진강과 예성강 두 개의 큰 강에 안겨 있는데, 특히 예성강은 고려가 세계와 교류하는 통로였다.

이처럼 고려의 수도 개경은 자연지리적으로나 풍수지리적으로나 명당에 자리잡았다. 중심부가 산들로 잘 둘러싸인 점에서 개경은 바람을 잘 갈무리하는 '장풍(藏風)'형의 명당이었다. 널따란 평지에 물이 순하게 흐르는 '득수(得水)'형의 명당인 고구려의 수도 평양과 대비된다 하겠다. 한양은 '장풍'과 '득수'를 만족시키는 곳이든지 아니면 둘 다 만족시키지 못하는 곳이든지 할 것이다.

개경의 궁궐

　개경은 고려의 수도였으므로 이 곳에는 국왕이나 왕족이 거처하는 궁들, 불심을 어루만지고 왕실과 국가를 수호하는 절들이 수많이 건축되었다. 송나라의 기록에 의하면 개경일대에는 무려 70여 개의 절들이 들어서 있었다. 물론 이 가운데 가장 대표적인 절은 황성 밖 남쪽에 위치한 봉은사와 황성 안에 위치한 법왕사였다. 봉은사는 태조의 영정이 모셔진 진전사원이자 연등회가 열리는 곳이었고, 법왕사는 하늘과 여러 신에게 제사하는 팔관회가 열리는 곳이었다. 정월 보름 혹은 2월 보름에 열리는 연등회와 11월 보름에 열리는 팔관회는 고려의 양대 행사였다.
　고려의 궁궐은 크게 황성과 일반 궁으로 나눌 수 있다. 황성은 국왕이 항례적으로 머무는 정궐을 의미하는데 수도인 개경은 물론 서경에도 조영되었으며, 강화도로 천도한 강도(江都)시절에는 그 곳에도 재현되었다. 개경의 경우 태조 왕건이 송악산 남쪽 기슭의 명당에 창건한 궁궐이 바로 황성이었다. 황성 이외에도 궁들이 많았으니 여기에는 왕의 궁은 물론 왕족과 그 배우자 등의 궁도 있었다.
　왕은 황성을 보조하는 기능을 수행하는 궁들을 다수 소유했는데, 이를 이궁(離宮) 내지 별궁이라 칭했다. 도성 안의 대표적인 것은 십자거리 근처에 위치한 수창궁, 도성 동북쪽 탄현문 안에 위치한 대명궁, 황성 밖 동쪽에 위치한 연경궁 등을 들 수 있다. 이 중 대명궁은 송나라 사신을 위한 객관인 순천관으로, 고려 말 공민왕

만월대(滿月臺)
개성시 송악동에 위치한 고려의 왕궁터

때에는 국립대학인 성균관으로 용도가 바뀐다. 도성 밖의 경우는 예성강 하구 근처의 동쪽에 문종이 창건한 장원정이 가장 대표적이다. 특히 의종대에는 도성 안과 밖에 수많은 별궁이 지어졌다.

고려에서는 왕과 태자만이 아니라 왕의 배우자인 왕후·왕비, 모후인 태후, 자매와 딸인 공주, 사위인 부마, 형제와 아들인 왕자와 그들의 배우자 등도 궁을 가졌다. 이러한 궁 가운데 가장 대표적인 것은 왕후·왕비 혹은 태후의 궁으로 자주 쓰인 연덕궁이었는데, 황성의 남쪽인 자남산의 이현(泥峴) 근처에 위치해 남궁으로 불렸다.

황성(皇城)은 고려국왕이 황제로서의 위상을 지녔기 때문에 붙여진 명칭이었다. 언제부터 그렇게 불렸는가에 대해서는 논란이 생길 수 있다. 광덕(光德)이라는 독자적인 연호를 쓰고 황제를 선포하고 개경을 황도(皇都)라고 칭한 광종 때부터 황성이라는 명칭도 쓰지 않았나 보는 입장도 있다. 하지만 그 뒤에 독자적인 연호를 사용하지 않고 황제를 대외적으로 선포하지 않는 시절에도 황성이라는 명칭은 계속 등장한다. 이로 보아 태조 왕건 때부터 황성이라는 명칭이 사용되었을 가능성이 크다. 왕건이 궁예를 몰아내고 즉위했을 때 하늘이 명령을 주었다는 의미의 '천수(天授)'라는 연호를 사용한 점으로 보아 더욱 그렇다. '수덕만세(水德萬歲)' 등의 거창한 연호와 대동방국을 의미하는 '마진(摩震)' 등의 국명을 사용할 만큼 포부가 세상을 덮을 만했던 궁예 때부터 이미 황성이라는 명칭이 사용되었을 가능성도 있다.

황성은 황성과 그 안의 궁성의 이중구조를 지니고 있다. 황성은 대궐 전체를 둘러싼 성을 가리키며 대궐 자체를 의미하기도 한다. 황성은 둘레가 약 4,700미터, 넓이가 궁성을 포함하여 약 125만 평방미터이다. 황성 안의 궁성은 국왕의 생활공간이 집중적으로 분포된 지역을 둘러싼 성을 가리키며 또한 그 지역 자체를 의미한다. 북쪽에서 남쪽으로 내려올수록 벌어지는 형태를 한 궁성은 둘레가 약 2,170미터, 넓이가 대략 25만 평방미터이다. 황성의 정문은 동문인 광화문(廣化門)이었고, 궁성의 정문은 남문인 승평문(承平門)이었다.

황성은 고려후기로 가면서 주로 본궐로 불려진다. 그런데 이 본궐을 연경궁과 혼동해서 기록한 경우가 많다. 하지만 연경궁은 황성 밖 동쪽에 위치한 별도의 존재였다. 원래는 왕비의 궁이었다가 왕의 별궁으로 바뀐 이 궁은 고려 말에 본궐의 기능이 약화되면서 정궁의 역할을 수행하였다. 이는 조선에 가서 연경궁과 본궐을 혼동하는 결과를 초래하였던 것이다. 본궐은 '만월대(滿月臺)'로 속칭되는 경우가 많은데 이는 정전인 회경전 앞부분을 '망월대(望月臺)'라 칭한 것이 와전된 것으로 판단된다.

태조 왕건이 처음 황성을 개창하였을 무렵의 구조는 어떠했을까. 궁성 안은 조회를 보는 정전인 천덕전(天德殿), 정사를 보는 편전인 상정전(詳政殿)과 중광전(重光殿), 휴식과 수면을 취하는 침전인 신덕전(神德殿), 큰 뜰인 구정에 있는 대루인 위봉루(威鳳樓) 등으로 이루어졌다. 신라 경순왕이 신하들을 대동하고 개경을 방문하여 왕건에게 신하의 예를 취한 곳이 천덕전이었으며, 왕건이 후백제를 멸망시킨 뒤에 개선하여 축하를 받은 곳이 위봉루였다. 이러한 뼈대는 광종 때의 중수를 거쳐 유지되다가 성종 때 천덕전이 건덕전으로 개칭되는 것으로 보인다.

황성은 현종 2년(1011) 거란의 침략으로 개경이 함락당하면서 불타고 만다. 전쟁이 끝난 뒤에 현종 2년 10월~5년 정월에 1차적으로 복구되고, 11년 8월~14년 8월에 제2차 공사가 진행되어 완공되었다. 그런데 이 제2차 공사 때 회경전을 중심으로 하는 새로운 구조가 탄생하였던 것으로 보인다. 그래서 궁성 안은 동서 방향의 건덕전 중심의 기존구조와 그 동쪽 북남 방향의 회경전 중심의 새로운 구조로 이루어지게 되었다.

이처럼 새롭게 건설된 황성도 인종 4년(1126) 2월 이자겸(李資謙)의 난 때 불타버린다. 인종 10년 정월에 가서야 시작된 복구공사는 16년 5월경에 가서야 완료되었다. 이 때 정전인 회경전(會慶

殿)과 건덕전(乾德殿)은 각각 선경전(宣慶殿)과 대관전(大觀殿)으로, 편전인 중광전과 선정전(宣政殿: 상정전의 개칭)은 각각 강안전(康安殿)과 선인전(宣仁殿)으로, 침전인 만수전(萬壽殿: 만령전의 개칭)은 영수전(永壽殿)으로, 신봉루(神鳳樓: 위봉루의 개칭)는 의봉루(儀鳳樓)로, 태자궁인 수춘궁(壽春宮: 좌춘궁)은 여정궁(麗正宮)으로 개칭되는 등 궁성 전각의 명칭이 거의 대부분 바뀌어 면모를 일신한다.

제1정전인 회경전[선경전]에서는 대장경을 찬미하는 장경도량, 1백 명의 고승이 호국경전인 인왕경을 강하는 백고좌인왕도량 같은 중요 행사가 행해졌다. 또한 회경전에서 송나라 사신을 영접하는 행사가 치러졌다. 제2정전인 건덕전[대관전]에서는 조회, 연회, 책봉, 요·금·몽고 사신영접 등이 행해졌다. 편전인 중광전에서는 연등회가 개최되었으며 왕의 즉위 장소로 자주 사용되었다. 왕이 일상적인 정무를 보는 곳으로 가장 많이 쓰인 공간은 편전인 선정전이었으며, 그 다음이 문전(文殿)인 문덕전[수문전]이었다.

궁성 안의 넓은 뜰인 구정(毬庭)에서는 도교행사인 초재, 중이나 노인들을 대접하는 행사, 군사훈련 등이 행해졌다. 구정과 그 북쪽에 있는 대루 의봉루에서는 하늘과 여러 신에 제사하는 팔관회 행사가 거행되었다. 궁성 안에는 왕의 수발을 드는 여러 관청과 왕명을 기안하는 한림원 등이 위치하였다.

황성의 정문인 광화문과 궁성 사이에는 행정을 집행하는 상서성, 정책을 의논하는 중서문하성과 중추원[추밀원], 감찰기구인 어사대 등의 주요 관부가, 광화문 밖에는 그밖에 여러 관청이 자리잡았다.

황성은 무신정권 성립 초기에 불탔다가 복구되지만, 몽고의 침략으로 고려조정이 강화도로 천도하자 파괴되었다. 하지만 고려조정은 새로운 수도인 강도(江都: 강화도)에 황성을 재현하였다. 개경의 궁궐은 30년 동안 몽고와 항쟁한 끝에 강화를 맺고 개경으로 환도하면서 부분적으로 복구되었다. 이제는 황성이라 불리지 못하게 된 본궐도 강안전 중심으로 일부만 복구되어 거처가 아니라 의례의 장소로 쓰였다. 왕은 본궐이 아니라 새로 건설하거나 수리한 이궁을 정궁처럼 사용하여 거처했으니 수녕궁·연경궁 등이 대표적인 궁이었다. 특히 연경궁은 충선왕에 의해 증축된 이후 공민왕 때까지 정궁의 기능을 수행하였다.

본궐과 연경궁은 공민왕 때 홍건적의 침략으로 개경이 함락당할 때 불탄다. 본궐은 어느 정도 복구되지만 우왕대를 거치면서 황폐화된다. 연경궁은 복구조차 되지 못하여 임시궁에 거처할 수밖에 없었던 공민왕은 유희용으로 자남산 자락에 화원(花園)과 그 안에 팔각전(八角殿)을 지었지만 그 다음 해에 살해당하고 만다. 팔각전은 우왕과 최영이 이성계에게 패해 최영이 체포당한 비운의 장소이기도 하였다.

한편 몽골의 침략 때 불탔던 수창궁이 공민왕 말에서 우왕대에 걸쳐 중창되어 정궁으로 사용되었다. 이성계가 공양왕을 몰아내고 왕위에 오른 곳도 바로 여기였다. 수창궁은 조선이 한양으로 완전히 천도하기 전까지는 계속 정궁의 역할을 수행하였다.

김창현

경기의
유래

　수도인 서울에 인접해 있는 지역을 우리들은 지금 경기도라 부르고 있다. 하지만 그것의 처음 명칭은 경상도·전라도와 같은 도(道)의 하나가 아니라 그냥 경기였으며, 이 말의 뜻과 가리키는 지역도 현재와는 좀 달랐다. 그러면 이 경기(京畿)는 언제 처음으로 설치되었고 그 의미는 어떠한 것이었을까?

경기의 설치와 그 뜻

　고려가 새로이 건국된(918) 이후 하나하나 체제를 정비하여 나라의 기틀을 잡는 것은 6대 임금인 성종 때였다. 그러한 가운데 특히 왕이 즉위한 지 14년(995) 되던 해에 지방의 조직을 개편하면서 수도인 개주(開州: 지금의 개성)를 개성부(開城府)로 고치고 그 아래에 적현(赤縣) 6현과 기현(畿縣) 7현을 소속하게 하였다. 수도의 정비와 함께 그 주변지역을 특별구역으로 만든 것인데, 이것이 모체가 되어 뒤에 경기가 이루어지는 것이다.
　그런데 이렇게 수도를 부(府)로 만들고, 거기에 적현과 기현을 소속시켜 관할토록 한 것은 본래 당(唐)나라의 제도였다. 성종이 그것을 모범으로 삼아 고려의 수도와 주변지역을 재편한 것이었다. 적현은 경현(京縣)이라고도 불렀는데 당나라에서 그것은 경도(京都) 그 자체의 현을 지칭하는 말이었으며 기현은 경도 부근의 현을 지칭하는 용어였다. 그렇지만 고려는 그와 달리 적현인 6현 모두가 수도 그 자체를 형성한 것은 아니었다.

이렇게 개성부와 적현[경현]·기현으로 편성되어 있던 고려의 수도와 그 주변지역은 다시 지방제도가 개편되는 현종 9년(1018)에 이르러 바뀌게 된다. 이 때 적현·기현 13현 가운데서 한 현 — 아마 송악현—은 따로 떨어져 나가 수도의 5부(五部: 개경은 5부로 편성)를 형성하고 나머지 12현이 경기로 개편되는 것이다. 그러니까 그 동안은 개성부에 의해 수도와 주변지역이 함께 통할받는 체제였던 것이 이제 개성부의 혁파와 더불어 개경 5부와 경기 12현으로 분리된 것인데, 이 두 기구는 각각 상서도성(尙書都省)의 관할을 받도록 되어 있었다. 이와 같이 경기는 적현[경현]과 기현의 앞 글자를 가져온 데서 유래하는 것으로 그 기원은 성종 14년의 저들 현에 있다고 하겠으나 정식으로 이 명칭을 사용하기 시작한 것은 이 때부터라고 할 수 있지마는, 그것은 처음에는 수도 자체와 주변지역을 아우르는 구역이었던 게 지금부터는 수도의 부근지역만을 지칭하는 용어로 바뀐 셈이 되겠다.

이렇게 공식적으로 출발한 경기에는 두 명의 현령(縣令)이 임명되었다. 즉 개성현[수도 개경과는 다른 개성현이 따로 있었음]과 장단현이 그들로서 거기에만 현령이 임명되고 나머지 10현은 지방관이 파견되지 않는 속현(屬縣)으로서, 정주(貞州)·덕수(德水)·강음(江陰) 등 3현은 개성현령, 송림(松林)·임진(臨津)·토산(兎山)·임강

(臨江)・적성(積城)・파평(坡平)・마전(麻田) 등 7현은 장단현령의 지휘를 받았다. 경기는 2개의 주현(主縣)과 10개의 속현으로 편성되었던 것이며, 그리하여 이 두 주현을 중심으로 행정이 이루어지고, 그들은 다시 위에서 설명한 바와 같이 중앙의 관청인 상서도성의 지휘를 받았다.

경기의 변천

경기는 그 뒤에도 몇 차례의 변천이 있었다. 그 하나가 문종 16년(1062)의 일로, 이번에는 장단의 현령을 폐지하고 개성현은 부(府)로 승격시켜 지사(知事)를 두었다. 경기는 이 때부터 지개성부사(知開城府事)가 관할하는 단일체제로 바뀐 것이다. 그리고 몇 년 뒤에는 그 구역도 크게 확대되었다. 이른바 '대경기(大京畿)'의 성립으로서, 거기에는 41개의 주·현이 소속하였다. 그러나 이 대경기는 얼마 오래지 않아 원래의 경기로 되돌려졌다.

그 후 경기가 다시 한번 크게 변하는 것은 몽고의 침입에 따른 것이었다. 중국의 새 강자로 등장한 몽고는 고종 18년(1231)부터 고려에도 침입을 개시했는데, 그들을 피하여 이듬해에는 수도가 강화도로 옮겨졌다. 그러니 경기는 자연이 무너져버린 것이다. 그 뒤 경기가 복구되는 것은 몽고와의 전쟁이 종식되고 수도가 다시 개경으로 되돌아온 이후지마는, 그 때의 경기는 8현으로 축소되어 있었다.

이런 체제가 충렬왕 34년(1308)에 이르러 다시 개편이 이루어지는데, 이 때는 개성부가 또 설치되어 그가 수도와 경기 8현을 함께 통할하는 방식으로 바뀌었다. 성종 14년의 체제로 되돌아간 것이었다. 하지만 그 장관인 부윤(府尹)은 재상급으로서, 개성부의 위상은 크게 높아지게 되었다.

경기에서 경기도로

이후 경기는 그의 영역을 점차 넓혀갔다. 그러다가 공양왕 2년(1390)에는 마침내 영역의 대폭적인 확대와 더불어 명칭도 경기좌도(京畿左道)와 경기우도(京畿右道)로 재편되어 도(道)의 형태를 취하게 되며, 장관 역시 도관찰출척사(都觀察黜陟使)가 된다.

이 때의 경기좌도에는 본래의 장단·임강·토산·임진·송림·마전·적성·파평에다가 양광도(楊廣道)의 한양·남양·인주·안산·교하·양천·금주·파주·포주·서원·고봉과 교주도(交州道)의 철원·영평·이천·안협·연주·삭녕 등을 소속시켰다. 그리고 경기우도에는 본래의 개성·강음·해풍·덕수·우봉에다가 양광도의 부평·강화·교동·김포·통진과 서해도의 연안·평주·백주·곡주·수안·재녕·서흥·신은·협계 등을 소속시켰다. 이렇게 하여 경기는 이제 경기가 아닌 경기도로서, 경상도·전라도·양광도·서해도·교주도와 같은 도의 하나로 거듭나며, 오늘날의 그것과도 유사한 모습을 가지게 되는 것이다.

당시 도의 장관은 모두가 도관찰출척사라는 명칭을 띠는데, 경기도도 위의 지적처럼 마찬가지였다. 이들은 종래와 달리 도의 전임(專任)장관으로서, 공양왕 2년의 개편은 이런 점에서도 커다란 의

개경약도

미를 지니는 것이었다. 품계상으로도 상당한 고위직이었다.

    경기가 이렇게 개편됨에 따라 개성부도 자연이 수도인 개경 5부만을 관할하는 기구로 변신하게 된다. 이제는 왕경(王京)의 행정을 맡은 특별구로서의 개성부와 일반 지방행정구역으로서의 경기좌·우도가 완전히 분리 확립을 보게 된 것이다. 현재 우리들이 이해하고 있는 수도와 경기도의 모습은 이처럼 공양왕 2년에 이르러 비로소 성립된 것을 알 수 있다. 그러나 그 2년 뒤에 고려가 멸망함으로써 이 제도는 조선조로 이어져 새 모습을 갖추게 된다.

박용운

'도'라는 행정단위가
생겨나다

생활공간의 중심인 도

　우리가 어떤 사람에게 어디에서 왔는지 혹은 고향이 어디인지 물으면 그는 서울·경상도·전라도 등으로 대답할 것이다. '도'는 거주지 혹은 고향을 가리키는 가장 큰 지역단위로 우리의 일상생활에 자리잡았다. '시'는 서울특별시 정도가 그러한 성격을 띠고 다른 곳은 대개 '도'로 통한다. 그래서 다른 지역에서 바라보면 대구 사람이든 부산 사람이든 경상도 사람이고, 광주 사람이든 전주 사람이든 전라도 사람이라 한다. 그래서인지 도는 지역감정의 단위로도 작용하고 있다.

　이처럼 도는 단순한 지방의 행정단위만이 아니라 우리의 생활과 감정을 지배하는 중요한 틀이 되었다. 더구나 도는 지사와 의원이 도민에 의해 직접 선출되면서 지방자치의 중심으로 확고히 자리잡아 가고 있다.

　우리는 우리나라가 8도강산이라 하는 데 익숙해져 있다. 8도는 조선시대 도의 개수인데 경기도·평안도·함경도·황해도·강원도·충청도·전라도·경상도가 그것이다. 보다 정확히 말하면 수도인 한성부〔한양〕와 8도이다.

그런데 문호개방 이후 개화기의 개혁을 거치면서 경기도·황해도·강원도를 제외한 다른 도들이 충청도가 충청남도와 충청북도로 나뉘듯이 분리되면서 13도가 된다. 그리고 해방 이후에 제주도가 전라도에서 떨어져 나와 섬으로서의 도가 아니라 행정단위로서의 도가 되면서 14도가 된다. 여러 개의 도가 남도와 북도로 나뉘었지만 이는 주로 행정단위로 작용할 뿐 남도이든 북도이든 경상도인이라 하는 데에서 드러나듯이 감정까지 확연히 갈라놓지는 못했다.

어찌 보면 지금도 8도, 제주도를 포함하면 9도가 기본틀로 작용하고 있는 것이다. 물론 이는 남한을 중심으로 한 설정일 뿐이다. 북한은 황해도를 남도와 북도로 구분했을 뿐만 아니라 평안도의 일부를 자강도, 함경도의 일부를 량강도로 독립시키는 등 행정단위를 많이 개편하였다. 만약 그대로 통일이 된다면 우리나라는 17개 정도의 도를 지니게 되는 셈이다.

도의 기원과 도제의 정착

우리나라에서 '도'란 개념은 언제 생겨났을까. 보통 그 기원을 고려 성종 14년(995) 10도를 정한 데에서 찾고 있다. 고려의 정치체제는 성종 때 대대적으로 정비되었으며, 특히 중앙정치체제의 경우 성종 때 대략 완성되었다고 할 수 있다. 성종은 지방통제에도 힘써 후삼국 이래 호족의 지배하에 있어 온 지방을 통제하려는 여러가지 기본적인 조처를 취하는 데 그 과정에서 도가 나

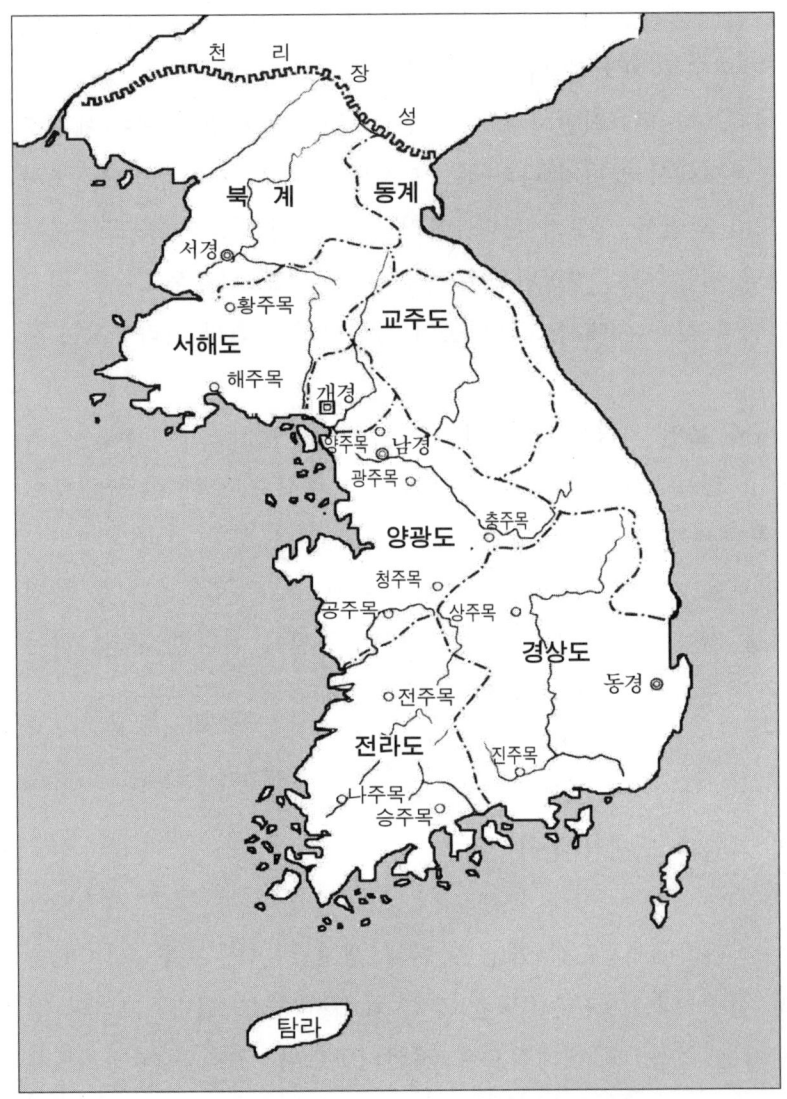

5도양계

타났다.

성종은 2년(983)에 12목(牧)을 설치하여 목사를 파견하였다. 본격적인 의미의 지방관이 처음 파견된 중요한 사건이었다. 지방의 주요 행정단위는 주(州)·부(府)·군(郡)·현(縣)이었는데 주 가운데서도 핵심이 되는 곳에 목이 설치된 것이었다. 2년에는 향리의 명칭을, 6년에는 촌의 우두머리 명칭을 개칭함으로써 그들의 호족으로서의 성격을 약화시켰다. 11년에는 주·부·군·현 등 지방행정 단위의 명칭을 고쳤다.

그리고 성종 14년에는 12목이 12군(軍)으로 바뀌어 목사가 아니라 절도사가 파견되었을 뿐만 아니라 바로 10도(道)가 마련되었다. 우리나라 처음으로 도가 나타난 것이었다. 이리하여 지방은 10도(道) 12군(軍)으로 편제되었다. 이 때 10도는 관내도·중원도·하남도·강남도·영남도·영동도·산남도·해양도·삭방도·패서도이다. 그런데 이는 중국 당나라의 10도제를 채택한 것으로 지방행정 단위로서의 역할을 했는지는 의문시되고 있다. 그렇지만 절도사를 순검하는 역할을 했다고 한 점에서 어느 정도의 역할은 수행했다고 보아야 할 것이다.

10도 12군 절도사는 현종 3년(1012)에 가서 5도호 75도 안무사로 바뀐다. 75도의 도는 지방행정 단위로서의 후대의 도와는 거리가 멀고 어느 방면 내지 방향의 의미를 지니는 것으로 여겨진다. 현종 9년에는 안무사가 없어지고 4도호 8목, 그리고 여러 개의 군·현·진으로 편성되어 고려의 지방제도는 일단 완성을 보게 되었다.

성종 때 기원한 도는 여러 형태의 변형과정을 겪지만 지방행정

기구로서 그리 큰 기능을 수행하지 못했다. 그런데 주목되는 점은 현종 무렵부터 지방을 순찰하는 안찰사가 나타나며 도와 관련을 맺기 시작했다는 사실이다. 안찰사는 바로 조선시대 관찰사, 현재 도지사의 원조였다.

도와 안찰사가 하나의 구조로 완성된 때는 12세기 초 예종 무렵이었으니 5도 안찰사가 그것이었다. 예종 때의 5도는 양광충청주도[경기·충청도]·경상진주도[경상도]·전라주도[전라도]·서해도[황해도]·춘주도[강원도]였다. 물론 이후 도는 6도·7도·8도 등으로 변한 적도 있지만 5도가 기본적이었다고 할 수 있다. 5도의 명칭은 변화가 있어 확정적으로 말하기 곤란하지만 대체로 양광도·경상도·전라도·서해도·교주도가 대표적이라 할 수 있다. 양광도는 대체로 오늘날의 경기도와 충청도 일대, 서해도는 황해도 일대, 교주도는 강원도 일대에 해당한다. 도의 장관인 안찰사는 고려 말로 가면서 안렴사→제찰사→안렴사 등으로 개칭된다.

안찰사의 임무는 지방관인 수령의 능력을 평가해 인사조치하는 일, 백성들이 살아가면서 겪는 어려움을 살피는 일, 형벌을 심리하는 일, 조세의 수납을 살피는 일, 군사적인 업무를 수행하는 일 등이었다. 그런데 안찰사는 이러한 임무를 자신이 부임한 도의 어떤 한 곳에 자리잡아 처리하는 것이 아니라 계속 돌아다니면서 처리하였다. 안찰사는 기본적으로 왕이 지방관을 감시하기 위해 파견한 감찰관이었던 것이다.

그런데 고려의 모든 지역에 도가 설치되지는 않았다. 국경과 근접한 북쪽 지역에는 도가 아니라 '계(界)'가 설치되었던 것이다. 계는 2개가 설치되었는데 오늘날 평안도 지역에 북계, 오늘날 함경도와 강원도 일부 지역에 동계가 그것으로, 합쳐서 양계라 부른다. 북계는 서북면, 동계는 동북면이라 부르기도 하였다. 계의 장관은 안찰사가 아니라 병마사라 하였다. 기억해야 할 사실은 계와 병마사가 도와 안찰사보다 먼저 생겨났다는 사실이다. 병마사는 성종 8년에 동북면(동계)과 서북면(북계)에 설치된 데에서 기원한다. 양계지역은 국경지대여서 군사적으로 중요했으므로 일찍부터 지방제도가 정비되었으며 군사적인 특징을 강하게 띠었다. 양계의 병마사 제도는 이후부터 현종 때에 걸쳐 정비된다.

계·병마사와 도·안찰사는 중앙과 군현을 잇는 중간기구라는 점에서 공통점이 있지만 차이점도 있다. 계와 병마사의 기능은 군사적 직능이 주이고 민사적 직능이 부차적이었음에 반해, 도와 안찰사의 기능은 민사적 직능이 주이고 군사적 직능이 부차적이었다. 또한 병마사가 안찰사보다 중시되어 품계가 높은 자가 임명되었다. 그만큼 고려는 군사적·국방적인 필요에서 북쪽 국경지대를 남쪽보다 중시했던 것이니 여기에서 고려 북진정책의 의지를 엿볼 수 있다. 한편 수도인 개경이 있고 그 주변에 경기가 설치되어 있었다. 그러니까 고려의 행정구역은 중앙의 개경과 경기, 그리고 지방의 5도와 양계로 구성되었다고 할 수 있다.

도의 장관인 안찰사는 5품 내지 6품 정도의 비교적 낮은 관품의 인물이 임명되었다. 지방관은 대개 3품에서 7품에 걸쳐 있으므로 중요지역의 지방관은 안찰사보다도 지위가 높았던 것이다. 또한 예하의 사무기구를 갖지 않았으며, 임기도 6개월에 불과하였다. 반면 계의 병마사는 예하에 다양한 실무조직을 거느리고 있었다.

이러한 처지였으므로 도와 안찰사가 지방을 강력하게 통제하는 역할을 수행할 수는 없었다.

고려의 지방은 주·부·군·현으로 짜여 있었는데 여기에는 지방관이 파견된 주군[영군]·주현[영현]과 파견되지 못한 속군·속현이 있었다. 주군과 주현은 도를 거치지 않고 바로 중앙정부와 연결되었으며, 속군과 속현은 주군 혹은 주현을 통해 중앙과 연결되었다. 또한 주군·주현 가운데서도 경·도호부·목 등의 보다 큰 단위는 '계수관'이라 불리며 일정한 업무에서 중앙과 지방을 연결하는 고리역할을 하였다. 계수관은 제한적이긴 하지만 중앙에 경사스런 일이 있을 때 축하하는 사절을 보내는 일, 중앙의 과거시험에 응시하는 사람들을 선발하는 일, 형벌을 심리하는 일 등을 담당하여 중앙과 지방의 중간 행정기구의 기능을 수행하였던 것이다.

이처럼 안찰사의 낮은 위상, 주군·주현과 계수관의 존재로 인해 도의 기능은 매우 제한적인 기능을 수행할 수밖에 없었다. 물론 고려후기에는 도와 안찰사의 기능이 강화되는 추세여서 중앙과 지방 군현을 연결하는 중간 행정기구로서의 역할을 그런 대로 수행해 나가기는 하였다.

고려의 도와 조선의 도

도와 안렴사[안찰사]의 지위에 결정적인 변화가 생겨난 때는 고려말기였다. 이성계가 1388년에 위화도에서 회군한 뒤에 정권을 장악하면서 여기에도 변화가 생겨났던 것이다. 안렴사의 관품이 낮아 지방관을 제대로 규찰하지 못하는 현실을 타개하고자 창왕 즉위년에 그 명칭을 도관찰출척사로 고치고 재상을 임명하여 보냈다. 공양왕 때에는 그를 단순한 순찰관이 아니라 임기가 1년인 도의 전임관으로 만들고 사무처리를 전담하는 예하기구인 경력사를 두었다. 양계지역에는 공민왕 무렵부터 도순문사가 파견되어 왔다. 공양왕 때 도절도사로 고쳤다가 남쪽과 마찬가지로 도관찰출척사를 파견하였다. 이로써 도와 계의 장관이 도관찰출척사로 통일되었다. 하지만 이는 일시적인 조치에 그쳤으니 공양왕 말년에 도의 도관찰출척사는 다시 안렴사로, 계의 도관찰출척사는 다시 도순문사로 바뀌었던 것이다.

조선에 들어와 도의 안렴사는 도관찰출척사 혹은 안렴사의 명칭을 반복하다 태종 때에 도관찰출척사로 굳어진다. 양계는 그 명칭이 북계는 평안도로, 동계는 영길도 혹은 함길도로 개칭되었으며, 태종 17년(1417)에 도와 마찬가지로 도관찰출척사가 파견되었다. 이로써 전국이 8도 도관찰출척사로 짜여져 8도체제가 출범하게 되었다. 8도는 경기도·황해도·강원도·충청도·전라도·경상도·평안도·함길도[함경도]이다. 도의 장관인 도관찰출척사는 세조 때 관찰사로 개칭된다.

조선의 도는 전국에 걸쳐 설치된 점, 그 장관인 관찰사에 재상의 반열에 해당하는 고위관료가 임명되는 점, 관찰사의 임기가 1년인 점 등이 고려와 다르다. 조선의 도는 지방의 중심되는 행정단위로 보다 확실히 기능했으며 관찰사는 지방관들을 보다 강력하게 통솔할 수 있게 되었다. 이로써 중앙의 힘이 지방에 효율적으로 침투할 수 있게 되었음은 물론이다.

　이처럼 고려의 도와 조선의 도는 여러 면에서 달랐다. 고려의 도는 조선과 비교하면 지방중심으로서 제대로 기능하지 못했다. 안찰사〔안렴사〕의 지위와 권한도 조선의 관찰사와 비교하면 낮고 약하여 지방관을 확실히 장악할 수 없었다. 더구나 북쪽에는 양계가 존재하여 도가 전국적으로 마련되지도 못했다. 도를 기준으로 하면 어느 모로 보나 고려의 도는 부족하고 미비하다.

　그런데 이러한 점들을 고려 도제의 미숙성으로 이해하는 경향이 있다. 이는 일반 군현 이외에 차별받는 향·소·부곡이 존재할 뿐만 아니라 일반 군현 안에도 지방관이 파견되지 못한 속군·속현이 존재하는 점 등을 들어 고려 지방제도가 미숙했다고 지적하는 경향의 연장선에 있는 것이다. 하지만 그 안에는 고려시대의 역사성이 담겨 있으며 어찌 보면 그것이 당시로서는 최선이었다.

　고려는 호족의 시대인 후삼국을 통일한 나라였다. 각 지역을 지배한 호족〔토호〕의 힘은 줄어들기는 하였지만 여전히 지배력을 행사하였다. 그래서 고려는 일부의 핵심지역에만 지방관을 파견할 수 있었다. 그 결과 지방관이 파견된 주군·주현을 통해서 지방관이 파견되지 못한 속군·속현을 지배할 수밖에 없었다. 중앙의 지방지배에 대한 이러한 한계를 보완하기 위해 계수관이나 도가 마련되었지만 보조적인 역할에 머물렀던 것이다.

　고려의 중앙정부는 주군·주현·계수관·도 등을 통해 지방에 대한 통제를 강화하려 하였지만 그 명령이 지방 곳곳에 스며들지 못했다. 중앙이 작은 단위인 주군·주현을 통해서도 지방을 효율적으로 통제하기 어려운 현실에서 보다 큰 단위인 계수관, 더 나아가 도가 강력한 기능을 발휘할 수는 없었다. 그 결과 지방은 중앙의 권력으로부터 상당히 자유로웠다. 물론 지방관이 파견되는 등 중앙집권도 상당히 이루어졌지만 분권적인 경향도 없지 않았던 것이다.

김창현

우리 고향도
주현(主縣)으로 만들어 달라

고려의 지방제도는 무엇이었는가

　우리나라에는 현재 지방제도로서 지방자치제가 행해지고 있지만, 삼국시대부터 조선시대까지는 군현제(郡縣制)가 실시되었다. 원래 군현제는 황제칭호를 처음 사용한 진시황(秦始皇)이 기원전 221년 중국을 최초로 통일하고, 황제권력을 강화하는 지배체제 구축 과정에서 생겨났다. 이후 중국은 2천여 년 이상 군현제 시대가 지속되었다. 군현제는 영주(領主)와 농노(農奴), 혹은 제후(諸侯)와 제후국민(諸侯國民) 등으로 상징되는 봉건제(封建制)와 대별되는 제도이기도 하다. 이것은 전국을 군현이라 일컫는 지방행정 단위로 구획한 다음, 여기에 왕권을 대행하는 지방관, 즉 외관(外官)이 파견되고, 그가 전국에 적용되는 동일한 정령(政令)으로 각 군현의 행정을 맡아보는 제도이다. 중앙정부는 군현제를 통해 호구와 토지를 파악한 뒤, 세금을 거두어들이는 한편, 반란방지 등의 통제와 아울러, 농업 등의 산업장려 및 구휼사업도 행했던 것이다.
　우리나라에서 군현제적 지방지배체제가 마련된 것은 고구려·백제·신라가 왕권강화와 더불어, 중앙집권적 고대국가체제를 확립할 때였다. 이에 삼국시대 연구에서는 군현제적 지방지배의 실시를 고대국가 확립의 징표로 삼아 이해하는 편이다.

그런데 우리나라의 군현제는 중국의 그것과는 매우 달랐고, 역대의 각 왕조마다 그 구조와 운영실태에 있어서도 상당한 차이가 있었다. 이것은 중국으로부터 수용했던 군현제가 우리의 실정에 맞추어 변용되었으며, 우리나라의 군현제는 각 왕조가 지녔던 정치·사회 구조에 따라서 운영되었기 때문이다.

특히 고려시대의 군현제는 다른 시대와는 구별되는 여러 특색을 지니고 있었다. 그 가운데서도 가장 주목되는 것이 주현(主縣)과 속현(屬縣)의 존재이다. 즉, 고려 때도 다른 시대와 마찬가지로 주(州)·부(府)·군(郡)·현(縣) 등의 호칭이 따라붙는 군현 형태가 지방행정 단위로 기능했으나, 이들이 주현과 속현으로 대별되는 특성을 지녔던 것이다.

주현·속현의 기원과 변화

고려 때는 일부 군현단위만이 중앙정부와 직접 연결되어 행정업무가 처리되었고, 상당수 나머지 군현은 중앙정부와 직접 관계를 갖지 않고 전자의 군현을 통해 이루어졌다. 이에 연구자들은 전자의 군현을 주현, 후자의 군현을 속현이라 부르고 있다. 그런데 주현과 속현의 구분기준과 그 형태 및 비율은 고려왕조의 전개추이에 따라 변해 나아갔다.

우리나라 역사에서 신라말 고려초의 지방세력은 호족(豪族)이라 불려진다. 이들은 정치적·군사적·경제적 지배력을 행사하는 자신의 지배영역을 지닌 존재였다. 고려는 후삼국 통일전쟁 기간에 이들 호족세력의 지배영역이 자신의 영향력 하에 편입되면, 상당수는 그 지역의 읍호(邑號)를 고쳤다. 이 개명은 성(城)을 중심으로 이루어진 호족의 지배영역을 군현으로 개편한 것이었다. 또한 읍호가 개명되지 않은 군현의 영역도 새로이 획정되었던 것으로 보인다. 때문에 고려의 군현은 신라 때의 기존 군현과는 영역 경계 및 규모가 다를 수도 있었다. 즉, 태조대(918~943년)의 군현 개명은 나말려초 지방사회에 일어난 호족중심의 지역편제라는 변화가 반영되어 있었고, 단순히 신라 때부터 지녀왔던 군현명의 개정이 아니라 그것의 개편이었던 것이다.

　태조대 읍호가 고쳐진 군현은 각각 주·부·군·현 등의 읍격(邑格)을 지니고 있었다. 이러한 읍격별 군현 개명은 지배영역을 지닌 호족세력의 등장과 이들 사이에 연합적 세력권을 이루고 있었던 나말려초 지방사회의 상황에 맞추어 지방지배 구조를 형성하려는 조처와도 관련을 가지고 있었다. 즉, 고려는 강력한 호족세력이 존재해 당시 지방사회에 형성된 연합적 세력권의 중심이 되는 지역을 주(州)·부(府)와 일부 군(郡) 등의 읍격으로 개편해 주현이 되게 하고, 이 중심 군현의 연합적 세력권과 새로이 영역으로 편입되는 지역에 대해서는 현과 일부 군 등의 읍격으로 개편해 그 주현의 속현으로 만들어 군현의 주속관계(主屬關係)를 형성하게 하였던 것이다. 이들 주현으로 설정된 군현에는 아직은 대부분 외관이 파견되지 않았다.

　군현의 주속관계는 태조의 통일전쟁기간에 읍격별 군현 개명 등의 조처에 의해 아직 외관 파견의 여부와는 관계없이 광범위하게

객사문

강릉시 용강동에 위치한 고려의 객사로, 중앙에서 파견된 사신들이 숙사로 이용하였던 건물이다. 현재 남아 있는 현판의 글씨는 공민왕 15년(1366)에 공민왕이 낙산사로 가는 길에 들러 남긴 친필이다.

맺어졌던 것이다. 이어 고려가 통일을 이루어 4년이 지난 태조 23년(940)에는 그 동안 형성되었던 군현의 주속관계를 제도적으로 추인하는 조처가 취해졌다.

고려는 건국한 지 80여 년이 지난 성종 14년(995)에 지방제도를 개편해 비로소 전국적 규모의 외관을 파견하기 시작했다. 그런데 외관 파견은 당시에 존재했던 468여 개 군현단위 가운데 주명(州名)을 지닌 128개 군현에 국한되었던 것으로 보이고, 상당수 나머지 현단위 군현에는 외관이 파견되지 않았다. 그래서 주단위 군현이 주현으로서 현단위 군현을 속현으로 지니는 군현의 주속관계가 맺어졌다. 이로부터는 주현과 속현이 외관 파견 여부를 기준으로 삼아 구분되기 시작했고, 상당수의 군현이 외관이 파견되지 않은 속현의 위상을 지녔다. 이러한 상태는 고려가 멸망할 때까지 그 골격이 유지되었던 지방제도의 개편이 이루어진 현종 9년(1018) 이후에도 계속 이어졌다.

현종 9년 당시 군현은 482여 개였다. 이 가운데 외관이 파견되어 주현으로 설정된 군현은 "제도(諸道)의 안무사(按撫使)를 없애고, 4도호(都護)·8목(牧)·56지주군사(知州郡事)·28진장(鎭將)·20현령(縣令)을 두었다"라는 사실에서 드러나듯이, 116개에 불과했고, 나머지 366여 개 군현은 외관이 설치되지 않은 속현의 위상을 지녔다. 특히, 이로부터는 군현의 읍호가 주·부·군·현, 혹은 진(鎭) 가운데 어떠한 읍격을 지니고 있다 할지라도, 외관이 파견된 군현이 주현으로서 그렇지 않은 속현보다 행정단위의 서열이 높았다. 예를 들면, 보주(甫州: 경북 예천군)는 안동부(安東府: 경북 안동시)의 속현으로 예속되었다가, 명종 2년(1172)에 기양현(基陽縣)으로의 개명과 동시에, 비로소 현령이 파견되어 주현의 위상을 지니기에 이르렀다. 그런데 보주에서 기양현으로 개편된 사실이 행정단위 서열의 강등이 아니라 승격이었던 것이다.

현종 9년 이후에도 상당수의 군현이 속현이었는데, 점차적으로 현령 등의 외관을 파견하는 군현이 확대되어 주현이 늘어나고, 속현이 감소되는 추세로 나아갔다. 이는 새로운 외관이 마련되는 변화와 더불어 더욱 촉진되었다.

예종 원년(1106)에 이르러 외관이 파견되지 않았던 24개 군현에 감무(監務)가 파견되었다. 감무는 7품 이상의 관료가 임명되는 기존의 수령층인 현령보다는 낮고, 가장 최하위였던 8품의 현위(縣尉)에 맞먹는 대우를 받았다. 이로써 감무라는 외관이 처음 생겨났다.

예종 원년 이후에 감무 파견은 계속 확대되어 나아갔다. 그래서 고려가 멸망하는 1392년에 이르러서는 감무 파견 군현이 238여 개 치역에 달했다. 또한 이 시기에는 감무 이외에 현령 등의 외관이 새로이 파견되어 주현화가 이루어진 군현도 다수 생겨났다. 그러나 고려말기에 이르러도 전국의 500여 개 군현단위 가운데 외관이 파견되지 않아 속현의 위상을 지녔던 것이 160여 개에 달할 정도였다.

고려의 군현단위는 다른 시대와는 달리, 고려가 건국되는 태조대부터 주현과 속현으로 구분되기 시작했고, 이후 지방제도 개편과 더불어 주현과 속현의 구분기준이 외관 파견 유무에 두어지는 변화가 발생하는 한편, 주현이 늘어나는만큼 속현이 점차적으로 줄어드는 상태로 나아갔다. 그러나 주현과 속현의 구분은 고려가 멸망할 때까지도 지속되었으며, 조선초기에 이르러서야 해소되었다.

외관과 향리가 공동운영한 고려의 지방지배

고려의 지방지배는 주현을 중심축으로 이루어졌다. 고려 때 주현이 지방지배의 중심축으로 기능하기 시작한 것은 태조의 통일전쟁 기간부터였다.

태조는 연합적 세력권의 중심이 되는 강력한 호족세력의 출신지역을 주현으로 설정함과 동시에, 이 곳의 호족세력에게는 대광(大匡)·대상(大相)·원윤(元尹) 등의 고려초기 관계(官階)를 수여했다. 이들 고려초기 관계는 중앙과 지방의 지배집단을 구분하지 않은 채 주어져 이들의 서열을 매기는 공통의 위계제였을 뿐만 아니라 관직과 같이 활용되는 기능도 지니고 있었다. 한편 호족세력이 지니고 있었던 정치조직은 고려가 공인·유지토록 해주었다. 그래서 고려는 통일전쟁 시기부터 고려초기 관계 등을 지닌 주현의 호족세력에게 지방실정의 파악, 통일전쟁의 수행 등과 같은 정치적·군사적 역할을 나누어주어 수행케 함과 아울러, 세금도 거두어들여 중앙으로 납부하게 하였다.

그런데 고려가 주현 호족세력을 통해 지배력을 행사하였던 지역은 주현뿐만이 아니라 이들과 각각 주속관계를 맺은 속현도 포함되어 있었다. 주현의 지방세력은 자신의 지역과 주속관계를 맺게 된 속현에 대한 국가의 지방지배도 위임받아 수행하는 외관과 같은 지위를 지녔던 셈이라 하겠다. 이 시기 속현의 지방세력은 주현의 지방세력과 마찬가지로, 자신의 군현 내부에서 이루어지는 행정업무를 국가로부터 위임받아 처리했으나, 세금납부 등과 같은 중앙정부와 관련된 속현지역의 행정업무 처리는 각 주현의 지방세력을 통해 이루어졌다.

전국적 규모의 외관이 파견되고, 외관파견 여부를 기준으로 삼아 외관이 파견된 군현이 주현, 그렇지 않은 군현이 속현으로 구분되는 시기 이후에도 주현을 중심축으로 삼는 국가의 지방지배 형태는 지속되었다. 한편 호족세력이 종전에 지녔던 정치조직도 국가의 지방지배 기구로 활용되다가 향리직제(鄕吏職制)로 개편되고, 여기에는 나말려초 호족세력의 계보를 잇는 지방세력이 세습적으로 최고위 호장(戶長) 등의 향리직책을 지녀 참여했다. 그래서 이들이 각 군현의 행정업무를 수행하였다.

이 때부터는 주현의 외관이 중앙정부와 직결된 지방행정을 감독·운영하게 되었으나, 여전히 주현의 향리가 속현의 향리를 거느려 속현과 중앙정부를 연결하는 행정업무를 관할했다. 이 때문에 주현과 속현은 군신관계나 부부관계로 간주되고도 있었다. 이 형태가 구체적으로 어떠했는지를 중앙정부로의 세금 납부과정을 통해 살펴보도록 하자.

중앙정부는 주현과 속현을 막론하고, 군현단위별로 세금을 할당했다. 이 세금은 주현과 속현의 향리가 자신이 소속한 각 군현의 주민으로부터 거두어들였다. 다음에는 주현의 향리가 자신의 지역뿐만 아니라 주속관계를 맺은 다수 속현의 향리가 거둔 세금을 다시 수합하고, 자신의 지역에 파견된 외관의 책임하에 중앙정부로 납부했다.

이밖에도 호구와 토지의 파악, 세금의 감면, 권농과 구휼사업 등과 같은 각종 지방행정도 주현과 속현의 구별없이, 각 군현단위별로 수립·시행되었다. 그러나 중앙정부와의 각종 지방행정 업무처리는 주현만이 중앙정부와 직접 관계를 가져 이루어졌을 뿐이고, 속현은 주속관계를 맺은 각 주현의 외관과 향리세력을 통해 행해졌다.

조선시대에는 전체 군현에 수령이 파견되고, 향리가 수령의 하수인과 같은 존재로 전락했던 것과는 달리, 고려 때는 전국적 규모의 외관파견 이후에도 토착의 지방세력으로 구성된 주현의 향리가 관료와 같은 위상을 지녀 외관과 더불어 국가의 지방지배를 공동으로 운영하였던 편이라 하겠다. 종종 중앙정부가 외관과 더불어 주현의 향리를 직접 감찰의 대상으로 삼곤 했던 것도 주현의 향리를 외관과 함께 지방지배 운영의 권한을 부여받고, 이를 행사하는 존재로 보았기 때문이었을 것이다.

이렇게 되고 보니 속현은 여러모로 어려움을 겪지 않을 수 없었다. 예컨대, "현풍현(玄豊縣: 경북 달성군 현풍면)은… 밀성군(密城郡: 경남 밀양군)의 속현이었다. 이 시기에 밀성군의 향리로 명령을 받아 이 현에 나가 다스리는 자는 반드시 이 곳 향리를 업신여기고 백성을 속여 거만하게 구는 한편, 가렴주구를 행했다. 또한 밀성군의 징발로 1백 리나 되는 길을 왕래했기 때문에 백성은 고달파지고, 농토는 황폐해져 겨우 현의 이름만 유지해 왔다"라든가, "나의 고향 비옥현(比屋縣: 경북 의성군 비안면)은 옛날 상주(尙州: 경북 상주시)의 속현이었는데, 주(州)에서 60여 리나 떨어졌다. 때문에 비옥현의 현리가 5일에 한번씩 상주로 찾아가 명령을 받느라 바쁘면서도 오히려 빠뜨리는 일이 있을까 겁을 냈다. 가끔 급한 일이 있어 상주 향리가 비옥현에 오게 되면, 현의 향리를 욕보이고, 주민에게 민폐를 끼치는 것은 말로 헤아릴 수가 없었다"고 한 바와 같은 일이 주현과 속현 사이에서 흔히 발생했다.

고려의 지방지배 운영체계상 속현은 주현에 비해 구조적으로 불리한 처지에 놓여져 있었던 것이다. 따라서 속현지역이 주현보다 황폐화와 유망현상이 심했다. 속현의 주현화가 정책적으로 이루어져 나아갈 때 많이 파견되었던 감무도 속현지역에 빈발하는 유망을 방지하고, 유망민을 다시 불러들이려는 대책의 일환으로 새로이 생겨난 외관이었다.

속현이 구조적으로 주현보다 더 많은 민폐가 야기될 가능성이 컸던 지역이다 보니, 속현지역에 살던 주민은 외관을 맞이해 자신의 고향이 주현화가 이루어지기를 바랬다. 권력자도 자신의 고향, 혹은 연고를 맺은 지역이 속현의 위상을 지녔을 때는 그 곳의 주현화를 위해 자신의 정치적 영향력을 행사하곤 했다. 심지어는 외관을 불러들일 요량으로 속현이나, 또는 외관이 철폐되어 주현의 위상을 상실한 군현들은 중앙의 권력자에게 뇌물을 건네주는 경우도 있었다.

특히 속현의 향리층이 주현화를 가장 바랐다. 이는 주현화가 이루어졌을 때는 중앙정부에 책임지게 되는 지방행정의 감당 능력을 높이기 위해 종종 다른 행정단위를 예속시켜 관할하는 조처도 함께 취해졌기에 향리층이 종전보다 더 확대된 지역을 관할해 위세가 더 높아질 수 있기 때문이었다. 더구나 향리층은 왕권을 대행하는 외관을 자신의 배경으로도 삼을 수 있는 한편, 자제가 자신의 지역에 파견된 외관을 매개로 중앙에 진출하는 길이 보다 널리 열릴 수 있기 때문에 자신의 고향에 외관이 오는 것을 일반 주민보다 더 바랬다.

한편 국가에서도 속현 지역의 주민이 세운 공에 대한 포상의 일환으로 그 지역을 주현화하는 조처를 취하기도 했다. 또한 왕실과 왕의 총애를 받는 인물 및 권력자 등과 연고를 맺은 속현 지역이 주현화되는 조처가 취해지는 경우도 많았다. 이와는 반대로 주현 지역의 주민이 저지른 범죄에 대한 처벌 수단으로 그 곳의 외관설치를 폐지해 주현의 위상을 상실토록 하는 조처가 취해지기도 했다. 중앙정부도 자신의 고향이 주현이 되기를 바라는 속현 지역 주민의 열망을 국가운영에 적절히 활용하고 있었던 것이다.

　속현 지역의 주민은 자신의 고향이 주현화가 이루어져 지방지배의 운영체계상 구조적으로 불리한 처지에 놓여지는 상태로부터 벗어나기를 바랐으나, 모든 군현단위가 주현이 될 수 있었던 것은 아니었다. 왜냐하면, 속현과 그 지역 주민은 주현화가 이루어졌을 때 누리는 유리함도 있지만, 그에 못지않게 자신과 새로이 주속관계를 맺게 된 속현 지역에 할당된 세금을 채워 중앙으로 납부하는 것과 같이, 국가로부터 부여받은 여러 의무를 수행해야 할 책임도 져야 하기 때문에 이를 감당할 인구와 경제력 규모를 갖추지 못한 군현은 주현이 될 수 없는 것이다.

　또한 주현에 파견된 외관에 대한 급여의 절반과 이들을 보내고 맞이하는 데 드는 비용 등도 해당 지역민의 부담이었던 것이 당시의 사정이었다. 이에 주현 지역 주민의 경제적 부담이 합법적, 또는 불법적으로 가중되는 경우도 많았다. 그래서 중앙정부가 속현 지역의 주현화를 엄격히 심사한 뒤에 결정했다. 종종 권력자와 인연을 맺은 지역이 그의 영향력에 힘입어 주현으로 승격되었다 손치더라도, 그가 실세하면 원래의 위치로 되돌아가는 경우가 일어났던 것도 승격해 맡게 된 경제적 부담 등을 감당해 내지 못해서였던 것이다.

　속현 지역에 살던 주민은 외관이 부임해 와 자신의 고향이 주현이 되기를 바라는 열망을 지녔던 것이 고려 때의 사정이었다. 그럼에도 불구하고, 조선초기까지 상당수 속현이 남아 있었던 것은 인구와 경제력 규모로 보아, 주현이 될 수 없을 정도로 영세한 군현이 상당수에 달했던 이유도 크게 작용했기 때문이라 보아야 할 것이다. 이 점은 고려시대 500여 개에 달하는 군현 가운데 영세한 군현을 병합하는 등의 조처를 취해 전국의 군현단위를 이전보다 훨씬 적은 360여 개로 줄이는 지방제도의 개편이 이루어진 조선초기에 이르러서야 비로소 군현의 주속관계가 해체되어 속현의 존재가 소멸되었다는 사실에서도 엿볼 수 있다.

김일우

여러 종류의
특수한 지방행정단위

다양한 형태로 이루어진 고려의 지방행정 단위

현재 우리나라는 전국이 도(道)·시(市)·군(郡)·읍(邑)·면(面) 등으로 나누어져 있다. 이들이 오늘날 우리나라의 지방행정 단위인 것이다. 이에 비해 삼국시대부터 조선시대까지는 주(州)·부(府)·군(郡)·현(縣) 등의 호칭이 따라 붙는 군현 형태가 지방행정단위였다. 이는 이 기간에 실시되었던 지방제도가 군현제였기 때문이었다. 그런데 고려 때에는 군현 형태 이외에도 향(鄕)·소(所)·부곡(部曲)·장(莊)·처(處)·역(驛) 등으로 불려진 지역이 애초부터 있었다. 이들 가운데 전자는 500여 개이고, 후자는 900여 개 이상이었다.

향·소·부곡·장·처·역 등은 국가 직속지나 세금에 해당하는 부분의 소출이 왕실과 사원에 귀속된 장·처전(莊處田)의 경작, 또는 철과 구리 등의 광물이나 소금과 해산물, 특정의 농산물[차·생강·콩 등], 전업적(專業的) 생산품[먹·자기·종이 등]을 생산·제조해 국가에 바치고, 혹은 사람과 물자이동을 신속히 도모하기 위해 동원되는 천하며 고된 역역(驛役)과 같은 특정의 역을 담당하는 등등의 주민들이 거주하던 지역이었다.

이들 지역은 각 군현의 임내(任內) 등이라 하듯이, 군현의 관할영역으로 간주되는 면을 지니고도 있었다. 또한 중앙정부와 이들 지역간의 행정업무도 이들이 속한 각 군현단위를 통해 처리되었다. 그럼에도 불구하고, 이들은 그 자체가 종종 군현단위로 개편되고 있듯이, 각 군현의 영역에서 분리되어 따로 파악되는 개별적 영역을 지닌 지역이기도 했다. 게다가 이 지역에는 군현단위에 비해 정치적·사회적·경제적으로 열등한 대우를 중앙정부로부터 받았지만, 토착세력으로 구성된 향리층이 별도로 존재했다. 이들도 군현단위의 향리처럼 국가의 지방지배 업무에 종사하는 대가로 토지를 국가로부터 지급받았다. 한편 고려는 향·소·부곡 등의 지역민들에게도 군현단위의 주민과 마찬가지로 각종 세금을 거둬들이면서도, 이들을 군현민과는 별도의 다른 적(籍)에 올려 차별화하고 있었다.
　고려의 지방행정단위는 군현과 향·소·부곡·장·처·역 등의 복합적 형태가 있는 이중구조였던 것이다..

차별대우 받았던 향·소·부곡·장·처·역 등의 지역과 그 주민

　고려의 지방행정 단위형태 가운데 향·소·부곡·장·처·역 등의 지역과 그 주민은 군현단위에 비해 각종의 불이익을 받았다. 고려 때는 자신이 살고 있는 지역의 행정단위 형태도 생활에 많은 영향을 주었던 것이다.
　우선 향·소·부곡·장·처·역 등 지역의 주민이 받았던 불이익은 관직진출의 제약을 들 수 있다. 이들 지역 출신은 상급 향리층이라 하더라도 군현단위의 그들과는 달리, 가장 중시된 과거였던 제술과(製述科)에 응시자격이 없었다. 또한 벼슬살이하더라도, 자손에게 세습할 수 있는 토지인 공음전시(功蔭田柴)를 받으며, 자손이 과거를 통하지 않고도 관직에 나아가는 음서(蔭敍)의 기회가 주어지는 등의 특별대우를 누리던 5품 이상의 고급관료에 나아가는 것 등을 제도적으로 제약받았다. 게다가 정치적 위상이 높고, 관직경력 가운데 엘리트 코스로서 고려 때 핵심 지배세력이었던 귀족의 자제가 주로 임명되는 청요직(淸要職)에도 제도적으로 나아갈 수 없었다.

관직진출의 제약뿐만 아니라 향·소·부곡·장·처·역 등 지역의 주민은 경제적으로 우월하였던 군현단위의 주민에 비해 오히려 더 많은 비율로, 또는 철과 구리 등의 광물이나 소금과 해산물, 차·생강·콩 등의 농산물, 아니면 먹·자기·종이 등의 수공업품과 같은 특별한 물품이나, 혹은 특정의 역(役)을 세금으로 바치는 부담을 지고 있었다. 이 때문에 군현단위 지역에 살던 주민보다 유망이 심했으며, 봉기도 자주 일으켰다.

향·소·부곡·장·처·역 등의 지역과 그 주민이 군현단위에 비해 불리·열등한 처지에 있으니까, 고려는 역 등의 지역에 거주하는 주민을 포상의 차원에서 군현의 적(籍)으로 옮겨 올려주는 처우개선의 조처를 행하기도 했다. 또한 고려는 봉기를 일으킨 소(所) 지역 주민의 회유, 또는 향·소·부곡 등의 지역주민이 세운 공로에 대한 보상 등의 일환으로 이들 지역 자체를 군현단위로 개편하는 승격의 조처를 취하는 경우도 흔했다. 이와는 반대로 주민에 대한 처벌수단으로 군현단위 지역을 부곡 등으로 강등하는 조처가 취해지기도 했다. 한편 권력자들은 연고를 맺은 향·부곡 등의 지역을 자신의 정치적 영향력에 의지해 군현단위로 개편하고자 하였던 반면에, 부곡 등으로 강등되는 군현단위의 지역민은 그것을 저지하고자 중앙정부의 권력자에게 뇌물을 주곤 했다. 이들 지역에 거주하는 주민은 처우개선과 지역위상의 상승을 위해 군현단위의 적(籍)에 올려지기를 원하거나, 또는 자신의 고향이 군현단위로 개편되기를 바랬던 것이다. 중앙정부도 이러한 열망을 국가운영에 적절히 활용하고 있었다.

향·소·부곡·장·처·역 등의 지역과 그 주민은 군현단위에 비해 법제적으로 정치적·사회적 위상이 열등했고, 또한 더 많거나 특정물품 등을 세금으로 내고 있어 국가에 대한 경제적 부담도 컸던 존재였던 것이다. 이 때문에 고려 때 신분제는 사농공상(士農工商) 등과 같은 직업적 요소뿐만 아니라 거주하는 지역적 요소도 차별대우의 근거가 되는 특색이 있었던 것으로 보고 있다.

한편 이들의 법제적 신분에 대해서는 과거에는 주로 집단 천인(賤人)으로 보았으나, 현재는 양인(良人), 또는 양인이지만 그 담당하는 일이 천하고 힘들었다는 신량역천(身良役賤) 등으로 간주하는 상태이다. 그리고 향·소·부곡·장·처·역 등과 같은 형태로 진(津)·강(江)·포(浦)·관(館)·정(停) 등을 더 거론하여 이들을 부곡제(部曲制) 영역이라는 동일 범주로 묶어 이해하고도 있다. 이들의 발생 연유에 대해서는 지역간 불균등한 농업생산력의 차이와 그에 따른 계층적·분업적 편제, 고려건국 당시 역명자(逆命者) 집단의 편제, 주민범죄에 대한 집단적 처벌을 도모키 위한 편제, 천한 역(役)담당과 특정물품 공급인력의 계속적 확보를 위한 지역편제, 새로운 개간지[新墾地]의 확대와 그것의 군현제 편입 등등 다양하게 꼽고 있어 논란이 분분한 편이다.

사람들이 거주하는 행정단위의 형태에 따라 생활에 각종 불이익을 제도적으로 받았던 점은 조선시대에 이르러서는 없어졌다. 이는 향·소·부곡·장·처·역 등과 같은 형태의 행정단위가 해체되고, 이들 지역이 군현단위의 영역으로 편입되는 변화와 더불어 진행되었다.

도(島)라는 행정단위도 존재했다

고려 때 지방행정 단위 중에는 향·소·부곡·장·처·역 등의 형태가 있었다. 그런데 이들과 동일한 위상을 지녔던 지방행정단위로는 도(島)가 또한 추가되어야 한다.

고려 태조는 오랫동안 해상무역에 종사했던 가문의 출신답게 항해에 능숙했으며, 해상의 사정에도 밝았다. 애초부터 그는 해상장악을 통해 얻은 부(富)가 통일사업과 국가경영에 많은 도움이 된다는 점도 잘 알고 있었다. 그가 후삼국 통일전쟁을 수행할 때 한반도의 서남해에 집중되어 있는 섬지역 경략에 주력해 그것을 장악한 것은 어쩌면 당연한 일이라 할 수 있겠다.

태조는 장악한 섬지역에서 물고기와 해산물·소금·말 등과 같이 경제적 가치가 있는 생산물을 수취했다. 또한 태조대에는 해전이 상당히 활발했는데, 수군(水軍)이 이들 섬지역에서 충당되는 경우도 있었다. 섬지역을 유배처로 활용한 것도 이 때부터였다.

섬지역에 대한 태조의 경영은, 여러 섬에서 얻은 부에 힘입어 그가 통일을 이룬 것처럼 후대 고려인이 종종 내세웠듯이, 상당히 적극적이었던 편이다. 그리고 태조대부터 이루어진 것과 같은 섬지역에 대한 관할은 줄곧 계속 유지되어 나아갔다.

섬지역에도 군현이나 향·소·부곡 등과 같은 다른 형태의 행정단위처럼, 국가의 지방지배에 종사하는 업무를 부여받아 수행하는 향리층이 존재했다. 예를 들면, 고려는 섬에 설치한 우리에서 말을 기르고 있었는데, 그 말이 관리소홀로 죽었을 때는 도리(島吏)가 처벌을 받았다. 섬에서 기르는 말의 사육책임은 그 곳 향리층인 도리에게 있었다. 즉, 부곡리(部曲吏)가 부곡형태를 띤 행정단위의 향리층이듯이, 도리는 섬지역의 행정단위 형태를 의미하는 도(島)의 향리층이었던 것이다.

한편 고려는 섬에서 해산물과 소금, 말과 소 등의 가축, 목재·약재(藥材)와 염료(染料)에 쓰이는 특용작물 등을 세금으로 취하고 있었다. 특히 '도'에는 소(所)형태의 행정단위와 같이 특정의 전업적(專業的) 생산품을 만들어 국가에 바치는 장인(匠人)이 있는 경우도 있었다. 고려는 소형태의 지방행정 단위에 광산물·해산물·일부 농작물·전업적 수공업품 등을 세금으로 부과하여 취했는데, 이들과 유사한 물품을 '도'로부터도 거두어들였던 것이다.

태조대부터 국가가 적극적으로 경영하였던 섬은 연안 군현의 관할영역으로 간주되고, 그 군현에 파견된 지방관이 관할하곤 했다. 그런데 이들 '도'는 향·소·부곡·장·처·역 등처럼 군현의 관할영역에 속하는 측면이 있으면서도, 거기에서 벗어나 따로 자신만의 영역을 지닌 개별적 행정단위의 형태로 간주되는 지역이 기도 하였다. 이 때문에 '도'영역 자체만을 관할군현에서 떼어내 별도의 군현을 따로 만드는 것도 가능했다. 또한 관료 등의 출신 고향이 군현뿐만 아니라 '도'단위로도 따로 구별해 거론하게 된 것도 여기가 개별적 행정단위로 파악되는 지역이었기 때문이라 할 수 있다.

더욱이 고려는 전국적 규모의 지방관이 군현단위에 비로소 파견되는 성종 14년(995)보다 이른 시기부터 구당사(句當使)를 설치했으며, 이들이 나아간 곳으로는 상당수의 섬이 확인되고 있다. 여기에서 이들은 주민의 애로사항을 처리하고, 거기에서 거둔 세금을 개경으로 옮겨오는 등의 일을 맡아 처결했다. 이러한 구당사가 임시로 파견되는 사신이 아니라 중앙에 상설적으로 마련된 관직이었다.

특히 '도'지역의 주민은 군현단위의 주민과는 별도의 다른 적(籍)에 올려져 차별대우를 받았다. 이 때문에 국가에서는 포상의 차원에서 섬지역 주민을 이들이 원하는 군현의 적으로 옮겨 올리는 조처를 처우개선의 한 방편으로 취하기도 했다. '도'지역 주민에 대한 차별대우는 과거응시와 관직진출에 있어서도 찾아볼 수 있다.

제주도(濟州道)는 탐라군으로의 개편이 이루어지는 숙종 10년(1105) 이전까지 실질적 행정단위 형태가 '도'였다. 이 때문에 제주도의 토착세력은 숙종 10년 이전까지 향·소·부곡 등의 그들처럼 가장 중시된 과거였던 제술과(製述科)에 응시자격이 없었으며, 또한 벼슬살이하더라도 청요직에 나아갈 수 없는 등의 제도적 차별대우를 받았다. 반면에 제주도가 탐라군으로 개편되어 군현 형태의 행정단위로 변한 이후에는 토착세력 출신이 제술과 응시자격을 당연히 갖게 되었고, 청요직을 거쳐 최고위직인 수상(首相: 현 국무총리급)에까지 나아갔다. 여기에서도 고려의 신분제는 거주하는 지역의 행정단위 형태를 차별대우의 근거로 삼았던 사실이 드러나고 있다.

한편 '도'에는 해산물과 전업적 생산품 등과 같은 특정 물품이 군현단위와는 달리 별도의 세금으로 부과되었으며, 그 수취도 부정기적으로 자주 이루어졌기 때문에 섬사람들의 세금부담이 컸다. 섬사람들도 향·소·부곡·장·처·역 등 지역의 주민처럼 군현단위에 비해 법제적으로 정치적·사회적 위상이 낮고, 특정의 세금이 추가로 부과되어 국가에 대한 경제적 부담이 큰 존재였던 것이다.

물론 고려 때도 도(島)가 우리가 일반적으로 사용하듯이, 사면이 바다로 둘러싸인 지역에 붙이는 호칭으로 역시 쓰여지고 있었다. 또한 섬 가운데는 강화현과 진도현 등처럼, 태조대부터 섬지역 그 자체가 독립된 군현이었던 경우도 있다. 이들 섬은 그 지역 자체가 군현 형태의 행정단위였던 셈이다. 그러나 이들 이외의 상당수 다른 섬은 향·소·부곡·장·처·역 등과 동질의 위상을 지녔었다.

우리나라 역사에서 도(島)가 지방행정 단위의 형태 가운데 하나로 기능해 관할되었던 시기는 고려 때가 유일하다. 그러나 여기에서 주의할 점은 모든 섬이 개별적으로 파악되어 기능하기도 하는 행정단위였던 것은 아니고, 이들 가운데 인구와 면적의 규모뿐만 아니라 경제적 효용가치 등이 비교적 컸던 일부지역이 '도'라는 행정단위로 만들어졌을 것이라는 사실이다.

김일우

향리의 업무와 생활

향리제의 성립과 변천

향리는 원래 그 지역의 토착세력으로서 수령을 보좌하는 존재였다. 그러나 고려가 성립될 당시에는 각 지방에 수령이 파견되지 못한 상황이었다. 진성여왕 3년(889)부터 시작된 전란이 아직도 가라앉지 않고 있었기 때문이다. 고려가 후삼국을 통일한 936년 이후에도 사정은 마찬가지였다. 각 지방에서는 중앙정부의 용인을 받아 호족들이 독자적인 통치기구를 설립하여 운영하고 있었다.

때문에 각 지역의 통치기구와 직책은 서로 조금씩 달랐다. 예컨대 강원도 명주의 경우 태조 23년(940)경 도령(都令)-낭중(郎中)-원외랑(員外郞)-집사(執事) 등의 관직체계가 마련되어 있었다. 그러나 시간이 지나면서 이들 직제는 점차 정비되고 통일되어 갔다. 당대등-대등 체제로 굳어졌던 것이다. 광종 13년(962)의 금석문을 보면 충청도 청주의 경우 당대등-대등을 수반으로 하여 그 휘하에 병부·창부·학원 등의 관부가 설치되어 있었다. 그리고 병부·창부에는 그 장관격으로 병부령·창부령 등이 있었고 학원에는 학원경과 학원낭중이 있었다.

이러한 지방의 통치기구는 점차 중앙의 간섭과 통제가 가해졌다. 그 통제는 큰 읍에서부터 행하여졌다. 『경주호장선생안(慶州戶長先生案)』에는 광종대에 당제(堂祭: 堂大等의 또다른 명칭)를 호장으로 개명하는 조치가 있었다고 밝히고 있다. 경주는 바로 신라의 수도였기에 이를 통제하기 위한 목적에서였다.

고려 성종대에는 이들 지방의 통치기구가 대폭 개편되면서 지방에 대한 통제가 가해졌다. 성종은 즉위 2년에 최승로의 건의를 받아들여 12개 주(州)에 주목(州牧)이란 외관을 파견하였다. 그리고 종래 지방의 관부와 관직체계를 모두 바꾸었다. 본격적인 향리직제가 마련된 것이었다. 그 내용을 보면 당대등·대등을 호장·부호장으로, 낭중을 호정(戶正)으로, 원외랑을 부호정(副戶正)으로, 집사를 사(史)로 바꾸었다. 병부는 사병(司兵)으로 바꾸고 그 밑의 관직인 병부경·연상(筵上)·유내(維乃)는 각각 병정(兵正)·부병정(副兵正)·병사(兵史)로 고쳤다. 또 창부는 사창(司倉)으로 하고 창부경은 창정(倉正)으로 하였다.

이 개편은 신라식 유제를 청산했다는 데 의미가 있다. 대등은

『연조귀감』
조선 정조 때에 향리의 후손이었던 이진흥(李震興)이 향리의 기원·형성과정 및 업적을 집약하여 정리한 책

신라시대 때부터 있었던 명칭이며 당대등은 귀족회의의 의장인 상대등에 비견되는 존재였다. 그런데 이를 모두 바꾼 것이었다. 또 이 개혁을 통해 중앙관부와 뚜렷이 구별하여 격하시켰다. 병부와 창부, 그리고 병부경·창부경 등은 중앙에도 있었던 관부명·관직명이었다. 이를 개정함으로써 중앙과의 차별성을 뚜렷이 하였던 것이다.

향리직제와 그에 대한 정비는 현종대에 와서 다시 한번 정비되었다. 현종 9년(1018) 지방관이 대거 파견됨과 동시에 각 주·현의 대소에 따라 향리의 정원이 정해졌다. 이에 따르면 많은 곳은 호장 이하 향리들의 정원이 84명에 달했고 적은 곳에도 29명의 향리가 정원으로 되어 있었다. 향리들이 입는 공복(公服)도 정해졌다.

문종대에는 향리에 대한 9단계 승진규정이 정해지기도 하였다. 제단사(諸壇史)를 시작으로 병사·창사→ 주부군현사(州府郡縣史)→ 부병정(副兵正)·부창정(副倉正)→ 부호정(副戶正)·객사정(客舍正)·약점정(藥店正)·사옥정(司獄正)→ 호정(戶正)·공수정(公須正)·식록정(食祿正)→ 병정(兵正)·창정(倉正)→ 부호장(副戶長)→ 호장(戶長)의 순으로 승진할 수 있었던 것이다. 여기서 식록정은 외관들의 녹봉을 주기 위한 업무를 맡았으며 공수정은 지방관청의 경비를 조달하기 위해 설정된 공수전(公須田)이란 토지를 관리하였다. 사옥정은 감옥에 대한 업무를 관장하였고 약점정은 약의 투여와 분배 등의 업무를 맡았다.

이후 향리직제는 대체로 그 골격을 유지하였다. 그런데 예종대부터 호장들을 대표하는 상호장(上戶長)제가 신설되었다. 아마도 감무가 파견되면서 호장들을 통제하기 쉽도록 한 조치로 생각된다.

또 무신정권시대에는 지방에 조문기관(詔文記官)이 설치되었다. 중앙에서 지방으로 하달한 여러 공문을 기록하는 직책이었던 것 같다. 이리하여 고려말기에는 호장·기관·도령(都領)의 삼반(三班)체제가 성립되었다. 이 삼반체제는 조선초기까지 지속되었다.

군현제와 향리

고려시대 군현제의 큰 특징은 외관이 파견된 군·현보다 외관이 없는 군·현이 더 많았다는 것이다. 전자를 주군현(主郡縣)이라 하고 후자를 속군현(屬郡縣)이라 하였다. 주군현의 향리는 외관을 보좌하는 존재였다. 따라서 중앙집권체제의 강화와 함께 중앙정부의 통제를 받아야 했다. 외관들에게 향리를 통제할 수 있는 권한을 부여했던 것이다. 현종 9년 지방관이 장리(長吏)들의 능력을 심사하고 전곡(錢穀)이 함부로 쓰여지는 것을 감찰할 수 있도록 하였다. 또 외관으로 하여금 직접 호장을 추천하도록 하는 조치도 취해졌다.

이렇듯 외관이 파견된 주읍의 향리들은 중앙의 통제와 간섭을 받았지만 속군현의 향리는 주읍의 통제를 받아야 했다. 주읍의 수령은 매년 봄 속현지역을 다니면서 권농을 하는 한편 조세납부를 감독하였다. 이를 '행춘(行春)'이라 하였다. 한편 속현의 향리들은 자기 관할구역 안의 조세를 징발하여 주읍의 경비에 충당하였다. 주읍에서도 경비를 많이 낼수록 '능력있는 향리(能吏)'라 총애하는 사태까지 벌어지게 되었다. 또 이들은 정기적으로 주읍에 나아가 자기 군·현의 실정을 보고하고 명령을 받아와야 하기도 했다. 예를 들면 경상도의 비옥현(比屋縣)은 주읍인 상주와의 거리가 60 여리였지만 그 곳의 현리(縣吏)가 5일에 한번씩 상주에 나아가 명령을 들어야 했다. 그러나 때때로 늦음이 있으면 주의 향리가 현에 와서 그 곳 향리를 욕하기도 했던 것이다.

그러나 이들 속군현에도 감무(監務)라는 외관이 파견되면서 중앙의 통제를 받게 되었다. 감무는 예종 원년부터 파견되기 시작했는데 그들의 주요 임무는 권농·유민안집(流民安集)·조세수취 등이었다. 물론 그렇다고 하여 모든 속군현에 외관이 파견된 것은 아니었다.

다음으로 향리들은 그 지역 출신으로 중앙에 진출하여 고위관직에 오른 사심관(事審官)들의 통제를 받아야 했다. 사심관제도는 일찍이 신라의 경순왕이 고려 태조에게 귀순하자 그를 경주의 사심으로 삼아 부호장 이하 관직 등의 일을 관장하게 한 데서 비롯되었다. 사심관의 주요 임무는 지방세력들의 가세(家勢)와 조상 등을 조사하고 부역을 균등히 하며 풍속을 교정하는 것이었다. 이러한 임무를 맡은 사심관들은 향리들을 통제하기도 했으나 한편으로는 결탁할 가능성도 있었다. 그리하여 현종 초년에는 아버지나 친형제가 호장으로 있는 자는 본관지역에 임명할 수 없는 조치가 취해졌다.

향리들은 또한 기인제를 통해서 중앙의 통제를 받기도 하였다. 『고려사』권75 선거지 3 전주(銓注) 기인(其人)조에 의하면 기인제는 "향리의 자제를 뽑아 경성(京城)에 인질로 삼고 또 출신지의 일에 대하여 고문(顧問)에 대비케 한" 제도라고 되어 있다. 아마도 이 제도는 고려 태조대에 각 지역의 호족들이 왕건에게 귀순하면서 그 충성의 표시로 자신의 아들을 개경으로 보낸 데서 비롯된 것이 아닌가 한다. 그러기에 인질이 된 자들도 대우가 좋았고 호족들 자신도 관할지역에 대한 독자성을 인정받았다. 다시 말해 당시의 인질 파견은 호혜적인 입장에서 이루어졌다.

그러나 성종대·현종대의 중앙집권 강화와 지방제도의 정비로 향리들의 세력은 약화되고 기인의 지위나 성격도 변모하였다. 문종 21년에는 기인의 선상(選上) 규정이 마련되어 중앙의 강력한 통제를 받게 되었다. 이에 따라 기인들에 대한 대우도 소홀해졌다. 고려후기에 들어서면 이 같은 상황은 더욱 악화되었다.

각 지역의 향리들, 특히 호장층은 매년 정기적 또는 부정기적으로 서울에 올라와 왕을 알현해야 했는데 이 때 올라온 향리들을 '진봉장리(進奉長吏)'라 하였다. 즉 호장들은 매년 정월 초하룻날에 서울에 올라와 '원단숙배(元旦肅拜)'를 하였고 국가 또는 왕실에 경조사가 있을 때에는 수시로 '예궐숙배(詣闕肅拜)'했다. 주군현에서는 호장이 외관을 대신하여 올라왔으나 속군현에서는 명실공히 그 읍의 대표자로서 올라온 것이었다. 이러한 호장들의 진봉의무 역시 중앙정부에 의한 향리통제책이었음은 물론이다.

향리의 업무

향리들, 특히 그 가운데서도 호장(호장이 여럿일 경우는 首戶長)은 인신(印信)을 가지고 공무를 집행하였다. 읍내의 잡다한 일을 처리하였고 촌락에 보내는 공문에도 인신을 날인했다. 그러나 성종 2년부터 시작된 외관의 파견으로 그들의 소관업무가 간섭을 받게되자 관할사항을 중앙에 있는 관리에게 미루는 예도 있었다. 그러자 그에 대한 처벌규정이 마련되기도 하였다.

이들의 또다른 업무중에 중요한 것은 관할구역내의 수취의무였다. 우선 그들은 조세를 수취하여 중앙에 보낼 임무가 있었다. 이러한 임무를 맡은 것은 창부 소속의 향리들이었다고 생각한다. 창정·부창정·창사 등이 그들이다. 당시의 조세수취는 군현단위로 부과되어 그 책임은 지방수령에게 있었으나 실질적인 업무는 향리가 담당하였던 것이다. 이 때문에 고려후기로 가면 외관이나 권세가는 물론 향리들의 작폐도 심하여 그에 대한 시정책이 건의되기도 하였다.

향리들은 또한 그 지역의 백성들로부터 공부(貢賦: 지방의 특산물)를 수취할 의무가 있었다. 이는 향리들의 특권이었다고 할 수 있으나 고려후기에는 수취체제의 문란과 더불어 향리들의 과중한 부담이 되기도 했다. 그리하여 공부의 납입기일을 지키지 못할 것을 고민하던 고구현(高丘縣)·여미현(餘美縣)의 향리가 자살을 한 예도 있었다.

향리들은 지역민들로부터 역역(力役)을 징발하기도 하였다. 이것은 고려의 군제와도 관련 있는 것으로 향리들은 광군(光軍)이나 일품군(一品軍)의 지휘관 자격으로 백성들을 동원하였다. 광군은 거란의 침입에 대비하여 정종 2년(947) 조직된 농민예비군 성격의 군대였다.

이 광군은 현종 3년(1012)에서 9년 사이에 일품군으로 개편된 것 같다. 광군이나 일품군이 똑같이 공역(工役) 부대로서의 성격을 갖고 있기 때문이다. 그런데 이 일품군의 장교에 향리들이 임명되고 있는 것이다. 이들의 별장(別將)에는 부호장 이상이, 교위(校尉)는 병정·창정·호정 등이, 대정(隊正)은 부병정·부창정·부호정·제단정 등이 임명되도록 되어 있었다. 이들이 일품군의 지휘관으로 지역민들을 역역에 동원하였다.

향리들은 군현단위로 행해지는 제사나 불사를 주관하여 지역민들과 상호 결속을 다졌으며 공동체 의식을 형성하기도 하였다. 나주의 혜종사당(惠宗祠堂), 경주의 경순왕영당(敬順王影堂), 안동의 태사묘(太師廟) 등의 제사는 주로 호장층이 그 주재자였다. 각 군·현의 산신사(山神祠)나 성황사(城隍祠)도 물론 향리들이 주관하였다. 백성들이 가난에 시달리는 데에도 불구하고 전주의 성황제에는 향리들이 고기를 쓰고 있는 예에서도 알 수 있다.

각 지방의 군·현에 지급된 공수전(公須田)을 관리하는 업무를 맡기도 하였다. 공수정·부공수정·공수사 등의 향리들이 그 담당이었다. 녹봉을 관리하고 담당하는 향리들도 있었다. 식록정·부식록정·식록사 등의 향리들이었다. 객사정·부객사정·객사사 등의 향리들은 손님을 맞이하는 객사 관리를 담당하였고 약점정·부약점정·약점사는 약의 관리와 시여를 담당했다. 이외에 감옥의 관리와 감독을 맡은 사옥정·부사옥정·사옥사 등의 향리들도 있었다.

향리의 분화와 중앙진출

한편 고려시대의 향리들은 그 지위나 계층면에서 볼 때 중간

계층적인 성격을 가지고 있었다. 즉 이들은 중앙정부의 입장에서 볼 때는 통제해야 할 대상이었다. 그러나 한편으로는 그 지역민들을 통제하고 수취하는 지배자 집단이었다. 그리하여 같은 향리라 하더라도 지역민들과 밀착하여 그들의 입장을 대변해 주려는 부류가 있었는가 하면 중앙에 진출하여 지위상승을 꾀하려는 부류도 있었다. 이에 따라 향역을 세습하여 지방의 실력자로 남아 있는 경우도 있었지만 여러가지 방법을 통하여 중앙 관직으로 진출하기도 하였다.

우선 그들은 과거를 통하여 중앙에 진출할 수 있었다. 문종 2년(1048) 10월의 판문(判文: 판결하여 내린 문서) 의하면 각 주현의 부호장 이상의 손자와 부호정 이상의 아들 가운데서 제술·명경업에 응시하려는 자는 소재관(所在官)의 시험을 거쳐 서울에 올라가 과거를 볼 수 있었다. 물론 의업(醫業)에는 자격제한이 없이 모든 향리에게 개방되어 있었다. 이에 따라 많은 향리들의 자손이 과거를 통하여 지위상승을 이룩하였다. 이러한 예로는 최충(崔冲)·한충(韓冲)·박의신(朴義臣)·최유(崔濡)·최우청(崔遇淸)·최척경(崔陟卿) 등을 들 수 있다.

고려말기에는 이들 향리출신의 관료들이 신진사류의 주류를 형성하여 사회개혁의 일익을 담당하였다. 예컨대 충선왕대 사림원의 학사로서 개혁에 참여한 이진(李瑱)이나 충목왕대의 개혁정치 때 정치도감(整治都監)의 관원으로 활약한 전녹생(田祿生)·안축(安軸) 등도 향리에서 중앙에 진출한 가문출신이었다. 이밖에도 신진사류 가운데 향리가계 출신으로는 안향(安珦)·이조년(李兆年)·이곡(李穀)·이숭인(李崇仁)·정도전(鄭道傳)·윤소종(尹紹宗)·정몽주(鄭夢

周) 등을 들 수 있다.

이처럼 고려시대의 향리는 과거를 통하여 중앙으로 진출했으나 기인역(其人役)을 통하여 중앙 관직에 진출할 수도 있었다. 문종 때의 기인선상 규정에 의하면 기인으로써 일정기간 동안 복역하면 동정직(同正職: 실제 업무를 보지 않는 관직으로 문반6품, 무반5품 이하에 설치되어 있었음)을 가하고 역을 마치면 가직(加職)하도록 되어 있었다. 또한 향리들은 군직(軍職)을 통하거나 군공을 세워 중앙에 진출하는 경우도 있었다. 예컨대 태산군인(泰山郡人) 전총문(田寵文), 천안부인(天安府人) 신보순(申甫純), 함양인(咸陽人) 박강수(朴康壽) 등이 향리가계에서 일어나 무반으로 진출한 자들이었다. 이 외에도 진봉향리들이 무산계(武散階: 향리나 여진추장·탐라왕족·老兵·工匠·樂人들에게 수여했던 품계)나 동정직을 받기도 하였다.

김갑동

촌락의 생활상

자연촌과 지역촌

우리나라는 일찍이 삼국시대부터 중국의 지방제도를 수용해서 주(州)·부(府)·군(郡)·현(縣)을 설치하였다. 그러나 지방제도의 가장 하부구조인 향(鄕)·리(里)는 받아들이지 않았다. 지방제도의 상층은 중국의 제도를 따르면서도 가장 기본인 하층부의 지방제도는 자연적으로 형성된 촌락의 형태를 그대로 유지하고 있었던 것이다.

이러한 사실은 일본의 사찰인 정창원(正倉院)에서 발견된 신라 장적(新羅帳籍) 문서에서 확인할 수 있다. 신라 경덕왕(景德王) 14년(755)의 것으로 믿어지는 이 장적문서는 8세기 후반기의 우리나라 촌락의 상황을 전하여 주는 매우 귀중한 문서이다. 이 문서에는 4개 촌락의 호수(戶數), 가축의 수, 전답의 결수(結數) 등의 기록이 아주 자세히 나오는데, 4개의 촌락 중 촌주(村主)의 위답(位畓)은 사해점촌(沙害漸村) 한 곳에만 기록되어 있음이 주목된다. 촌주는 촌락을 다스리는 사람을 일컫는 것이고, 그 위답이란 공무(公務)에 봉사하는 대가로 국가에서 촌주에게 주는 토지를 의미한다. 그런데 이런 촌주에게 주어지는 토지인 위답이 사해점촌 한 곳에만 기록되어 있다는 점은, 바로 그 곳에만 촌주가 있었음을 의미하는 것이다. 즉 촌주가 각 촌마다 있는 것이 아니라 몇 개의 촌에 한 사람의 촌주가 있었던 것이다.

이로 미루어 보아 당시의 촌은 자연스럽게 형성된 자연촌 이외에 국가적인 수취단위로서 여러 개의 작은 촌이 모여서 하나의 연합적인 촌이 형성되어 있을 가능성이 있는데, 이런 촌을 '자연촌(自然村)'과는 구분하여 이른바 '지역촌'이라 부를 수 있다. 그런데 여기서 지역촌이라 불리는 존재는 사실 국가가 수취의 편의를 위해 '임의적'으로 연결한 것으로 단순히 국가와 촌락 사이의 매개적인 역할을 수행한 이외에는 큰 의미가 없는 것이었다.

이러한 지역촌과 자연촌의 형태는 고려시대에도 그대로 이어진 것으로 보인다. 고려에서도 역시 지역촌은 국가의 지방제도 말단에 위치해 있었지만 자연적으로 형성된 것이 아니라 국가의 편의대로 임의적으로 형성되었기 때문에 성숙되지 못한 형태였다. 즉 하나의 지방제도로써 정착된 것은 아니었다. 때문에 고려의 촌락은 상층부뿐만 아니라 하층부까지 행정적으로 완전히 편제된 중국의 촌락과, 자연촌이 계속 성장하게 되어서 면리(面里)로까지 발전했던 조선의 촌락과는 구분된다고 할 수 있다. 다시 말해 고려시대 지방촌락의 중심은 자연촌이었다.

촌락의 지배층

고려시대의 촌락은 '백성(百姓)'이라 불린 촌장(村長)·촌정(村

正) 등에 의해서 이끌어지고 있었다. 백성이라는 용어는 현재는 일반민이라는 의미로 사용되는 말인데, 원래 의미는 '많은 성(姓)'이라는 뜻이다. 고려초기에는 '성'을 가질 수 있는 사람은 지배층으로 한정되어 있었기 때문에, 백성이란 용어는 일반민을 지칭할 경우도 있었지만, 특정층을 지칭하는 데 사용되기도 하였다. 예를 들면, 정부에서는 사심관(事審官)을 임명할 때 기인(其人)·백성으로 하여금 사심관의 물망에 오를 후보자를 천거하게 하도록 하였다. 여기서 주목할 점은 사심관을 천거할 수 있는 자격을 가진 것이 기인·백성이라는 것이다. 기인은 향리의 자제로 서울에 뽑혀 올라가 인질이 되어 자기 본향의 사정에 관하여 정부의 자문이 되었던 사람으로, 향리사회에서는 지배층에 해당되는 계층이다. 따라서 이들과 함께 사심관을 추천할 수 있었던 백성도 특정층을 지칭한다고 보는 것이 당연하다 여겨진다. 즉 이 때의 백성은 단순히 일반민을 의미하는 것이 아니라, 기인과 향리 등이 군·현의 지배세력임을 미루어서 촌락의 지배자층이었다는 것이다.

후삼국 쟁패기간에서 고려초기에 이르기까지는 촌주가 촌락을 지배하고 있었던 것으로 보인다. 이들은 고려초기까지 중앙의 지방에 대한 통제력이 마비된 상태에서 거의 전권에 가까운 지배력을 자신의 촌락에서 행사하고 있었다.

태조 왕건(王建)이 통일사업을 완성한 이후부터 국가는 사자(使者)라 표현된 관리들을 지방에 파견하여 촌락의 현황을 파악하는 형태의 촌락지배를 행하고 있었다. 그러나 이러한 지배형태는 사자라는 용어에서도 느껴지듯이 항구적이고 직접적인 촌락지배라 보기에는 무리가 있었다. 뿐만 아니라 사자의 파견이 큰 주와 현을 중심으로 이루어져서 행정 최말단에 위치한 촌락에까지 직접 영향을 미치지는 못했다. 그러므로 실제로 왕건이 통일사업을 완성한 이후에도 한동안 촌락의 지배는 이런 촌주층에 의해 여전히 이루어지고 있었다고 할 수 있다. 즉 성종 6년(987)에 촌락이 국가의 지방제도의 틀에 편입되기 이전까지, 촌락은 촌주 등 향촌지배층에 의해 반(半)자치적인 형태로 분립적 지배를 받았을 것으로 여겨진다.

이미 설명했듯이 촌주에 의한 촌락의 지배는 성종 시기에 이르러서 크게 변화한다. 사실 촌락의 지배층은 성종 6년 이전까지는 촌주가 아니라 대감(大監)·제감(弟監) 등으로 불려졌다. 대감은 본래 신라의 관직으로 병부(兵部)·시위부(侍衛府)의 차관 혹은 군(軍)의 부사령관 정도의 높은 무관직이었고, 제감은 그 다음의 직위였다. 나말려초의 혼란기에 군웅할거하고 있던 각 지역의 대호족들은 스스로를 장군(將軍)이라고 부르면서, 자신의 휘하에 있던 작은 촌락의 소호족(小豪族)들에게 대감·제감이라는 칭호를 주면서 그 곳을 스스로 다스리게 하였다. 군웅할거적 상황이었던만큼 촌락의 지배자들은 대감·제감과 같은 군사적인 색채를 띠는 이름을 가지면서, 그 이름에 걸맞게 촌민들을 군사적으로 무장시켜서 통솔하는 군사적인 역할도 겸했던 것이다.

그런데 성종 6년에는 이들의 명칭이 각각 촌장·촌정으로 바뀌게 된다. 이것은 단순히 명칭의 변화로만 여겨지지 않는다. 이것에 앞서 4년 전인 성종 2년에 지방에 12목(牧)을 설치하고 향리직을 정비했다는 사실과 연결하면 쉽게 설명할 수 있다. 이 시기는 고려의 중앙집권적 권력구조가 일단 틀을 잡기 시작하는 동시에 지방제도의 통제가 활발히 전개되던 시기였다. 그 때까지 지방세력에게 일임되었던 군·현의 행정이 중앙정부의 파견관리들에게 넘겨지고, 4년 뒤에 비로소 촌락에 대한 통제로 이어진 것이다. 이리하여 이들 촌장층의 군사적 색채가 농후한 호칭이 없어지고 동시에 지방행정의 말단으로 전환된 것이다.

이러한 촌장·촌정의 촌락내에서의 역할에 대해서는 자세히 알려진 자료가 별로 없다. 다만 중국 송나라의 사신으로 고려에 왔었던 서긍(徐兢)이 남긴 고려에 대한 견문록인『고려도경(高麗圖經)』에 이에 대한 약간의 기록이 있다.『고려도경』에서는 촌장을 민장(民長)이라 기록하고 있는데, 그에 대해 "민장이란 명칭은 중국의 향병(鄕兵) 및 보오(保伍)의 장과 같은 것으로, 백성 가운데 부유한 사람을 선임하였다. 촌내의 큰일은 관부에서 처리하지만, 촌내의 작은 일들은 모두 민장에게 맡기므로, 촌락의 백성들은 그들을 자못 존중하고 섬긴다"라고 되어 있다.

이 기록에 따르면, 촌장층은 촌내의 작은 일을 처리하는 것으로 되어 있는데, 이는 대감이나 제감이라 불렸던 시절에 비해 그들의 역할이 훨씬 축소된 것이다. 국가가 중앙집권화정책을 통해 이들 계층의 정치적·군사적 성격을 배제·약화시킴으로써 이들의 정치적 지배력에 의해 유지되었던 촌은 그 기반 자체가 약화될 수밖에 없었다. 즉 촌주층의 통제력이 약화된 상태에서 국가적인 지방편제에도 촌락이 제대로 편입되지 못한 결과였던 것이다. 이는 결과적으로 고려의 촌락이 민의 지배를 실현하는 기구로서 일정한 한계를 지니게 되었음을 의미한다.

하지만 이렇게 된 보다 근본적인 한계점은 촌락구조의 미숙성에서 찾을 수 있다. 자연촌은 자연적인 조건 아래 친족조직을 근간으로 하고 있기 때문에 인위적으로 편제된 지역촌에 비해 결집력이 강하여 오히려 지배가 용이한 곳이다. 그러나 자연촌은 당시까지 자립성이 취약하였다. 자립성이 매우 취약했기 때문에, 고려정부는 각 자연촌을 지방행정의 최소단위로 삼을 수 없었던 것이다. 때문에 고려정부는 자립성을 이루고 있는 촌성(村姓)배출지로서의 촌을 기본축으로 우선 지역촌제도를 시행할 수밖에 없었던 것이다.

촌락의 내부구조

광종 13년(962)에 만들어진 청주(淸州)의 용두사(龍頭寺) 당간기(幢竿記)에서는 유력자들의 성씨가 발견되었다. 여기에 보이는 성씨들은 김(金)·손(孫)·도(度)·한(韓)씨이다. 또한 조선시대의 사료이기는 하지만, 『세종실록지리지(世宗實錄地理志)』나 『신증동국여지승람(新增東國輿地勝覽)에는 이외에도 이(李)·곽(郭)·송(宋)·고(高)·준(俊)·양(楊)·동방(東方)·정(鄭) 씨 등의 8성이 더 확인된다. 이들은 모두 청주를 주요 활동무대로 하는 전통이 오랜 성씨집단이었다.

그런데, 『세종실록지리지』와 『신증동국여지승람』에는 이들과 또 다른 종류의 성씨집단이 발견된다. 모촌(某村)의 박(朴)·한(韓)·신(申)·갈(葛) 등 4개 성이 그것이다. 이들은 앞의 12개 성과는 다른 것으로 생각된다. 즉, 앞의 12개 성은 주(州)에 본관을 둔 토성(土姓)이었으나, 모촌의 4개성은 촌에 뿌리를 둔 촌성(村姓)이었던 것이다. 토성과 촌성은 신분의 차이를 나타내 주는 것으로 생각된다.

고려전기의 촌락에는 같은 성씨의 집단이 하나의 촌락을 형성하여 사는 경우가 많았다. 위에서 언급한 '촌성'은 어떤 일정한 촌락에 본관을 둔 성씨로, 아마 그 촌락에서 동족끼리 어울려 살았고 다른 성씨가 같이 살았을 가능성은 약했던 것으로 추측된다. 하지만 치소가 있는 읍의 경우에는 다양한 성씨의 향리들이 모여 살았던 것이 확인된다. 결국 촌락도 일부는 개방되어 성씨가 다른 사람들과도 같이 살았으리라 생각되고, 일부는 폐쇄적으로 동족끼리만 살았던 촌락도 있었을 것으로 추측된다.

이러한 촌락은 답험손실(踏驗損失)의 단위, 호적의 작성, 호적을 토대로 행해지는 노동력의 징발, 공물의 수취에 있어서 기본단위가 되고 있었고, 형률의 준행과 관련해서도 일정한 기능을 발휘하고 있었다. 즉 촌락은 국가의 지방지배력이 일반민에게 직접 미치는 곳이자 국가의 기초적인 여러 행정업무가 이루어지는 밑바탕이었으므로, 사실 이를 뒷받침할 내부의 어떠한 구조가 있어야만 촌락행정이 원활하게 이루어질 수 있었다.

촌락의 내부구조로 중앙의 지배체제에 이용된 형태로 향도(香徒) 조직이 주목된다. 향도는 불교신앙에 입각해서 자발적으로 결성된 신앙단체이다. 알다시피 고려사회는 불교사회였다. 즉 상층부의 왕족과 귀족으로부터 하층의 일반민·천민들에 이르기까지 모두가 불교를 믿는 불교국가였던 것이다. 따라서 향도의 조직은 국가적인 행정편제와는 전혀 관계가 없지만, 그 조직의 사회적 영향력은 고려가 불교국가였던만큼 매우 컸다.

향도의 주요활동은 불교 신앙단체였던만큼 주로 불상·종·석탑·사찰 등을 조성하거나 법회 등에 대규모적인 노동력과 경제력 등을 제공하는 것이었다. 그런데 이런 단순한 신앙단체였던 향도조직은 점차 시간이 흐름에 따라 변질된다.
　촌주층의 촌락지배는 사실 족적 결합을 통해 이루어지고 있었다. 고려의 촌락은 대부분 자연촌 중심이었으며, 이 자연촌의 구성원은 모두 족적 유대를 가진 계층들로 이루어져 있었다. 그런데 점차 시간이 흐름에 따라 이러한 족적 편제가 해체 소멸되기 시작했다. 그 결과 노동력의 징발과 조세의 징수가 제대로 수행되지 못했다.
　이 때 주목되기 시작했던 것이 바로 향도의 조직이었다. 지방세력들은 족적 편제가 해체되고 있던 상황에서, 향도조직을 통하여 자기들의 주도하에 지역내 통합을 강화하고자 했다. 따라서 단순한 신앙단체였던 향도조직은 그 성격이 변하기 시작했던 것이다.

수취단위로서의 촌락

　국가의 지방편제면에서 볼 때 가장 하급단위인 촌락은 사실 국가편제의 가장 근간을 이루는 것이었다. 왜냐하면 조세(租稅)·공부(貢賦)·역역(力役)을 부담하는 일반 백성이 사는 가장 기초단위 조직이 바로 촌락이었기 때문이다. 현대사회에서는 국가가 국민들에게 세금을 거둘 때 각각의 수입원을 조사하여 그 수입에 맞게 세금을 각자 내도록 되어 있지만, 전근대 사회였던 고려는 조금 다른 방법을 취하고 있었다. 국가가 일일이 개개인에게 내야 할 세금을 정하여 주기보다는, 각 지방행정 단위로 내야 할 세금액을 정해 주고 있었던 것이다. 즉 국가는 각 주현단위에게 인구수와 토지수 등을 계산하여 국가에 내야 할 세금액을 정해주면, 각 주현의 수령은 다시 각각 휘하 촌락을 단위로 해서 세금을 거두었던 것이다. 따라서 촌락은 세금을 내는 가장 기본행정 단위로서의 역할을 수행했다고 할 수 있다.

조세는 토지의 경작자인 농민이 국가나 국가에게서 수취를 위임받은 개인(수조권자)에게 토지에서 나는 수확물의 일부를 내는 세금이다. 그 세율은 토지의 성격에 따라 달리 적용되고 있었다. 그 땅이 경작자의 소유인 민전(民田)일 경우에는 수확량의 1/10을 국가에 내게 되어 있었고, 왕실 등의 소유지인 공전(公田)일 경우는 수확물의 1/4을 역시 국가에 내게 되어 있었다. 한편으로 사적 소유지인 사전(私田)의 경우는 소작료 형식으로 수확물의 1/2을 소유자에게 납입하게 되어 있었다. 공부나 역역과는 달리, 조세의 경우 그 수취는 그 소유토지에 따라 국가에 내는 양이 각각 달랐다고 할 수 있다.

공부는 포(布)나 기타 지방의 토산물을 정부에 상납하는 것이었다. 이미 설명했듯이, 고려시대의 공부는 농민의 개별적 부담이 아니라 집단적 부담이며 매년 미리 정해진 액수를 각 지방에 할당했다가 헌납하게 하는 것이었다. 각 지방에서는 공납물을 촌락단위로 거두어 국가에 납입하기도 했지만, 실제 '공부'라는 세금은 일종의 노역(勞役)형식을 띠는 경우가 많았다고 여겨진다. 즉 그 지방에 할당된 공납물을 촌락민의 노동력을 이용하여 생산·납입했던 것이다. 민의 입장에서 보면, 공부는 촌락단위의 노동력 징발 형태를 띠었으므로, 요역과 큰 차이가 나지 않았다고 할 수 있다.

　요역은 16세부터 60세까지 부담지워진 것으로 노동력의 수취였다. 공부가 공납품의 채취 등에 충당된 노동력 수취였던 것에 대해, 요역은 궁·사찰·관아 등의 토목공사에 동원된 것이었다. 고려시대에는 일품군(一品軍)이라는 지방의 군대조직이 있었는데, 실제로 이 조직은 특수한 노동부대였다고 할 수 있다. 즉 군사적 업무를 수행하기보다는, 각 촌락단위로 조직되어 지방의 각종 역사에 동원되었던 것이다. 일품군은 본래 지방의 주현에 설치되었던 것으로 향리가 장교의 역할을 하고 있었고, 촌락에는 그 하부조직이 있었는데, 촌장 등이 그들을 이끌고 있었다.

　이상으로 중앙정부와의 지배관계를 중심으로 촌락의 구조를 살펴보았다. 촌락은 일반민이 살아가는 가장 하부단위로서 국가의 근간이 되는 것이다. 통일신라 말기에서 후삼국시대에 이르기까지 완전히 통제되지 못했던 이들 촌락은 고려시대에 와서 새로운 국면을 맞게 되었다. 즉 고려시대에 이르러 새로이 지역촌의 역할이 부각되기 시작하였다. 그러나 촌락 존재형태의 미숙성 등으로 인해 이런 지역촌은 크게 발전하지 못했다고 할 수 있다.

김도연

제3장
군사와 외교, 그리고 전쟁

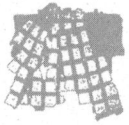

군인의 숫자는 얼마나 되었나
승려들도 나라를 위해 나서다
고려군의 전략과 전술
중국의 송나라가 고려에 원병을 요청하다
서희가 세 치 혀로 땅을 얻다
낙성대의 유래
두만강까지 영토를 차지하다
몽고와의 기나긴 전쟁
삼별초는 왜 봉기했나
고려와 몽고 연합군이 일본을 정벌하다
원나라 황후가 된 공녀
왜구를 격퇴하라

군인의 숫자는
얼마나 되었나

개경의 군대와 지방의 군대

한 나라에서 군대는 외적의 침입으로부터 국민과 영토를 보호하고 나라의 주권을 보장하는 중요한 역할을 한다. 그래서 잘 정비된 군대는 그 나라의 국력과도 관련이 된다. 과거 우리 역사를 보더라도 국가 및 사회질서가 안정되었을 때 군사제도가 충실했던 반면 혼란기의 군사제도는 비록 군대가 있어도 제대로 그 힘을 발휘할 수 없었다.

또 군대는 이러한 대외적인 방어수단으로 기능할 뿐만 아니라 집권체제를 유지하고 강화하기 위한 수단이 되기도 한다. 중앙정부에 도전하는 반란세력을 진압하고 치안을 유지하는 기능을 수행함으로써, 지배층 및 국가의 권력을 더욱 공고히 하는 데 기여하기도 한다. 그렇기 때문에 군대는 사회질서의 유지라는 긍정적인 측면 못지않게 권력남용이라는 부정적인 측면 역시 지닐 수 있음을 알 수 있다. 만약 군대가 비정상적으로 운영될 때에는 오로지 권력을 유지하기 위한 무력으로 오용되기도 했던 것이 사실이다.

그러면 고려 때 군대는 어떻게 조직되어 있었고, 또 어떤 기능을 맡고 있었을까.

고려시대 군대는 크게 나누어 수도 개경에 주둔하는 중앙군과 국경지역인 양계지역 및 경기와 남방 5도지역에 조직된 지방군으로 구분되어 있었다. 중앙군은 2군 6위(二軍 六衛)로 편성되어 있었고, 지방군의 경우 양계지역은 주진군(州鎭軍), 경기와 남방 5도지역은 주현군(州縣軍)이 편성되어 있었다.

수도 개경을 지키는 군대 : 중앙군

고려 때 중앙군이었던 2군 6위란 응양군(鷹揚軍)·용호군(龍虎軍)의 2군과 좌우위(左右衛)·신호위(神虎衛)·흥위위(興威衛)·금오위(金吾衛)·천우위(千牛衛)·감문위(監門衛)의 6위 등 8개의 부대를 가리킨다. 2군 6위에는 모두 45개의 영(領)이 소속되어 있었다. 고려 때 군사편제 단위였던 1령은 1천 명의 군인으로 이뤄져 있었으므로, 고려의 중앙군은 모두 4만 5천 명이었던 셈이다. 그 가운데 2군이 3령[3천 명], 6위가 42령[4만 2천 명]이었다. 2군 6위 안에는 보승(保勝)·정용(精勇)과 같은 부대의 구분도 있었는데, 이로 보아 맡은 바 임무에 따라서도 부대의 종류가 구분되어 있었던 것을 알 수 있다. 중앙군의 정원인 4만 5천 명이 항상 유지되고 있었던 것은 아니어서, 평상시에는 결원이 많아 이보다 그 수가 적었고 전쟁시에는 그 수가 증가하여 이보다 훨씬 많았다.

중앙군은 원래 태조 왕건이 후삼국을 통일하는 과정에서 지휘하고 있던 군사를 토대로 재편성한 것이었다. 통일신라 말기 신라 중앙정부의 통치권은 신라의 수도 경주에 한정된 것일 뿐 여타 지역에 대해서는 제대로 영향을 미치지 못하고 있는 상태였다. 대신 각 지역은 호족(豪族)에 의해 거의 독립적으로 장악되어 있었고, 이들은 사병(私兵)이라 불리는 독자의 군사 역시 거느리고 있었다. 고려 태조 왕건 역시 송악(松岳) 지역의 유력한 호족으로서 자신의 독립된 군대를 가지고 있었다. 이러한 군대와 더불어 후삼국 통일전쟁 과정에서 왕건에게로 귀부한 호족의 군대가 덧붙여져서 후일 2군 6위의 바탕이 되었다.

그러나 고려 건국 초기부터 2군 6위의 중앙군 체계가 편성되어 있었던 것은 아니었다. 건국 초기에는 아직 왕권이 확고한 기반 위에 서지 못하고, 중앙집권적 정치체제 역시 확립되지 못하고 있었던만큼, 군사력 또한 중앙정부로 집중되지 못하고 있었다. 그러나 고려가 중앙집권적 통치체제를 확립해 나감에 따라 군사제도도 이에 맞춰 정비되어 나갔다.

특히 고려초기 왕권 강화가 크게 진전되는 광종대와 성종대를 거치면서 국가체제를 뒷받침하는 군사력 또한 정비되어 나갔다. 광종 11년(960) 국초 이래 병권(兵權)을 장악하고 있던 순군부(徇軍部)를 군부(軍部)로, 내군(內軍)을 장위부(掌衛部)로 개편하는 한편 지방에서 풍채가 뛰어난 장정들을 선발함으로써 중앙의 군사력을 크게 증강하였다. 이어서 성종 2년(983)에는 지방의 향리직을 개편하면서 병부(兵部)를 사병(司兵)으로 바꾸는 조처를 취하는데, 이것은 기존에 지방 호족들이 지니고 있던 군사적 독립성을 박탈하려는 조처였다. 성종 3년 군인의 옷 색깔을 정하여 군대를 규격화하고 통제하는 한편 성종 6년에는 지방의 무기를 몰수하여 농기구로 주조하도록 한다. 성종 7년에는 군적(軍籍: 군인 편성을 기록한 문서)

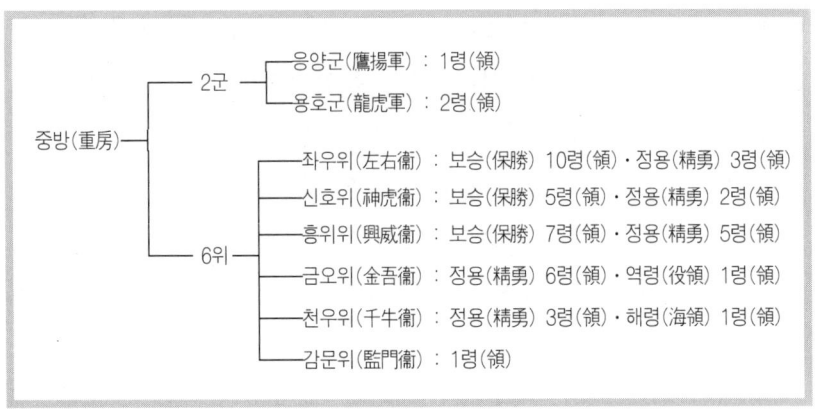

2군 6위

에 올라 복무하던 일부의 군인들을 지방으로 돌려보내 새로운 부대 편성을 위한 인적 토대를 정비한다. 이러한 일련의 조처를 겪으면서 비로소 고려의 군대는 왕권 및 중앙정부를 뒷받침하는 군사력으로 탄생할 수 있었다.

그러면 태조대의 중앙군이 2군 6위로 편제된 구체적인 시기는 언제였을까. 고려시대 군사제도의 연혁을 기록한 기록에 따르면, 2군은 6위보다 높은 지위의 부대들이었지만 그 설치시기는 6위보다 나중이었다고 기록하고 있다. 대체로 2군 6위의 조직이 형성된 시기는, 6위의 경우 성종 14년(995) 무렵인 것으로 추정되고 있으며, 2군은 이보다 조금 뒤인 현종대 무렵으로 생각되고 있다.

성종은 당(唐)나라 제도를 모델로 하여 '3성' 6부 등 중앙정치기구를 설치하고, 지방 향리직을 개편하며, 12목 설치를 비롯해 지방 통치조직을 정비하는 등 고려시대 집권적 통치체제의 대체적인 기반을 마련한 군주였다. 따라서 당나라 중앙 군제에 견주어 고려의

6위도 또한 성종대에 형성되었을 것으로 생각되고 있다. 특히 성종 14년에 성종은 당나라 지방행정제도를 모방하여 종래의 12주목(十二州牧)을 12군(十二軍)으로 개편하고 각 군마다 행정관료로서의 목사(牧使) 대신 군사지휘관의 성격이 강한 절도사(節度使)를 파견함으로써 지방사회에 대한 군사행정적 통제를 강화해 나갔다. 이렇게 볼 때 6위도 역시 성종 14년에 형성된 것으로 여겨지고 있다.

2군이 성립되는 것은 이보다 조금 뒤인 현종대 무렵인 것으로 추정되고 있다. 그런데 중앙군으로서 6위가 성립된 이후 또다시 그 위에 상위부대로서 2군이 중첩하여 설치되고 있는 데에는 현종대에 거란군의 침입으로 위협받았던 역사적 경험과도 관련된 것이었다. 현종은 그 원년(1010)에 거란군의 대규모 침입으로 나주(羅州)로 피난을 가야만 했고, 이때 현종은 그를 수행하던 50여 명의 금군(禁軍: 국왕을 직접 수행하며 호위하는 군대)이 도중에 모두 도망가 버리는 바람에 도적의 피습을 당하는 등 여러 번 위험한 순간들을 겪어야만 했다. 더욱이 거란군 침입 과정에서 기존의 중앙군이 적절히 대응하지 못하는 가운데 오히려 현종 5년(1014)에는 상장군 김훈(金訓)·최질(崔質) 등이 군사들을 선동해 정변을 일으키려는 사건까지도 벌어졌다. 이러한 상황에서 현종은 국왕을 호위할 군대를 재정비하여 강화해야 할 필요가 생겼고, 이것은 기존의 6위와는 별도로 그리고 그보다 상위의 친위군 부대를 덧붙여 설치하게끔 만들었던 것이다.

2군 6위의 임무와 병력편성

2군 6위로 구성된 중앙군은 국왕의 신변을 보호하고, 궁성 및 개경을 경비하며, 전쟁과 같은 유사시에는 출전하는 등의 임무를 맡았다. 구체적으로 응양군과 용호군 등 2군은 국왕에 대한 의장과 경호를 맡은 친위군이었다. 2군의 지휘관인 상장군(上將軍)·대장군(大將軍)·장군(將軍)은 각각 근장상장군(近仗上將軍)·근장대장군(近仗大將軍)·친종장군(親從將軍)으로 불리기도 했는데, '근장'과 '친종'은 의장과 경호를 뜻하는 것이었다. 따라서 2군의 임무는 국왕의 측근에서 호위하고 의장을 담당하는 일이었음을 알 수 있다. 그만큼 2군은 국왕의 친위군으로서의 역할을 맡고 있었기 때문에 같은 중앙군이라 하더라도 6위보다 지위가 높았다. 또 같은 2군 가운데서도 응양군이 용호군보다 높은 지위의 군대로 여겨졌다. 고려시대 군사제도에 대한 기록의 순서에서 항상 응양군이 용호군보다 먼저 기록되고 있고, 또 응양군의 최고지휘관인 상장군을 특별히 무반의 우두머리라는 의미에서 '반주(班主)'라 불렀던 사실 등으로 보아, 그러한 점을 알 수 있다.

2군과 더불어 중앙군을 구성하고 있던 6위는 전투 및 수도 개경의 치안·경비 등을 맡은 부대였다. 먼저 좌우위·신호위·흥위위의 3위는 중앙군의 핵심이 되는 주력부대였다. 이들 3위의 군사 숫자는 모두 32령[3만 2천 명]으로 전체 중앙군 45령[4만 5천 명]의 70% 이상을 차지하고 있었다. 이들은 수도 개경을 수비하고 전투시 출전하며 국경지역을 지키는 임무를 맡고 있었다. 이들은 평상

정지(鄭地) 장군 환삼(環衫)
고려후기 왜구의 격퇴에 큰 공을 세운 정지의 환삼

시에는 수도 개경을 지키다가 1년 교대로 변방지역에 나가 국경을 지키고, 유사시에는 전투병력의 중심을 이루는 부대였다. 그리고 천우위·금오위·감문위 등 3개 부대는 국왕경호와 도성치안을 위한 군사조직이었다. 천우위는 국왕을 시종하는 의장부대였고, 금오위는 수도의 치안을 담당한 경찰부대였으며, 감문위는 도성문을 지키는 임무를 맡은 부대였다.

2군 6위의 8개 부대에는 각각 최고지휘관으로서 상장군[정3품] 이하 대장군[종3품]·장군[정4품]·중랑장[정5품]·낭장[정6품]·별장[정7품]·산원[정8품]·교위[정9품]·대정[품외관] 등의 지휘관들이 있었다. 이들은 1천 명으로 구성된 영(領: 지휘관은 장군, 보좌관은 중랑장), 200명으로 구성된 부대[지휘관은 낭장, 부지휘관은 별장, 보좌관은 산원], 50명으로 구성된 오(伍: 지휘관은 교위), 그리고 군대편성의 최하단위로서 25명으로 구성된 대(隊: 지휘관은 대정) 등을 통솔하였다.

2군 6위의 8개 부대는 각각 상장군[정3품]과 대장군[종3품]이 있어 부대를 지휘했다. 그래서 중앙군 8개 부대의 상장군과 대장군은 모두 16명이었던 셈인데, 이들은 그들의 회의기구로서 중방

(重房)을 두었다. 따라서 중방은 무신들의 최고기구였던 셈이며, 중방회의의 의장은 응양군의 상장군인 반주(班主)가 맡았다.

장군 이하의 지휘관 역시 중방처럼 단위부대별로 회의기구를 두는 경우가 있었다. 장군방(將軍房)·낭장방(郎將房)·산원방(散員房)·교위방(校尉房) 등과 같은 것이 그것으로, 각 지휘관들은 이와 같은 단위부대별 회의기구를 통해 자신들의 권리를 보상받으려 하지 않았나 짐작된다.

2군 6위를 구성한 사람들

그러면 고려 때 중앙군이었던 2군 6위는 어떤 사람들로 구성되어 있었을까. 또 이들이 군대에 복무한 대가로 주어진 것은 무엇이었을까.

이에 대해서는 고려시대 군사제도를 연구하는 학자들도 깊은 관심을 가지고 많은 연구를 진행해 왔는데, 그동안 서로 다른 몇 가지 주장들이 있어왔다. 중앙군은 일반농민들로만 구성되었는가, 직업군인들로만 구성되었는가, 아니면 일반농민과 직업군인 모두 포함하여 구성되었는가 하는 의견 차이였다. 그리고 이들 군인들은 군대에 복무하는 대가로 군인전(軍人田)을 지급받아 생활기반으로 삼았는데, 이들에게 지급된 군인전을 어떤 성격의 토지로 보아야 하는지에 대해서도 의견 차이가 있었다.

먼저 고려시대 때 중앙군은 일반농민들로만 구성되었다는 주장이 있는데, 이러한 주장은 흔히 '부병제설(府兵制說)'이라고 불리곤

한다. 부병제란 원래 중국에서 행해진 군사제도 가운데 하나인데, 그 대표적인 것이 당나라 때의 부병제였다. 당나라에서는 각 지방에 절충부(折衝府)라고 하는 기구를 두어 이곳에 일반농민들 가운데 선발된 군인을 소속시키고, 다시 이들 절충부를 12위(十二衛)로 구성된 중앙군에 소속시키는 군사조직을 운영하였다. 이와 함께 당나라에서는 균전제(均田制)를 실시하여 전체 농민들에게 토지를 지급하고 이들 농민들을 대상으로 조(租)·용(庸)·조(調)의 세금을 거두거나 군역(軍役: 군대에 복무하는 일)을 부과하는 방법으로 군인을 확보하고 있었다.

고려 때에도 이처럼 농민이 군인으로도 복무하고 농사도 짓는 병농일치(兵農一致)의 중앙군 조직이 실시되고 있었다는 것이 '부병제설'의 주장이다. 고려 때 지방군인 주현군에 중앙군과 똑같이 보승과 정용이 있었던 것도 바로 이 때문이었다는 것이다. 즉 고려시대 중앙군과 지방군은 서로 교대로 복무하는 군대였다는 셈이 된다. 따라서 이들은 군역에 종사하는 대가로 받게 되는 군인전을 그들 스스로 경작하는 경작자(耕作者)였으며, 그 신분은 물론 양인(良人)이었던 것으로 파악하게 된다.

이와 달리 중앙군이 군인직을 전문으로 하는 군인들로만 구성되었다는 주장이 있는데, 이러한 주장은 '군반제설(軍班制說)'이라고 불린다. 고려시대 군사제도의 모습을 알려주는 기록에 따르면, 군반씨족(軍班氏族)의 적(籍)이 낡아 군인수를 파악하기 어려우니 다시 작성하도록 요청하는 기록이 나온다. 여기서 '군반씨족'이란 문반(文班)·무반(武班)·남반(南班)처럼 군인 역시 군인직을 전문으로 하는 군반(軍班)을 이루고 있었던 것을 나타내 주는 용어라고 할 수 있겠다는 것이다.

그리고 이러한 직업군인들만으로 중앙군이 구성되었다는 것이 '군반제설'의 주장이다. 중앙군을 구성한 군인들은 농민으로 편성된 지방군과는 전혀 다른 존재로서, 대대로 군인직을 이어가고 또 선발되는 계층이었으며, 그 신분은 향리(鄕吏)·서리(胥吏) 등과 같은 중간계층(中間階層)이었다고 파악한다. 따라서 그들에게 지급되는 군인전에 대해서도 경작자가 아니라, 양반이 전시과제도(田柴科制度)를 통해 관직에 복무하는 대가로 조(租)를 거둘 수 있는 권리를 가졌던 것과 마찬가지로 수조권자(收租權者)였다고 파악하게 된다.

한편 최근에는 이러한 '부병제설'과 '군반제설'을 절충하여 설명하는 새로운 주장도 나오고 있다. 고려시대 중앙군에는 교대로 농사도 짓고 군역에도 종사하는 일반농민과 대대로 군역을 세습해 나가는 직업군인의 두 가지로 혼성되어 있었다는 주장이다. 이런 새로운 주장이 나오게 된 이유는 '부병제설' 혹은 '군반제설'에 따른다면, 군인에게 지급된 군인전의 양이 너무 많아지게 된다는 모순 때문이다. 이처럼 중앙군의 편성을 두 가지 종류로 나눠 파악할 경우, 이들이 군대에 복무한 데 대한 보수 역시 두 종류로 파악하게 된다. 즉 고려시대 중앙군 가운데 개경에 거주하는 전업적인 군인층에게는 전시과제도에 따라 수조지로서 군인전이 지급된 반면에 교대로 군역에 복무하는 지방 농민군에게는 복무중인 군인호(軍人戶)의 생계보조자로서 양호(養戶)가 배정되는 양호제(養戶制:3개의 호를 단위로 묶어, 1개 호에서 군인이 나오면 나머지 2개 호에서 농사를 도와주고 식량을 날라다 주는 방법)가 이뤄지고 있었다는 것으로 된다.

지역과 국경을 지키는 부대들 : 주현군과 주진군

고려 때 중앙군으로 2군 6위가 있었던 데 비해 지방군으로는 경기 및 남부지방 5도에 편성된 주현군과 국경지대인 양계지방에 편성된 주진군이 있었다.

주현군은 지방제도의 정비과정과 더불어 성립되었는데, 종래 호족들의 지휘하에 있던 광군(光軍)과 태조 때부터 지방의 요지에 파견된 진수군(鎭守軍)을 바탕으로 재편성한 것이었다. 그 조직이 완성되는 시기는 대체로 고려의 지방행정제도가 일단락되는 현종 9년(1018)이라고 여겨지고 있다. 주현군은 교주도·양광도·경상도·전라도·서해도 등 5도 지역과 경기지역에 배치되어 있었다. 군인의 숫자는 보승군이 8,601명, 정용군이 19,754명, 일품군(一品軍)이 19,882명으로 총 48,237명이었다.

이 가운데 보승군·정용군의 주요 임무는 전투에 종사하고 지역을 지키는 일로, 이들 부대가 주현군의 핵심부대였다. 반면에 일품군은 주로 노역에 동원되는 일종의 노동부대였다. 보승군·정용군이나 일품군 모두 중앙정부의 직접적 통제를 받는 부대라는 점에서는 마찬가지였지만, 일품군의 장교에는 향리가 임명되는 점에서 다소 차이가 있었다. 일품군은 이전에 호족들의 지휘하에 있던 광군의 계통을 이어받아 편성된 군대로, 향리의 긴밀한 통제 아래 놓여 있는 토착적 성격이 강한 군대였다.

주현군에는 이외에도 2품군과 3품군이 있었는데, 1품군과 마찬가지로 노동부대였다. 그러나 2품군과 3품군의 부대책임자는 촌장

(村長)·촌정(村正)으로, 중앙정부의 직접적인 통제와는 관계없이 각 촌에 조직된 부대였다.

한반도의 서북부 및 동북부지역은 북방민족과의 접경지역으로, 외적침입의 위협이 있는 국토방위상 중요지역이었다. 그래서 고려는 이들 지역에 군사적 성격이 강한 특수행정구역으로서 북계(北界)와 동계(東界)를 설치하고, 이 곳에 주진군을 배치하고 있었다. 북계와 동계에 배치된 군인수는 모두 14여만 명이었는데, 북계에 배치된 군인 숫자가 동계에 비해 월등히 많았다. 이로 보아 동계보다는 북계가 훨씬 중요시되고 있었음을 알 수 있다.

주진군의 핵심부대이자 상비군은 초군(抄軍)·좌군(左軍)·우군(右軍)과 더불어 북계에는 보창군(保昌軍), 동계에는 영새군(寧塞軍)이었다. 이 가운데 초군·좌군·우군에는 마대(馬隊: 기병대)와 노대(弩隊: 궁쇠부대)가 있어 정예부대의 역할을 하였고, 보창군과 영새군은 보병부대였다. 이들 상비군을 직접 지휘한 것은 중랑장 이하 낭장·별장·교위·대정 등의 장교였는데, 그 가운데 최고지휘관은 도령(都領)이라 불렀다. 또 주진군에는 신기(神騎)·보반(步班) 등의 부대 및 백정대(白丁隊)도 있었는데, 이들 부대는 상비군이 아니라 위급한 때 동원할 수 있는 예비군이었다. 주진군은 때때로 국내반란이 일어났을 때 그 진압에 동원되는 경우도 있었지만, 가장 중요한 임무는 역시 북방민족의 침입으로부터 국토를 지키는 일이었다.

고된 군복무와 고려 군사제도의 붕괴

고려 때 중앙군과 지방군을 형성한 2군 6위와 주현군·주진군 등의 총 병력수는 약 60여만 명이었다고 전해지고 있다. 이들 군인에는 고위장교를 비롯한 여러 지휘관들도 있었겠지만, 직접 칼·화살을 들고 전투에 임하는 대다수의 사람들은 역시 일반 백성들이었다. 이들 군인들은 외적과의 전투, 수도 경비와 같은 군인 본연의 임무 이외에도 각종 노역에 동원되고 있었다. 군인으로 복무하는 일은 무척 고된 일이었고, 따라서 점차 천한 일로 여겨지기 시작했다. 정부 나름대로는 이들에게 군량미를 보조해 주고, 옷도 지급해 주는 조처도 취했지만, 먼 거리를 수자리 간다는 일 자체가 역시 심한 고역이었다.

수자리하러 가는 도중 혹은 복무중에 병들고 죽는 군인들이 상당히 많았다. 현종대에는 "수자리 가는 군인이 도중에 죽었을 경우, 관가에서 장례도구를 부담하고 그 해골을 함에 넣어 제집에 보내도록" 조처를 취하고 있다. 문종대에도 역시 전투에 나갔다 병든 군인 및 전사자들에게 비슷한 조처를 취하고 있다. 이것은 그만큼 군인으로 복무하는 일이 고된 것이었음을 드러내 주는 것이라고 할 수 있다.

또 군인으로 수자리를 나간 동안 군인 가족들의 생계 역시 걱정거리였다. 6개월 혹은 1년 단위로 교대로 복무한다고는 하지만, 군복무 기간 동안 그들의 생업인 농사에 지장을 받지 않을 수 없었기 때문이다. 군인들의 복무 대가로 지급하는 군인전도 점차 제대로 지급되지 않았다. 그렇기 때문에 수자리 가야 할 지방의 일반농민들은 무슨 수를 써서라도 군복무를 피하고자 했다. 돈과 권력이 많은 사람들은 관리나 향리에게 뇌물을 바치거나, 혹은 자기 이름을 친척의 호적(戶籍)에 옮기는 등의 방법으로 군복무를 피하기도 했다. 그러나 가난한 백성들이 군복무를 피하기 위해 택할 수 있는 방법은 결국 도망가는 길 뿐이었다.

군사제도의 혼란은 중앙군과 지방군 모두에서 나타난 현상이었고, 이런 현상은 자연히 고려 군사제도의 붕괴로 이어져 갔다. 정부 입장에서는 그 대안으로 별무반(別武班)이나 별초(別抄)와 같은 새로운 군사조직을 마련하여 혼란을 수습해 보려고 하기도 했다. 그러나 마침내 고려의 군사제도는 무신정권시기에 이르면 국가의 군대가 개인에 의해 사사로이 동원될 정도로 붕괴되어 갔고, 그후 고려말기에는 군민일치(軍民一致)의 익군(翼軍)체제가 형성되기에 이른다.

이정호

승려들도
나라를 위해 나서다

승군은 왜 조직되었는가?

　불교국가였던 고려왕조는 불교사원에 대해 많은 우대책을 펴나갔다. 그런만큼 승려들은 국가나 왕실이 위급할 경우, 발벗고 나서서 호국활동을 전개했다. 몽고가 경기도 용인(龍仁)을 침략하였을 때 승려인 김윤후(金允侯)가 적장 살례탑(撒禮塔)을 화살 하나로 쏘아죽여 전투를 승리로 이끌었던 것이 대표적인 사례이다. 국가적 위기에 봉착했을 때 승려들은 호국의 정신으로 직접 전쟁에 나아가 '살륙'을 감행했던 것이다.
　그러나 승려들은 호국의 정신으로 자발적으로 전투에 나아가기도 했지만, 국가의 징발로 군대에 편입되기도 했다. 그 대표적인 예가 항마군의 존재이다. 여진족과의 치열한 대립시기인 숙종 때, 고려는 그에 대한 방비책으로 별무반(別武班)이라는 특수군을 조직했는데, 그 특수군 가운데는 승도(僧徒)들을 주축으로 편성한 항마군(降魔軍)이 존재했던 것이다.
　여기에서 한 가지 의문점이 생긴다. 불법(佛法)에서는 살생을 엄금하여, 아무리 작은 미물일지라도 그것을 살생하는 것은 절대 금지되었다. 그런데 불교의 계율에 따라야 할 승려들이 전투에 참

'수원승도(隨院僧徒)'의 존재를 알려주는 사료

여하는 것은 무슨 명목으로 가능했는가? 신라시기의 승려인 원광(圓光)이 「세속오계(世俗五戒)」를 지으면서 화랑들의 살생을 '호국(護國)'이란 관점에서 정당화한 적은 있지만, 살생을 절대로 할 수 없는 승려들을 국가에서 직접 군대에 편입시킨 적은 없었다.

승도들의 살생을 정당화한 불교교리는 '항마(降魔)'라는 단어에서 찾아야 한다. 원래 항마란 "석가모니가 수도할 때는 해탈을 방해하고, 석가모니가 드디어 깨달아 법계(法界)에 들어갔을 때는 그곳까지 따라가서 침해하는 악마를 물리친다"는 것이다. 그리고 이런 역할을 수행하는 존재로 사천왕(四天王)·팔부신장(八部神將)·금강역사(金剛力士) 등이 불교교리에 있다. 살생을 피하고 자비를 구하는 불교에서 살생을 권장하는 듯한 항마의 이론이 성립한 것은 당연히 불법의 수호를 위해서였다. 호법(護法) 즉 '불법의 보호'를 위해 교단의 무장을 긍정하였던 것이다.

그러나 승단의 무장은 이런 종교적 입장에서만 설명할 수는 없다. 신라나 고려의 사원은 막대한 재산을 보유하고 있었다. 왕실과 귀족들이 자신의 극락왕생을 위해 많은 토지를 사원에 기부하였던 까닭에, 점차 사원은 광대한 소유토지를 가지게 되었고 자연히 이를 보호할 필요가 생겼다. 특히 신라말 혼란기에 사원은 재산을 자신이 직접 보호해야만 했다. 국가가 지방에 대한 통제력을 상실했기 때문에 각 지방에 흩어져 있던 사원들은 자신들의 재산을 스스로 보호할 수밖에 없었던 것이다.

경상도 합천 해인사탑비(海印寺塔碑)에, "유년(酉年)에서 묘년(卯年)까지 7년 동안 … 재앙이 사원과 호국삼보(護國三寶)에 미쳐서 불법을 믿는 사람들이 사원과 생사를 함께 하면서 숲속의 도적들과 칼날을 교환하여 바위와 수풀 사이에 그 몸을 던졌다"라는 기록이 있다. 신라 말의 혼란기에 해인사와 같은 사원에 도적떼가 쳐들어간 것은 사원에 있던 막대한 재산 때문이었다. 해인사는 당시 광대한 토지를 소유하고 있었다. 애장왕 3년(802)에 왕이 직접 해인사에 토지 2,500결을 기부하였고, 그 뒤에도 계속 신라 국왕들의 기부가 이어졌다. 특히 진성여왕은 자신의 숙부였던 위홍(魏弘)이 죽자, 그를 추모하기 위해 해인사를 원찰(願刹)로 삼고 광대한 토지를 기부하였다. 해인사에서 발견된 43건의 토지문서를 보면, 헌강왕 6·8·11년과 진성여왕 5·8년에 각각 토지가 기부된 것을 알 수 있다. 이런 계속적인 기부로 인해 해인사가 소유하게 된 토지의 액수는 상상을 초월하는 것이었음은 쉽게 짐작할 수 있을 것이다. 그리고 신라 말에 벌떼처럼 일어났던 반란군들이 많은 재산을 가지고 있던 사원을 첫번째 공격의 대상으로 삼았던 것도 당연한 일이었다. 이런 상황에서 사원들은 나름대로 자구책을 마련하지 않으면 안되었고, 그 결과가 승군의 조직이었다.

결국 승군의 조직은 교리상으로는 불법의 수행을 가로막는 '악마'를 물리친다는 '항마'에서 따왔지만, 실제로는 자신들의 광대한 재산을 보호하기 위한 자구책이었던 것이다.

승군의 호국활동

그런데 이렇게 조직된 승군을 고려왕조는 국가적 필요가 있을 때마다 이용하였다. 즉 대외전투로 국가적 위기에 봉착할 때마다 왕조는 그들을 군대에 편입시켜 전투에 직접 참여하게 하였고, 국가적 규모의 토목사업이 진행될 때에도 그들을 동원하였다. 이미 조직되어 있어 가장 손쉽게 징발할 수 있으며, 사원과 불탑의 건립 등으로 인해 많은 건축기술을 가지고 있었기 때문에, 국가에서는 이들의 징발을 선호하였다.

대외적인 전투가 있을 때마다 거의 예외없이 승군이 동원되었다. 현종 원년(1010)에 거란이 침입하자, 승려 법언(法言)이 탁사정(卓思政)과 함께 9천여 명의 군사를 거느리고 임원역(林原驛)에서 거란병을 맞아 적병 3천여 명을 죽이고 장렬한 최후를 맞이했던 경우나, 이미 설명했듯이 숙종 때 여진족의 침입에 대비하여 설치한 별무반에 승병으로 조직된 항마군이 있었던 것이 그 예이다. 그 밖에도 고종 3년에 거란이 국경에 난입하자, 서울사람으로 종군(從軍)할 만한 자는 다 군대에 속하게 하였고 또 승도를 징발하여 군인으로 삼으니 그 숫자가 수만 명이었다고 한다.

몽고와의 전투에서도 당연히 승군이 전투에 적극 참여하여 김윤후와 같은 승려는 적장을 죽인 공로로 그 뒤에 무직(武職)에 발탁되었고, 그 때 함께 전투에 참여한 승병들에게도 포상을 내려주었다고 하며, 고종 41년(1254)에 몽고병이 상주산성(尙州山城)을 공격하니 황령사(黃嶺寺) 승려 홍지(洪之)가 몽고관인을 쏘아 죽였다고 한다. 또 공민왕 때 홍건적(紅巾賊)이 서경(西京:평양)을 함락하자 권적(權適)이라는 사람이 승병을 거느리고 가서 쳤다고 하며, 우왕 때에는 중외의 승도를 징발하여 군사로 삼고 경기병(京畿兵)을 뽑아 대동강과 예성강에 주둔하여 왜구를 방비하게 하였다고 한다. 이외에도 동원이나 자발적인 참여로 승군이 많은 전투에 투입되었는데, 자발적으로 나라를 위해 싸운 경우보다는 국가적 동원령에 의해 군대에 편입되는 경우가 많았다고 여겨진다.

외적과의 싸움뿐만 아니라, 국내의 반란진압에도 승군은 빈번히 동원되었다. 인종 13년(1135)에 묘청(妙淸)의 반란을 진압할 때, 승도들이 종군하여 뛰어난 활약을 펼쳤다. 그 가운데서도 군인의 모집에 스스로 응하여 종군하였던 승려 관선(冠宣)의 활약이 매우 눈부셨다. 그가 갑옷을 입고 큰 도끼를 어깨에 메고 적진에 먼저 나가 적을 쳐서 십여 명을 죽이자, 관군이 승세를 타서 크게 격파하고 적의 머리 3백여 급을 베었다고 한다. 이 반란의 진압에서 또 주목되는 승려는 상숭(尙崇)이다. 그 해 3월에 벌어진 전투에서 김부식이 그를 시켜 도끼를 들고 마주쳐서 10여 인을 죽이게 하니 적병이 무너져 달아났다고 한다. 묘청의 반란에 승도들이 자발적으로 참여하여 큰공을 세웠던 것이다.

한편 무신정변 이후 각 지방에서 민란이 빈번하게 발생했는데, 이를 진압하는 데에도 승군이 많이 이용되었다. 예를 들어 명종 5년(1175)에 관군이 남쪽 지방민이 일으킨 민란을 진압하다가 전세가 매우 불리하게 되자, 왕조에서는 그에 대한 구원군으로 승병을 모집하여 파견하였다. 또 명종 12년 4월에 죽동(竹同) 등의 반역에 대해 관군이 40여 일 동안이나 성을 공격했으나 함락하지 못했는데, 당시 그 지역 일품군(一品軍: 지방군 조직)의 대정(隊正:하위무관)이 승도와 더불어 죽동 등 10여 인을 죽이니 적이 평정되었다고 한다.

정쟁(政爭)에도 승군이 이용되었다. 인종 때 이자겸(李資謙)은 국왕의 외조부이자 장인으로서 전권을 휘두르고 있었고, 이에 대해 인종 자신이 매우 불편한 마음을 가지고 있었다. 이런 인종의 속마음을 알게 된 내시(內侍) 김찬(金粲)과 안보린(安甫鱗) 등이 먼저 '이자겸 제거'를 모의하여 그의 측근 인사들을 제거하여, 결국 '이자겸의 반란'으로 확대되었다. 아버지 이자겸이 곤란에 빠졌다는 소식을 접하자, 아들인 승려 의장(義莊)은 아버지를 돕기 위해 현화사(玄化寺)로부터 승려 3백여 명을 거느리고 와서 궁성밖에 이르렀다. 그런데 때는 이자겸의 측근이었던 척준경(拓俊京)에 의해 사태가 이미 어느 정도 수습되고 있던 상황이었다. 이에 승병들은 왕궁의 신봉문(神鳳門) 기둥을 도끼로 찍어 세력을 과시했다고 한다.

또 명종 때 조위총의 반란이 일어나자, 국가에서는 이를 진압하기 위해 관군과 함께 승군도 동원하였다. 그런데 정중부의 아들 정균(鄭筠)이 종군하고 있던 승려 종참(宗旵)을 달래어 당시의 무인집정이었던 이의방(李義方)의 목을 베도록 하였다. 이 때 승군이 이의방을 제거하는 데 동의한 것은 '자신의 딸을 억지로 태자의 배필로 삼으려고 한' 이의방의 무뢰한 행동 때문이었다. 승려들은 이로 인해 '항마'를 감행함으로써 왕실을 보호할 필요가 있다고 여겼던 것이다.

한편 고려 말에 이성계(李成桂)에 의해 위화도(威化島) 회군이 단행되었을 때, 최영(崔瑩)은 승려인 현린(玄麟)과 모의하여 승병을 내어 회군하는 이성계에 대항했다고 한다.

이처럼 국가적 전쟁뿐만 아니라 반란의 진압과 정쟁에 승군이 동원되었던 것은 관군만으로 문제가 해결되지 않을 때, 가장 쉽고 빨리 동원될 수 있는 조직이었기 때문이라고 할 수 있다.

한편 국가는 승군을 국가적 역사에도 동원하였다. 예를 들어 인종 13년(1135)에 묘청의 반란이 일어났을 때, 주·현에 있는 군사 23,200명과 승도 550명을 징발하여 토석(土石)을 지고 재목을 모아놓아 적의 침략에 방비케 하였다. 또 우왕 2년에 전함을 만드는 승도를 경산(京山) 및 각 도에서 징발했는데, 양광도(楊廣道)는 1천 명, 교주(交州)·서해(西海)·평양도(平壤道)는 각기 5백 명, 경산은 3백 명이었다고 하며, 이 때 국령으로, "승도로서 만약 도피하는 자가 있으면 곧 군법으로써 논할 것이다"라고 하였다.

이렇듯 국가에서 승도들을 토목사업의 주요 징발대상으로 삼았던 것은, 종종 행하였던 각종 석물(石物)의 제작과 건축 덕분에 사원에는 건축기술자가 양성되어 있었기 때문인 듯하다. 즉 전문기술노동력이 사원에 존재했기 때문에, 국가에서는 토목사업에 이들을 동원했던 것이다. 또 한편으로는 이미 설명했듯이 이들이 어느 정도 조직을 이루고 있었기에 동원이 수월했다는 점도 고려된 것이었다.

이렇게 승군이 별의별 일에 그것도 자주 동원되다 보니까, 그만큼 불만도 많아져 이들이 오히려 반란을 일으킨 경우까지 생기게 되었다. 신종 5년(1202)에는 운문(雲門: 현 경북 청도)의 반란군들이 부인사(符仁寺)·동화사(桐華寺)의 승도를 끌어들여 영주(永州)를 공격하였다. 또 고종 원년(1214)에는 거란의 침략으로 흥왕사(興王寺)·홍원사(弘圓寺)·경복사(景福寺)·왕륜사(王輪寺)·안양사(安養寺)·수리사(修理寺) 등의 승려를 종군케 하였는데, 이들이 오히려 이를 계기로 당시의 집정자였던 최충헌을 죽이기로 모의하다가 저지되는 사건이 발생했다. 이 사건은 김덕명(金德明)이란 자가 일찍이 음양설로 최충헌에게 아부하여 자주 공역(工役)을 일으켜서 여러 사원을 침해하였기 때문에, 승도가 이를 원망하여 발생했다고 한다.

승군은 어떤 사람들로 조직되었는가?

불교국가였던 고려는 승려를 특별 대우하면서도 한편으로는 승도들의 노동력을 가혹할 정도로 징발하기도 하였다. 왜일까? 국가의 우대조치를 받고 있는 승려와 군인이나 역졸(役卒)로 징발당했던 승도는 서로 구별되는 존재였음에 유의하면 이 문제는 해결된다. 고려에서 '승도'라고 불렸던 존재는 불법에 정진하는 승려 이외에도, 사원에 예속되어 농업에 종사하는 존재였던 수원승도(隨院僧徒)가 있었다. 수원승도에는 본래부터 사원에 예속되었던 예속농적(隸屬農的)인 존재도 있었지만, 국가의 역(役) 징발을 피해 자신의 토지를 사원에 기부하고 스스로 사원의 소작인이 된 농민들도 있었다. 어쨌든 승군이나 역졸로 편입되었던 존재는 불법에 정진하는 승려가 아니라 바로 '수원승도'였던 것이다.

수원승도에 대해, "국초에 중앙과 지방의 사원에는 모두 수원승도가 있어 항상 노역을 담당했는데, 마치 군·현의 민과 같아 일정한 재산을 가진 자가 많아 심지어 그 재산이 천백에 이른 경우도 있었다. 매번 국가에서 군사를 일으킬 때면 또한 중앙과 지방에 있는 여러 사원의 수원승도를 징발하여 각 군에 나누어 소속시켰다"라는 기록이 있다. 여기에서 수원승도라 불린 존재는 계(戒)를 받고 불법을 수행하는 승려가 아니라, 일반 군현민과 같이 재산을 소유하고 있던 백성임을 알 수 있다. 다만 그들의 존재가 사원과 밀접하게 관련된다는 점이 일반 군현민과 구별되는 것이라고 할 수 있다. 이들의 존재에 대해서 송나라 사람이 쓴 '고려견문록'이라 할 수 있는 『고려도경(高麗圖經)』에 "재가화상(在家和尙)은 가사를 입지 않으며 계율도 지키지 않는다. 흰모시의 좁은 옷에 검정색 비단으로 허리를 묶고 맨발로 다니는데, 간혹 신발을 신은 자도 있다. 스스로 집에 거처하면서 부인을 거느리고 자식을 양육한다. 그들은 관청에서 기물을 나르고 도로를 쓸고 도랑을 내고 성과 집을 수축하는 일들에 종사한다. 변경에 위험이 있으면 단결해서 나가는데 비록 달리는 데 익숙하지 않으나 자못 씩씩하고 용감하다. 군대에 가게 되면 각자가 양식을 마련해 가기 때문에 나라의 경비를 소모하지 않고서 전쟁을 할 수 있게 된다. 듣건대 거란이 고려에게 패배한 것도 바로 이 무리의 힘에 의뢰한 것이라고 한다"라는 기록이 있다. 여기에서 '재가화상' 즉 '집에 있는 승려'라고 불린 존재가 바로 수원승도라고 할 수 있다.

또 그 기록에는 이들을 '화상' 즉 승려라고 부른 것은 단지 "그들이 머리를 깎고 있어서 화상이라 부른 것일 뿐이다"라고 하고 있다. 즉 이들은 승려라고 불렸지만, 계율을 지키며 불법에 정진하는 승려와는 전혀 다른 부류의 사람들이었다. 그리고 국가에서 군대와 역사에 동원하였던 것도 주로 이들이었다고 여겨진다. 일부 승려들도 국가적 징발에 동원되었지만, 그들은 주로 수원승도들을 인솔하는 관리자의 역할을 맡았다고 생각된다.

이정란

고려군의
전략과 전술

　고려 태조 왕건(王建)은 고구려의 옛 영토를 회복한다는 이상 아래 북진정책(北進政策)을 대외정책의 기본이념으로 표방하였고, 이후 북진정책은 고려 전시기에 걸쳐 대외정책의 근간이 되었다. 한편, 당나라 주도의 비교적 안정된 질서 아래에 있던 동북아시아는 당나라의 쇠퇴 이후 5대10국 시대와 송(宋), 북방 유목민족왕조인 요(遼)·금(金) 그리고 원(元)의 건국이 이루어지는 복잡한 국제정세를 맞게 되었다.

　이러한 국제정세 속에서 흥기한 북방 유목민족은 북진정책을 표방하고, 그들과 대치하고 있는 고려와 끊임없는 분쟁을 일으켰다. 즉 일단 흥기한 요·금 그리고 몽고는 중원침공에 앞서 배후의 위협을 제거하기 위해 필연적으로 먼저 고려의 정복 내지는 굴복을 기도했던 것이다. 그러나 북진정책을 국가대외정책의 기본이념으로 채택하고 있던 고려는 이를 거부함으로써 500년 역사를 통해 북방 유목민족 왕조의 끊임없는 침략과 극복의 과정을 연출하게 된다. 중국왕조인 송과 북방유목민족의 왕조와 고려의 삼각축은 동북아시아의 주도권을 놓고 끊임없는 경쟁과 협조의 상황을 연출하였던 것이다.

고려군의 기본전략

건국 이후 차례로 강대한 북방유목민족의 왕조인 거란족의 요(遼)와 여진족의 금(金) 그리고 몽고의 침입을 받았던 고려는 고구려(高句麗) 때부터의 전략·전술을 더욱 발전시켜 이를 극복해 나갔다.

기본적으로 고려군의 기본전략은 '강한 적과는 싸움을 회피하고, 약한 적과 싸운다'는 것이었다. 그러나 이것이 곧 강한 적에게는 항복을 하고, 약한 적에게만 대항한다는 소극적인 전략은 아니다. 이 전략은 다양한 지연전술과 방어전술을 통하여, 강한 적을 약하게 만든 다음에 본격적인 전투를 수행한다는 고도의 전략으로서, 절대적인 전력이 우위에 있는 강한 상대와 전쟁을 할 때 쓰는 정석적인 전략이라 할 수 있다.

고려를 침공하였던 요·금·몽고의 군이 동일하게 사용하였던 전략은 강력한 기병을 이용해 단시일 안에 동·서북계(東西北界)를 돌파하여 개경(開京)을 함락시킴으로써 고려의 항복을 받아내는 것이었다. 이는 그들의 주력부대인 기병(騎兵)의 장점인 신속함과 파괴력을 최대한으로 이용함과 동시에, 생소하고 먼 고려에서의 장기간의 전투로 인해 전장이 확대되었을 때 나타날 취약한 그들의 후방 보급능력이 드러나지 않게 하려는 두 가지 의도가 담겨 있는 것으로, 익히 짐작할 수 있는 전략이었다.

이러한 적의 전략에 맞서 고려는 상대의 전략을 파괴하고 고려의 기본전략을 효율적으로 수행하기 위해 방어의 요충인 동북계와 서북계에 군사력을 집중시키는 한편, 요소에는 성(城)과 진(鎭)을 쌓음으로서 전쟁을 장기화하고 전선을 길게 하는 전략을 사용하였다. 이는 전장을 길게 확대함으로써 자신의 장점인 후방 지원능력과 친숙한 지리적 환경을 이용하고, 험난한 지형과 성을 이용해 적 기병대의 전투력을 낮추는 전략으로 맞서 적을 격파하기 위한 것으로 고려의 기본전략에 충실할 뿐더러 적의 약점과 자신의 장점을 최대한 이용하는 전략이라고 할 수 있다.

이러한 전략은 요·금·몽고의 계속된 침략에 끊임없이 운용되어 적을 물리치는 데 중요한 역할을 하였다. 세 차례에 걸친 요의 침략에서 이 전략의 효과는 극명하게 드러난다. 제1·2·3차 여요전쟁(麗遼戰爭)에서 서북계 남로(南路)와 북로(北路)의 요소에 설치된 여러 성과 진이 요나라 군사를 맞아 항전함으로써, 고려는 중앙의 방어전략 수립과 준비의 시간을 얻었고, 대반격의 여건을 마련하였다.

점령하지 못한 여러 진과 성을 그대로 둔 채, 개경을 향해 진군한 요군은 두 가지 면에서 전략적인 부담을 안게 되었다. 첫번째는 온전히 보전된 여러 진과 성으로부터의 반격 위험에 대비하는 한편 퇴각로 마련을 위해, 침략군의 상당부분을 서북계 여러 진 주변에 배치함으로써, 고려 중앙군과의 대전투를 온전히 유지된 전력으로 임하지 못했다. 두번째는 애초의 계획과는 달리 장시간을 서북계에서 소비함으로써 병사의 굳건함이 소모되고, 전략적 요충로를 고려의 지배권역에 남겨둠으로써 원활한 후방지원을 받지 못한다는 것이었다. 여기에 더해 결정적으로 자신의 전략은 파괴되고, 후방에 적을 남겨둔 채 적진 깊숙이 들어옴으로써 이미 정신적으로 커다란 부담을 안고서, 앞뒤로 적을 맞는 최악의 상황 속에서 남은 전쟁을 수행하게 된 것이다.

고려군의 전술

위에서 설명한 전략을 효과적으로 수행하기 위해 고려군은 특유의 전술을 운용하여 적을 격퇴하였다. 청야전술(淸野戰術)·견벽고수(堅壁固守)·인병출격(引兵出擊) 등의 전술이 그것인데, 이 전술들은 독립되어 운용되는 것이 아니라, 세 가지 전술을 유기적으로 혼용하여 사용되었다. 고려군은 이런 세 전술을 효율적으로 배합하여 사용했는데 기본적으로 다음의 세 단계를 거쳐 사용되었다.

1단계[청야전술] : 적의 침공첩보를 받으면 성밖의 백성을 모두 성안으로 들어오게 하고, 들을 깨끗이 하여 적이 현지에서 부용병력이나 물자를 보급받을 수 없게 한 상태에서 적을 맞는다.

2단계[견벽고수] : 적의 방어를 위해 축조한 성을 의지해 섣부른 공격을 삼가고, 굳게 방어함으로써 적의 예기와 기병대의 파괴력을 상실케 하며 방어전을 펼친다. 이는 전쟁 초기에 강한 적과의 전면전을 회피하고, 적의 주력인 기병대가 공성전에 약하다는 두 가지 이점을 노린 전술이라 할 수 있다.

3단계[인병출격] : 성과 없는 오랜 공성전과 충분치 못한 보급으로 적의 전투력이 현저하게 낮아지면 성문을 열고 병사를 내어 적을 공격한다. 또는 서북계를 그냥 지나쳐 남하했던 적이 소기의

대흥산성
개성시 박연리에 위치한 고려의 성으로, 수도를 방어하기 위해 세운 것이다

성과없이 후퇴시에 적 부대를 공격한다.

제2차 여요전쟁 때 흥화진(興化鎭)에서 서북계 도순검사(都巡檢使) 양규(楊規), 흥화진사(興化鎭使) 정성(鄭成)을 주장(主將)으로 한 고려군 3천여 명이 거란 성종(聖宗)이 직접 지휘하는 총병력 40만의 요군을 상대로 벌인 전투는 이러한 전술의 정수를 보여준다.

1010년 11월 16일부터 22일까지 벌어진 흥화진전투는 제2차 여요전쟁 발발 이후 최초의 대규모 공방전이었다. 홍화진의 고려 군은 진 주변의 백성을 성으로 들인 뒤에, 7일에 걸친 요군의 파상 공세를 막아내었다. 많은 병력을 가지고 교대로 편 파상공세와 온 갖 회유를 통해서도 홍화진을 공략하는데 실패한 성종은 결국 전 병력의 절반인 20만 대군을 홍화진 주변에 남겨두고 남진함으로써 제2차 여요전쟁의 실패를 예비하게 된다. 뒤에 요군이 패전하여 후퇴할 때, 홍화진의 고려군은 성을 열고 나와 퇴각하는 요군을 요 격하여 막대한 피해를 입혔다.

압록강 하안에 위치한 홍화진은 전략적으로 요군의 진퇴에 중 요한 거점으로서, 이런 중요한 거점을 둔 고려군과 요군의 첫 전투 에서 고려가 승리함으로써, 고려는 ① 요의 기동에 심각한 타격을 줌으로써 전략적으로 우위에 서게 되고, ② 방어선 구축에 필요한 시간을 벌었고, ③ 침공군 절반을 압록강 주변에 묶어두는 성과를 얻었다. 홍화진전투는 위에서 서술한 고려군의 세 가지 전술의 모 범을 보여주는 전투였다고 할 수 있다.

고려군의 전략적 방어선 - 서북계의 중요성

고려를 침공하는 침공군이 택한 진출로는 요·금·몽고가 공히 일치하였다. 바로 서북계 북로와 남로인데, 이는 그만큼 이 지역이 전략적으로 중요하다는 것을 반증한다. 일단 고려를 침공하는 침 공군은 매번 압록강 서안의 내원성(來遠城)에서 도하한 뒤 보주(의 주)에서부터 침략군을 나누어 침공하는 양상을 보여준다. 서북계

용주성

평안북도 피현군 성도리에 위치. 압록강과 청천강 사이에 배치된 고려의 중요 요새지역의 하나였다. 『고려사』에는 용주성에 12개의 치(雉)를 설치했다고 하였는데, 지금은 성벽 안쪽 구부러진 부분에만 그 흔적이 남아 있다. 현종 5년 (1014)에 거란족이 침입하자, 고려인들은 용주성에서 완강히 저항하여 이를 격퇴시켰다.

북로는 보주-천마-귀주-태주-박주-안북부를 연하는 경로이고, 서북계 남로는 보주-흥화진-통주-곽주-정주-가주-안북부를 연하는 경로를 말한다.

제1차 여요전쟁에서 서희(徐熙)의 담판으로 강동(江東) 6주의 지배권을 확실히 한 이후로 고려 방어선의 제1선이 된 서북계는 계속되는 전쟁의 위협 속에서 고려가 심혈을 기울여 강력한 방어막을 구축한 곳이었다. 산간지형의 험난함이 방어에 크게 도움을 주는

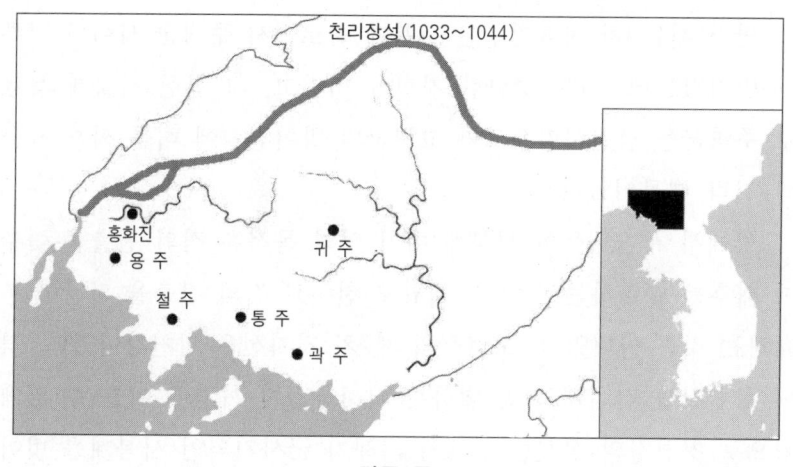

강동6주

전략적 요충지인 서북계에서 대군이 진출 가능한 길은 서북계 북로와 남로의 두 곳뿐이었다. 따라서 이곳은 이후 고려의 방어전략에 중심적인 위치를 차지하게 된다.

서북계 남로와 북로중에서는 남로가 평야지대로 대부대, 특히 기병대가 전술을 펼치기에 용이한 지점이었다. 따라서 침공군은 서북계 남로로 주력부대를, 북로로 별동대를 보내는 것이 일반적인 양상이었다. 이에 맞서 고려는 서북계 남로 방비에 고려군의 주력을 보내게 된다. 이런 정석적인 전투양상을 띤 것이 제2차 여요전쟁이었다. 당시 성종은 홍화진을 거쳐 서북계 남로로 주력부대를 이동시켰고, 고려군은 강조(康兆)를 행영도통사(行營都統使)로 한 방어군을 서북계 남로의 요충인 통주(通州)에 진출시켜 방어를 하게 하였다. 통주는 서북계 북로의 귀주(龜州)와 곧바로 연결되는 곳으로서 서북면의 최대 요충이었다.

반면 제1·3차 여요전쟁은 서북계 북로에서 주력군 사이에 전투가 벌어졌는데, 이는 평탄한 지형을 버리고, 더 험한 서북계 북로로 주력군을 남진시킴으로써 고려군의 방어전략에 허를 찌른 요군의 전략 때문이었다.

앞에서 서술했듯이 서북계 여러 성의 목적은 적의 진출을 늦추고 배후를 교란하는 것이지, 대규모 전투로 적의 진출을 완전히 봉쇄하는 것은 아니었다. 고려군의 제2차 저지선은 청천강이었다. 적이 청천강을 건너게 되면 별다른 어려움없이 서경에 이를 수 있게 됨으로 청천강의 상실은 전쟁의 피해가 군사지역인 서북계를 벗어난다는 의미를 가진다. 따라서 청천강 남안의 안북부를 중심으로 한 지역은 고려의 제2차 저지선으로서 또한 중요한 의미를 지닌다.

제1차 여요전쟁에서 서북계 북로와 남로 여러 진의 완강한 저항에 막혀 전선이 교착상태에 빠지자, 이를 타개하기 위해 요군이 사잇길로 진출하여 청천강 도하를 시도하였다. 이 때 고려 방어군의 지휘부가 있던 청천강 남안의 안융진(安戎鎭)에서 큰 전투가 벌어지는 것에서 그 예를 찾을 수 있다.

서북계 남로의 흥화진·통주, 서북계 북로의 귀주는 특히 중요한 거점으로 고려시대를 통해 큰 전투가 빈번히 일어났던 곳이다. 앞에서 서술했듯이 제1차 여요전쟁 최초의 대규모 전투가 일어났던 곳이 흥화진이며, 제2차 여요전쟁의 최대 격전지가 통주이다. 귀주는 제3차 여요전쟁에서 퇴각하는 소배압(蕭排押)의 요군을 상원수 강감찬(姜邯贊), 부원수 강민첨(姜民瞻)군과 함께 서북계 병마판관(兵馬判官) 김종현(金宗鉉)이 협공을 가하여 고려 최고의 전공을 올린 곳이다.

자신의 장점을 최대한으로 이용하고 상대의 약점을 철저히 추궁하는 전술과 지리적인 우위를 이용한 전략은 고려 500년을 이어서 끊임없이 침공해 오는 적으로부터 고려를 지키는 데 큰 역할을 하였다. 그러나 이러한 전술은 기본적으로 미리 준비된 강한 국방력이 전제가 되야 효과를 발휘함은 당연하다.

　그러나 여진정벌 이후 계속된 고려의 평화기에 국방에 대한 관심이 줄어들고, 무신정권 시기 동안 내부의 세력다툼으로 국방에 전념할 수 없었던 고려는 이후 몽고의 침입 때부터는 실패를 경험하게 된다. 전략과 전술이 아무리 훌륭해도 기본적인 국가의 방어력이 떨어지면 그러한 전략과 전술을 수행할 수 없는 것은 자명한 논리이다. 고려군의 지연전략은 먼저, 고려 북방 양계의 여러 성의 방어력이 살아 있을 때만 가능한 전략이다. 양계지방의 요소에 강력하게 정비된 성과, 최소한의 훈련된 병사, 장기간에 걸쳐 농성할 수 있는 무기와 식량 등이 결여되어 있는 상태에서는 더 이상 북방 양계는 고려의 견실한 방어벽이 될 수 없는 것이다.

　기본적으로 고려군의 강력함은 북방 양계에 주둔하고 있는 주진군(州鎭軍)과 전투능력이 있는 백성, 그리고 충분한 시간적 여유 아래서 준비하고 올라온 정예중앙군과의 유기적인 결합에서 나온다. 그러나 이러한 제반 요소는 국방정책이 정상적으로 기능하고 있을 때에 가능한 것으로, 기본 국방력의 붕괴는 이후 몽고의 침입 때 양계가 쉽게 돌파당하고 전국이 수십 년간 유린당하는 결과를 낳게 된다.

　이 시기에도 고려군의 기본 전술은 변함이 없어 소규모의 국지전에서는 소기의 성과를 얻고 있다. 제1차 몽고침입 당시 처인성

(處仁城)에서 승장 김윤후(金允侯)를 중심으로 관민이 뭉쳐 공성전을 벌임으로써 몽고군 원수 살례탑(撒禮塔:살리타이)을 사살한 것은 그 대표적 사례이다. 그러나 북방 양계가 고려의 견실한 방어벽이 되지 못하는 이 시기에는 소규모 승전은 있었을지언정 몽고군에 전국토가 유린당하는 비극을 면할 수 없었다.

오현필

중국의 송나라가
고려에 원병을 요청하다

고려 성종 4년(985)에 중국 송나라에서 사신인 한국화(韓國華)가 황제의 조서를 가지고 왔다. 조서의 내용은 아주 점잖게 대송(大宋)이 오랑캐인 거란을 치는데 그대 고려도 이득을 보는 것이니까 황제의 뜻에 따르라는 내용이다. 즉, 송이 고려에 거란을 치기 위한 원병을 요청한 것이다. 당나라가 멸망한 뒤에 오대(五代)의 혼란기를 극복하고 중국대륙을 통일한 천하의 송이 고려에 원병을 요청했다. 그렇다면 과연 송은 왜 고려에 원병을 요청했을까. 사건의 전말을 알기 위해서 당시의 국제정세를 살펴보고, 또한 고려와 송의 외교관계를 알아보자.

거란의 사신을 유배보내다.

985년 동아시아에 존재했던 나라로는 중국대륙의 송과 거란족이 세운 거란, 그리고 한반도의 고려가 있었다. 또한 통일된 왕조를 이루지는 못했지만 여진족이 여기저기 흩어져서 부족상태로 독립을 유지한 채 살아가고 있었다.
고려는 918년 태조 왕건에 의해서 나라가 건국되었다. 이보다 앞서 907년 거란 태조 야율아보기(耶律阿保機)는 여러 거란부족을 통일하고 '거란'이라는 나라를 세웠다('거란'은 때때로 국명을 '요'로 바꾸기도 하였다. 때문에 이 글에서는 그 시기에 상관없이 '거란'이라고 표현하겠다). 한편 고려가 건국할 즈음의 중국대륙은 당이 멸망한 이후 후량(後梁: 908~923)・후당(後唐: 923~936)・후진(後晋: 936~947)・후한(後漢: 947~950)・후주(後周: 951~959)의 다섯 나라가 연달아 세워졌다가 멸망하고, 여러 지방에서 10개의 나라가 쇠망을 거듭하는 오대십국(五代十國)의 시대가 이어지고 있었다. 정치적인 혼란기였던 셈이다.

왕건이 나라를 건국하고 나서 가장 신경을 써서 외교관계를 맺은 나라는 10국 가운데 하나인 양자강 남쪽의 오월국(吳越國)이었다. 이는 경쟁관계에 있던 후백제가 이들과 연결되는 것을 염려하였기 때문이다. 그렇다고 오대와의 관계가 소원했던 것도 아니다. 국가체제를 정비하는 가운데 중국의 선진문물을 받아들이기 위해서 중국의 오대와도 긴밀한 관계를 맺었다.

거란은 고려가 건국된 지 5년 만에 낙타와 말 등을 보내오면서 고려정부와 외교관계를 맺으려 하였다. 기록에 별다른 언급이 없는 것으로 보아 고려측에서는 무신경하게 대하고 있는 듯하다. 이는 거란과는 지리적으로 연결되어 있지 않고, 또한 북방의 유목민족인 거란에게 고려가 얻을 수 있는 이득이 그다지 없었기 때문이다. 그러나 거란에 의해서 발해가 멸망(925)당하면서 사정은 급박하게 변해 버렸다. 이제 거란과의 사이에 존재하던 발해가 사라지자, 고려와 거란은 국경선을 직접 접하게 되었다.

거란은 태조 25년(942)에 낙타 50필을 고려에 보내왔다. 태조

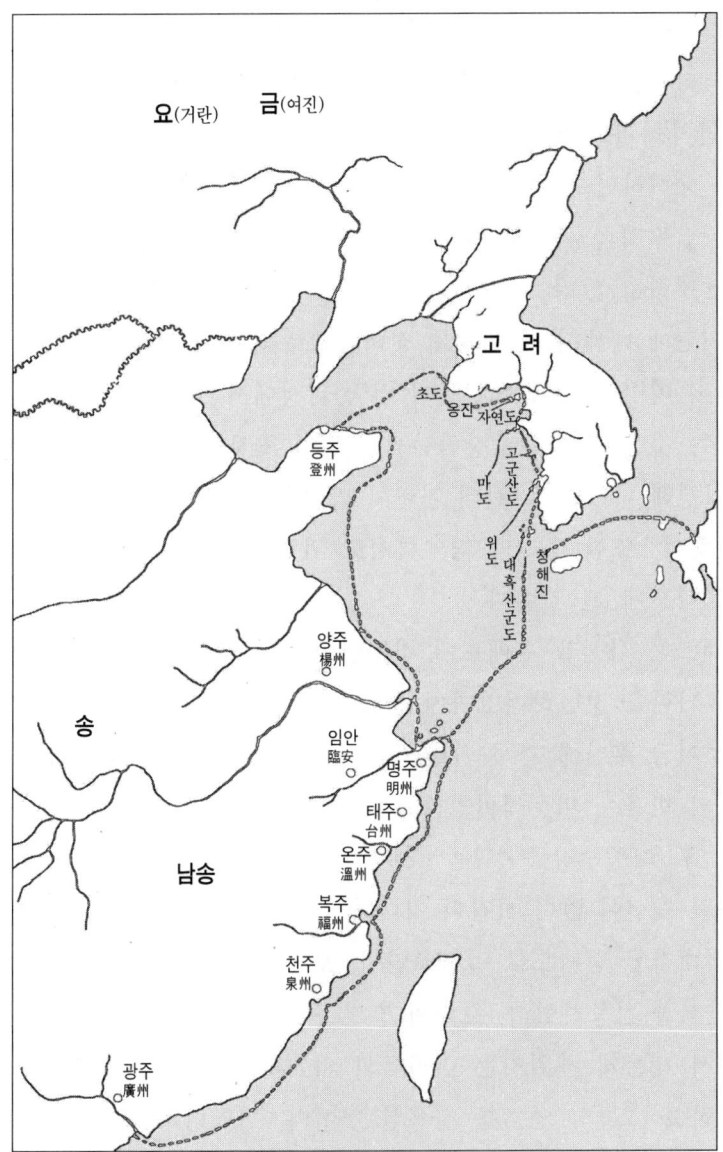

여송항로약도(麗宋航路略圖)

가 그들을 대한 태도는 상당히 적대적이었다. 즉, 사신을 유배보내고 낙타 50필을 만부교 밑에 매어서 모두 굶겨 죽인 것이다. 이유는 '친척'나라인 발해를 거란이 멸망시켰다는 점 때문이다. 또한 태조가 승하하면서 후세의 왕들에게 남긴 교훈인 「훈요십조」에서 거란은 금수지국 즉 '짐승과 같은 나라'라고 하면서 관계를 맺지 말 것을 명하고 있다.

거란에 대해서 왜 이렇게 적대적으로 대하고 있는가. 고려는 국호에서 이미 나타나고 있듯이 건국 과정에서 고구려의 옛 땅을 회복하는 것을 강력히 주장하면서 국토의 확장을 추진하는 북진정책을 실행해 나갔다. 그런데 거란이 발해를 멸하고 고구려의 옛 땅을 차지하며, 또한 우리의 경계까지도 위협하므로 태조의 이러한 정책이 나오게 된 것이다.

태조는 사신을 유배보낸 것뿐만이 아니라 중국의 후진과 연합하여 거란을 정벌하려고까지 하였다. 서역에서 온 승려 말라(襪囉)로 하여금 후진에 가서 거란을 협공하자고 제의한 것이다. 그러나 중국의 반응은 미온적이었다.

이후 혜종·정종·광종·성종대에 이르기까지 고려와 거란은 아무런 교섭이 없이 시간이 지나게 되었다. 고려는 거란에 대한 것은 적대적인 정책으로 일관하면서, 오직 중국대륙과의 외교관계에만 관심을 집중하였다. 오대가 흥망을 거듭하는 동안 고려 역시 계속해서 새롭게 세워지는 나라들과 외교관계를 맺었다. 즉 사신을 파견하고 그들의 연호를 사용한 것이다. 그러다가 중국에서 송나라가 건국되었다.

송나라에 사신을 파견한 이유는 무엇일까

중국대륙에서 오대의 혼란기를 극복하고 960년 조광윤(趙匡胤)에 의해서 송나라가 건국되었다. 오대와 계속된 외교관계를 맺었듯이 고려는 중국의 통일왕조인 송나라와도 외교관계를 맺게 되었다. 고려와 송의 국교는 먼저 고려측에서 광종 13년(962)에 이흥우(李興祐)를 파견한 데 대하여 송이 이듬해 시찬(時贊)을 보내옴으로써 열리게 되었다.

송과 우리나라는 형식상 사대관계를 맺었다. 이는 고려가 큰나라인 송의 조공국으로서 신하의 예를 취하고 송의 연호를 사용하고, 송나라는 고려왕을 책봉해 주는 의례를 행한 것이다. 이는 동아시아의 전근대 사회에서 자연스런 외교질서였다. 사대관계를 맺는다고 해서 우리가 중국의 속국이 된다든가, 내정간섭을 받는 것은 아니었다. 의례적인 관계인 것이다.

당시 동아시아에서 중국과 조공관계(사대관계)를 맺었다고 해서 자주성이 훼손되는 것은 아니다. 때문에 고려는 송과의 관계에 신경을 썼고, 여러 차례 사신을 파견하였다. 사신을 보낼 때 조공국이 중국에 선물을 바치면, 중국에서는 답례품을 보내주었다. 이를 공물과 회사품(回賜品)이라고 한다. 서로간의 우의를 다지기 위한 공물의 진상과 이에 대한 회사품을 내려주는 사절의 왕래가 있었고, 그리고 새로운 국왕의 즉위를 알리거나, 나라의 기쁜 일(황제의 생일, 고려국왕의 생일 등)과 슬픈 일(왕의 죽음) 등을 서로에게 알려주는 의례적인 관계가 대부분이었다.

그런데 이처럼 안부를 묻고 선물을 주고받는 일 말고도 매우 이례적인 업무로 서로 사절이 파견된 경우가 있었다. 송에서 거란을 치기 위해서 고려에 원병을 요청하는 사절을 보내온다든가 (985), 거란의 1차침입을 받고 서희의 담판으로 거란의 군사를 돌려보낸 고려가 원병을 요청(994)하는 사절을 파견하였다. 이후에도 거란의 2차침입과 3차침입에 앞서서 고려는 송나라에 군사적 도움을 요청하는 사신을 파견하였으나, 송은 고려의 요청을 모두 묵살하고 있다. 양국 모두 거란과의 관계를 염두에 두고 원병을 요청했으나, 현실적으로 실현되지 못한 것이다. 그만큼 거란의 군사력이 우세했고, 양국은 이를 우려했다는 점을 알 수 있다.

연운 16주를 두고 싸우다

그렇다면 중국대륙의 여러 나라들과 거란과의 관계는 어떠했을까. 중국 오대중 후진은 그 이전의 나라인 후당을 멸망시키고 나라를 세우는 과정에서 거란의 원조를 얻었다. 후진을 세운 석경당(石敬瑭)은 거란의 도움을 얻으면서, 거란에 신하된 예를 취하고 금과 비단 30만 필을 바치며 영토의 일부를 떼어준다는 조건을 내걸었다. 떼어준다는 영토는 만리장성 부근의 '연운 16주'라는 곳이다. 그러나 후진은 거란에게 약속처럼 행하지 않았고, 오히려 이 땅을 다시 차지하려고 거란과 싸움까지 하는 가운데 결국 거란의 침공으로 멸망당하고 만다.

이어서 후한과 후주가 연달아 건국되지만 중국은 연운16주를 계속해서 '돌려받지' 못하게 된다. 이는 오대 혼란기를 수습하고 새롭게 중국대륙을 통일한 송에 이르러서도 마찬가지였다. 송과 거란과의 관계는 연운16주라는 폭탄을 안고 시작된 것이다.

송을 통일한 태조 조광윤은 국내통일과 국력의 충실에 힘써, 거란과는 그다지 마찰이 일지 않았다. 막 건국한 새내기 국가로서는 섣부르게 강력한 군대를 소유한 거란과 한바탕 싸움을 하기에는 아직 역량이 모자랐던 것이다. 그러다가 2대 태종대에 이르러 사태는 급박하게 변하기 시작하였다. 국내의 통일이 거의 마무리되어가자, 태종은 이제 밖으로 관심을 돌리게 되었다. 중원의 위엄을 이민족 오랑캐에게 보이고, 연운16주를 돌려받으려 한 것이다. 먼저 주목한 것은 북한국(北漢國)이었다. 이 나라는 후한이 멸망하고 나서 그 일족이 산서지방에 도망가 세운 나라였다. 송 태종은 북한국을 정벌하려 한다. 그에 따라 북한국은 거란에 원조를 요청하게 되었다.

전쟁이 일어났다(979). 그러나 결과는 송의 참패였다. 요의 명장 야율휴가(耶律休哥)가 버티고 서서 송군을 막고, 또한 요의 용감한 기병에게 송의 보병이 참패한 것이다. 태종은 겨우 도망쳐 나올 수 있었다. 충격적인 패배였다. 이제 동북아시아에서 거란의 질주를 막을 세력은 존재하지 않게 되었다.

송의 한국화는 고려에 왜 왔는가?

'연운16주'와 동아시아의 맹주가 되기 위한 송과 거란의 1차 싸움은 송의 패배로 일단락되었다. 송의 충격은 큰 것이었고, 잠시 시간을 가져야 했다. 얼마 뒤 송에게 희소식이 들려왔다. 송의 침입을 멋지게 물리친 요의 경종이 죽고 나이 어린 성종(聖宗)이 즉위한 것이다. 송은 이 때를 틈타 거란을 치려 하였으나 이미 979년의 전쟁에서 패했었다. 또다시 그런 패배를 당하지 않기 위해서 송은 원병이 필요했다. 송은 거란을 공격할 때 후방에서 고려가 전선을 교란해 주기를 바랐다. 까닭에 한국화를 사신으로 삼아 고려에 파견하여 어르고 협박도 해가면서 군사를 요청한 것이다. 어떤 내용으로 협박한 것인가?

여기에서 우리는 당시 국가형태는 아니었지만, 여진족에 대해서 짚고 넘어가야 한다. 여진족은 우리나라 동북지방과 중국의 동북부지방[만주]에 있던 유목민족이다. 발해가 나라를 세우면서 소수의 고구려계 지배층과 다수의 말갈인[여진인] 피지배층으로 이루어진 나라였다. 그러나 발해가 거란에 의해서 멸망하자 여진족은 통일된 나라를 이루지 못하고 부족상태로 흩어져 살게 되었다.

그런데 아무리 통일된 나라를 이루지 못했더라도 그들은 거란과 고려의 중간에 끼여 자신들의 거취를 결정해야만 했다. 그 결과 일부는 거란에 편입되어 거란의 지배를 받은 숙여진이 되었고, 일부는 거란의 지배를 피하여 부족생활을 영유한 생여진이 되었다. 이들 생여진은 고려의 북방정책에 의해서 일부가 정벌되거나 혹은 우호적인 관계를 맺기도 하였다.

거란과 고려의 지배를 원치 않으면서 자신들의 안전을 도모하고자 했던 여진인은 송나라에 조공하여 이를 이루려고 하였다. 송은 고려에 원병을 요청할 때 이들 여진족을 핑계삼아 고려를 협박하였다. 즉 여진인들이 송나라에 와서 고려와 거란이 협력하여 여진인들을 잡아가고, 그들을 정벌하려 한다는 것이다. 송은 여진인들을 보호하기 위해서라도 만약 고려가 원병에 응하지 않으면, 먼저 고려부터 응징하겠다는 것이다.

처음에 원병을 요청받은 성종은 시간을 끌며 원병을 보내지 않았다가, 한국화가 '위덕(威德)'을 보여서 결국 원병을 보냈다고 한다. 하지만 막상 송과 거란과의 전쟁에서 고려군이 동원되었는지는 사료상에 남아 있지 않다. 다만 송이 거란을 치기 위해 고려에 원병을 요청했다는 사실만을 확인할 수 있을 뿐이다.

앞서 서술한 대로 송이 고려에 원병을 요청해서 거란과 전쟁을 치르려 했지만, 고려군이 직접 전투에 참가했는지의 여부는 불투명하다. 그러나 이에 대한 거란의 입장은 분명했다. 거란으로서는 적어도 송과 고려의 어떤 연결이 마땅치 않았을 것이다. 거란은 본격적으로 송과 대적하기에 앞서서, 후방의 고려를 완전히 제압할 필요가 있었다. 그렇지 않다면 고려와 송이 외교관계만이라도 끊게 할 필요가 있었다. 그래서 거란은 고려를 침략하게 된다.

직접적으로 송과의 관계를 끊으라고 요구할 수 없었던 거란은 새로운 핑계거리를 가지고 있었다. 즉, 그들이 멸망시킨 발해가 고구려를 이은 나라이고, 이제 발해를 거란족이 흡수했으니, 마땅히 고구려의 옛 영토도 거란의 땅이 되었다. 그러니 현재 고려국경 안에 있는 고구려의 옛 영토를 돌려달라는 것이었다.

거란의 제1차 침입의 이유였다. 그런 억지를 쓰면서까지 거란은 고려가 송과의 관계를 끊기를 원했던 것이다. 결국은 서희(徐熙)의 담판으로 오히려 영토를 더 얻었으나, 거란이 내심 바랐던 송과의 단교는 받아들일 수밖에 없었다.

고려 광종대에 시작된 고려와 송의 통교(962)는 결국 성종대(994)에 끝나고야 만다. 30년 세월 동안 이어진 것이다. 이 때까지를 고려·송 외교관계의 제1기라고 부르자. 제1기의 두 나라 사이의 관계는 모두 군사적·정치적인 목적을 가지고 있었지만, 직접적인 군사행동을 하지는 못했으며, 서로의 요구를 들어주지 못해서 결국은 외교관계가 단절되는 사태에 이르게 되었다.

고려는 책을 얻기를 원하고, 송은 군사를 얻고 싶어하다

고려와 송, 모두 거란과의 싸움에서 막대한 손실을 입었고, 이들은 거란의 군사력 앞에서 결국 서로간의 관계를 끊었다. 그러다가 고려와 송의 외교관계 제2기는 1071년(고려 문종 25, 송 신종 3)에 다시 열리게 되었다. 제1기가 고려측의 요청으로 시작되었다면, 제2기는 송나라의 제의에 의해서 시작되었던 것이다. 왜 송은 고려에 외교관계의 재개를 희망했을까. 거란에 의해서 끊어진 두 나라의 외교관계의 새로운 시작은 역시, 거란을 이유로 맺어지게 되었다. 송은 현저히 국세가 기울어져 가고 있는 거란을 물리치고 싶어 고려와 다시 연결하고자 하였다.

송은 고려뿐만이 아니라, 세력이 강대해져 '금(金)'나라를 세운 여진족과도 연결을 도모했다. 고려는 난색을 표명했지만, 금은 송과 함께 '거란'을 멸망시켰다. 하지만 거란을 멸망시킨 금나라는 얌전히 고향으로 돌아가지 않았다. 오히려 송을 공격해서, 송을 중국 대륙의 남쪽으로 쫓아버렸다(1126). 이 때까지의 송을 북송(北宋)

이라고 부르고, 이후를 남송(南宋)이라고 부른다.

　제2기에 송이 고려에 사신을 파견한 목적은 줄곧 정치적·군사적으로 고려의 도움을 받고싶어서였다. 그러나 고려는 제1기와 달리 그 목적이 많이 달라지게 되었다. 고려는 가급적이면 '거란'과의 평화관계를 깨고 싶어하지 않았고, 송·거란의 외교분쟁에는 개입하지 않으려 하였다. 대신에 송의 선진문물을 받아들이는 데 주력했다. 이 점은 고려가 송과 국교를 다시 맺으면서 맨 먼저 의관의 파견을 요청한 사실에서도 알 수 있다. 이후 고려에서 송에 간 사절들이 자주 약재와 서적·악기 등을 구해 오고 있다. 학생들은 송의 국립대학인 국자감(國子監)에 입학하기 위해서 송나라에 건너가기도 하였다. 제2기에 고려가 송과 관계를 맺은 것은 다분히 문화적인 목적에서였다.

　제3기 역시 송의 요청으로 시작되었다. 1128년 송에서 지난해 금과의 싸움에서 잡혀간 휘종(徽宗)·흠종(欽宗) 황제를 모셔오고자 하니 고려에 길을 빌려달라는 요청을 하였다. 그러나 이 길을 빌린다는 '가도(假道)'라는 것은 외교적으로 매우 민감한 문제이다. 만약 송의 군대가 두 황제를 모셔오는데, 우리나라를 지나간다면, 금나라는 고려와 송이 같은 편이라는 것으로 받아들이겠기 때문이다. 비록 싸우지 않고 단순히 교섭을 하러가기 위해 길을 빌린다고 하더라도 금은 고려와 송을 함께 묶어서 파악하게 될 것이다. 송은 금과의 분쟁에 여전히 고려를 끌어드리려 하고 있는 것이다. 이에 대해 고려는 국방상·외교상의 이유를 들어 거절한다.

　1130년 송은 매우 섭섭해 하면서 고려사절의 왕래를 중지시켜 버리고 만다. 그럼에도 그 뒤로 몇 차례의 사절왕래가 더 있었다.

하지만 그것은 상대방에게 자기네 입장이나 사정을 전달하는 정도로서, 양국간의 관계는 그리 원만하지 못했고, 결국 1173년 이후 두 나라의 관계는 완전히 끊겨버리고 만다.

  제3기(1128~1173)의 고려와 송과의 관계는 제2기와 마찬가지로 고려는 송의 선진문물을 받아들이는 문화적 욕구가 강했으나, 송은 제1기에서부터 꾸준히, 거란 또는 여진〔금〕을 제압하기 위해 정치적·군사적인 목적으로 고려와의 관계를 희망했던 것이다. 고려는 책을 얻기 위해서 송과의 관계를 지속했지만, 송은 직접적인 무기〔군사력〕를 원했다.

임경희

서희가
세 치 혀로 땅을 얻다

동아시아의 10세기는 커다란 격동의 시기였다. 한반도에서는 고려가 후삼국을 통일함으로써 분열의 시대에서 통일의 시대로 나아가고 있었고, 중국에서는 오대(五代)의 혼란이 송(宋)에 의해 수습되었다. 이 시기에 가장 뚜렷한 변화를 보인 민족은 요하 상류를 중심으로 유목생활을 하던 거란족이었다.

거란은 9세기 중엽부터 서서히 부족의 단결을 강화하더니, 10세기 초에 이르러 야율아보기(耶律阿保機)에 의해 세습 군주제가 이루어졌다. 그들은 8개의 종족으로 구성되어 있었는데, 각 종족은 3년에 1번씩 공동으로 1명의 칸(汗)을 선출하였다. 907년에 칸으로 추대된 야율아보기는 마침내 칸을 선출하는 선거제도를 폐지하고 세습의 칸이 되어 줄곧 칸의 지위를 차지하였다. 916년에 그는 각 종족의 수령을 살해하고, 황제에 올라 나라 이름을 '거란국'이라 하였으니, 그가 바로 요(遼: 916~1125)의 태조이다.

일반적으로 유목민들은 어려서부터 말타기와 활쏘기를 배우는데, 그것은 기병들의 군사훈련과 비슷한 면이 있다. 거란족 역시 유목민이었던 만큼 평상시의 생활이 군사훈련과 크게 다를 바가 없었다.

거란은 유목과 수렵을 위주로 생활했으며, 병민일치(兵民一致)·

군정일치(軍政一致)의 체제였다. 『요사(遼史)』 병위지(兵衛志)에서 "15세 이상, 50세 이하이면 모두 병적(兵籍)에 예속되었다"고 하였고, 영위지(營衛志)에서는 "유사시에는 전투하는 것이 임무이며, 한가할 때는 생업에 종사한다"고 하였다. 언제든지 민이 군으로, 군이 민으로 전환되는 체제였던 것이다. 그런 거란의 인구는 4백만 정도였는데, 가장 많았을 때의 병력이 160만 명이었다고 한다.

거란은 끊임없이 계속되는 전쟁을 통해 많은 포로를 얻었는데, 이들을 노예로 삼아 생산수단으로 부리고 있었다. 뒤에 중국과의 전쟁을 통해 영농법과 야금기술을 습득하면서, 노예들을 농업과 수공업에 종사하도록 하였다.

이렇게 하여 거란은 유목민 기병에 의한 군사력으로 초원지대와 농경지대에 걸친 지역을 장악하게 되고, 여기에 농업생산에 의한 경제력을 결합시킴으로써 크게 세력을 떨치게 되었다. 926년 거란은 만주지역의 발해를 멸망시키고 그 곳에 동단국(東丹國)을 세워 광활한 영토를 차지하였다. 또 야율아보기의 아들 태종은 남으로 점차 세력을 확장해 화북(華北)의 연운16주를 획득하였고, 나라 이름을 요(遼)로 고쳤다.

요의 1차 침입

고려 태조 25년(942)에 거란은 고려에 사신을 보내어 낙타 50필을 바치며 친선을 도모하려 하였다. 그러나 고려 태조 왕건은 "거란은 발해와의 옛 맹세를 저버리고 발해를 멸망시킨 무도한 나라이므로 교린할 수 없다"고 하면서, 거란의 사신을 섬으로 유배하고 낙타는 만부교 밑에 매어 굶어죽게 하는 강경조치를 취했다. 그리고 태조는 발해유민을 받아들이는 한편, 북진정책을 추진하여 청천강까지 국경을 확장시켰다.

태조 왕건은 「훈요십조(訓要十條)」에서 거란을 '금수(禽獸)의 나라'라 하여 후대의 왕들에게 계속 경계하도록 하였다. 이러한 태조의 북진정책은 후대에도 계승되었으며, 송나라가 건국되자 친송정책(親宋政策)으로 나아갔다. 이에 따라 고려와 거란의 대립은 더욱 커져 갈 수밖에 없었다.

986년 요는 발해유민이 건국한 정안국(定安國)을 정복한 다음, 압록강 하류의 여진족을 정벌한 뒤에 내원성을 쌓았다(991). 이러한 여세를 타고 성종 12년(993)에 고려를 침입해 왔는데, 요의 1차 침입의 주역은 소손녕(蕭遜寧)이었다. 이 싸움에서 고려는 서희의 활약으로 그들의 침입을 효과적으로 물리칠 수 있었다.

서희는 광종 11년(960)에 급제하여 여러 관직을 거쳐 태보〔정1품〕 내사령〔종1품〕까지 올랐다. 그는 외교적으로도 많은 업적을 남겼는데, 광종 23년에 송나라에 사신으로 가 거의 십여 년간 단절되었던 송나라와의 외교관계를 회복시켰다. 그러나 무엇보다도 가장 뚜렷한 활약상은 소손녕과 담판하여 요의 1차 침입을 물리친 일이다.

성종 12년, 요의 성종(聖宗)은 부마인 소손녕을 보내 고려를 침공케 하였다. 고려에서는 시중 박양유(朴良柔)를 상군사(上軍使)로, 내사시랑 서희(徐熙)를 중군사(中軍使)로, 문하시랑 최양(崔亮)을 하군사(下軍使)로 임명하고, 북계에 군대를 주둔시켜 거란군의 침공을 방어하는 한편, 성종은 직접 서경〔지금의 평양〕으로 행차하여 안북부〔지금의 안주〕에 주둔하였다.

　소손녕은 압록강을 넘어 태천(泰川)과 귀성(龜城) 사이에 있는 봉산군(蓬山郡)을 점령하고 주장하기를, "우리나라에서 이미 고구려의 옛 강토를 소유했는데, 지금 고려가 우리 영토를 침탈했으므로 이 때문에 고려를 정벌하는 것이다"라고 하였다. 소손녕은 또 고려에 편지를 보내 "우리나라는 천하를 통일했으므로 아직까지 귀부하지 않은 자들은 기어이 소탕할 것이니, 속히 와서 항복하라"고 하였다. 이러한 위협이 계속되자 성종은 이몽전(李蒙戩)을 소손녕의 진영으로 보내 강화를 요청하였다.

　소손녕은 다시 편지를 보내 "80만 대군이 곧 도착할 것이니, 고려의 군주와 신하들은 빨리 나와 항복하라"고 협박하였다. 이 때 소손녕의 진영에 도착한 이몽전이 내침하게 된 까닭을 묻자 소손녕은, "너희 나라가 민사(民事)를 구휼하지 아니하므로 천벌을 행하는 것이다. 만약 화해를 구하고자 하거든 마땅히 속히 와서 항복하라"고 하였다.

　이몽전이 개경으로 돌아오자 성종은 신하들을 모아놓고 대책을 논의하였다. 어떤 사람은 "빨리 개경으로 돌아가 중신(重臣)으로 하여금 병력을 거느리고 거란에 가서 항복하자"고 하였으며, 또 어떤 사람은 "서경 이북의 땅을 거란에 떼어주어 황주로부터 절령〔지금의 자비령〕까지 국경선으로 삼는 것이 좋겠다"고 말했다.

　성종은 영토의 일부를 떼어주자는 의견을 따르기로 하고, 서경의 창고에 보관하고 있던 식량을 풀어 백성들이 마음대로 가져가게 하였다. 그런데도 창고에는 많은 곡식이 남아 있었으므로 적들이 이용할까 염려하여 남은 곡식을 대동강에 버리려 하였다. 이에

서희는 "식량이 충분하면 성을 지켜낼 수 있고 싸움에도 승리할 수 있습니다. 전쟁의 승패는 반드시 강약에 있는 것만 아닙니다. 어찌 단번에 이 많은 곡식을 버린단 말입니까?"라고 아뢰었다. 성종은 서희의 말을 옳게 여겨 식량을 버리려던 계획을 중지시켰다.

서희는 또 아뢰기를, "거란의 동경에서 우리의 안북부까지 수백 리의 땅은 모두 생여진이 점거하고 있었는데, 광종이 이 곳을 점령하여 가주(嘉州: 평북 박천군)와 송성(松城) 등지에 성곽을 구축했습니다. 이제 거란군이 쳐들어 온 목적은 이 두 성을 차지하려는 데 불과합니다. 그리고 고구려 옛 땅을 취하겠다고 말하는 것은 실은 우리를 두렵게 하고자 하는 것입니다. 그런데 이제 갑자기 서경 이북의 땅을 떼어주려 하시니, 이는 좋은 계책이 아닙니다. 또 삼각산 이북지역도 고구려의 옛 강토인데, 저들이 만일 다시 이 곳까지 되돌려 달라고 하면 이들 지역까지도 할양해 주시겠습니까? 더구나 영토를 떼어주는 것은 참으로 만대에 수치스러운 일입니다. 전하께서는 빨리 조정으로 돌아가시고 신 등으로 하여금 한번 결전을 벌이게 하소서. 이렇게 한 다음에 영토를 떼어주는 문제를 의논하셔도 늦지 않을 것입니다"라고 하였다.

여러 신하들이 주장했던 할지론(割地論)이 얼마나 위험한 의견인지를 서희는 익히 알고 있었던 것이다. 그리고 적극적인 군사행동을 취하지 않고, 위협만을 되풀이하는 소손녕의 태도에 대해 서희는 그들의 요구가 영토확장에 있지 않음을 간파하고 있었다. 서희의 주장에 대해 전(前) 민관어사(民官御事) 이지백(李知白)이, "성조(聖祖)가 창업하여 대통(大統)을 드리워 오늘에 이르렀는데, 한 사람의 충신도 없어 문득 국토를 경솔하게 적국에게 주고자 하니 가히 통탄하지 않으리까"라고 동조하자 성종도 거란과의 전투를 결심하였다.

한편, 소손녕은 이몽전이 되돌아간 뒤에 오랫동안 회답이 없자 마침내 안융진[지금의 평남 안주]을 공격하였다. 그러나 중랑장 대도수(大道秀)와 낭장 유방(庾方)의 공격을 받아 패하자, 소손녕은 더 이상 전진하지 못하고 고려조정에 사람을 보내 빨리 항복하라고 요구만 계속 할 뿐이었다.

서희의 담판

할지론의 문제점을 파악한 성종은 거란과 전투를 벌이는 동시에 강화를 추진하였다. 성종은 신하들을 불러놓고 "누가 거란군의 진영으로 가서 뛰어난 언변(言辯)으로 설득하여 침략을 물리침으로서 만대에 길이 남을 공을 세우겠는가?"라고 물었다. 이 때 송과의 외교에 큰 성과를 거두었던 서희가 소손녕과의 회담을 자청하고 나섰다.

서희는 국서를 받들고 소손녕의 진영으로 갔다. 소손녕은 "나는 상국(上國)의 귀인이니, 그대는 마땅히 뜰에서 절해야 한다"고 요구하였다. 이에 분노한 서희는 "신하가 군주에게는 아래에서 절하는 것이 예이지만, 양국의 대신이 서로 만나보는데 어찌 이와 같이 하겠는가!"라고 하며, 관사로 돌아와서는 자리에 누워 일어나지 않았다. 서희가 강경한 태도를 보이자 소손녕은 할 수 없이 당(堂)에 올라와 예를 행하도록 승낙하였다. 이에 서희는 소손녕의 진영에 이르러 소손녕과 뜰에서 서로 읍하고 당에 올라 예를 행하고는 동서로 마주앉아 회담을 진행하였다.

소손녕은 "고려는 신라의 옛 땅에서 일어났으므로 옛 고구려의 강토는 우리의 소유이다. 그런데도 지금 고려는 우리의 국경을 침식하고 있다. 그리고 고려는 우리와 국경을 접해 있으면서도 바다 건너 송나라를 섬기고 있다. 이 때문에 우리가 정벌하러 온 것이다. 만일 우리에게 땅을 떼어바치고 조빙(朝聘)의 예를 행한다면 무사할 것이다"라고 하였다. 이에 서희는 "우리나라는 고구려를 계승하였다. 그러므로 국호를 고려라 하고 평양에 도읍한 것이다. 만일 지역을 논한다면 귀국의 동경인 요양(遼陽)도 모두 옛 고구려의 영토이니, 어찌 우리더러 국경을 침식했다고 할 수 있겠는가? 또 압록강 내외의 지역도 우리 국경선 이내인데, 지금 여진족들이 이 지역을 점거하여 길을 막고 있으니 이 곳을 통과하기가 바다를 건너는 것보다 더 어렵다. 그러므로 우리가 귀국과 조빙을 하지 못하는 것은 이들 여진족 때문이다. 만일 여진족을 축출하고 옛 강토를 다시 찾아 성보(城堡)를 쌓고 도로를 통하게 하면 우리는 조빙의 예를 행할 것이다"고 하면서 소손녕의 주장을 반박하였다.

소손녕이 이러한 내용을 본국에 보고하자, 요의 성종은 "고려에서 이미 강화하기를 청했으니, 전쟁을 끝내고 돌아오라"는 명령을 내렸다. 소손녕은 서희에게 낙타 10마리와 말 1백 필, 양 1천 마리, 비단 5백 필을 선물로 주었으며, 압록강 이내에 거주하고 있는 여진족을 몰아내기로 약속하였다.

요와 화친이 맺어지자 성종은 크게 기뻐하여 시중[종1품] 박양유(朴良柔)를 예폐사(禮幣使)로 임명하여 요에 보내려 하였다. 이에 서희는 "여진족을 평정하고 고구려의 옛 강토를 수복한 뒤에야 조빙을 통할 수 있다고 하였는데, 이제 겨우 압록강 이내지역을 수복

서희의 무덤
경기도 이천군 이천읍

했으니, 압록강 이외의 지역까지 차지한 뒤에 조빙하여도 늦지 않을 것입니다"고 아뢰었다. 그럼에도 성종은 조빙하지 않으면 후환이 있을까 염려하여 예폐사를 요에 파견하였다. 그렇게 해서 양국간에 외교관계가 수립되었다.

강동 6주를 얻다

요의 성종(聖宗)은 안으로 정치·군사 조직을 정비하여 강력한 중앙집권적 전제체제를 확립하는 동시에, 이러한 국력을 바탕으로 대외정벌에 나섰다. 고려에 대한 1차 침략의 책임은 그의 사위 소손녕에게 맡겨졌었는데, 요나라 측에서 보면 소손녕의 1차 침입은 고려와의 외교관계 수립 이외에 별다른 성과없이 끝난 것이었다.

그러나 고려로서는 커다란 성과를 얻은 것이었다. 성종 13년부터 3년간 요측에서 양해한 대로 압록강 동쪽의 여진족을 축출하여 영토를 확장하여 나갔다. 성종 13년, 여진을 몰아내고 표흥진·귀화진[지금의 평남 순천] 및 곽주[지금의 곽산]·귀주[지금의 귀성] 두 곳에, 14년에 안의진[지금의 귀성]·홍화진[지금의 의주] 등에, 15년에는 선주[지금의 선천]에 각각 성곽을 쌓았다. 고려는 홍화진·용주[지금의 용천]·철주[지금의 철산]·통주[지금의 선천]·곽주·귀주 등 이른바 '강동 6주'를 개척하여 국경을 압록강까지 넓혔던 것이다. 요가 강동 6주를 고려에 양보한 것은 이 곳의 전략적인 중요성을 미처 인식하지 못하고 있었기 때문이었다. 뒤에 강동 6주는 고려와 요가 대립하는 가장 큰 요인중의 하나가 되었다.

요컨대 요가 침입한 본래의 목적은 고려가 중시한 송과의 외교관계를 대신하여 고려와 국교를 맺는 것이었다. 서희는 이러한 요의 의도를 간파하고 요와의 외교관계가 순조롭지 않은 이유를 여진의 잘못으로 돌리고, 요와의 교린관계를 약속함으로써 그들의 침입을 물리칠 수 있었다. 서희가 소손녕과의 외교적 담판에서 보여준 당당한 자세와 조리있는 주장은 국제정세에 대한 그의 뛰어난 통찰력에서 나온 것이었다.

1차 침입의 결과 요에서는 고려가 사신을 파견하여 외교관계를 정상화함에 따라, 그들이 목적했던 바를 어느 정도 달성할 수 있었다. 고려는 강동 6주를 확보하고 북진정책을 계속 추진해 나갈 수 있었다. 요의 1차 침입에서 보여준 서희의 활약은 명분을 주고 철저히 실리를 추구한 외교정책의 승리라 할 수 있다.

김철웅

낙성대의
유래

　민간에 전해지는 영웅설화는 그 인물의 이인(異人)적 면모를 다양하게 보여준다. 그리고 영웅설화는 그 인물에 대해 일반 사람들이 얼마나 존경하고 숭배했던가를 가늠하는 척도라 할 수 있다. 요의 3차 침입을 물리친 강감찬에 대한 일화도 이와 같은 면모를 잘 보여준다.
　먼저 그에 대해 전해지는 설화중의 하나는 곰보에 대한 것이다. 강감찬은 원래 얼굴이 너무 잘 생겼기 때문에 큰일을 할 수 없다고 하여, 스스로 마마신을 불러 얼굴을 얽게 하여 곰보가 되었다고 한다. 그리고 어느 날 그의 아버지가 자기 친구의 딸 결혼식에 가면서 강감찬은 못생겼다고 데리고 가지 않았다. 그러나 그는 몰래 혼인식에 참석하여, 사람으로 둔갑해서 신랑행세를 하는 귀신을 퇴치했다는 것이다.
　한편 벼슬살이에 대한 일화도 전한다. 강감찬이 어린 나이에 고을 원으로 부임하자 관속들이 얕보아 제대로 일을 처리할 수 없었다. 이에 강감찬은 그들에게 뜰에 세워둔 수숫대를 소매 속에 다 넣어보라고 하였다. 그들이 불가능하다고 하자 그는 "겨우 1년 자란 수숫대도 소매에 다 넣지 못하면서 20년이나 자란 원님을 아전이 소매 속에 집어넣으려 하느냐!"라고 호통을 쳐 기세를 꺾었다는 것이다. 이들 설화는 모두 강감찬의 비범함을 보여주고 있다.

별의 정기를 타고난 강감찬

강감찬은 출생 역시 보통 사람과 달랐다.『고려사』에는 그의 탄생담을 이렇게 전하고 있다. "어떤 사신이 밤에 시흥군에 들어왔다가 큰 별이 인가에 떨어지는 것을 보고 이(吏)를 보내어 가서 보니 마침 사내를 낳았다고 하므로 사신이 이상하게 여겨 데려와 양육하니 이가 바로 강감찬이다. 재상으로 있을 때 송나라 사신이 그를 보고는 불현듯 절하고 말하기를, '문곡성(文曲星)이 보이지 아니한 지가 오래더니 여기에 있었도다' 하였다."

당시 고려 사람들은 강감찬의 뛰어난 면모를 보고, 이것은 그가 별의 정기를 받아 태어났기 때문이라고 생각한 것 같다. 그의 탄생지는 지금의 서울시 관악구 봉천동 일대인데, 현재 여기에는 그의 사당인 안국사(安國祠)가 있다. 그러나 그의 탄생설화로 인해 이 곳은 '낙성대(落星臺)'라는 이름으로 널리 알려져 있다.

이상에서 전해지는 강감찬 설화는 그의 뛰어난 면모를 보여주는 내용들인데, 여기에서 우리는 일반백성들이 그에 대해 가진 존경심과 애정을 엿볼 수 있다. 그리고 이렇게 된 데는 그가 요의 침입을 물리친 영웅이었다는 사실이 가장 큰 영향을 미쳤을 것이다.

계속되는 요의 침입

고려에 대한 1차 침입 이후 요(遼)에서는 송(宋)의 공략에 집중하고 있었다. 송 진종(眞宗) 경력 원년(1004), 요의 성종은 태후를 모시고 남쪽으로 내려와 군대를 주둔시킨 다음 강화의 조건으로 후주(後周)의 세종이 점령한 와교관(瓦橋關) 이남의 6개 주를 반환하라 요구하였다. 이 요청이 거절되자 요군은 연달아 송군을 격파하고 전연(澶淵)의 북쪽으로 진출하였다. 이에 송에서는 수도를 옮기는 일을 논의하였으나 구준(寇準)의 주장에 따라 진종의 친정(親征)이 이루어졌다. 그러나 전쟁을 싫어한 진종은 요나라에 해마다 은 10만 냥과 비단 20만 필을 바치기로 하고 화의하였다. 송은 요에게 황하 이북의 땅을 빼앗기고 굴욕적인 맹약을 맺었던 것이다.

목종 12년(1009), 서경유수 강조(康兆)가 목종을 시해하고 현종을 옹립하였다. 이 사건으로 요의 성종은 군주를 시해한 죄를 문책한다는 명목으로 직접 40만 대군을 거느리고 침략에 나섰다. 그러나 사실은 고려가 송과 통교하는 것을 철저히 차단하려는 목적이었다.

강조는 부대를 이끌고 통주성[지금의 선천] 남쪽으로 나아가 진영을 설치하고, 남하하는 요군을 여러 차례 물리쳤다. 그러나 결국 그는 요군에게 사로잡히고 말았으며, 고려군은 패주하였다.

거란의 성종은 서경을 공격했으나 함락시키지 못하자 포위를 풀고 개경으로 향하였다. 이에 고려의 여러 신하들은 항복할 것을 주장했으나 강감찬만은 "우리는 현재 중과부적이므로 우선 적의 예봉을 피하고 서서히 도모해야 합니다"라고 하여 이에 반대했으며 마침내 현종에게 피난할 것을 권했다. 현종은 강감찬의 주장에 따라 후비(后妃)와 함께 금군(禁軍) 50여 명만을 호위병으로 삼아 남쪽으로 피난하였다.

요의 성종은 개경에 들어가 역대 국왕의 신주를 모신 태묘를 불태우고, 궁궐과 민가 등을 부수었다. 그러나 고려군의 저항도 만만치 않았다. 귀주의 별장 김숙흥(金叔興)은 중랑장 보량(保良)과 함께 요군을 공격하여 1만여 명을 죽였다. 또한 양규(楊規)도 요군을 습격하여 2천여 명을 죽이고 사로잡혀 갔던 남녀 2천여 명을 구출하여 돌아왔다. 양규는 소수의 병력으로 열흘 동안에 모두 일곱 차례를 싸워 많은 요군을 살상했으며, 잡혀갔던 백성 3만여 명을 구출하였다. 요군은 여러 곳에서 패전하자 결국 압록강을 건너 퇴각하고 말았다. 이렇게 하여 고려는 요의 2차 침입도 물리쳤다.

2차 침입 이후 요에서는 계속해서 현종의 친조(親朝)와 강동 6주의 반환을 요구하여 왔다. 이에 고려에서는 국왕이 병이 들어 친조가 불가능하다는 핑계로 거절하였고, 강동 6주의 반환도 받아들일 수 없는 요구였다. 이러한 문제로 양국 사이의 긴장은 점점 고조되어 갔다. 결국 요나라의 일방적인 요구는 재침의 빌미가 되었다.

고려에서는 강동 6주의 반환요구를 거절하고, 사신을 보내 평화유지에 힘쓰는 한편, 개경의 송악성을 중수하고, 서경에도 새로이 성곽을 쌓는 등 그들의 침입을 철저히 준비하고 있었다.

현종 5년(1014) 9월에 요의 성종은 먼저 강동 6주의 반환을 요구한 다음, 10월에 소적렬(蕭敵烈)을 보내어 통주와 흥화진을 공격하였다. 현종 6년 정월, 요군은 고려 침공을 원활하게 하기 위해서

강감찬 동상↑

← 강감찬 영정
서울시 관악구 봉천동 소재

압록강에 다리를 놓는 동시에 동서로 성책을 쌓아 강을 건널 준비를 하였다. 그리고 압록강 동쪽에 위주성을 쌓아 군사적 통로를 더욱 강화하는 한편, 선화진과 정원진 등 의주 근처의 두 진을 빼앗은 뒤에 요새화했다.

마침내 요군은 압록강에 설치한 다리를 통해 흥화진과 통주를 공격해 왔으나 격퇴당했다. 이렇게 계속되는 공격이 무산되자 요에서는 야율행평(耶律行平)을 사신으로 보내 다시 강동 6주의 반환을 요구했으나 오히려 고려조정에서는 그를 붙잡아두고 돌려보내지 않았다. 이러한 고려조정의 조처는 요에 대해 강력한 투쟁의지를 나타낸 것이었다. 이 사건이 있은 뒤에 양국은 전투를 재개하며, 서로 상대국의 사신을 억류하는 지경에까지 이르렀다.

현종 6년 9월에 요 성종은 야율세량(耶律世良)과 소굴렬(蕭屈烈)에게 명하여 고려를 공격토록 하였다. 그들은 통주와 영주(寧州)를 공격했으나 이기지 못하고 물러갔고, 이듬해 정월 곽주전투에서는 고려군이 크게 패했음에도 결국 요군은 별 소득없이 물러나고 말았다.

현종 8년 5월, 요 성종은 다시 소합탁(蕭合卓)을 보내 고려를 공격하도록 하였다. 같은 해 8월에 요군은 압록강을 건너 흥화진을 포위하고 9일간이나 공격했으나 함락시키지 못하고, 도리어 고려군의 공격을 받고 참패를 당했다.

2차 침입 이후 계속된 공격이 연이어 실패하자 요에서는 대규모의 병력을 동원하여 고려 침략을 단행하였다. 이것이 바로 요의 3차 침입이다.

귀주대첩, 살아 돌아간 자 겨우 수천 명에 지나지 않았다

현종 9년(1018), 요 성종은 소배압(蕭排押)을 도통으로, 소굴렬을 부통으로 삼아 10만 대군을 거느리고 고려를 침공케 하였다. 소배압은 1차 침입을 이끌었던 소손녕의 형으로 지략이 뛰어났고 활쏘기에도 능했다. 남송공략전에 큰 공을 세워 북부(北府) 재상에 임명되었으며, 제2차 고려침공시 개경점령에서 공을 세워 요 성종의 부마가 되었다. 3차 침공에서 그는 총지휘관이 되어 다시 고려로 들어왔던 것이다. 소굴렬 역시 고려침공에 참여한 경험이 있는 인물이었다. 이렇게 요에서는 전투경험이 풍부한 인물을 내세워 대대적인 공격을 감행하였던 것이다.

현종은 평장사[정2품] 강감찬을 상원수로, 대장군[종3품] 강민첨(姜民瞻)을 부원수로 임명하여 20만 8천3백 명의 병력을 이끌고 영주[지금의 평남 안주]에 주둔하게 하였다. 강감찬은 현종 3년에 동북면 행영병마사(行營兵馬使), 9년에 서북면 행영도통사(行營都統使)를 지낸 적이 있었다. 그는 문신임에도 군사문제에 정통하였고, 특히 북방의 지리에 익숙하였던 것이다.

강감찬은 흥화진에 도착한 다음 기병 1만 2천 명을 뽑아 산골짜기에 매복시키는 한편, 굵은 노끈으로 쇠가죽을 이어 성곽 동쪽에 있는 큰 냇물을 막아놓고 대기하게 했다. 요군이 이 곳에 이르자 그는 물길을 터놓는 동시에 공격토록 하여 요군을 대파하였다. 이것이 바로 귀주대첩이다.

이 전투에서 크게 패하여 많은 사상자를 내었음에도 소배압은 부대를 이끌고 곧바로 개경으로 향하였다. 이 때 강민첨은 자주[지금의 평북 순천]의 내구산에서 소배압군을 따라잡아 대파하였다. 또한 시랑[정4품] 조원(趙元)도 남하해 온 요군을 서경부근의 마탄(馬灘)에서 공격하여 1만여 명을 목베는 전과를 올렸다.

연이은 참패에도 불구하고 소배압이 계속 개경으로 진격하자, 강감찬은 병마판관 김종현(金宗鉉)에게 1만 명의 병력을 주어 개경으로 달려가 방어하게 하였다. 소배압은 병력을 이끌고 개경에서 북쪽으로 1백 리쯤 떨어진 신은현[지금의 황해도 신계]에 이르렀다.

현종은 견벽청야(堅壁淸野)작전을 써서 성밖의 민가를 전부 성 안으로 들어오도록 하는 한편, 들판의 작물과 가옥을 모두 철거토록 한 뒤에 도성의 방비를 엄중히 하여 소배압의 공격에 대비하게 하였다.

거듭되는 패전으로 사기가 꺾이고, 개경의 경비 역시 철저하자 궁지에 몰린 소배압은 회군할 계획을 세워야만 했다. 그렇게 회군하던 요군이 연주와 위주에 도착하였을 때 강감찬은 이들을 습격하여 5백여 명의 목을 베었으며, 귀주를 지날 때에 강감찬은 동쪽 교외에서 이들을 맞아 싸웠다. 요군의 시체는 들판을 덮었고, 살아 돌아간 자는 겨우 수천 명에 지나지 않았다. 이것은 그들이 일찍이 겪어보지 못한 대패였다.

요의 성종은 이 소식을 듣고 크게 노하여 소배압에게 사자를 보내 "네가 적을 얕보고 깊이 쳐들어갔다가 이 지경에 이르렀다. 네가 무슨 낯으로 나를 대하려 하느냐. 나는 네 낯가죽을 벗긴 다음에 죽일 것이다"고 하였다. 결국 소배압은 패전의 책임으로 관직이 삭탈되고 말았다. 한편 고려 현종은 영파역[지금의 황해도 금천]으로 나가 강감찬과 개선군을 맞이했다. 현종은 잔치를 베풀고 금화팔지(金花八枝)를 친히 강감찬의 머리에 꽂아주며 그의 공로를 칭찬하였다.

몇 차례에 걸친 요의 침입은 결국 참패로 끝났다. 강감찬의 승리로 인해 요는 고려에 대한 침략정책을 버리게 되었고, 양국 사이에는 평화적인 관계가 성립되었다. 현종 10년(1019)에 요는 고려에 사신을 보내왔고, 고려도 요에 사신을 파견함으로써 양국간의 평화관계가 유지되었다.

이와 함께 고려는 국방을 강화하는 노력을 게을리하지 않았다. 수도의 효과적인 방어를 위해 고려에서는 강감찬의 건의에 따라 개경에 나성(羅城)을 축조하기 시작하여 현종 20년에 가서 완성을 보았다. 그리고 거란과 여진 등의 북방민족에 대한 경계를 더욱 강화하여 북방의 변경지역에 성곽을 건설하여 나갔다. 이 일은 뒤에 천리장성 축조의 밑바탕이 되었다.

김철웅

두만강까지
영토를 차지하다

고려와 여진족

고려 현종 9년(1018) 강감찬(姜邯贊)이 이끄는 고려군에 의해 거란군이 패배한 이후 거란은 더 이상 고려를 넘볼 수 없게 되었다. 이후 동아시아의 세계는 약 1백 년 동안 고려·송·거란의 3국이 군사적인 힘의 균형을 이룬 가운데 비교적 평온한 시기를 이루었다. 이 동안 고려 역시 대외관계에서 이민족과 큰 마찰없이 평화상태를 이루게 된다. 그러나 12세기에 접어들자 만주 동북지역에서 여진족이 성장하면서 동아시아 국제질서는 다시 흔들리기 시작했다.

여진족은 원래 만주 및 한반도 북쪽지역에 거주하고 있던 퉁구스계의 종족이었다. 이들은 옛날부터 숙신(肅愼)·읍루(挹婁)·물길(勿吉)·말갈(靺鞨) 등으로도 불려졌었는데, 거란족의 요(遼)나라에 의해 발해(渤海)가 멸망한 이후부터는 여진(女眞)이라 불리기 시작했다.

이들 여진족은 만주의 길림성(吉林省) 동북쪽 지방에 거주하던 생여진(生女眞)과 그 서남쪽에 거주하던 숙여진(熟女眞)으로 나뉘져 있었다. 생여진은 대개 거란의 지배권 밖에서 촌락단위로 흩어져 살고 있었고, 숙여진은 거란에 속하여 그들의 지배를 받고 있었다.

이들은 점차 남쪽으로 퍼져나와, 나말여초 시기에는 고려 동북부의 함경도 지방 일대와 서북부의 압록강 유역에 옮겨와 살게 되었다. 그래서 고려에서는 동북부 지역의 여진을 동여진(東女眞) 혹은 동번(東蕃)이라고 부르고, 서북부 지역의 여진을 서여진(西女眞) 또는 서번(西蕃)이라고 불렀다. 이들 중 서여진은 거란의 지배하에 들어갔고 또 고려에서도 이들을 축출하여 강동 6주를 건설함으로써 더 이상 고려와는 마찰이 없었다. 그러나 동여진은 고려와 국경을 맞닿아 있으면서 많은 접촉을 가졌다.

회유와 무력정벌의 양면정책

고려의 동북쪽 지역에 거주하고 있던 동여진은 '30성 부락(三十姓 部落)'으로 불려질 정도로 넓은 지역에 걸쳐 흩어져 살고 있었다. 여진족은 원래 고려를 부모의 나라로 인식하고 있었을 만큼 고려에 대해 우호적 태도를 가지고 있었다. 이들은 뒷날 여진족이 세운 금(金)나라의 시조가 고려사람이라고 생각하여, "우리 조종은 대방(大邦: 고려를 가리킴)에서 나왔다"라고 말할 정도였다.

그런 가운데 동여진은 공물을 고려에 바치면서 선진문물을 받아가기도 했다. 여진족은 주로 토산물인 말·화살·활 등을 바쳤고, 고려는 그 답례로 음식·옷·농기구 등 생활필수품을 주었다. 그리고 여진 추장들에게는 무산계(武散階: 고려 때 향리·老兵·탐라왕족·여진추장·工匠·樂人 등에게 수여된 위계)나 향직(鄕職: 고려 때 무산

함흥산성
함경남도 함흥시에 있는 성으로, 예종 3년(1108)에 윤관이 여진족을 물리치고 쌓은 것으로 알려져 있다.

계를 가진 자 및 군인·양반·서리 및 여진추장 등에게 수여된 위계) 등의 직계(職階)를 주기도 하였다. 아울러 일부는 대규모로 무리를 지어 고려로 이주해 들어와 고려의 백성으로 편입되기를 스스로 요청하기도 했다.

반면에 고려의 방비가 소홀한 곳에서는 침략행위를 자행하는 경우도 있었다. 현종 2년(1011)에는 동여진 가운데 일부가 100여 척의 배를 타고 와서 경주(慶州)를 노략질한 것을 비롯해, 이후 숙종 2년(1097)까지 약 80여 년 동안 20여 회에 걸쳐 고려영토에 쳐들어와 살인·약탈·방화 등을 일삼았다. 또 우산국(于山國: 지금의 울릉도)에 침입해 결국 무인도로 만들기에 이르기도 하는 등 고려에 큰 피해를 입혔다. 고려는 이러한 여진족에 대해서는 강력한 무력토벌을 가하여, 여진해적을 격퇴하는 한편 여진족에 사로잡혀

갔던 고려사람들을 되돌려 오도록 했다. 고려 각지에 설치되어 수군(水軍)을 통할하던 도부서(都部署)라는 기관도 이러한 동여진의 침략행위를 막는 임무와 관련이 깊은 기관이었다.

그래서 고려에서는 이들의 투화(投化: 고려백성으로 귀화해 오는 것)를 허용하면서도 그렇게 미더운 존재로 생각하지는 않고 있었다. 고려 태조 왕건도 이들에 대해 "사람 낯에 짐승 마음을 가진 사람들로, 굶주리면 오고 배가 부르면 가버리며, 이로운 것을 보기만 하면 염치를 잊는다. 지금은 비록 복종하여 우리를 섬기고 있으나 앞으로 어떻게 될지를 알 수 없으니 마땅히 그들이 지나가는 주진(州鎭)에서는 관사(館舍)를 성 밖에 지어 접대하도록 하라"고 말할 정도였으니, 고려 때 사람들이 여진족에 대해 어떻게 생각했는지를 잘 알 수 있다.

그래서 고려는 여진족을 비롯한 북방민족의 침입에 대비하기 위해 장성을 축조하는 한편 고려로 투화를 희망하여 오는 여진족에게는 '기미주(羈縻州)'를 설치해 주었다. 기미주란 투화 여진인에 의한 일종의 자치주라 할 수 있는데, 고려에 투화해 온 여진 촌락에 고려식으로 주군(州郡)을 설치하고 대신 여진 추장을 도령(都領)에 임명하여 지역을 다스리게 했다. 더 나아가 문종 27년(1073)에는 기미주가 아니라 아예 직접 고려의 주군(州郡)으로 편입시켜 줄 것을 요청하기도 했다.

이러한 요청이 곧바로 실현되지는 않았지만, 이러한 일들이 있었던 것을 생각할 때 여진에 대한 고려의 영향력이 매우 컸던 사실을 알 수 있다. 고려에 투화한 여진족의 규모 또한 상당한 것이어서, 문종 27년 무렵에 고려에 투화한 동여진은 모두 3,200여 호였을 정도였다.

  이와 같이 고려와 여진족과의 관계는 처음에 평화로운 것이었다. 고려는 주로 투화한 여진의 촌락에 기미주를 설치하는 방식으로 여진을 회유하고 고려의 지배하에 두는 일에 주력하였다. 이러한 고려의 정책은 물론 국초 이래 추진되어 왔던 북진정책(北進政策)과도 관련되는 일이었다. 그러나 이와 같은 고려와 여진 사이의 평화로운 관계는 숙종대 말년에 이르러 점차 변화되기 시작했다. 이것은 여진족의 새로운 세력인 완안부(完顏部)가 등장하고 주변의 여러 부족들을 통일하면서 그 세력이 점차 남하하여 두만강 지역까지 미쳐오기 시작했기 때문이었다.

윤관의 9성 건설

  북만주의 송화강(松花江) 지류인 아륵초객하(阿勒楚喀河: 아르추카河) 유역에서 일어난 완안부는 12세기 초에 이르러 주변의 여러 부족들을 통일하면서 그 세력을 점차 동남쪽으로 뻗어 두만강 지역까지 미쳐오기 시작했다. 완안부가 여진족 가운데 두각을 나타내게 된 것은 추장 오고내(烏古迺) 때부터지만, 고려와 직접 관계를 갖기 시작한 것은 그의 아들 영가(盈歌) 때부터였다. 영가는 점차 세력을 남쪽으로 뻗어와 갈라전(曷懶甸) 지역까지 그 세력이 미치게 되었다. 갈라전 지역은 두만강 유역으로부터 고려 장성의 동북지역 부근까지 광범위한 지역에 걸쳐 형성되어 있었는데, 이 곳의 여진인들은 본래 고려에 투화하여 고려조정의 지시를 받고 있었다. 이에

윤관의 무덤
경기도 파주군 광탄면 분수리

따라 동남쪽으로 진출하려는 완안부 세력과 이를 방어하려는 고려가 갈라전을 둘러싸고 격돌할 수밖에 없었다.

마침내 숙종 9년(1104) 영가의 뒤를 이어 추장이 된 오아속(烏雅束)이 여진족의 장수 석적환(石適歡)에게 군사를 주어 갈라전 지방을 공격하고, 고려에 복속했던 여진 촌락을 그들의 영토로 편입시키기 시작했다. 이렇게 완안부 여진이 기습적으로 고려의 기미주를 차지하려 함으로써 고려와의 충돌은 불가피해졌고, 이후 약 3년간에 걸쳐 전란을 겪어야 했다.

이에 대해 처음에 고려조정에서는 두번에 걸쳐 군대를 파견하여 전투를 벌였지만 결국은 모두 고려군의 패배로 끝나고 말았다. 먼저 고려는 문하시랑평장사(門下侍郎平章事: 정2품) 임간(林幹)을 판동북면행영병마사(判東北面行營兵馬事)로 삼아 여진족의 침입에 대비하게 하였다. 그러나 임간의 고려군대는 먼저 석적환의 군사를 공격했다가 도리어 고려군사 가운데 태반이 죽는 패배를 당하고 말았다. 숙종은 다시 추밀원사(樞密院使: 종2품) 윤관(尹瓘)을 동북면행영병마도통(東北面行營兵馬都統)으로 삼아 출전시켰으나 역시 크게 패한 채 겨우 화약을 맺고 돌아왔다.

이처럼 두번에 걸쳐 패전을 겪은 고려조정에서는 이를 설욕하기 위해 대책을 강구하게 되었다. 이에 윤관은 숙종에게 여진족과의 전투에서 고려군이 패배한 이유를 설명하면서 "적은 기병(騎兵)이고 우리는 보병(步兵)이었기 때문에 도저히 막을 수가 없었습니다"라고 아뢰고, 특히 기병의 양성과 군량미의 비축을 건의하였다. 숙종은 그 건의를 받아들여 정규군 이외에 별무반(別武班)을 편성하기에 이르게 된다.

별무반은 기병인 신기군(神騎軍), 보병인 신보군(神步軍), 승병(僧兵)으로 조직된 항마군(降魔軍) 및 도탕(跳盪)·경궁(梗弓)·정노(精弩)·발화(發火) 등의 특수병을 포함한 부대였다. 이 부대에는 양반·승려·이서(吏胥)·상인·노예 등 모든 백성이 동원된 그야말로 거국적인 부대였다. 이와 같이 여러 계층에서 동원된 별무반은 서반(西班:무신) 및 모든 진(鎭)·부(府)의 군인들과 함께 훈련시켜 대규모의 여진정벌 계획을 추진하였다.

그러나 계획이 실천에 옮겨지기 전에 숙종이 죽고 예종이 뒤를 이어 즉위하게 됨에 따라 여진정벌은 예종대에 이뤄지게 되었다. 때마침 예종 2년(1107) 12월 변방으로부터 여진이 침략한다는 보고가 들어오자 예종은 윤관을 원수(元帥)로, 오연총(吳延寵)을 부원수(副元帥)로 삼아 17만 대군을 이끌고 동여진을 공격하게 하였다. 이 전투에서 고려군은 연전연승하여 135개의 촌락을 차지하고, 5천여 명의 적군을 전사시켰으며, 포로만도 5천여 명을 사로잡는 대승을 거두었다.

윤관은 이와 같은 승전소식을 고려조정에 보고하는 한편 여러 장수를 이곳에 나누어 파견하여 정벌한 땅의 경계를 획정하였다. 그리고 윤관은 이 때 점령한 지역인 함주(咸州)를 비롯해 영주(英州)·웅주(雄州)·길주(吉州)·복주(福州)·공험진(公嶮鎭)·통태진(通泰鎭)·숭녕진(崇寧鎭)·진양진(眞陽鎭) 등에 성(城)을 건설하고 남방의 백성 6만 9천여 호를 이곳에 옮겨 살게 하였다. 이것이 바로 윤관이 건설한 9성(九城)이다. 또한 그는 길주성 내에 호국인왕사(護國仁王寺)와 진국보제사(鎭國普濟寺)라는 2개의 사찰까지 건립한 뒤에 다음해 4월 개경으로 개선하였다.

이때 건설된 9성의 위치에 대해서는 과거에 일제시대 일본학자들이 함흥평야 일대였다고 주장하기도 했다. 그러나 이런 주장은 일제 식민사관의 입장에서 나온 것으로, 9성의 범위를 될 수 있는 대로 좁히려고 하여 억지로 함흥평야 일대에 한정시킨 주장이었다는 점에서 문제가 있었다. 대체로 국내의 학자들은 이보다는 범위가 훨씬 넓었던 것임을 밝혀내고 있다. 조선시대 때 학자들도『세종실록』지리지 및『신증동국여지승람』에서 멀리는 두만강 북쪽 7백 리까지였다고 생각하였고, 조선후기 실학자 한백겸(韓百謙)·유형원(柳馨遠) 등은 길주 이남 지역이었다고 보았다. 최근에는 두만강 북쪽까지였다는 주장이 많은 지지를 얻고 있다.

이와 같이 고려는 여진족에 대해 회유와 무력정벌의 양면정책을 실시하였다. 특히 윤관에 의해 한반도 동북쪽에 9성이 건설된 것은 여진 촌락의 기미주를 고려영토로 바꾸어 주(州)와 진(鎭)으로 편성하기 위한 것이었고, 이것은 고려 국초 이래 추진되어 왔던 북진정책이 결실을 맺는 것을 의미하는 것이기도 했다. 그리고 9성 건설 이후 고려 남쪽지역의 농민들이 대규모로 이곳에 이주하게 되었던 것에서 알 수 있듯이, 이로써 고려의 농업사회가 점차 기존의 국경을 넘어 북쪽으로 확대되어 나가게 되었던 것이다. 여기서 고려의 북진정책은 외적의 침입에 대한 반격이라는 수동적인 대응이 아니라 고려 내부로부터 일어난 요구가 밑바탕이 되었음을 알 수 있게 된다. 이것은 농업사회였던 고려에서 새로운 농경지를 필요로 하는 요구가 점차 확대되어 감에 따라 적극적으로 영토를 확장해 나가고자 하는 의도이기도 했던 것이다.

금나라 건국 이후 고려와의 관계

윤관의 9성 건설로 고려의 영토는 동북쪽으로 확대되는 결과를 가져왔다. 그러나 이후 여진족이 이 지역을 되돌려 줄 것을 거듭 요청해 오고, 완안부를 중심으로 조직적인 무력저항을 전개해 옴에 따라 고려의 입장에서는 곤경에 처하는 경우가 많아졌다. 이런 상황에서 여진족은 고려에 신하의 입장에서 조공을 바치겠다고 하면서 화해를 요청해 오고, 고려조정 내부에서도 화해할 것을 주장하는 일부 지배층의 의견에 밀려 마침내 예종 4년(1109) 9성 지역을 여진족에게 되돌려 줄 것을 결정하고 곧 철수에 들어가고 말았다.

그 후 4년이 지난 예종 8년(1113) 여진족 내에서는 오아속을 이어 아골타(阿骨打)가 추장이 되어 세력을 더욱 키워나가더니, 다음해 동북면의 여진지역을 차지하고 또 거란의 요나라 군대를 크게 격파하여 넓은 지역을 차지하였다. 이어 아골타는 예종 10년(1115) 스스로 황제를 칭하고 금(金)나라를 세우니, 그가 바로 금나라의 태조였다. 금나라는 이후 거란족의 요나라에 대한 공격에 박차를 가하기 시작했고, 급박해진 요나라는 고려에 원병을 요청하기도 했다. 그러나 고려는 이전부터 거란족에 대한 감정이 좋지 않았던 데다가 요나라와 금나라의 분쟁에 말려들지 않기 위해 요나라의 제의를 거부했다. 고려는 대신 금나라의 공세로 요나라의 세력이 약화되는 기회를 이용해, 요나라가 종래 점유하고 있던 고려의 영토인 보주(保州)와 내원성(來遠城) 일대[지금의 의주지역]를 다시 되찾았다.

한편 금나라는 당시에 요나라와 대치하고 있었던 만큼 고려와의 대립을 피하려는 태도를 취하여 이 지역에 대한 고려의 회수를 인정해 주는 대신, 고려와 형제의 맹약을 맺을 것을 요구해와서 양국은 외교적으로 긴장상태에 들어가게 된다. 즉 금나라는 예종 12년 사신을 고려에 보내 "형인 대여진(大女眞) 금나라 황제가 아우인 고려국왕에게 서신을 보낸다"라고 하면서, 서로 형제관계(兄弟關係)를 맺자는 제의를 해왔다. 이것이 금나라가 건국된 이후 정식으로 고려에 대해 국교를 청해 온 최초의 교섭이었는데, 고려는 이에 대해 크게 분노했지만 당시의 정세를 참작해 그 요구를 묵살하는 것으로 해서 마무리하고자 했다. 이후에도 금나라는 고려에 대해 비교적 온건한 태도를 보였지만, 인종 3년(1125) 요나라를 멸망시키고 난 뒤부터는 태도를 바꿔 고려에 대해 압박을 가하면서 이제는 군신관계(君臣關係)를 강요하였다. 이러한 요구에 대해 고려조정에서는 찬반의 의견이 크게 대립하게 되었다. 그러나 마침내는 송나라의 수도까지 함락시켜 명실상부한 중원의 패자로 군림하게 된 금나라의 현실을 인정하는 태도를 취하여, 무력적 저항을 포기한 채 사대(事大)의 예(禮)를 채택하기에 이른다.

이로써 고려가 금나라와의 전쟁을 모면할 수는 있었지만, 고려 건국 이래 추진되어 오던 북진정책은 결정적으로 타격을 받게 되었다. 그러면서 이러한 상황에 대해 일부 지배층에서 반발이 일어나, 뒷날 묘청(妙淸)·정지상(鄭知常) 등에 의해 금국정벌론(金國征伐論)까지 나오게 되기에 이르는 것이다.

이정호

몽고와의
기나긴 전쟁

　신채호 선생이 우리나라 '1천 년 이래의 가장 중요한 사건'으로 묘청(妙淸)의 난을 지목했다는 것은 많이 알려져 있는 사실이다. 그런데 연전 미국의 한 언론기관에서는 1천 년 이래 인류역사상 가장 영향력이 있었던 인물로서 13세기 몽고제국의 징기스칸을 들었다고 한다. 징기스칸 출현 이후 통합을 이룩한 몽고는 막강한 군사력을 자랑하며 세계 역사에서 일찍이 볼 수 없었던 대제국을 등장시키면서 세계 역사를 크게 바꾸어 버렸던 것이다.

　이 몽고제국의 침입으로 인하여 야기된 기나긴 전쟁이 고려 역사의 한 시기를 점하고 있다. 이것은 우리 역사에서 가장 길었던 전쟁, 그리고 가장 고통스러웠던 시기였을 것이다.

　몽고의 고려 침입은 고종 18년(1231)에 개시되어 동 46년까지 되풀이되었으며, 고려의 이에 대한 항쟁은 원종 14년(1273)까지였으므로 그 전체기간은 40여 년에 이른다. 이것은 우리 역사상 가장 장기적이고 치열했던 항전의 사례이기도 하지만, 노비 혹은 지방의 농민들이 이에 광범하게 참여했다는 점에서 그 의의가 주목되는 사건이기도 하다.

1231년 몽고의 고려 침입이 개시되다

중국의 서북방면 초원지대에 흩어져 살던 몽고가 역사의 전면에 부각하는 것은 철목진(鐵木眞: 테무진)이라는 인물의 등장에 의해서였다. 그가 분열되어 있던 몽고족을 통합하고 '징기스칸(成吉思汗)'으로 추대된 것이 1206년, 그리고 여·몽 양국간의 공식적 접촉이 개시된 것은 그로부터 10여 년이 지난 고종 5년(1218)의 일이었다. 그 해 양국관계는 중국 금나라에 대한 몽고 정복전의 와중에서 야기된 것으로, 당시 몽고군은 재흥을 도모하던 거란족을 공격하여 고려 영내에까지 추격전을 전개하였던 것이다. 평양 부근 강동성에서 공동 군사작전으로 거란족을 섬멸한 양국의 지휘부는 1219년 초 형제의 맹약을 체결하였다.

이 무렵 고려는 1170년의 쿠데타에 의하여 정권을 장악한 무인집권의 시대였고, 특히 1196년에 집권한 최충헌은 정치권력의 안정을 이루는 데 성공, 1219년 그의 죽음에도 불구하고 권력은 아들 최우에게 순조롭게 계승될 수 있었다.

거란족의 고려 침입으로 성립된 여·몽 양국의 불안한 초기관계는 1225년 공물의 징수를 위하여 고려에 파견된 몽고 사신이 국경지방에서 피살되는 사건이 발생함으로써 파탄되었다. 몽고는 이 사건을 고려의 계획적 행위로 간주하고, 이에 대한 보복을 구실로 하여 고려에 대한 정복전을 개시하였다. 그러나 정작 고려에 대한 몽고의 침입은 금 혹은 송에 대한 군사적 조치의 일환으로서 예정되어 있었던 것이라 보아야 한다.

몽고군의 고려 침입은 고종 18년(1231) 8월에 개시되었다. 이 때 고려의 방어설비가 집중되어 있던 서북변경의 평안도[북계]지역에서 치열한 전투가 벌어졌는데, 철주·귀주·자주 등지에서의 싸움은 특히 치열하였다. 귀주에 대해서는 9월 초부터 12월에 이르기까지 몽고군이 네 차례나 파상적인 공격을 감행하면서 대포차(大砲車)·누차(樓車)·구름사다리[雲梯]·대우포(大于浦) 등 각종 공성기기(攻城器機)와 무기를 동원하여 이를 함락시키고자 진력하였다. 그러나 박서(朴犀) 장군이 지휘하는 귀주의 고려군은 그 때마다 혼신의 힘으로 적절히 대처하여 몽고군을 끝까지 물리쳤다. 마침내 몽고군은 "하늘이 돕는 바요, 사람 힘이 아니다"고 물러났는데, 귀주성을 공격하던 한 몽고의 노장군은 "내가 어려서부터 종군하여 천하의 공성전을 두루 살펴왔으나 이같이 맹렬한 공격을 받고도 끝내 항복하지 않는 일은 일찍이 보지 못했다"고 혀를 내둘렀다고 한다.

서울을 강화도로 옮기다

이듬해 초 몽고군은 고려와의 화의 체결로 일단 철수했으나 재침의 가능성은 매우 농후하였다. 몽고의 침략으로 위기감을 느낀 집정자 최우는 가까운 거리의 섬 강화도로 서울을 옮겨 재침에 대비하려 하였다. 강화도는 수도 개경으로부터 가까운 거리의 큰 섬일 뿐 아니라, 기존의 해상운송로 상에 위치하여 지방과의 교통 혹은 세곡의 반입 등에 편리했으며, 적의 공격도 쉽지 않은 지리적

여건 때문에 전시 수도의 최적지로 인정되었던 것 같다.

강화천도 문제는 몽고군의 철수 직후부터 논의되기 시작했지만, 국왕을 비롯하여 대부분의 사람들이 천도를 원하지 않았기 때문에 논의는 지지부진했다. 유승단 같은 이는 강화에의 천도가 백성을 버리고 구차하게 피난하는 행위로 규정했는데, 이같이 천도를 기피하는 여론으로 말미암아 천도 논의는 진전이 없었다. 그러나 여름이 가까워 오면서 몽고군의 재침 정보가 입수되었다. 최우는 이를 기화로 강화에의 천도책을 전격적으로 확정짓고, 천도를 결행하였다.

1232년 강화천도가 매우 급하게 이루어졌음은 6월 16일 천도책의 확정 이후 불과 20일 만에 천도가 시행되었다는 점에서도 짐작할 수 있다. 7월 6일 국왕이 개경을 출발, 다음 날인 7일 강화에 도착했는데 궁궐 건축공사는 이제 막 시작한 참이어서 왕은 강화현의 객관을 임시처소로 사용하지 않을 수 없었다. 궁궐과 성곽·관아 등 기본시설이 어느 정도 마련되는 고종 21년(1234) 최우는 천도에 대한 '공'으로 '진양후(晉陽侯)'에 책봉된다. 그리고 당시대의 문장가 이규보는, "천도란 옛부터 하늘 오르기만큼이나 어려운 건데, 공 굴리듯 하루아침에 옮겨왔네, 진양공의 계획, 그토록 빨리 서둘지 않았더라면, 우리나라는 벌써 오랑캐 땅 되었으리"라고 하여, 천도에 대한 안도감을 시로 읊고 있다.

이로써 고려의 대몽항쟁은 강화천도라는 새로운 상황을 배수진으로 하여 재정립되었다. 고려 침입기간 중에 몽고는 몇 차례 강화도를 위협하면서 강화도 공격문제를 고려하기도 하였으나 이를 시도하지는 못했다. 대신 고려정부의 자진 복속을 끌어내기 위하여 본토에서의 분탕질을 더욱 거세게 강도를 높임으로써 본토에서의 농민들의 고통은 증가되었다.

강화섬은 대몽항쟁의 정치적 거점으로 1270년 개경환도에 이르기까지 39년간 고려의 도읍이 되었지만, 그 이후로도 14세기 원(元) 합단적(哈丹賊)의 침입, 17세기 정묘호란·병자호란 등 국난의 위기 때마다 국왕과 정부가 이전하는 특별한 요충으로서의 기능을 주목받게 된다.

끝이 보이지 않는 전쟁의 날

고종 19년의 여름, 장마비가 한없이 쏟아지는 가운데 북새통을 이루며 천도가 이루어지고, 가을이 되자 고려의 강화천도를 '반역'으로 간주하는 몽고군의 재침이 개시되었다. 이로써 몽고의 침입에 대한 고려의 항전·전쟁의 길은 그 끝을 가늠할 수 없는 장기적인 국면으로 접어든다.

강화천도 이후 몽고군은 여러 차례 고려에 쳐들어와 분탕질을 자행하며 고려정부를 굴복시키려 하였다. 고려에 대한 정벌전은 금 혹은 남송의 정벌에 필요하다고 몽고는 생각하고 있었고, 그것이 이루어지면 다시 고려의 해상력을 이용하여 일본까지 정복함으로써 동아시아에서의 정복전을 마무리하려는 것이었다. 강화도의 고려정부는 몽고와의 정면 대결의 의사가 없음을 표방하면서도 결코 몽고의 요구에 응하지는 않았다. 대략 고종 46년(1259)까지 되풀이되었던 몽고군의 침략은 도합 6차에 걸친 침략으로 정리되고

처인성
고종 19년(1232) 몽고의 2차침입에 고려의 승려 김윤후가 몽고 적장 살례탑(撒禮塔)
을 화살로 쏘아 죽인 곳으로 유명하다.

있기는 하지만, 실제 저들의 침입은 11회에 이르고 있었다.

1차에 이어 천도 직후 침입군을 이끌었던 몽고의 장군 살례탑(撒禮塔)은 한강을 건너 남하하던 중, 경기도의 용인에 소재한 처인성에서 김윤후(金允侯)가 지휘하는 주민들의 저항을 받아 사살되었다. 이로써 고려정부는 강화도를 거점으로 한 항전책에 자신감을 갖게 된다. 1235년부터 1239년까지의 3차 침공시에는 죽주[안성] · 온양 · 예산 · 공주 · 부안 등 중부지역에서 싸움이 벌어졌는데, 특히 1236년 죽주싸움은 귀주전투에서 경험을 쌓은 방호별감 송문주(宋文胄)의 지휘가 위력을 발휘하였다. 고종 40년에는 철원 · 춘천 · 원주 · 속초 등 강원도 지역에서 전투가 벌어졌으며 몽고군은 충주산성에서 방호별감 김윤후의 지휘로 남진이 봉쇄되었다. 뒤이어 고종 41년부터 46년에 걸쳐서는 차라대(車羅大)군의 침입이 연이어졌는데, 충청도의 충주·진천·괴산·제천·천안·아산, 남부지역의 상주·장성, 그리고 심지어는 강원도의 금강산이나 설악산 같은 깊은 산악지역까지 전화가 확대되었다.

전쟁의 상처는 깊고

몽고는 고려가 그 굴복의 표시로서 최소한 개경에의 환도(還都), 그리고 국왕의 몽고 친조(親朝)와 같은 조치를 취할 것을 요구해왔다. 연이은 군사적 압력으로 마지못해 고려정부가 몽고에 대한 '친조'의 예를 취한 것은 고종 46년의 일이었다. 그나마 그것도 국왕의 친조가 아닌, 태자가 대신한 것이었다. 개경에의 환도는 더욱 기약이 없었는데, 결국 개경에의 환도는 원종 11년(1270)에 항몽파였던 무인정권의 붕괴에 의하여 겨우 이루어질 수 있었다. 이같은 강도(江都)정부의 저항은 결과적으로 몽고의 고려 침입이 장기화하는 직접적 요인이었다고 할 수 있다. 전쟁의 장기화에 의하여 그 참화는 깊어질 수밖에 없었다.

고종 40년(1253) 강원도 춘천에서는 몽고군에 의하여 춘천 사람이 거의 도륙되는 비참한 사건이 일어났다. 몽고군의 돌연한 침입에 춘천 사람들은 시내에 있는 봉의산으로 황급히 피신하였다. 이 산에는 산성이 축조되어 있었고 식량과 물자도 비축되어 있어, 몽고군의 공격을 버틸 수 있을 것 같았다. 춘천 사람들이 항복을 거부하자 몽고군은 이 성을 아예 도륙하여 주변지역까지 겁을 주기로 작정하였다. 몽고군은 이 성을 여러 겹으로 포위하고, 이중으로 목책을 세웠다. 그리고 다시 그 주위에 도랑을 파서 성안의 사람이 빠져나갈 수 없도록 봉쇄하였다.

보름 이상 포위가 길어지자 성안에서는 먼저 식수가 고갈되었다. 목이 마른 사람들은 소와 말을 잡아 피를 마실 정도로 상태는 심각하였다. 안찰사 박천기는 결사대를 뽑아 야밤에 성을 뚫고 나가기로 하였다. 이들은 성안의 식량과 비축물자를 태운 뒤에 목책을 파괴하고 몽고군 포위망을 돌파하였다. 그러나 한 길 이상 너비의 도랑에 걸려 한 사람도 살아나지 못하였다.

뒤이어 몽고군은 성을 함락하고 사람들을 철저히 도륙하였다. 고종 40년 9월 20일의 일이었다. 강도에 있던 춘천사람 박항은 뒤늦게 고향 춘천이 몽고군에게 당했다는 소식을 듣고 부모가 걱정되어 춘천으로 달려왔다. 이 때까지도 "성안에 쌓인 시체가 산과 같았다"고 하고, 박항은 부모의 시신을 확인할 수 없어 비슷한 사람을 모아 장사지내기를 3백여 명이었다는 것이다.

다음해 고종 41년, 한 해 동안만 포로로 잡혀간 자 20만 6천8백여 명, 살육된 자는 셀 수가 없고, 몽병이 지나는 곳마다 잿더미였다고 한다. 고종 19년(1232) 대구 부인사 고려대장경의 소실, 고종 25년 경주 황룡사의 소실, 이 같은 사건 모두 몽고군의 침략과 분탕질에 의하여 이루어졌다. 불교국가였던 고려의 경우 절에서 보유하고 있는 각종 보물·식량·사람 등으로 인하여 사원의 피해도 매우 컸던 것으로 보인다. 부인사 대장경이 소실된 뒤에 이규보는 이 같은 사정에 대하여 "그 잔인하고 흉포한 성품은 말로 다 할 수 없고, 어리석고 어두움이 짐승보다 더 심합니다. 이 때문에 저들이 지나는 곳마다 불상과 불서가 모두 불탔고, 부인사 소장의 대

충주산성
몽고군과 두 차례나 맞서 싸워 승리했던 충주산성. 고종 18년(1231)과 고종 40년(1253), 두 차례에 걸쳐 침입한 몽고군을 충주민은 용감히 대적하여 물리쳤다.

장경 판목도 불태워져 남아나지 못했던 것입니다"고 전하고 있다.

이 같은 불교문화 유산의 파괴는 다른 한편으로 고려로 하여금 팔만대장경과 같은 거대한 사업을 추진하도록 하는 배경이 되었다고 할 수 있다. 동시에 몽고와의 전쟁에서의 군사적 한계점 때문에 종교적 해결방안에 크게 의존했음을 말해 주고 있다.

몽고와의 치열한 전쟁의 기억이 차츰 잊혀지고 있을 무렵인 충렬왕 2년(1276), 고려에는 하나의 작은 사건이 사람들의 관심을 끌었다. 그리고 그것은 잊혀지고 있던 옛 전쟁의 상처를 새삼 다시 떠올리게 하는 것이었다. 고종 45년(1258) 강원도에 침입한 몽고병에 의하여 강릉의 향리 김천의 가정은 크게 파괴되었다. 김천이

15세였던 그 때에 어머니와 동생이 몽고군에게 붙잡혀가 버렸기 때문이다. 전쟁의 난리통에 붙들려간 모친의 시체마저도 찾지 못한 채 세월은 흘러갔다. 그런데 14년이 지난 어느 날 김천은 한 통의 편지를 전해 받게 된다. 죽은 줄로만 알고 있던 모친으로부터 만주 요양땅에서 종살이를 하고 있다는 의외의 소식이었던 것이다. 몸값을 빚내어 천신만고 끝에 김천이 요양에 이른 것은 그로부터 다시 6년이 지난 뒤의 일이었다. 이역만리에서 20년 만에 모자가 상봉하였을 때, 그들은 서로 전혀 알아볼 수 없을 정도였다. 김천은 몸값을 지불하고 충렬왕 2년 우선 어머니만을 고향으로 모시고 돌아왔는데, 이 이산가족의 기적적인 해후는 많은 사람을 눈물겹게 하였다. 그 주변사람들의 눈물은 바로 참혹하였던 전쟁에 대한 기억 때문이었다고 할 것이다.

항전의 주체는 지방의 농민들이었다

고려의 대몽항전은 몽고 침략세력에 대한 저항이라는 대외적 측면 이외에, 농민·천민·노비들이 항전의 주요층이었다는 점에서 주목되어 왔다. 이러한 점에서 항전의 지도부였던 무인정권의 반몽정책이 종종 비판의 도마에 오르곤 한다. 즉 실제적인 정책결정자였던 강화도의 무인정권은 정권의 안주에 급급하여 실제로 몽고에 대한 대결보다는 외교적 방식에 의한 문제해결이라는 소극적 방식에 매달렸다는 것이다.

농민들의 대몽전 참여와 관련하여 강화천도 이전과 이후 사이에 다소 그 양상이 달라진다는 점은 흥미로운 사실의 하나이다. 몽고 침입 초기에 나타난 매우 중요하고 흥미로운 사실의 하나는 당시 토지를 잃고 소외되었던 이른바 '초적(草賊)'이라 불리는 유리농민 집단이 정부에 협조하여 대몽항전의 대열에 적극 앞장섰다는 점이다.

몽고군이 침입하는 13세기 초, 이른바 '초적'이라 불리던 유리농민들은 개경의 근교와 경기지역에 다수 웅거하고 있었다. 이들은 토지를 잃고 유리한 사회의 소외세력이었고, 따라서 반정부적 성격을 가질 수밖에 없었다. 그럼에도 불구하고 몽고군의 침입이 개시되자 이들은 자진하여 고려정부의 항몽전에 참여하고 협조하였다.

몽고군의 침입 직후인 고종 18년(1231) 9월, 마산(파주)의 '초적' 지휘자 2인은 집정자 최우에게 와서 '정예병 5천'으로 몽고와의 싸움에 참전할 것을 제안한다. 최우는 이를 크게 환영하였고, 일종의 '의용(義勇)부대'라 할 이들 농민군은 고려 정부군에 편성되어 출전하여 황주 부근에서 큰공을 세웠다. 아마 이들 유리농민의 의용부대는 그 특성상 매복기습과 같은 유격전에 능했던 것 같다. 유리 농민들의 대정부 협조 분위기는 강화에의 천도가 단행되면서 사정이 달라지게 되었지만 이후 장기적으로 전개된 지방에서의 전투에서도 지역의 농민들이 활동은 매우 주목된다.

강화천도 이후 정부는 몽고군의 철수를 종용하는 외교적 노력을 기울이고, 지방에 대해서는 방호별감 등 관리를 파견하여 항전을 독려하였으며, 소규모의 정부군과 야별초 파견에 의한 항전의 지원은 계속되었다. 그러나 중앙군 병력의 대부분은 대체로 강화도에 집중되어 있었고, 해상운송로의 장악에 의하여 남부지역의 경제력을 재정적 토대로 삼을 수 있다는 점에서 강화도의 안전은 어느 정도 보장받을 수 있었다.

무인정권이 강화도에 안주하면서 본토에 대하여는 제한적인 수준의 항전을 지원하였기 때문에 실제로 방어전의 부담은 일반농민들, 당해지역의 주민에게 크게 지워지게 되었다. 대몽항전은 농민들이 항전에 앞장서게 되었다는 점에서 이제까지의 다른 대외전쟁의 경우와는 크게 다른 성격을 가지게 되었다. 농민들은 침략군의 예봉을 피하여 산성이나 섬으로 피신했지만, 적의 직접적 공격을 받게 될 때는 이에 저항하지 않을 수 없었다. 말하자면 천도 이후 지방농민들의 침략군에 대한 저항전은 향촌방위 성격의 자위적 차원에서 주로 이루어졌다고 볼 수 있을 것이다.

이 같은 농민들의 전투참여는 전국 각처에서의 보편적 현상이 되었다. 몽고군에 큰 타격을 주었던 처인성전투·상주산성전투 등도 그러한 사례에 해당한다.

이러한 점에서 몽고와의 항전을 결단한 것은 무인정권이었지만, 실제로 많은 싸움은 이름없는 지방의 농민들에 의하여 치러졌던 셈이다.

윤용혁

삼별초는
왜 봉기했나

고려 무인정권기 허약해진 군사력의 보완과 치안유지의 목적으로 최우(崔瑀)는 야별초(夜別抄)라는 특수부대를 설치하였다. '별초'란 '특별히 가려뽑은' 군대, 즉 '정예부대'라는 의미를 가지고 있다. 이들 군사력은 무인정권과의 일정한 관계 속에서 일종의 친위적 군사력으로서 정치적 영향력을 행사하였다. 그리하여 대몽항쟁기 항전책을 주도하였던 무인정권을 뒷받침했기 때문에 결과적으로 반몽(反蒙)의 핵심집단으로 그 성격이 굳어지게 되었다. 대략 1230년경, 몽고침입 직전에 설치되었던 야별초는 그 뒤 병력이 크게 증가하면서 좌별초·우별초로 나뉘었고, 이어 몽고와의 전쟁 속에서 신의군(神義軍)이 편성됨으로써 이를 통칭하여 '삼별초(三別抄)'라 하게 된 것이다.

이들 삼별초는 무인정권이 붕괴되고 친원적인 원종에 의하여 몽고에의 복속이 확정되자, 이를 정면으로 거부하고 원종 11년(1270)부터 같은 왕 14년까지 4년에 걸친 반몽·반개경정부의 항쟁을 전개하였다. 이 싸움은 기본적으로는 몽고와의 항전의 연장이었지만 동시에 12세기 이래 줄기차게 전개되어 온 농민들의 반봉건투쟁의 성격을 함께 갖는다는 점에서 주목된다.

"나라를 돕고자 하는 자는 모두 구정(毬庭)으로 모이라"

원종 11년(1270) 왕정복고를 도모하는 쿠데타에 의하여 100년 무인정권은 붕괴되었다. 무인정권의 붕괴는 곧 몽고에 대한 복속과 동시에 개경에의 환도를 의미하는 것이었다. 고려국왕 원종은 이미 여러 차례 몽고를 드나들며 쿠빌라이(忽必烈)의 지원을 받고 있었기 때문에 이 같은 역사의 흐름을 아무도 돌이킬 수 없을 것처럼 보였다. 쿠빌라이는 원종정부를 지원하여 지루하게 끌어온 고려 문제를 해결할 뿐 아니라 남송 혹은 일본 정략(征略)과 같은 남은 정복전에서 십분 고려를 활용할 계산이었다. 이 상황에서 몽고에 대한 복속을 거부하고 항전의 지속을 주장한 핵심집단이 바로 삼별초였다.

배중손(裵仲孫)이 중심이 된 삼별초가 왕족 승화후 온(溫)을 옹립하고 반몽정부를 공식선언한 것은 6월 1일의 일이었다. 이 때 삼별초는 강도의 사람들에게 다음과 같이 선언하였다. "오랑캐 군사가 크게 이르러 인민들을 살육하니, 무릇 나라를 지키고자 하는 자는 모두 격구장에 모여라."

그에 따라 잠깐 사이에 사람들이 크게 모여들었다. 삼별초는 새 정부를 수립하며 그 명분과 정당성이 바로 반몽정권의 수립에 의한 저항의 지속에 있었음을 분명히 한 것이다. 혹자는 삼별초의 봉기가 국왕의 삼별초 혁파 및 차후의 보복을 두려워하여 일어난 것이었다고 봉기의 동기를 설명하고 있다. 이는 『고려사』와 같은 옛 사서의 기록을 문자 그대로 옮긴 것이지만, 그러나 이것은 삼별초

진도 용장산성
원종 11년(1270)에 배중손이 중심이 된 삼별초가 왕족 승화후 온(溫)을 옹립하여 반몽(反蒙)의 기치를 내걸었던 진도 용장산성 터

의 봉기 의의를 고의적으로 평가절하 하려는 의도가 개재된 이야기이다. 왜냐하면 삼별초의 반정부적인 '불온한' 움직임은, 개경환도가 결정 공시된 5월 23일에 바로 일어났기 때문이다. 삼별초의 혁파 조치는 5월 29일이었고, 그것은 삼별초가 이미 정부의 회유에 순응할 가능성이 없음이 확인된 뒤의 일이었다.

6월 1일 삼별초는 새 정부를 구성하여 반몽세력을 규합하고 나섰다. 이미 몽고에 출입하며 정치적으로 예속의 길을 걸은 원종의 개경정부를 부정하고, 삼별초는 왕족 승화후 온을 새 왕으로 옹립하였다. 뒤이어 좌·우승선〔왕명의 출납을 관장하는 벼슬〕을 임명하는 등 반몽적 정부를 구성하였다. 그리고 6월 3일 새로운 거점으로 예정된 진도를 향하여 강화도를 출발하였다. 그 이동에는 크고 작은 선박 1천 척이 동원되었다. 강화 해안을 따라 열 지어 내려가는 이들의 행렬은 장관을 이루었을 것이다.

민중의 호응이 있었던 삼별초 정권

개경의 원종정부가 부몽정권이었던 데 비하여, 삼별초 정부는 반몽정권이었다. 삼별초 정부가 개경과 구별되는 또다른 중요한 차이점은 민중의 호응이 있었던 정권이었다는 점이다. 진도 주변의 지역에서는 새 정부에 호응하는 분위기가 널리 퍼져 소문만 듣고도 삼별초군을 맞이하거나, 삼별초 지휘부를 찾아 배알하는 자가 있었다 한다. 삼별초가 서남해안의 진도에 거점을 확보하고 있을 때, 경남 밀양에서는 지방민이 대규모로 봉기하여 진도에 호응하려 하였으며, 개경에서는 관노들이 봉기하여 진도에 투항하려 한 사건이 일어났다. 그밖에도 경기 해안의 대부도에서도 몽병을 죽이고 개경의 사건에 호응하는 반란이 일어났다. 산발적이기는 했지만 이 같은 호응은 어떻게 가능했던 것일까.

삼별초 정권은 그 구성에 있어서 개경정부와는 차이가 있었다. 즉 노비를 비롯한 구 지배질서에서 사회적으로 대우받지 못했던 집단들이 다수가 참여한 정권이었기 때문이다. 삼별초는 강화도에서 봉기했을 때, 정부의 창고를 털어 '도적(圖籍)'을 불태웠다고 한다. '도적'이란 국가가 민을 지배하기 위하여 작성한 여러 문서를 의미하는 것이고 그 가운데는 노비서류 '천적(賤籍)'이 포함되었으리라는 것은 의심의 여지가 없다. 즉 삼별초는 과거 공·사 노비에 속한 다수의 천인들이 해방된 신분으로 이를 추종하였던 것이다.

삼별초 정부에 노비 등 천인층의 사람들이 적극 가담·호응하고 있었던 사실은, 몽고에서 보내온 조서 혹은 여러 자료에 의하여 확인되고 있다. 즉 12세기 이후 신분해방의 욕구가 팽배하였던 그 흐름을 타고 일부 천인들은 삼별초 정부의 수립을 기화로 이에 호응함으로써 그 뜻을 이루고자 하였던 것이다.

삼별초 정부의 지도자들이 상주[경북]·청주[충북]·광주[호남] 등 지방출신으로 이루어져 있었다는 점도 흥미로운 사실이다. 삼별초군 자체가 원래 다수의 노비출신자를 그 조직 속에 포함하고 있었던 것 같다. 이 같은 삼별초의 신분적 성격은 개경 등 여러 곳에서 사회적 혹은 신분적 박탈감에 좌절하고 있던 이들이 그에 호응하는 움직임을 만들어냈던 것이다.

전고(戰鼓) 소리 요란한 명량해협

삼별초 정부가 진도를 거점으로 정한 이유는 무엇일까. 강화도를 벗어나 새로운 섬으로 정부를 옮기려는 계획은 삼별초 봉기 10년 전부터 논의되고 있었다. 삼별초 봉기와 함께 곧바로 거점을 남쪽으로 이동하는 이 같은 신속함이 가능하였던 것도 개략적인 시나리오가 이미 존재하였기 때문이었다고 할 수 있다.

강화를 포기하고 남쪽으로 거점을 옮길 경우 그 대상지는 제주도였다. 그러나 삼별초는 제주도가 아닌 진도로 거점을 정하였다. 이는 삼별초 정권이 남부지역, 특히 호남지역을 확보하여 개경정부에 대항하려는 의도 때문이었던 것 같다. 호남지역 확보의 기대는 이루어지지 못했지만, 대신 남부 연안지역 일대는 바람에 휩쓸리듯 삼별초의 지배하에 들었고, 진도 이외에 완도·남해도 등 연안 주요 도서에도 삼별초의 거점을 구축하고 있었다. 그리하여 진도에서는 송징, 남해도에는 유존혁이 주둔하여 인근을 장악하였다.

개경측을 앞세운 몽고군은 진도의 삼별초를 쉽게 공략하지 못하였다. 몇 차례의 공격 시도는 번번이 좌절되었고, 삼별초군의 사기는 매우 높았다. 몽고군은 삼별초군을 두려워하여 전투를 기피하는 정도였고, 이 때문에 지휘관이 문책되고 교체되는 일까지 야기되었다. 『고려사』에서는 당시 전투에서의 삼별초군에 대하여 다음과 같이 묘사하고 있다.

"〔삼별초군들이〕모두 배를 타고 깃발을 수없이 펼쳐 꽂았는데, 징소리·북소리는 바다를 끓일 정도로 요란하였다. 또 성 위에서는 북을 치고 큰 소리를 질러 기세를 올리는 것이었다."

당시 삼별초군은 종횡무진하던 무적의 군이었다. 이들은 병선에 괴상한 모양의 동물을 그려 시각적으로 상대에게 위압감을 주었다. 그리고 그 움직임은 날아다니는 것처럼 빨랐다는 것이다. 전투현장은 임진왜란 때 이순신의 유명한 승첩지였던 명량해협이었다.

일본과의 연합전선을 기대하다

삼별초 정권은 몽고에 복속하여 그 지시에 의하여 움직이는 개경정부의 정통성을 부인하고, 삼별초 반몽정권이야말로 진정한

'고려'정부임을 자임하였다. 이 같은 사실은 진도정부가 일본에 보낸 국서를 통하여 확인되고 있다. 일본 동경대 사료편찬소에 보존 중인「고려첩장불심조조(高麗牒狀不審條條)」는 삼별초 정부가 보낸 국서를 3년 전 강화도 고려정부가 보내왔던 문서에 비교하여 이해되지 않는 점을 메모한 것인데, 문서를 검토한 실무자를 혼동시킨 것은 다름 아닌, 삼별초 정부가 '고려'정부를 자처하였기 때문이었다. 메모는 도합 12개조에 걸친다. 이에 의하여 진도측에서 보낸 국서의 내용을 종합하면 첫째로 몽고에 대한 비난과 반몽의지를 명백히 표현하고 있다는 점, 둘째로 진도정부야말로 고려 정통정부임을 표방하고 있다는 점, 셋째로 진도정부와 일본과의 공동적 운명 내지 진도정부의 일본에 대한 배려가 강조되고 있다는 점 등이다.

삼별초 정부가 일본과의 연합을 통하여 몽고·개경정부의 연합에 대응하고자 하였다는 사실은 퍽 흥미로운 일이다. 그러나 몽고의 침략위협이라는 동일한 처지에 놓여진 일본을 끌어들여 공동전선을 구축하려 했던 이 같은 의도는 성사되지 못하였다. 이는 당시 위기를 아직 실감하고 있지 못하던 일본측의 이해부족이라는 측면과 함께, 공동전선 구축의 시도가 시기적으로 다소 늦었던 데에 원인이 있었던 것으로 보인다.

원종 12년(1271) 5월, 연합군의 진도에 대한 대공세가 개시되었다. 이는 그 동안의 실패를 거울삼아 매우 치밀하게 계획되었으며, 화약무기와 같은 신무기까지 동원한 것이었다. 아마 진도전투는 화약무기가 사용된 우리나라 최초의 전투일 것이다. 화약을 투척·폭발시켜 이를 싸고 있던 철제, 혹은 도제(陶製)의 물질의 파편으로 인마를 살상케 한 무기는 몽고군의 일본 침입시에도 사용되었는데, 진도·제주도에서의 싸움에서 "불을 지르고 협공하니 놀라 무너졌다"거나 "불화살을 네 번 쏘니 연기와 불꽃이 하늘에 가득하고 무리가 크게 혼란되었다"는 『고려사』의 기록은 이 같은 사정을 묘사한 것으로 보인다.

이 싸움으로 진도는 공략되고, 삼별초 정부의 지도자 배중손 및 국왕으로 옹립된 승화후 온이 죽음을 당했다. 이 때 삼별초는 남녀 1만이 붙들리고, 남은 무리가 김통정(金通精)을 중심으로 제주도로 근거를 옮겨 항전을 지속하게 된다.

항파두리에서 '붉은 오름'까지

삼별초의 진도정부가 여몽연합군의 대공세에 갑자기 무너져 버린 이유에 대하여, 『고려사』에서는 그 동안 삼별초군이 연승한 관계로 상대를 경시하고 방비를 소홀히 하였기 때문이라 하였다. 이 같은 방비태세의 이완에는 여몽측의 진도에 대한 외교적 책략도 한 원인이었다. 진도 삼별초 정부는 다양한 집단으로 구성되어 조직상의 취약점이 없지 않았다. 신분적으로도 다양한 층이 섞여 있었을 뿐 아니라, 개경측에 호응하는 자들조차 삼별초 정부에 합류되어 있었다.

이 같은 삼별초의 조직상의 취약성은 내부정보의 유출이나 내응(內應)과 같은 문제를 야기하였고, 군사적인 대공세가 감행되자 곧 무너지고 말았던 것이다. 진도 삼별초의 내부적 취약성이라는

제주도 항파두리

삼별초의 진도정부가 여몽연합군의 대공세에 무너진 후, 김통정을 중심으로 한 봉기세력은 제주의 항파두성을 거점으로 웅거하면서, 원종 14년(1273)까지 항전을 계속하였다. 현재 제주도 북제주군 애월읍 소재.

문제와 관련하여 혹자는 지도자 배중손이 바로 '기회주의적'인 '동요분자'였으며, 진도공함 당시 이미 배중손은 내분에 의하여 권력자의 지위에서 숙청되어 버린 것 같다는 흥미있는 주장을 제기하기도 하였다. 그리고 '숙청설'의 한 근거로서, 진도공함 이후 배중손의 최후에 대한 기록이 확인되지 않고 있다는 점을 들고 있다. 그러나 이 같은 주장은 다소 지나친 상상이라고 생각된다.

원종 14년(1273)까지 전개된 제주에서의 항전은 김통정을 중심으로 이루어졌다. 이들은 제주시내 서쪽 40리 지점에 흙으로 쌓은 항파두성을 거점으로 웅거하면서, 여러 지점에 방어시설을 구축하였고 특히 제주 해안을 방어하는 장성을 쌓는 등 방비에 진력했다. 제주도가 삼별초의 배후지로 확보된 것은 1273년 진도거점 시기의

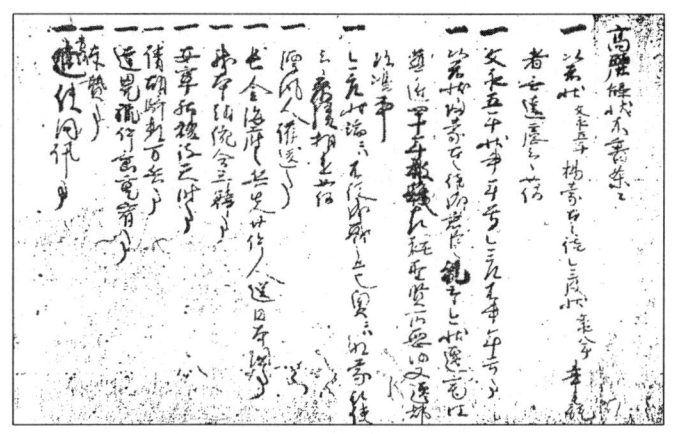

고려첩장불심조조(高麗牒狀不審條條)
1977년 동경대학교 사료편찬소에서 발견된 일본의 외교문서. 1217년 삼별초가 일본에 보낸 외교문서에 대해, 일본측에서 그 내용 중 미심쩍은 부분을 조목조목 열거해 놓은 것이다. 이로 보아 당시 진도의 삼별초 정부가 몽고와 항쟁하면서 일본의 원조를 구했음을 알 수 있다.

일이었는데, 여기에는 개경측의 지배를 거부하는 제주민의 적극적인 호응이 있었기 때문이었다.

　제주의 삼별초는 제주토착의 지배집단과의 일정한 타협 속에서 지배력을 확보하고 방어체제를 구축하여 갔다. 내부정비가 어느 정도 이루어지자 이듬해부터 삼별초는 전라도 연안지역에 대한 공격을 개시하였고, 이어 충청도·경기도 등 반도의 중·남부 연안 일대로 나아가고, 다시 몽고군이 주둔하여 있던 경상도 연안까지 위협하는 등 그 활동범위를 점차로 넓혀갔다.

　제주 삼별초는 진도에 비하여 내부집단의 동질성이 확보되고 이로써 강경한 반몽·반개경정부라는 항전의 지향점을 보다 분명히 할 수 있었다. 그러나 진도정부가 항몽정권으로서의 나름대로의 명분을 확보하고 있었던 데 비하여, 제주에 들어간 이후로는 국왕의 상실 등 정통정부를 자처할 명분을 잃는 등 현실적인 한계점을 가지고 있었다. 이 같은 정치적 위상의 상대적 약화는 삼별초 세력약화의 근본요인으로 작용하였을 것으로 생각된다.

제주도 삼별초에 대한 여몽군의 대공세는 원종 14년 4월에 개시되었다. 이들은 진도에서와 같이 3군으로 나누어 공격했는데, 공격군은 바람과 풍랑으로 어려움이 있었을 뿐 아니라, 출정군의 대오에서 이탈한 자도 적지 않아 애를 먹었다. 항파두성이 함락당한 뒤에 김통정을 중심으로 한 핵심집단 70여 명은 한라산 기슭 '붉은오름'에서 몽고군에게 붙잡혔으며, 김통정은 자결하고 나머지는 몽고군에게 처단된다. 이로써 4년에 걸치는 삼별초의 반몽항전은 그 막을 내리게 되며, 몽고는 제주를 그 직접 관리하에 두고 동아시아 정략의 새로운 거점으로 삼게 된다.

삼별초는 왜 봉기하였는가

고종 18년(1231) 몽고군의 침입으로 시작된 고려의 몽고에 대한 항전은 원종 14년(1273) 제주도에서 막을 내렸다. 고려의 몽고와의 전쟁은 대체로 무인정권에 의하여 주도되었다. 전쟁 초기인 1232년 개경으로부터 강화로의 천도는 전쟁을 장기화하는 분수령이 되었고, 1270년 무인정권의 붕괴와 함께 고려는 몽고에 복속하였다. 삼별초는 몽고에 대한 복속에 반대하여 진도·제주도로 거점을 옮겨 4년에 걸친 항전을 지속하였다.

고려의 대몽항쟁과 삼별초의 항전에 대해서는 대외전쟁이 많았던 우리 역사의 특성 가운데 대표적인 민족항쟁의 사례로서 평가되어 왔다. 그러나 근년 이에 대해서는 보다 다양한 관점이 제시되고 있다. 삼별초 항전을 지나치게 흑백논리로 이해하는 관점에 대한 경계, 삼별초의 민족항전으로서의 의의를 부정하고 민중적 의의를 강조하는 경향, 혹은 삼별초에 대한 부정적 관점 등이 그것이다. 심지어는 삼별초 항전을 1970년대에 정권안보의 논리에 의하여 역사를 왜곡·과장한 주요사례의 하나로 꼽는 경우도 있다. 이같은 논의는 대체로 종래 사실에 대한 지나친 단선적 이해에 대한 경계에서 출발한다. 즉 침략과 저항이라는 논리구조에 함몰됨으로써 결과적으로 사실의 다양한 측면을 놓쳐버리는 것에 대한 반성이라고 볼 수 있다.

여기에서 우리는 "삼별초는 왜 봉기했는가"라는 소박한 질문에 다시 직면하게 된다. 그것은 동시에 삼별초 항전이 가지는 역사적 의미와 상통하는 것이라 할 수 있다. 삼별초 항전의 역사적 의미는 크게 두 가지로 정리할 수 있다. 몽고에 대한 예속을 거부하고 반몽고국의 기치를 높이 들었다는 점과, 다양한 신분의 참여, 특히 노비 등 피지배층의 참여에 의하여 민중의 호응을 받았다는 점이 그것이다. 삼별초 항전의 의의를 다른 측면에서 논의할 수 있다 하더라도 적어도 이 두 가지 역사적 의의를 부정할 수는 없을 것이다. 삼별초의 봉기가 신분상의 위협이라는 개인적 이해에 입각한 것이었다고 보고, 종래의 삼별초에 대한 논의가 지나치게 과장되었다는 의견 같은 경우는 논의의 핵심이 다소 빗나간 경우라고 생각된다. 다만 대외관계사를 지나치게 '침략과 저항'이라는 단순구조 속에서 파악하여 왔던 한계점에 대한 지적은 깊이 경청할 점이 있다.

삼별초 항전의 실패에 의하여 고려에서의 반몽적 정치세력은 일소되었고, 이는 이후 몽고의 정치적 간여를 더욱 용이하게 하는 것이었다. 동시에 고려는 몽고의 일본정벌에 동원되는 등 예속적 상황에 대한 값을 크게 치르지 않으면 안되었다.

윤용혁

고려와 몽고 연합군이
일본을 정벌하다

일본 정벌의 시각

　고종 18년(1231) 몽고의 고려에 대한 1차 침입으로부터 시작된 몽고에 대한 고려의 항쟁은 원종 14년(1273) 제주 삼별초군의 패망에 이르기까지 40여 년에 걸친 실로 장구한 세월이었다. 이 기간에 고려의 백성들이 당한 고통은 말로 표현하기 어려울 정도였는데, 게다가 다시 삼별초군이 패망한 바로 이듬해인 충렬왕 즉위년(1274) 10월과 충렬왕 7년(1281) 5월 두 차례에 걸쳐 원나라〔몽고는 1271년에 국호를 원으로 고쳤음〕가 단행한 일본정벌에 동원되었다.

　고려와 몽고 연합군의 일본원정에 대하여 과거의 일본인 학자들은 대체로 두 가지 생각을 가지고 있었다. 그 하나는 아시아의 모든 나라들은 몽고에 패했으나 일본만은 승전했다. 따라서 아시아의 모든 나라들은 일본보다 훨씬 약세였으며, 일본은 신풍(神風)에 의해 보전되었고 전쟁을 하면 절대로 이긴다는 것이다. 다른 하나는 몽고는 고려의 안내로 일본에 왔기 때문에 고려도 적의 한패라는 생각이다.

　그러나 달리 생각해 본다면 몽고가 일본을 공격하기 위해서는 고려가 몽고의 군사기지가 되어야 하며, 그러기 위해서는 몽고는 먼저 고려를 제압하지 않으면 안되었다. 그러나 고려는 오랜 기간 동안 몽고와의 항쟁을 계속하였고 이것은 일본에 대단한 도움이 되었다.

역사에서는 가정이 있을 수 없다고 하지만, 몽고의 침입에 고려의 항쟁, 특히 삼별초 등의 항쟁이 계속되지 않고 일찍부터 몽고의 군사기지로 고려가 제공되었다면 일본이 말하는 소위 신풍(神風)의 효험도 없었을지 모르며 아시아의 역사도 바뀌었을지 모른다. 여하튼 고려의 몽고에 대한 항쟁은 일본의 운명에도 깊은 관계가 있다고도 할 수 있다.

고려는 여몽연합군의 이름으로 이루어진 일본원정에서 엄청난 인적·물적 피해를 입었다. 그 원정 자체가 고려로선 원치 않은 것이었다. 그럼에도 동원될 수밖에 없었던 사정은 무엇일까? 왜 몽고는 일본정벌을 고집했을까? 고려·몽고·일본은 이 두 차례의 전쟁을 통하여 무엇을 잃고 무엇을 얻었을까?

왜, 몽고는 일본을 정벌하려 했을까?

고려는 오랜 기간에 걸친 몽고와의 전쟁관계를 청산하고 개경으로 다시 돌아온 이후에도 끝까지 독립국으로서의 지위는 유지되었다. 그러나 충렬왕이 원나라 세조[쿠빌라이]의 딸을 왕비로 맞아 부마국(駙馬國)이 된 이후, 이른바 양국의 왕실이 일가(一家)의 관계에 놓이게 되면서 고려에 대한 몽고의 간섭은 심해졌는데, 그 첫 시련이 원의 일본원정에 동원된 일이었다.

몽고습래회사(蒙古襲來繪詞)
구주(九州)의 무사인 죽기계장(竹崎季長:다게자키 수에나가)이 일본과 여몽연합군과의 전투상황을 묘사한 그림이다.

왜, 몽고는 일본을 정벌하려 했을까? 여기에 대해서는 몇 가지 이유가 대두되고 있는데, 그 하나는 당시의 몽고는 최대의 적을 남송(南宋)으로 생각하고 있었는데 일본이 남송과 무역을 하고 있었으므로, 쿠빌라이는 일본이 복속되면 남송은 고립될 것이라고 생각했다는 것이다. 또다른 견해는 당시 일본에는 금·은 등이 풍부하다는 소문을 쿠빌라이가 들었기 때문이라고도 한다

그러나 이런 이유보다는 당시 몽고의 세조 쿠빌라이는 세계를 정복한다는 대제국 야심을 가지고서, 천하에 군림한다는 중국 천자(天子)의 전통적 이상을 실천에 옮기려 하고 있었다는 것이 더 타당할 듯싶다.

이러한 관점에서 볼 때 고려는 일본에 가장 가까이 있으면서 정벌에 필요한 군량미·군사·전함까지를 쉽게 얻을 수 있는 전진

기지로서의 조건을 다 갖추고 있다는 사실이 몽고가 고려를 끌어들인 이유라 할 수 있다. 그리고 당시 고려는 정치·경제 등 모든 면에서 원의 간섭 아래 있었기 때문에 몽고로서는 이러한 일들을 크게 어려운 일로는 생각지 않았던 것이다.

그러나 몽고는 일본을 무력으로 정복하기 전에 일본이 먼저 복종하는 뜻으로 몽고에 스스로 입조(入朝: 외국의 사신이 와서 황제를 알현함)하기를 원하고 있었다. 그리고 이 중개를 고려가 맡아주도록 고려에 압력을 가했다. 그러나 고려로서는 이러한 몽고의 요구에 크게 망설이지 않을 수 없었다. 만약에 일본이 몽고의 초유(招諭: 불러서 타이름)에 순순히 응한다면 별문제가 없지만, 그렇지 않을 경우 전쟁은 불가피하게 되며 거기에 자연히 고려도 휩쓸려 들어갈 수밖에 없기 때문이었다. 몽고의 이러한 요구에 대하여 고려 조정에서는 차제에 몽고와의 관계를 끊어버리자는 강경론까지 대두했지만 결국 문신 이장용(李藏用) 등의 주장에 따라 저들의 요구에 협조하도록 방침이 세워졌다.

고려에서는 초유사로 송군비(宋君斐)·김찬(金贊) 등이 지목되어 원의 사신 흑적(黑的)과 홍은(弘恩) 등을 호송토록 했다. 그러나 이들은 거제도에 이르러 풍파가 험하다는 이유로 귀환하였다. 그 다음해에 몽고는 또 일본초유를 고려에 위임하였다. 고려에서는 반부(潘阜)와 이정(李挺) 등을 사절로 임명하여 몽고의 국서와 고려의 국서를 휴대시켜 일본에 파견하였다. 이 일행은 원종 8년(1267) 1월에 일본에 도착하여, 다음달에 국서가 조정에 전달되었다. 그런데 사태는 순조롭게 풀리지 않고 나쁜 방향으로 전개되어 당시 일본의 겸창막부(鎌倉幕府: 가마쿠라 바쿠후)는 초유에 매우 냉랭한 반응을 보였다. 쿠빌라이의 국서(國書)를 가진 고려의 사자가 일본에 갔을 때, 막부는 북조정촌(北條政村: 호죠 마사무라)으로부터 바뀐 18세의 시종(時宗: 도키무네)이 집권하고 있었다. 시종은 『길가의 풀』이란 책 속에 자신을 "의기(意氣) 유약(柔弱)하여 마치 처녀(處女) 같다"라고 고백하고 있는데, 송에서 온 선승 간계도융(蘭溪道隆)에게 선(禪)을 배우고 있었다. 당시 일본은 몽고에 대한 지식은 별로 없이 도융의 지식에 크게 의존하고 있었던 것 같다. 시종은 도융의 조언에 따라 서국(西國) 방면의 무사에게 명하여 구주(九州:규슈) 해안의 방비를 서둘렀다. 그리고 조정이나 사원에서는 그저 경문(經文)이나 읽고 기도를 드리면서 적이 침입해 오지 않기를 빌고 있을 따름이었다.

그 뒤 쿠빌라이의 사자는 여러 차례 일본에 건너갔지만 겸창막부의 집권자인 시종은 회답을 주지 않고 돌려보냈다. 결국 몽고의 일본 초유책은 실패로 돌아간 것이다.

이에 쿠빌라이는 크게 노하여 원종 11년(1270)에 최후의 편지를 보내는 한편 일본을 정벌할 준비를 시작하였다. 이듬해에 원은 고려에 자기들의 둔전경략사(屯田經略司)를 설치하는 한편, 병선과 병사, 그리고 막대한 양의 군량을 고려에 준비토록 하였다. 당시 오랜 전쟁의 시달림으로 풀뿌리나 나무껍질을 먹을 정도의 상황에 처해 있던 고려의 농민에게 있어서 이러한 부담은 참을 수 없는 고통이었다. 그러나 이러한 민중의 고통에는 아랑곳하지 않고 전라도의 변산[전북 부안]과 천관산[전남 장흥]에 조선소가 세워지고 원의 감독이 와서 배 만드는 기술자와 인부 3만 명을 동원하여 원종 13년 6월에는 병선 900여 척을 완성하였다.

1차 원정이 시작되다

　원종 14년에 들어서 최후의 사자인 조양필(趙良弼)의 일본초유가 실패로 돌아가고, 4년간의 치열한 대몽항쟁에 나섰던 삼별초도 그 남은 세력마저 완전히 패망한 뒤에 몽고는 일본원정을 결정하였다. 이듬해인 충렬왕 원년(1274) 10월 3일 여원연합군은 합포(合浦: 경남 마산)를 출발하였다. 몽고와 한족(漢族)의 군대 2만 5천여 명, 고려군 8천여 명, 뱃사공 6,700여 명, 전함 900여 척이 동원되었다. 1차 원정이 시작된 것이다.
　원군의 총사령관은 흔도(忻都: 또는 홀돈(忽敦)이라고도 함), 고려군의 지휘관은 김방경(金方慶)이었다. 여원연합군은 합포를 출발한 지 이틀 뒤인 10월 5일에 대마도(對馬島: 쓰시마)에 상륙하였다. 당시 대마도에서는 종조국(宗助國: 소우수케쿠니)이 부하를 이끌고 막았으나 전멸하였다. 계속하여 10여 일 뒤인 10월 14일에는 일기도(壹岐島: 이키)가 점령당해 저항하던 평경고(平景高: 다이라 노가케타카) 등이 전멸하였다. 이어 16·17일 양일간에는 구주의 다른 연안에 상륙하여 다수의 주민을 포로로 삼았다.
　한편 대마도가 점령당했다는 급보가 전해지자 서둘러 모인 무사들은 소이경자(少貳經資: 쇼니 쯔네수케)를 총사령관으로 하여 구주 북쪽을 방비하였다. 그러나 일기도를 함락시킨 연합군은 북구주로 공격하여 송포(松浦: 마츠우라)를 치고, 19일에는 여원연합군의 한 부대가 금진(今津: 시마즈)에 상륙하였다. 동시에 다른 한 부대는 박다(博多: 하카다)의 북방인 녹원(鹿原: 가고하라)에 상륙을 시도했다.

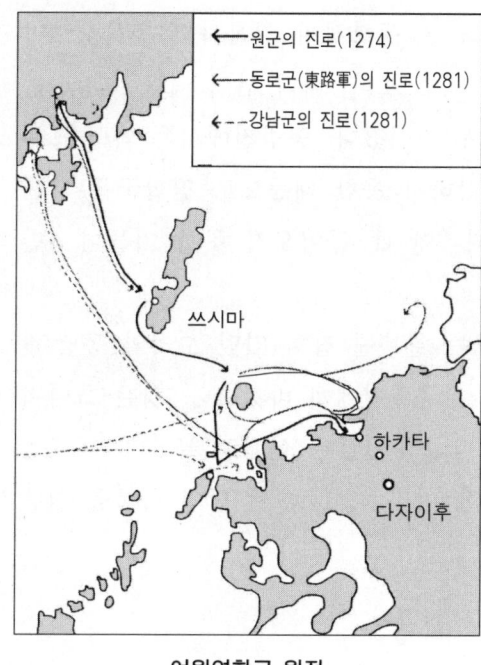

여원연합군 원정

여기서 왜군들의 저항도 만만치 않고, 해도 저물어 일단 전함으로 돌아올 수밖에 없었다. 다음 날인 20일 날이 밝자 연합군은 두 군데로 나누어 재진격을 시작하였다. 그 목표는 대재부(大宰府:다자이후)의 점령이었다. 전투는 해가 질 때까지 격렬하게 계속되었다. 구주의 무사 죽기계장(竹崎季長:다게자키 수에나가)은 이 때의 전투상황을 후일에 그림으로 그렸는데〔이 그림을 『죽기오랑회사(竹崎五郎繪詞)』 또는 『몽고습래회권(蒙古襲來繪卷)』이라 한다〕, 이에 의하면 원군은 '철포(鐵砲)'라는 화기를 사용했다고 하였다. 이 철포는 화약으로 돌을 날리는 장치로, 그 소리 또한 굉장하여 사람이나 말 모두가 놀랐다는 것이다. 마침내 왜군은 대재부 방면으로 퇴각하였고, 연합군은 초토(焦土)전법으로 관서나 민가들을 닥치는 대로 모두 태웠다.

그러나 연합군의 사상자도 적지 않아 해가 저물자 일단 배로 돌아갔다. 그런데 그날 저녁부터 바람이 불고 비가 오기 시작하더니 한밤중이 되자 흙과 모래를 일으키고 나무를 쓰러뜨릴 만한 굉장한 태풍으로 변했다. 전함들은 동요하여 전복하고 침몰했으며 말들은 놀라서 뛰었다. 날이 새고 보니, 바다 위의 배들은 형편없이 되어버리고 숫자 또한 매우 적어졌다. 공방전에서는 왜군을 무찔러 승리를 거듭했지만 예상하지 못한 태풍으로 연합군은 남은 배를 돌리지 않을 수 없었다. 이 때 돌아오지 못한 자들이 1만 3,500여 명이었다.

당시 원의 총사령관 흔도는 일본에 잡혀 있던 고려의 동남(童男)·동녀(童女)를 데리고 와서 충렬왕에게 바쳤으나, 왕은 그다지 기뻐하지 않았다. 이렇게 하여 1차 원정은 실패로 끝났다. 이것을 일본에서는 문영(文永)의 역(役)이라 하고, 그날 밤의 폭풍을 신풍(神風)이라 한다.

실패로 끝난 2차 원정

1차 원정이 끝난 뒤에 일본측에서는 다시 원군이 공격해 올 것에 대비하기 시작하였다. 겸창막부는 북조실정(北條實政: 호죠 사네무사)를 구주무사단의 총사령관으로 명하여 보냈다. 그는 구주의 어가인(御家人: 고케닌)들에게 할당하여 박다만(博多灣) 연안에 해안선을 따라 석축의 방벽(石壘)을 쌓았다. 그리고 사람들을 동원하여 북구주의 요지와 장문(長門: 나가토) 연안을 방비토록 하였다.

원의 쿠빌라이도 1차 일본원정이 실패한 이후에 역시 원정계획을 포기하지 않고 전쟁준비를 계속하였다. 쿠빌라이의 사자가 1차 원정 다음해인 충렬왕 원년(1275)에 대재부에 보내졌으나 막부는 겸창(鎌倉)으로 보낸 사자를 죽였다.

쿠빌라이는 대원제국의 체면으로 봐서도 일본원정을 기필코 수행하려고 마음먹는다. 이 계획이 진행되는 동안 고려의 고통은 더욱 심해졌다. 충렬왕은 시중(侍中: 수상) 김방경과 대장군 인공수(印公秀)를 원에 보내 고려의 사정을 말하고 고려가 원정(遠征)으로 인한 부담을 견디기 어려우니 중지해 달라고 호소하였다. 그러나 쿠빌라이는 이러한 호소에 아랑곳하지 않고 일본원정 준비에 골몰하고 있었다.

원은 충렬왕 5년에 송(宋)을 멸망시키고 전중국을 수중에 넣었다. 그리고 그 여세를 몰아 충렬왕 6년에는 일본원정을 위한 전담 기구로 고려에 정동행성(征東行省)을 창설하는 등 준비에 박차를 가했다. 이 때 고려는 병선 900척, 배 부리는 선부 1만 5천 명, 병사 1만 명과 군량을 부담하도록 되었다.

2차 일본원정군은 둘로 나누었는데, 각각 동로군(東路軍)과 강남군(江南軍)이라 불렀다. 동로군[여원연합군으로 사령관에 흔도, 부사령관에 홍다구]은 고려를 근거지로 하여 병선 900척과 병사 4만 명으로 구성되었는데, 병선 900척은 모두 고려에서 만들었으며 고려군 병사는 1만 명이었다. 다른 한 부대는 강남군이라 하여 원에 항복한 송나라 병사들이 주력을 이루고 있었다. 흥미로운 일은 2차 침입 때에 원군은 일본을 완전히 정복하여 영주하려는 야심을 가지고 농기구와 볍씨까지 가지고 갔다는 점이다.

충렬왕 7년에 두번째 원정이 시작되었다. 고려에서 남하하는 동로군 4만과 강남군 10만(3,500척)이 6월 15일 일기도에서 합류하여 박다로 향하는 작전이었다.

5월 3일에 합포를 출발한 동로군은 먼저 대마도·일기도를 치고 6월 6일에 박다만에 도착하였다. 그러나 2차 원정을 대비해 온 구주의 무사들도 만만치 않았다. 견고한 방벽을 쌓고 상륙을 저지하여 상륙할 수가 없었다. 그래서 동로군은 지하도(志賀島: 시가)와 능고도(能古島: 노코)로 상륙하여 기회를 보아 본토로 나가려 했다. 그런데 그 때 동로군의 원군들은 전염병이 돌아 3천 명이 죽고, 밤에 일본무사들의 습격을 받아 무력이 점차 약화되어 갔다. 한편 강남군은 그 출발부터 늦어져 7월 초가 되어서야 평호도(平戶島: 히라)에 모습을 나타내 동로군과 합류하였다.

7월 27일 양군은 행동을 개시하여 구주의 북쪽으로 진격해 갔다. 그런데 7월 30일 굉장한 폭풍이 불기 시작하여 다음날에는 태풍으로 변하여 연합군측 대부분의 배가 침몰·파손되고 많은 병사가 물에 빠져죽었다. 결국 이번에도 뱃길을 돌릴 수밖에 없었고 14만 대군 가운데 살아서 돌아간 자는 3만 몇 천에 불과했다. 이것을 일본에서는 '홍안(弘安)의 역(役)'이라 한다.

상처만 남은 고려

원의 내침(來侵)에 즈음해서 일본에서는 적국 항복을 기원하는 기도가 제국의 사원과 신사에서 행해졌었기 때문에, 두 차례에 걸친 여원연합군의 원정을 태풍 덕분에 물리친 뒤 일본지배층 사이에서는 그 기원의 정성이 신을 움직여 폭풍우라는 신풍으로 나타났다는 믿음이 생기게 되었다. 이후 일본은 신들이 수호해 주는 신국(神國)이라는 이른바 '신국사상'이 퍼지게 되었다. 그러나 한편으로는 재정이 파탄나 14세기에 들어가면 겸창막부가 쓰러지고 권력은 북조(北朝)와 남조(南朝)로 분열되어 쟁란이 시작되었다.

고려에서는 두 차례의 원정을 통하여 군량·군선의 부담과 막대한 인적 손실 등으로 피폐해질 대로 피폐해져 그 후유증을 회복하는 데 많은 시간을 필요로 했다. 다른 한편에서는 원제국의 앞잡이가 된 친원파 귀족들에 대한 민중들의 불만이 높아갔다. 그리하여 공민왕 5년(1356)에 공민왕은 친원파 기철(奇轍) 일파를 처단하고 영흥에 설치되었던 원의 쌍성총관부(雙城摠管府)를 무력으로 접수했다.

원의 간섭 아래 자주성을 잃은 고려는 얻은 것 없는 엄청난 희생만을 남긴 전쟁이었다.

나종우

원나라 황후가 된
공녀

고려가 원나라 간섭을 받게 된 이유

고려 무신정권기 최충헌이 정권을 장악하고 있던 희종 2년(1206)에 몽고에서는 징기스칸(成吉思汗)이라는 영웅이 나타났다. 그는 부족을 통일한 뒤에 정복전쟁을 추진하여 러시아·서남아시아에서부터 중국에 이르는 세계대제국을 건설했는데 그 과정에서 고려에도 침략을 감행하였다.

고려는 1231년부터 1258년까지 무려 30년 동안이나 몽고와 전쟁을 계속하였다. 그러나 사실은 몽고의 일방적인 침략에 고려는 방어전을 편 데 불과한 것이었다. 고려정부는 수도를 개경에서 강화도로 옮겨서까지 몽고의 예봉을 피하려 했으나 이는 그들의 고장을 지키고자 일어섰던 민중들의 피를 대가로 한 것이다. 결국 고려는 전국토를 짓밟고 강화도 주위의 섬들을 공격하는 몽고의 위협에 굴복하여 강화를 맺었다. 강화조건을 보면 말이 강화이지 사실은 항복이나 마찬가지로서 고려는 이제 원의 복속국으로 편입된 것이었다.

그들은 고려에 대해 속국에 따른 일정한 부담을 강요했는데 달로화적(達魯花赤: 몽고말로는 다루가치, 복속국의 내정을 감시하기 위에 원에서 파견된 민정관) 주재와 국왕의 친조(親朝), 자제(子弟)의 인질, 백성에 대한 호구조사, 우역(郵驛)설치, 조부(租賦)의 수송, 군대를 보내어 전쟁을 도와줄 것, 식량을 제공하여 원의 군량을 보조할 것 등이었다.

여기에 대해 고려는 인질을 보내고 다루가치를 설치하게 하는 등 최대한의 노력을 다했으나 호구조사와 조세수송은 거절하였다. 그리고 원의 요구를 약화시키기 위해 부마국을 자청하였다. 이에 몽고는 화평조건으로 많은 공물과 공녀를 요구하였다. 몽고가 고려에 대해 부녀공납을 요구한 것은 고종 19년 4월, 제1차 여몽전쟁의 시기였다. 몽고장수 살례탑(撒禮塔: 살리타이)은 사자를 보내어 몽고사신 저고여(著古與: 제구유)가 살해된 책임을 고려에 물어 그 보상으로 수달피·말과 함께 왕족·대관자제(大官子弟) 및 동남(童男)·동녀(童女) 각 1천 명을 요구하였다. 여기에 고려는 비단·금은그릇만 보내고 동남·동녀의 공납은 거부하였다.

그러나 이제 몽고에 항복하고 부마국이 되기로 한 이상 몽고의 요구를 거부하기는 어려웠다. 부녀공납 요구의 표면적 구실은 중국대륙을 통합함에 따라 그들이 획득한 수십만 명의 항복한 남송 중국병사들에게 배우자를 마련해 준다는 귀순병 위무책에 있었으나, 그 이면에는 정복자로서의 위세를 과시하기 위한 심리적 요인과 원이 일부다처제 사회이므로 만성적인 부녀자의 결핍상태를 타개하기 위한 목적이 더 컸다고 생각된다.

원종 15년(1274), 고려는 원의 요구로 만자(蠻子: 남송인으로 원나라에 항복한 사람)에게 시집보낼 여자를 뽑기 위해 결혼도감을 설치하였다. 이 때 징발된 부녀들은 대부분 민간의 독신녀, 역적의 처, 파계한 승려의 딸들이었다. 이들을 데리고 북으로 돌아갈 때 슬피 우는 소리가 하늘을 진동하고 백성의 원망은 말로 다할 수 없을 지경이었다고 한다. 이듬해 원은 다시 사신을 보내 고려와 원 양국의 통혼을 위하여 양가처녀를 요구했는데 이것이 80여 년에 걸친 공녀의 첫출발이었다.

공녀는 얼마나 보내졌는가

전쟁이 일어나면 가장 크게 피해를 당하는 측은 전쟁터에 나가있는 병사가 아니라 후방의 여자라고 한다. 몽고와의 전쟁과정에서도 고려여인들은 포로로 잡혀가 몽고병사들의 성적인 노리개가 되어야만 했는데, 이제 전쟁이 끝난 지금은 원에 끌려가게 된 것이다.

고려에서는 국내의 혼인을 금지하고 처녀를 징발하여 충렬왕 1년(1275)에 보낸 것을 시초로 공민왕 4년(1355)에 이르기까지 80여 년 동안 수많은 여자를 원나라로 보냈다. 이 동안 고려에서 원으로 보낸 처녀진공사의 왕래 횟수가 『고려사』에 기록된 것만도 50회 이상이 된다. 고려는 여러 차례 금혼령을 내리고 처녀등록제를 실시하였다. 공녀는 주로 13세에서 16세까지의 처녀를 대상으로 징발하였다. 정부는 순마소(巡馬所:원간섭기에 야별초를 대신하여 설치된 군대)를 동원시켜 민가를 샅샅이 조사하여 가축조차도 평안할 수 없었다고 한다. 이 나이의 처녀를 가진 집안에서는 머리를 깎아 출가시키거나 금혼령이 내리기 전에 미리 혼인시킴으로써 고려사회에 조혼의 풍습이 생기는 원인이 되었다.『고려사』109, 이곡(李穀)전에 의하면 고려는 원 세조에게 상소문을 보내 공녀의 참상을 전하고 이를 근절시켜 줄 것을 청했다고 한다.

> 병사와 관리들이 사방으로 나가 문을 두드리고 집집마다 뒤집니다. 혹 숨겨둔 자가 있으면 이웃까지 누(累)를 끼치며, 친족을 결박하고 채찍질하는 등 곤욕을 주어서 처녀가 나타난 뒤에야 그칩니다. 그러므로 한번 사신이 오게 되면 나라 안이 소연하여 닭과 개까지도 편안할 수 없게 됩니다.… 이런 일이 한 해에 두번에서 한번, 혹은 두 해에 한번씩 있습니다. 그리고 그 수효는 많을 때는 40~50명에 이릅니다. 선발되면 그 부모와 친척들이 모여 통곡하는 소리가 밤낮 그치지 않으며 드디어 국경에 이르면 옷자락을 끌어당기며 엎어져 길을 가로막고 크게 소리지르며 통곡합니다. 그 가운데는 분함을 이기지 못하여 우물에 빠져 죽는 자가 있는가 하면 목을 매어 죽는 자도 있으며 근심으로 기절하는 자가 있는가 하면 피눈물을 흘려 실명하는 자도 있습니다.

원 황제는 고려의 요청을 받아들여 피해를 없애겠다고 약속했으나 실질적으로는 조금도 나아지지 않았다. 특히 매년 왕래하던 원의 사신과 다루가치는 그들의 직권을 남용하여 공적 또는 사적으로 많은 부녀자를 농락했으니, 이 또한 고려의 풍속을 어지럽히는 원인이 되기도 하였다.

공녀의 조달에는 몽고 공주들도 가담하여 고려 여자를 원으로 보내는 데 일익을 담당하였다. 충렬왕 왕후인 제국대장공주는 원으로 들어가면서 양가의 처녀들을 뽑아 주·군을 시끄럽게 했는데『고려사』106, 홍규(洪奎)전에 그 참상이 전해진다.

충렬왕이 공주와 더불어 양가의 처녀를 선발하여 원 황제에게 바치려고 했을 때 홍규의 딸도 선발되었다. 그는 권세있고 지위가 높은 사람들에게 뇌물을 주었으나 면하지 못하였다. 홍규가 한사기에게 말하기를, "나는 딸의 머리카락을 자르려 하는데 어떠한가" 하니 "그대에게 화가 미칠 것이다"라고 하였다. 홍규가 그 말을 듣지 않고 드디어 딸의 머리를 잘랐다. 공주가 듣고 크게 노하여 홍규를 가두어 혹형을 가했으며 그 집 재산을 몰수하였다. 또한 그 딸을 가두고 심문하니 딸이 말하기를, "제가 스스로 잘랐습니다. 아버지는 사실을 알지 못합니다" 하였다. 공주가 그녀를 땅바닥에 넘어뜨리고 쇠채찍으로 난타하니 그의 몸이 온전한 데가 없었으나 끝내 불복하였다.

홍규는 무신정권의 최후의 집정자 임유무를 제거하여 왕권회복에 큰공을 세웠을 뿐 아니라 추밀원부사(樞密院副使: 정3품)를 역임했음에도 원나라로 끌려가게 된 딸을 구해낼 수 없었다. 이는 일단 공녀로 선발되면 빠져나오기가 거의 불가능함을 보여준다. 홍규부녀는 모진 고문을 당한 끝에 아버지는 섬으로 귀양가고 딸은 원나라 사신에게 물건처럼 주어졌다. 국가차원의 공적인 공녀징발 이외에도 원에서 파견된 사신이나 귀족관리들이 개인적으로 징발해 가는 경우도 많았다. 이로써 고려는 종실을 위시한 지배층부터 일반 양인에 이르기까지, 심지어는 처녀뿐만 아니라 결혼한 부녀자들도 원에 끌려가 곤욕을 치렀다.

고려 여자들의 다수가 원나라로 가게 되니 그 가운데는 주점에서 술시중을 들거나 노비로 전락하여 시장에서 매매되는 비운을 당하는 경우도 있었다. 지배층 출신의 공녀들은 후비 및 고급관리들의 배우자가 되어 그들의 소생이 공경대신(公卿大臣)이 되는 경

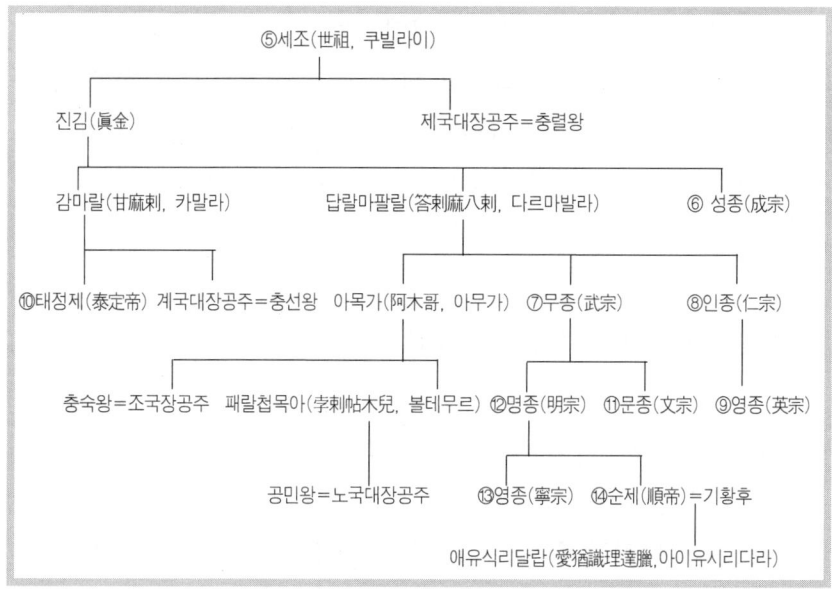

원왕실 쿠빌라이 가계도

우가 많았다고 하지만 그러나 대다수의 공녀는 황제·황후·황족들의 시녀로 들어갔으며, 그 가운데 일부는 재신(宰臣) 및 지방 황족들에게도 분급되었다. 몽고귀족들에게는 고려 여자가 대단한 인기를 모아 서울의 고관대작들은 고려 여자를 얻지 않고서는 명가로서 행세할 수가 없었다 한다.

고려 여자들이 원대 사회에서 영달하는 경우가 생기게 되자 고려인 중에는 자진해서 딸을 원으로 보내고 그 덕으로 자신의 영달을 꾀하는 자까지 생겨났다. 충렬왕 때에 홍원사 진전직(弘圓寺眞殿直)이던 장인경은 딸을 평장사 아합마(阿哈馬)에게 보내 낭장이 되었고, 공민왕 때 복안부원군 권겸은 딸을 원의 황태자에게 바쳐 원의 대부감 태감(大府監太監)이 되었으며, 경양대군 노책은 원 순제에게 딸을 바쳐 집현전 학사가 되었다. 그 가운데서 황후의 지위에 올라 온 집안을 영화롭게 한 인물도 있었으니 대표적인 경우가 원 순제의 제2황후가 된 기자오(奇子敖)의 딸 기 황후였다.

기 궁녀에서 기 황후로의 인생행로

기 황후는 행주사람으로 총부산랑(摠部散郎)을 지낸 기자오의 딸이다. 그녀가 언제 어떻게 해서 원의 수도 북경에 가게 되었는지는 확실하지 않지만 공녀를 징발하는 과정에서 끌려가게 된 듯하다. 당시 원나라는 14세의 어린 순제(順帝: 투간티무르, 妥懽帖木兒)가 즉위했는데 고려출신 환관으로 휘정원사(徽政院使)였던 고용보(高龍普: 투만디르, 透滿迭兒)의 주선으로 기씨는 순제의 다과를 받드는 궁녀가 되었다. 그녀는 태어날 때부터 살구같이 예쁜 볼, 버드나무 같은 갸날픈 몸매 등 뛰어난 아름다움을 갖추고 있었다. 눈부신 미모로 순제의 총애를 받은 기씨는, 정후(正后)인 다나시리(答納失里) 질투를 사게 되어 매질을 당하거나 감금되는 등 모진 학대를 당했다.

그러나 1335년 6월, 다나시리가 순제역모사건에 연류됐다는 누명을 쓰고 유폐당했다가 백안(伯顔)에게 살해되자 기씨의 인생행로에 밝은 빛이 보이기 시작했다. 순제는 이 틈을 타서 기씨를 황후에 책봉하려 하였으나 백안의 반대로 뜻을 이루지 못하였다. 원 태조 이래로 황후는 옹길자(翁吉剌: 옹기라트) 가문의 딸을 택하는 것이 불문율로 내려온 원황실에서 고려출신 궁녀를 황후로 봉한다는 것은 불가능한 일이었던 것이다. 이에 순제는 1337년 옹기라트 가문의 백안홀도(伯顔忽都: 빠앤후두)를 황후로 맞았으나 기씨에 대한 사랑은 변함이 없었다.

기씨는 1339년에 황자 애유식리달랍(愛猶識理達臘: 아이유시리다라)를 낳았으며 이듬해 2월 바엔세력이 물러가자 사자반(沙剌班: 샤라빤)의 건의에 따라 제2황후로 책봉되었다.

고려의 여자로서 원나라 궁중에 들어간 것은 기 황후뿐만은 아니었다. 비파를 잘 연주해서 세조 쿠빌라이의 총애를 받던 이씨가 있었고, 인종 때 영비(英妃) 달마홀도(達麻忽都: 다마후두)가 있었으나 제2황후가 된 것은 이례적인 일이었다. 그녀는 미모뿐 아니라 정치적 수완도 뛰어난 영민한 여자였던 것이다.

원나라의 제도상 정후(正后)는 재정과 호위를 맡아보는 중정원(中政院)이라는 관아를 거느리고 있었다. 황후가 하루에 소모하는 초(鈔: 紙幣) 10만 정, 폐백 5만 필, 면 5천 근의 막대한 지출은 모두 이 중정원의 결재를 거쳐 사용되었다. 기 황후가 고립적 위치에서 벗어나 확고한 지위를 확보하여 그녀의 소생을 다음 황제가 되게 하기 위해서는 많은 인재가 필요했고, 이를 위해서는 제1황후 중정원의 재정적 기반과 맞설 수 있는 독자적인 재정적 기초가 필요했다.

그러나 제2황후에게는 이러한 공식적인 관아를 둘 권한이 없었다. 그녀는 고려출신 환관인 고용보·박부카(朴不花: 박티무르부카, 朴帖木兒不花)와 결탁하여 정치적 이유로 쫓겨난 부답실리(不答失里: 부다시리) 태후의 휘정원(徽政院)을 그녀의 것으로 만들어 자정원(資政院)을 설치하였다.

기 황후가 즐겨 쓰던 정치적 비상수단은 미인계였다. 그녀는 고려출신의 미인들을 궁중 안에 두어 대신들에게 배필로 삼게 함으로써 그들의 환심을 사는 데 성공하여 드디어 자신의 재산과 번위(藩衛)를 맡아보는 자정원을 마련하였던 것이다. 마침내 공민왕 2년에 기 황후의 아들 아이유시리다라가 황태자에 책봉되자 자정원 세력은 더욱 강해졌다.

기 황후가 제2황후로 책봉될 때부터 몽고고원으로 쫓겨갈 때까지 약 30년간 권세를 누리는 동안, 자정원을 기반으로 출세한 고려출신 환관들의 횡포는 이미 쇠운이 짙은 원나라를 극도로 혼란하게 하였다. 예컨대 기 황후는 남편인 순제를 몰아내고 그의 아들을 왕위를 계승하게 하려는 음모를 수 차례 시행하여 황실의 분열을 초래했으며 자정원의 내시 박부카는 군사통솔의 최고기관인 추밀원의 동지추밀원사까지 겸직했다고 한다.

1365년 황후 백안홀도가 죽자 기 황후는 꿈에도 그리던 정후가 되어 완자홀도(完者忽都: 완저후두) 황후로 책봉되었다. 그러나 그 영화는 길지 않았다. 이로부터 2년 뒤인 1367년, 수도인 연경이 명나라 주원장(朱元璋)의 군대에 함락되어 몽고는 옛날의 본거지인 초원지방으로 쫓겨가게 되었다.

기 황후의 세력이 고려에 미친 영향

기 황후의 권력장악은 고려에도 큰 영향을 미쳐 기씨일파가 기

황후를 빙자하여 탐학과 횡포를 자행하였다. 기 황후의 직접적인 고려간섭은 없었지만 기철은 누이를 등에 업고 고려국왕에도 불손한 태도를 취했으며, 충목왕 3년에는 기 황후의 친척동생인 기삼만이 불법으로 남의 토지를 빼앗고 횡포를 부리다가 정치도감에서 곤장을 맞고 순군옥에서 죽은 사건도 있었다. 공민왕 2년에 연경궁에서 베풀어진 연회에서는 고려국왕이 무릎을 꿇고 원태자에게 잔을 바치니, 태자는 술을 마신 뒤에 기 황후의 어머니 이씨-공민왕-노국공주 차례로 술을 돌렸다고 한다. 기 황후 어머니의 위치가 고려왕보다 우선되고 있음을 볼 수 있다.

당시 원공주 출신 후비들도 기씨일족을 가까이 하였다. 충혜왕 즉위년에 덕녕공주〔충혜왕의 비, 몽고이름은 亦憐眞班, 아버지는 원나라 鎭西武靖王 焦八〕는 기철에게 정동행성(征東行省: 고려가 원 간섭기에 들어간 뒤에 몽고는 처음에는 일본을 정벌하기 위해 설치했으나 정벌 실패 이후에는 고려에 간섭하는 기구로 변질됨)의 일을 맡기고 있다. 고려국왕을 위시하여 원공주 출신 후비까지도 기씨일파에 공손한 것은 당시 기씨세력의 막강함을 잘 보여주고 있다.

공민왕 5년(1356) 중국에서 원나라가 쇠퇴하고 명이 흥기하는 정세변동을 이용하여 공민왕은 반원운동을 일으켰다. 이 운동을 통해 기철일당이 제거되었고 동시에 고려에서 부원배의 세력이 크게 약화되었다. 이에 대한 보복으로 기 황후는 군사 1만을 내어 공민왕을 폐하고 덕흥군을 왕위를 잇게 하기 위해 고려에 침입케 하였다. 그러나 최영과 이성계가 이끄는 고려군에 의해 겨우 17명이 살아 돌아가는 참패를 당하여 원의 몰락을 더욱 재촉하는 결과를 초래하였다.

기 황후는 원나라에 공녀로 끌려가 시녀에서 제2황후가 되고, 이어 그의 아들을 계승케 한 점에서 뛰어난 여걸이라 할 수 있다. 그러나 정상적인 방법보다는 권모술수를 써서 유능한 관리를 몰아내고 원나라를 혼란에 빠져들게 했으니, 원의 멸망에 기 황후도 일익을 담당했다고 볼 수 있다. 원은 고려를 무릎꿇게 하고많은 처녀를 바치기를 강요하여 고려민들의 눈에서 피눈물이 나게 하였다. 그런데 원은 오히려 고려 여인에 의해 멸망을 재촉하게 되었으니 이는 인과응보인가 역사의 교훈인가.

이정신

왜구를
격퇴하라

침략자 일본의 뿌리, 왜구

　우리나라와 일본은 오랜 옛날부터 지리적으로 근접한 곳이라는 특수성 때문에 어떤 형식으로든 관계를 맺어왔다. 그러나 자세히 살펴보면 양국관계는 언제든지 일본의 침략으로 평화가 깨지는 경우가 많았고, 이 때문에 대부분의 한국인들에게 일본인은 침략자라고 인식되어 왔다.

　왜인들이 우리나라에 침입하기 시작한 기사는 삼국시대부터 보인다. 『삼국사기』에는 박혁거세 때부터 침입했다고 기록하고 있고, 「광개토왕비문」에도 당시의 침입상황을 말해 주고 있다. 왜(倭)로 인한 피해가 컸던 것은 신라 문무왕이 왜구를 진압하기 위하여 해중릉(海中陵)을 만들 것을 유언했다는 기사에서도 잘 알 수 있으며, 신문왕의 감은사 창건에 얽힌 설화 속에서도 왜구에 대한 고심을 잘 읽을 수가 있다.

　이처럼 우리는 일본을 인접국가로서 우방이라고 생각하기보다 침략자라고 생각하고 항상 경계해 왔다. 이렇게 일본이 우리에게 가깝고도 먼 나라가 되어버린 것은 무엇보다도 고려 말의 왜구침입부터라고 할 수 있을 것이다. 그리하여 일본하면 으레 왜구의 침략을 연상하게 된다.

　왜구에 대한 한·일 양국의 시각차는 현격하다. 우리의 입장에서는 그 피해를 위주로 연구가 이루어짐으로써, 당시 동아시아의 정세나 국내상황 등이 조금은 소홀하게 다루어지는 느낌이 든다. 한편 일본의 경우는 우리나라에 침입한 왜구만을 다루고 있는 것이 아니라 중국에 왕래하던 왜구까지 왜구 전반을 다루고 있다. 그러면서 조선에 침입한 왜구는 아주 적은 규모에 불과했고, 또한 왜구는 일본인과 고려·조선인의 연합이라는 시각을 애써 부각시킴으로써 그들의 침입을 희석시키려 하고 있다. 다른 한편으로는 왜구를 빛나는 일본해양사의 일부로 보는 시각도 많은 편이다.

　일본학자들은 그들의 조선에 침입한 왜구는 아주 소규모라고 말하면서도 한편으로는 "고려말기에 이르러서는 고려의 국정은 모두 왜구방어에 주력할 정도였고, 역사는 오직 왜구의 내왕을 기록하는 것과 같이 되었다"라 말하고 있다. 이러한 말 속에는, 왜구는 소규모이고 별것이 아니었는데 고려의 국세가 미약하여 그 정도에도 휘청거렸다는 빈정거림 같은 것이 들어 있다고 할 수 있다.

　과연 왜구는 우리에게 하찮은 존재였는가. 일본이 말하는 것처럼 고려 말의 정세는 왜구를 방어하는 데만 급급했었는가. 이러한 왜구의 성격과 규모·영향 등을 살펴보는 것은 중세 한일관계를 규명하는 중요한 작업의 하나이다.

　고려말 조선초에 침입한 왜구에 대한 우리의 기록은 고려 고종 10년(1223)부터 조선 세종 25년(1443)까지 220년 동안에 주로 집중되어 있는데, 이 기간 동안에 문헌에 보이는 침입기록만도 648회에 이른다. 이 가운데 고려시대가 519회, 조선시대가 129회를 차지해 고려 말에 왜구의 활동이 가장 극심했음을 보여주고 있다.

고려 말 왜구의 활동을 자세히 살펴볼 때 한 가지 주목해 볼만한 것은 왜구에 대하여 『고려사』에는 왜구의 침입은 충정왕 2년(1350)부터 시작되었다고 말하고 있는 것이다. 그러나 『고려사』의 다른 기록에는 분명히 고종 10년(1223)에 왜구가 금주(金州: 경남 김해)에 침입한 기사가 보이고 있다. 왜 두 가지의 다른 기사가 보일까? 이러한 사실은 1350년 이후 왜구의 규모가 대규모로 변하고 있기 때문일 것이다.

실제로 조금 구체적으로 살펴보면 고종 10년에서 충정왕 원년까지의 27년 동안에는 왜구의 침입이 12회에 그치고 있으나, 그 뒤에 고려가 멸망하는 42년 동안 507회를 보이고 있어 충정왕 2년부터 왜구의 침입이 격화되고 있음을 알 수 있다. 뿐만 아니라 처음에는 출몰지역도 금주를 중심으로 한 일부지역이었으나, 그 해부터는 지역도 전국적으로 확대되어지고 있음을 볼 수 있다.

1350년을 중심으로 한 당시 한일 정세를 살펴보면 일본은 남북쟁란기로 정권이 양분되어 있었고 중앙통치가 지방까지 미치지 못했으며 57년이라는 긴 기간 동안 사회적 불안이 증대되고 있었다. 이러한 사회정세 속에서 농지를 잃은 농민과 전쟁에 동원되었으나 보상을 받지 못한 하급무사들, 그리고 겸창(鎌倉:가마쿠라)막부 중기이후 변경지방까지 침투했던 상품경제의 압박 등 여러 요인이 복합적으로 작용하여 막부의 통제력이 미치지 못하는 변방민들이 해적이 되었다. 즉 이 시기는 치안이 어지럽고 폭력도배들의 횡포가 증대했으며 각지의 군웅할거로 질서가 문란해짐에 따라 궁핍한 변방민들의 해외활동이 자유로웠던 것이다.

당시 고려는 원의 간섭 아래 있었는데 권문세족과 사원의 토지 겸병 등으로 사회적 폐단과 이로 인해 갈등이 심화되었고, 홍건적의 침입과 공민왕의 개혁실패로 인해 내적인 모순이 증폭되던 시기였다. 따라서 당시는 한・일 양국 모두 왜구를 통제하기 어려운 시기였다.

왜구란 무엇인가

왜구란 무엇인가? 『고려사』에는 '왜적'・'왜노'・'해도(海盜)'・'구(寇)' 등으로 표현되어 있다. 이러한 명칭에서도 알 수 있듯이 왜구는 바다를 통하여 침구행위를 한다는 의미로 쓰였다. 왜구라는 말이 하나의 용어로 사용되기 시작한 것은 충렬왕 4년(1278) 이전부터이다.

왜구라고 하는 말은 중국어에서는 '난쟁이'라는 경멸적인 의미로 쓰이고 있다. 왜구라는 명사에 대하여 일본학자들은 "이 말은 원래 중국과 조선에서 기인한 것이지 일본에서 발생한 것은 아니다"라고 하면서, 13세기에서 16세기에 걸쳐 중국 및 조선의 연안에서 활동한 해적집단을 총괄해서 일컫는 것이라고 말하고 있다. 또 어떤 이는 명치(明治)시대 이래로 그 실체가 본격적으로 해명되지도 않은 채 일본역사에서 명사로 취급되어 왔고, 일반적으로 유포되어 왔다고도 말하기도 한다. 그런가 하면 다른 사람은 왜라는 것은 그 내용을 살펴보면 매우 다양하여 무장상인・일본인 해적・조선인 해적・포르투갈인 해적, 그리고 그들의 연합단체를 의미하는 경우도 가끔 있으므로 왜구를 일본인 해적이라고 보는 견해는 수정되지 않으면 안된다고 말한다.

그러나 이것은 어떤 경우이든 왜구라는 말이 본래 '일본인의 침략' 또는 '일본인 침략자'라는 의미로 쓰이고 있으므로 이러한 인상을 없애기 위한 항변으로, 왜구의 주체가 일본인만이 아니라는 것을 강조한 궁색한 변명에 지나지 않는다. 어떤 일본인 학자는 "왜구에 대한 일본사료는 전체적으로 결여되어 있는데, 이것은 왜구를 일본역사로부터 말살·제거하려는 의도를 보이고 있다"라고 말하는 이도 있다. 이런 점들을 종합해 보면, 왜구라는 말은 우리나라와 중국연안에서 해적행위를 하던 일본인의 해적집단에 대한 총칭으로 사용된 용어라고 할 수 있다.

왜구의 배 가운데는 '팔번대보살(八幡大菩薩: 하치망대보살)'이라고 쓴 깃발을 바닷바람에 휘날리며 연안지역에 출몰하는 것이 많았다. 이러한 왜구의 배를 '바한선'이라고도 하고('바한'이라는 말은 '해적'이라는 의미로 쓰이는 베트남 방면의 속어), 배에 '하치망대보살'의 깃발을 달고 다녔기 때문에 '하치망선'이라 불리기도 했다.

잔학한 왜구

그렇다면 우리나라에 침입한 왜구의 규모는 어느 정도였을까? 왜구의 선단은 처음에는 2~3척의 적은 규모였지만, 점차 증가되어 20~30척, 많은 경우에는 200척에서 500여 척의 대선단으로 침입한 경우도 있었다. 왜구가 사용한 배의 크기는 보통 70톤 내외의 것으로 탑승인원은 작은 배라 할지라도 20명 이상이나 되어 매회 침입 때마다 상당수의 왜구가 침입했음을 알 수 있다. 『고려사』의 기록에 보면 왜구가 쌀 4만여 석을 약탈하여 싣고 갔다고도 하였고, 왜적 3천 명을 진해현에서 대파했다고도 하였으며, 말을 탄 왜구 700명과 보병 2천 명이 침입한 기록도 보인다. 이러한 규모로 미루어 볼 때 왜구는 단순한 오합지졸의 해적이 아니라 그 배후에 유력한 토호가 있어서 직접 조종을 하고 경비를 대주었으며, 그 토호들은 당시 일본조정과도 무관하지 않았으므로 왜구의 침구는 고려판 임진왜란이라고 할 만하다.

왜구는 약탈·살인·방화 등을 일삼고 조창(漕倉)과 조운선(漕運船)을 불태웠으며, 때로는 두어 살짜리 어린애들을 머리를 깎고 배를 갈라 쌀·술 따위와 함께 재물로 바쳤으니, 그 잔학상을 가히 짐작할 수 있다. 과연 그들이 섬기던 신이 그러한 그들의 제사의식을 받아주었을지 의심하지 않을 수 없다.

왜구는 무엇을 얻으려 했는가

왜구의 침구목적은 여러가지로 생각할 수 있으나 가장 큰 것은 미곡의 약탈이었다. 따라서 그들은 처음에는 조세를 운반하는 조운선과 양곡을 저장하는 조창을 습격하다가 왜구의 잦은 침입으로 연해의 조창을 내지로 옮기자 왜구의 침입도 점차 내륙 깊숙이까지 이르게 되었다.

왜구들이 처음에 미곡을 약탈대상으로 삼은 이유는 왜구의 근거지를 살펴보면 잘 알 수 있다. 왜구의 근거지는 보통 초기에는 대마도(對馬島:쓰시마)·일기도(壹岐島:이키)·비전(肥前:현재의 나가사키 지방)이었다. 대마도나 일기도는 섬 전체가 산이 많고 논은 불과 3~5% 정도밖에 되지 않아 도저히 농업만으로는 먹고살기가 어려웠다. 그래서 왜구가 되어 쌀이나 콩 같은 곡식을 약탈의 대상으로 삼았던 것이다. 뒤에는 이 지역민 이외에 무사단인 송포당(松浦黨)이 가담하여 해적단을 만들어 우리나라에 침입하였던 것이다.

다음으로 왜구의 약탈대상은 사람이었다. 『고려사』「나세전」에는 왜적 50척이 강화도에 침구하여 부사 김인귀를 죽이고 1천여 명을 포로로 데려간 사실이 보인다. 또한 「정몽주전」에는 정몽주가 사신으로 일본에 갔다가 돌아올 때 윤명(尹明) 등 포로 수백 명을 데려왔다고 하였다. 그 때 정몽주는 왜구에게 끌려간 고려인 포로가 많음을 알고 그들을 송환하기 위하여 많은 노력을 기울였다. 정몽주는 왜구의 포로가 된 양가(良家)의 자제를 일본으로부터 데려오기 위하여 여러 재상들에게 각자 얼마씩의 비용을 내도록 하여 포로로 있다가 데리고 온 윤명에게 편지를 주어 여러 차례 파견하였다. 해적두목은 이 편지를 보고 처음에는 100여 명의 포로를 돌려보냈고, 갈 때마다 몇 명씩 포로를 보내주었다. 물론 그 때마다 적당한 대가를 지불했음은 말할 나위가 없다. 즉, 왜구들은 처음부터 사람을 노예로 부리거나 팔 것을 계산에 넣고 납치해 갔던 것이다. 여하튼 왜구들은 사람을 상품처럼 사고 파는 야만적이고 비인도적인 행위를 서슴지 않았던 것이다.

왜구를 토벌하라

왜구의 침입에 대한 고려의 태도는 처음에는 변방을 괴롭히는 대수롭지 않은 해적으로 취급했으며, 왜구로 인하여 국가의 영토를 상실한다거나 하는 등의 국가의 중대사로 취급하지는 않았었다. 그리하여 처음에는 사신을 파견하여 왜구를 금하려고도 하였다. 공민왕 16년(1367)에는 김용(金龍) 등을 경도(京都:교토)에 파견했다. 이에 대하여 장군(將軍:쇼군) 족리의전(足利義詮:아시카가 요시아키라)은 일행을 정중히 대접하고, 일행이 귀국할 때에는 보빙사로서 승려 범탕(梵盪:본토)을 동행시키고 왜구진압에 착수할 것을 약속했다.

그러나 막부의 무력만으로는 왜구들이 진압되지 않는다는 것을 깨달은 고려는 우왕 3년(1377)에 정몽주를 구주(九州) 탐제(探題:지방장관) 금천요준(今川了俊:이마가와 료순)에게 파견하였다. 그러나 왜구의 규모가 점차 커지고 왜구로 인하여 국정이 문란해짐에 따라 이에 대항대책으로 보다 강경책을 써서 토벌을 감행하게 됐다. 왜구의 토벌 가운데 가장 특기할 만한 싸움은 나세·최무선 등의 진포(鎭浦)싸움과 이성계의 황산대첩(荒山大捷)이다.

우왕 6년 8월에 왜구는 500여 척의 배로 진포[금강 하구. 지금의 군산시 내흥동]에 침입해 왔다. 타고 온 배들을 밧줄로 서로 굳게 묶어 움직이지 못하게 한 뒤에 적은 숫자만을 남겨 배를 지키도록 하고 나머지는 상륙하여 약탈을 시작했다. 그 때의 기록은 방화·살인·노략질로 연기는 하늘을 덮고 시체는 산과 들에 널려 있고

황산대첩비
전라북도 남원시 운봉면에 위치. 이성계가 이 곳에서 왜구를 격퇴한 것을 기념하기 위해 조선 선조10년(1577)에 이 비를 건립하였는데, 일제시대에 일본인들에 의해 파괴되었다가 1957년에 다시 중건하였다.

있고 적들이 배로 운반하며 흘린 쌀들이 길 위에 한 자[尺]나 깔릴 지경이었다고 하였다. 그 때 조정에서는 나세를 상원수로, 최무선을 부원수로 하여 나가 치도록 하였다.

진포에 이르러 최무선이 만든 화포로 적선을 불태우니 배들은 굳게 묶인 탓으로 쉽게 흩어질 수 없어 모두 불에 타버렸다. 그 연기가 하늘을 덮고, 적들은 불에 타죽거나 바다에 뛰어들어 죽은 자들이 심히 많았다. 이 진포싸움은 왜구 종식의 제1보로 볼 수 있을 만큼 중요한 싸움으로 신병기인 화약을 처음 사용하기도 한 의미 있는 전투였다.

진포싸움에서 살아남은 360여 명의 왜구들은 옥주(沃州: 지금의 충북 옥천)로 달아나 먼저 상륙한 적들과 합류하여 큰 무리를 짓더니, 상주에 진을 치고 있던 왜구들과 합류하여 경산부(京山府:경북 성주)에 쳐들어갔다. 이듬해에는 지리산쪽으로 올라가다가 9월에 이르러 남원 운봉현을 방화하고 인월현(引月縣: 남원시 동면 인월리) 에 주둔하면서 장차 북상하겠다고 호언하였다. 이 때 조정에서는 이성계를 양광·전라·경상의 삼도 도순찰사(都巡察使)로 임명하여 대토벌작전을 실시하였다.

이성계는 운봉을 넘어 황산 서북쪽의 정산봉(鼎山峰)으로 나아가 이두란(李豆蘭: 원래는 여진인으로 이름은 퉁두란)과 더불어 악전고투한 결과 아지발도(阿只拔都)가 이끄는 왜구를 대파하였다. 이 싸움이 얼마나 치열했던지 죽은 왜구의 피로 강이 물들어 6·7일간이나 물을 먹을 수가 없었으며, 이 때 포획한 왜구의 말이 1,600여 필이고 병기도 헤아릴 수 없이 많았다. 처음에는 왜구의 수가 아군의 수보다 훨씬 많았는데 나중에는 70여 명만이 겨우 살아서 지리산으로 도망하였다.

이 황산대첩으로 왜구의 세력은 크게 약화되었고 고려의 왜구에 대한 대책도 보다 적극적인 태도를 취할 수 있게 되었다. 그 뒤 수전(水戰)에서는 정지(鄭地)가 남해의 관음포에서 대승을 거두었다. 그리고 이 여세를 몰아 대마도의 정벌에 나섰다. 때는 창왕 원년(1389) 2월이었다. 당시 경상도 원수이던 박위는 병선 100척을 이끌고 왜구의 소굴로 알려진 대마도를 정벌하여 왜선 300척과 연안가옥들을 모두 없앴으며 포로로 잡혀간 자들을 구출하여 왔다.

이렇게 적극적으로 대마도의 정벌까지 단행할 수 있었던 당시의 상황은 이성계가 위화도회군 이후 우왕을 강화도에 보내고 창왕을 세워 실권을 쥐고 있던 때였다. 이성계는 지리산전투·황산대첩 등 여러 차례 왜구를 토벌한 경험으로 왜구에 대해 누구보다 잘 알고 있었기 때문에 가능했으리라고 본다.

왜구의 고려침입은 전국적으로 막대한 인적·물적 피해를 끼쳐 고려왕조로 하여금 사회적 모순과 폐단을 극복하는 데 지치게 하여, 역사적 발전을 저해하는 요소로 등장하게 되었다. 결국 왕권의 약화를 가져왔고 이 과정에서 군권(軍權)을 장악하게 된 이성계는 당시 대륙에서 원명교체기의 형세변동과, 국내에서 새롭게 등장하던 신흥사대부들과 손을 잡고 조선을 건국하게 되는 기반을 구축하게 되었다.

1392년 이성계는 조선왕조를 세웠다. 바로 그 해에 일본에서는 남북조가 합쳐져 내분이 수습되었다. 장군 족리의만(足利義滿:아시카가 요시미츠)는 승려 수윤(壽允: 주인)을 보빙사로 조선에 보내 "진서(鎭西)의 수신(守臣)에게 명령하여 해적선을 금하고 포로를 송환해서 인교(隣交)를 다질 것을 염원한다"라는 서한을 조선에 전달했다. 그러나 왜구의 종식은 세종대에 가서야 이루어지게 되었다.

나종우

COREA OF TO-DAY

BUDDHIST MONKS

T. NELSON AND SONS
London, Edinburgh, and New York

1894

서양인 교사 윌리엄 길모어,
서울을 걷다 1894